PSYCHOLOGIE

DES

MYSTIQUES CHRÉTIENS

LES FAITS :

LE POÈME DE LA CONSCIENCE

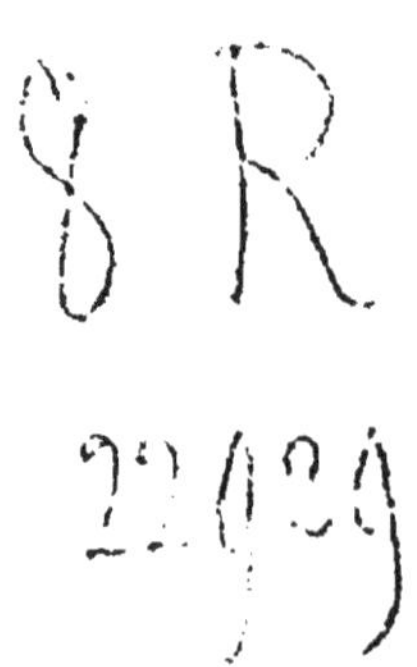

OUVRAGES DU MÊME AUTEUR

Critique religieuse

De Dante à Verlaine. Études d'idéalistes et mystiques : Dante, Spencer, Bunyan, Shelley, Cowper, Huysmans, Verlaine. Paris, Plon, 1897. (*Épuisé.*)

Introduction à la psychologie des Mystiques. Le mot et la chose. Paris, Oudin, 1901. 2e *édition.*

Du Positivisme au Mysticisme. **L'inquiétude religieuse contemporaine.** A. Comte, Schopenhauer, Renan, Nietzsche, Tolstoï. Occultistes et Théosophes, Christianisme. Paris, Bloud, 1906. (Collection Philosophie et Critique religieuse.) 2e *édition.*

Psychologie des Mystiques chrétiens. Les faits : le poème de la Conscience. Dante et les mystiques. Conversion. Progrès de l'âme. Union mystique. Paris, Perrin, 1909.

Pour paraître prochainement :

Psychologie des Mystiques chrétiens. Critique des faits de conscience mystiques. (L'union mystique, le discernement des esprits.)

JULES PACHEU

PSYCHOLOGIE

DES

MYSTIQUES CHRÉTIENS

LES FAITS : LE POÈME DE LA CONSCIENCE

DANTE ET LES MYSTIQUES

PARIS

LIBRAIRIE ACADÉMIQUE

PERRIN ET Cie, LIBRAIRES-ÉDITEURS

35, QUAI DES GRANDS-AUGUSTINS, 35

1909

PSYCHOLOGIE

DES

MYSTIQUES CHRÉTIENS

INTRODUCTION

LE CHRISTIANISME INTÉRIEUR ET LE POÈME DE LA CONSCIENCE

I

LE CHRISTIANISME INTÉRIEUR

VIE SURNATURELLE. VIE MORALE. VIE MYSTIQUE.

De l'Inquiétude nous marchons vers la Paix. — Nous nous plaçons au centre du christianisme, le regardons vivre. — Vie surnaturelle, vie morale, vie mystique ; rappeler ce qu'elles sont, et comment elles sont liées, dépendantes et harmonisées. — Mieux servir Dieu, parce qu'on l'aime, est l'aboutissement final de tout mysticisme chrétien. — Nous avons à analyser les faits de conscience par où naît, croît, se manifeste cette vie de familiarité divine.

L'inquiétude que nous avons analysée[1] est le commencement d'une vie intérieure, un acheminement

1. *Du Positivisme au Mysticisme*. Etude sur l'Inquiétude religieuse contemporaine (Bloud, 1906).

vers la vie spirituelle et la recherche de Dieu, selon ce mot profond, et souvent répété, de saint Augustin : « Notre cœur est inquiet, Seigneur, jusqu'à ce qu'il se repose en vous. » Il nous reste à mettre en regard de la mysticité des contemporains, maladive et inquiète, le tableau de la mysticité chrétienne.

Autrement dit, nous passons par-dessus les bastions et les redoutes, et nous nous plaçons juste au cœur de la place, au centre du christianisme intérieur, pour le regarder de nos yeux, tel qu'il vit en des âmes qui s'y livrent, qui en jouissent, qui s'y reposent. C'est un spectacle qui vaut toutes les polémiques. Il est intéressant au point de vue de la science des faits religieux, il est bienfaisant pour la foi des croyants, il est attirant, et peut aider un chercheur sincère à se faire une conviction.

Le Juste, dit l'Ecriture, fleurit comme le palmier dont le régime épanoui se dresse près de celui qu'on va cueillir; il croît comme le cèdre du Liban dont les bras vigoureux s'étendent au large, pendant que la cime altière monte vers les cieux; il germe comme le lis dont les bulbes féconds se multiplient, en même temps que la fleur toujours ouverte sous les yeux du Seigneur prodigue ses parfums; il gravit en son cœur une échelle mystérieuse, et va sans cesse de vertu en vertu; il marche comme un astre resplendissant et croît jusqu'au jour parfait; libre dans le saint esclavage de la grâce, il s'avance, la face découverte, vers la gloire de Dieu qui l'attend, transformé avec lui en une même image, et conduit par l'esprit divin, de clartés en clartés [1].

1. Ps. 91, Off. conf. ; Ps. 88 ; Prov., cap. IV, 18, II Cor., III, 17, 18. Voir ces textes juxtaposés et agencés par le P. Monsabré. *Conférences*. Carême 1876. L'Action de la grâce.

Pour étudier ces mystiques ascensions, il y aurait lieu, disions-nous au début de ces études [1], d'analyser l'histoire intime de l'union de l'âme avec Dieu. Envisagée dans son expression et sa description, elle nous apparaîtrait comme une sorte de *Divine Comédie* intérieure. Et c'est bien elle dont l'Alighieri nous invite à retracer les étapes. Joignez, par exemple, les *Confessions de saint Augustin* et la *Vie de sainte Thérèse*, vous avez l'histoire d'une âme depuis la fange du péché, où Dieu prend parfois des perles, jusqu'aux cimes radieuses du pur amour. C'est précisément, nous pourrions le montrer, l'aspect le plus immortel, le plus profond, le plus attrayant de l'œuvre de Dante.

Commentée et complétée par les écrits et les confidences des saints, des mystiques, sur leurs expériences d'âme, elle peut nous aider à reconstruire le poème mystique intérieur, qui, s'il est souvent magnifiquement vécu, ne sera sans doute jamais écrit. Saint Ignace de Loyola suggère, en ses fameux *Exercices*, la suite des événements intimes de ce poème d'âme, de cette vie intérieure et spirituelle. Prenant ces deux noms symboliques *Alighieri* et *Loyola*, nous désignions ainsi l'étude expressive de l'union mystique de l'âme à Dieu : le pèlerinage de l'âme, l'épopée du salut, l'épopée de la conscience.

C'est une sorte de triptyque, une trilogie, où nous aurions à ramener un choix exquis de peintures d'âme. Ici la poésie des larmes, et les élégies de la conversion ; — plus loin l'aube de lumière qui croît, le soleil de l'amour qui monte et revêt l'âme de vertus; — la poésie de la douleur et du sacrifice, puis l'idéal paradisiaque de lumière, d'amour, et de paisible joie.

1. *Introduction à la Psychologie des mystiques* (Oudin, 1901).

Il s'agit maintenant de réaliser ce projet, et d'approfondir ces pensées. Mais auparavant quelques remarques paraissent à propos, sur le Christianisme intérieur, pour rappeler comment s'unissent et s'harmonisent la vie de grâce surnaturelle, la vie morale, la vie intérieure ascético-mystique. Notre chemin sera par là mieux éclairé.

I

LE CHRISTIANISME INTÉRIEUR
VIE SURNATURELLE. — VIE MORALE. — VIE MYSTIQUE. VIE DIVINE EN TOUT CHRÉTIEN

Tout chrétien, tout baptisé s'il est instruit, sait qu'il possède en lui la Vie divine. Et quand il use de ce mot, il n'entend pas avancer une pieuse exagération, une figure de langage, une métaphore. Il se souvient de la doctrine et de la tradition, il croit à une merveilleuse régénération, à une seconde naissance selon l'esprit, à une vie supérieure qui l'appelle et l'introduit déjà à une intimité nouvelle, et plus étroite, avec la Trinité Sainte. Il ne peut en avoir conscience, mais il sait qu'elle existe pourtant; et il entend bien tenir là-dessus la certitude.

Supposez un ignorant étranger à notre civilisation, guidé par un ingénieur, dont il apprécie la science et la loyauté : il parcourt quelque riche boulevard, il voit la foule qu'il croise, les équipages fringants emportés au grand trot de leurs alezans, les magasins aux devantures étincelantes, les flâneurs élégants et les camelots ou les loqueteux en guenilles, et les arbres qui semblent pleurer le beau grand air et le libre soleil. Puis son regard tombe sur l'asphalte qu'il foule aux pieds, et sa vue ne perce pas plus loin en terre. Mais son compagnon l'arrête, et lui dit : « Sous vos pas l'eau circule en des canaux qui la distribuent aux demeures environnantes ; sur des fils l'électricité court transmettre la chaleur, la lumière, le mouvement, où on les demande : la voix humaine passe, rapide aussi, et vous ne voyez point toute cette activité souterraine. » Le nouveau venu ouvrira de grands yeux, mais il croira cet homme savant et qui ne saurait mentir.

Ainsi de nous. Nos instruments d'optique peuvent suivre l'infiniment petit ou l'infiniment grand, notre scalpel peut disséquer et compter les moindres fibres des corps, des instruments d'analyse de plus en plus précis peuvent documenter notre science des phénomènes extérieurs, ils ne nous diront jamais rien de l'âme. C'est d'un autre ordre. Les faits de conscience se révèlent à nous à l'intérieur, et dans ce regard intime nous discernons des actes qui manifestent une âme immatérielle et libre, sans quoi les faits restent inexpliqués. Mais la conscience n'atteint pas la vie divine en nous. C'est d'un autre ordre : un témoin supérieur nous en instruit, et nous le révèle.

Chacune des données acquises par l'expérimentation scientifique, par la conscience intime, par la foi religieuse, mérite une adhésion de l'intelligence proportionnée à la dignité, à la véracité, à l'autorité de son témoin. La parole de Jésus-Christ, dont l'Eglise est gardienne, est le témoin de ce troisième ordre. Et c'est à ce troisième ordre de vie, l'ordre divin, l'ordre surnaturel que le Baptême élève le Chrétien, en inoculant, pour ainsi dire, une vitalité divine.

Divine, mystérieusement, mystiquement divine ! Car il faut entendre bien cela au sens chrétien. Sans doute tous les êtres dans la nature viennent de Dieu, et participent de lui, ils sont une imitation de quelqu'une de ses perfections, depuis le caillou qui glisse aux flancs escarpés de la montagne, depuis le moindre ciron jusqu'au Séraphin des hiérarchies suprêmes ; mais je parle ici, quand je dis « Vie divine », d'une communication, d'une participation de Dieu, qui dépasse toute la nature qui nous environne et nous ravit d'admiration, qui dépasse les forces propres à quelque nature créée que ce soit, et voilà pourquoi nous appelons aussi cette vie divine, une vie surnaturelle.

Entrons, s'il est possible, un peu plus en pleine lumière.

Le minéral, inerte, n'a point de mouvement spontané ; il subit ceux qu'on lui imprime ; vous ne dites pas qu'il vit. Les astres voyageurs même, dont les pérégrinations sidérales sillonnent les espaces, les nuages que balaie le vent, les fleuves qui suivent les pentes des vallées, ne font qu'obéir à des pressions, à des impulsions, à des attractions extérieures. Mais la plante vit ; elle s'alimente, elle croît, elle se développe, elle se reproduit : vous voyez le germe semé en terre percer le sol, il puise par ses racines les sucs nourriciers de sa sève, développe la frondaison de ses feuilles, qui respirent et se nourrissent de carbone dans l'air, puis l'arbre se couvre de fleurs et donne des fruits, et c'est là toute son activité vitale.

Montez plus haut : l'animal se nourrit, grandit et se reproduit comme la plante, mais de plus il a un degré de vie plus noble. Nous entrons au Jardin des Plantes ou au Jardin d'Acclimatation, et nous avons sous les yeux un petit abrégé du monde animal : l'otarie qui aboie, huileux et hideux sur le rebord de son bassin, ou le gracieux flamand aux ailes roses ; les alligators endormis d'un long sommeil de pierre, ou le puma agité et rageur ; les tigres ou les lions aux attitudes royales, ou les gamins des forêts, les sapajous grimaciers et insolents. Tous ces êtres si divers tirent, pourtant, une ressemblance, de l'opération vitale qui leur est propre, la sensation. Tous, ils se meuvent, ils ressentent, ils suivent le plaisir, fuient la douleur : ils entrent par là en relations pénibles ou agréables avec les êtres qui les environnent, ils les évitent ou s'en rapprochent.

Montons encore, l'homme se développe comme la plante, il est sensible comme l'animal, mais sa propre et personnelle opération c'est la pensée, c'est le fait de conscience qui dépasse l'horizon et la portée des sens, sa connaissance intellectuelle qu'il exprime par le langage articulé, et d'où suit sa volonté libre, c'est-à-dire capable de diriger en partie les forces impulsives qu'il oppose les unes aux autres. Voilà sa vie.

Chaque degré inférieur de vie nous apparaît donc séparé du suivant par une limite qu'il ne peut franchir. Mais au dessus de toutes ces natures créées, doit planer la vie divine : tous ces échelons de l'être, toutes ces vies qui s'étagent et se superposent, qui même s'allient dans l'unité complexe de l'homme, elles sont admirables ; elles ne peuvent se soutenir et persister qu'en recevant de l'Être, de « Celui qui est », leur part à la fête d'être, de vivre. Elles ne sont pas encore la vie divine, nous ne l'avons pas encore rencontrée.

Cette vie doit avoir aussi son opération propre réservée; et, tout de même que la nature du minéral ne demande point qu'il ait la sensation, la nature de l'animal n'exige point la connaissance intellectuelle, et la nature de l'homme ne peut prétendre à l'opération propre de la vie de Dieu. Aucune nature créée n'y peut prétendre et l'exiger, sans quoi rien ne la distinguerait de Dieu : aussi bien un végétal ne se conçoit pas doué par la nature de la sensation, sans être par lui-même un animal.

Cette opération propre de la vie divine nous serait demeurée à tout jamais inaccessible, nous ne saurions même pas ce qu'elle est, si la Révélation n'en avait rapproché le mystère, où nous entrevoyons que la vie de Dieu, renfermée dans son infinie plénitude, est de se connaître et de s'aimer lui-même. Dans la Trinité sainte s'épanouit cette vitalité sacrée. La nature infinie ne peut croître ni se multiplier, mais l'immutabilité et l'unité de l'Infini ne sont pas l'immobilité ni la solitude. L'Infini s'oppose à l'Infini, en se connaissant lui-même, et dans l'abîme mystérieux de la vie absolue, nécessaire, c'est la génération éternelle du Fils de Dieu. Dans son immuable aujourd'hui, le Père, de toute éternité, se connaît : il se pense, il s'exprime, il se raconte, il se dit lui-même ; et dans cette pensée, dans cette parole, qu'on nomme le Verbe, il se reproduit tout entier. Cet éclat, cette splendeur, ce rayonnement, cette image de lui-même, la seconde personne de la Trinité sainte, lui est égale en gloire, en puissance, et en majesté, c'est la nature infinie et incréée elle-même.

Et l'Amour unit le Père et le Fils, ils s'aiment l'un l'autre, ils respirent l'amour infini. Le souffle, l'Esprit Saint, lien du Père et du Fils, achève le cycle des reproductions immanentes de l'Infini, et complète le triple et intime jaillissement des sources de l'Etre, unique, nécessaire : toute vérité, toute lumière, toute beauté, tout amour. Et dans cette triple subsistance d'une nature unique, identique, dans cette trinité de personnes vit un seul Dieu, immense, infini, éternel, d'où s'écoule toute vie et tout être, qui soutient et contient tous les mondes, toutes les forces participées de lui, dans l'océan sans rivages de son Etre infini, et des infinies perfections.

Telle est l'opération propre de Dieu, la Vie divine.

Sans doute, il y a là des sublimités de mystère dont nous sommes écrasés, des éclairs et des éclats de foudre où notre regard risque de s'aveugler. Et comment concevoir maintenant que nous puissions être invités à monter encore, à participer à cette vie divine? Mais ce que nous ne pouvons prétendre par nature, par un privilège merveilleux Dieu nous l'a concédé, par grâce : ce bienfait survenu, ce surcroît, embellit, ennoblit tout notre être. Il agrandit notre destinée, il élève le but si haut que Dieu nous appelle à le voir lui-même, face à face, esprit à esprit, à participer à cette connaissance et à cet amour de lui-même qui lui est propre. C'est cette communication, cette ressemblance et cette union, dont l'initiation, la semence, est ici-bas la vie surnaturelle de la grâce, qui aura son plein épanouissement dans la vision béatifiante du ciel. Elle nous transforme à un tel point d'union physique avec Dieu qu'elle nous divinise ; nous devenons, selon le mot de l'apôtre Pierre, *consortes divinæ naturæ*.

Les docteurs, et ces écrivains renommés dans l'Eglise qu'on appelle par honneur les Saints Pères, ont tenté de faire entendre aux intelligences les plus humbles, par toutes sortes de comparaisons, cette ressemblance et cette union avec Dieu qui vient ennoblir notre nature, et l'élever à l'intimité divine, surnaturelle, mystique si l'on veut. L'Esprit-Saint, disent-ils, est comme un sceau, un cachet qui imprime en nous la frappe, la marque divine, un or pur qui vient dorer notre âme, un aromate précieux, aux pénétrantes effluves qui nous imprègne de son onction et de sa bonne odeur, une lumière qui resplendit en nous, un feu qui nous communique son incandescence.

Voyez comme tous ces efforts de la parole, comme toutes ces analogies tendent à nous faire concevoir l'assimilation réelle qui s'opère, l'union nonseulement morale, par la conformité des vues et des volontés, mais physique, réelle, transformante. « Le Saint-Esprit, dit saint Cyrille, ne fait pas comme un peintre vulgaire, qui peindrait en nous la divinité sans s'identifier avec elle. Non, ce n'est pas ainsi qu'il nous fait atteindre la ressemblance divine, mais étant Dieu, et procédant en Dieu, il s'imprime et se scelle lui-même, comme une cire invisible dans les cœurs de ceux qui le reçoivent. Nous communiquant sa ressemblance il peint notre nature sur le modèle de la beauté idéale, et rétablit dans l'homme l'image de Dieu. »

Comme le cristal illuminé paraît lui-même lumineux, la grâce sanctifiante rend notre âme transparente au divin soleil, lumière divine qui nous envahit et rend notre âme radieuse. « La transparence n'est pas quelque chose comme une substance intermédiaire entre la vitre illuminée et le rayon qui l'illumine : il serait plus vrai de dire qu'elle est l'absence d'intermédiaire. Ainsi en va-t-il de la grâce et de toutes les vertus qu'elle produit, c'est une transparence intérieure qui nous ouvre, et nous livre aux libres irradiations de Dieu [1]. »

II

VIE SURNATURELLE. VIE MORALE. VIE SPIRITUELLE

Cette vie surnaturelle, s'il s'agit de demeurer et de croître dans l'âme, est liée étroitement et intimement à la vie morale. Elle s'entretient par l'usage des sacrements, par le respect des devoirs positifs et religieux des lois ecclésiastiques, soit. Mais il ne faut pas croire que, dans le christianisme, une obéissance formaliste à des rites extérieurs suffise, en dehors des lois de la conscience; ni que les droits de celle-ci soient moins forts, parce qu'ils sont assurés et complétés par une autorité extérieure. La fidélité aux lois de notre nature, de notre être en ses relations avec lui-même, avec les autres, avec le tout, est partie intégrante de la vie intérieure du chrétien.

Il n'y a donc aucune opposition, ou aucune superposition de la religion et de la morale, des lois de la vie surnaturelle et des lois de la conscience, il y aurait bien plutôt appui mutuel et compénétration. Les lois de l'une sont les lois de l'autre; et l'homme élevé à la vie surnaturelle par le baptême, droit, consciencieux, et de pure honnêteté morale, maintient en lui et accroît cette vie surnaturelle, en proportion de sa vigilance à écouter la voix de la conscience, à l'affiner, à la rendre plus délicate. La raison et la conscience ont donc pleine satisfaction de leurs exigences dans

1. Mgr Gay.

l'Eglise, dans la vie catholique du christianisme intérieur. Les préjugés contraires sont des malentendus regrettables qu'il importe souverainement de dissiper.

Il suffit de rappeler un fait pour préciser nos idées. Et ce fait est très familier à tout homme qui connaît la vie intérieure du christianisme dans les âmes. L'infraction aux lois morales de la conscience est précisément dite mortelle, péché mortel, par les chrétiens, parce qu'elle est une rupture avec la vie surnaturelle, elle tue en nous cette vie divine, dont nous avons parlé.

Et si maintenant nous envisageons non plus la mort, mais le progrès de la vie surnaturelle en nous, son niveau monte avec la vie morale; et pour y parvenir on s'applique à la vie spirituelle, à la vie intérieure, à la vie ascétique, à la vie mystique. C'est là ce qu'il nous faut présentement éclaircir.

Théoriquement, il suffirait de sa raison, de son bon sens pour suivre les lois du devoir, les lois de la conscience, les lois de la morale, et, par conséquent, avec le secours de la grâce, conserver et développer en soi la vie surnaturelle qui nous divinise. Mais, pratiquement, les faiblesses, les défaillances mieux connues des volontés humaines nous disent que nous avons besoin d'un exercice, et d'un entraînement, pour nous maintenir dans la bonne voie. Il ne suffit donc pas de poser les règles de la morale, il est un art pratique des moyens d'avancement spirituel, jusqu'à la plus haute perfection, jusqu'à la vie totalement orientée vers Dieu, unie à Dieu.

Là est le lien entre la vie surnaturelle, la vie morale, la vie mystique : par la vie spirituelle, ou vie intérieure, ou vie de familiarité avec Dieu, d'amour de

Dieu, de mysticisme chrétien, nous nous efforçons de développer et d'affermir en nous la vie surnaturelle et la vie morale, en rendant de plus en plus étroite l'union de la volonté de l'homme et de la volonté divine. Tel est le but du christianisme intérieur, de la vie chrétienne dans sa plénitude, où la vertu de charité qui unit l'âme à Dieu va toujours en croissant; et selon son intensité on distingue l'état des commençants, l'état des progressants, l'état des parfaits. Saint Thomas[1] (2ª 2ªe, q. 24, a. 9) s'en explique ainsi : « D'abord la principale préoccupation de l'homme qui veut travailler à la perfection de son âme doit être de s'éloigner du péché et de résister à la concupiscence, deux obstacles à l'établissement de la charité : c'est l'œuvre des commençants, en qui la charité doit être entretenue et protégée avec soin, de peur qu'elle ne soit promptement étouffée. La seconde préoccupation pour l'homme qui veut atteindre à la perfection est d'avancer dans le bien, et cette préoccupation doit être celle des progressants, qui ont surtout pour but d'augmenter et de fortifier en eux la charité. La troisième préoccupation doit être de s'unir à Dieu de telle manière qu'on en jouisse, autant qu'il est permis ici-bas, et c'est le travail propre des parfaits. »

Cet itinéraire de l'âme vers Dieu se divise ainsi tout naturellement ; et ses étapes ou ses aspects divers portent différents noms : on distingue les voies purgative (ou purifiante), illuminative, et unitive ; on parle aussi de la réforme, de l'élévation, de la transformation de l'âme. Ces expressions ne sont pas plus claires, et désignent seulement un aspect de la vie spirituelle qui prédomine chez les commençants,

1. Cf. Puyol. *Doctrine de l'Imitation*, livr. III, p. 95.

les progressants, ou les parfaits. Toute âme se purifie, croît en vertus, s'unit à Dieu par l'amour (ou charité); mais l'une ou l'autre de ces opérations attire plus principalement ses soins, selon son état présent, et selon l'attrait de la grâce. D'ailleurs, la marche intérieure de la vie spirituelle dans un individu n'est pas rectiligne, et l'on repasse souvent par des chemins déjà parcourus : une âme des plus hautes trouvera grand profit dans le regret du péché et le sentiment de sa faiblesse et de son repentir. A l'inverse, une âme qui débute dans les voies du retour pourra être pressée d'une grande charité, et ressentir, même intensément, des mouvements d'amour pour Dieu.

Mais on comprendra que, pour exposer et raconter ce voyage, et redire l'itinéraire de l'âme vers Dieu, le mieux est d'analyser les états d'âme, les sentiments variés du pèlerin de cette odysée intime, et de les grouper suivant une marche ascendante, qui donne une idée très approchée de la réalité. Et précisément parce que les sentiments les plus élémentaires se retrouvent chez les âmes les plus hautes, les plus privilégiées, les plus comblées de grâces et de faveurs divines, il arrivera souvent que les grands mystiques peignent mieux que personne les sentiments du pécheur, du pénitent, du progressant. Leurs peintures et leurs descriptions se ressentent de la lumière et de l'amour dont ils sont inondés. Mais cette expression intensive d'un état d'âme éprouvé plus faiblement par les débutants aide cependant à mieux l'analyser chez ces derniers.

III

LES FAITS PSYCHOLOGIQUES DE LA VIE ASCÉTICO-MYSTIQUE

Dans nos deux conférences d'introduction générale [1], nous avons parlé du double aspect de ces trois phases de la vie spirituelle : entraînement ascétique, et union d'amour mystique. Nous avons aussi réservé la place de ces états plus particulièrement surnaturels, plus particulièrement mystiques, où la possession expérimentale de Dieu se manifeste de façon merveilleuse à la conscience. Nous avons dit en quel sens il était juste d'appeler mystique toute la vie chrétienne d'union à Dieu par l'amour, — et en quel sens il était juste, et opportun, de réserver ce terme. Mais ce ne peut être, disions-nous, d'une façon exclusive. Ni l'usage des langues, ni les écrits des auteurs ecclésiastiques, ni la réalité des faits ne le permettent.

Le christianisme est essentiellement une religion, d'union mystique, et de ce qu'une certaine catégorie de phénomènes sont appelés surnaturels, et mystiques, à un double titre (*reduplicative*, comme dit l'Ecole), il ne s'ensuit nullement que d'autres ne soient pas vraiment surnaturels et vraiment mystiques. Il faut laisser aux choses complexes leur complexité, et préférer ce risque-là au risque de donner, par l'illusion de la clarté, l'illusion du savoir, avec des idées sinon inexactes, du moins exclusives et incomplètes.

Sans revenir sur ce que nous avons dit ailleurs, nous pouvons chercher à préciser ce qui nous retiendra dans les études qui vont suivre.

1. *Cf. op. cit.*

L'ascétique donne des règles et des moyens pratiques d'avancement spirituel, par où s'accroissent en nous et se perfectionnent la vie morale et la vie surnaturelle; son but est de nous guider, et de nous rendre aisée la pratique, de favoriser cette union réelle et physique de Dieu dont nous avons parlé. Et cette union devient plus réelle, plus intense, plus solide, en accroissant en nous l'union de ressemblance et de conformité des volontés.

Mais cette ascèse, cet exercice, cet entraînement a pour mobile, pour moteur intime, — dans les âmes qui tendent pleinement à la vie totale pour Dieu, à la plénitude du christianisme intérieur, — l'amour. Agir par intérêt bien entendu, et par devoir, c'est bien; mais pour agir aisément, rien n'est plus puissant ni meilleur que l'amour. Les conseils pratiques de l'ascétique tendent donc à modifier notre vie affective de désirs, de sentiments, de vouloirs intimes, à la mettre de plus en plus sous l'influence de l'amour divin; à favoriser, par conséquent, l'union mystérieuse de l'âme et de Dieu, par la charité la mieux ordonnée, et de plus en plus intense.

Cette vie divine, mystérieuse, mystique, surnaturelle, que nous avons rappelée, elle peut rester hors du domaine de la conscience, s'il ne se produit « comme des explosions passagères » de ce monde intérieur de l'âme. Mais par certaines influences, par certains retentissements, elle peut, de fait, entrer dans le courant psychologique humain. Elle ne se maintiendra, depuis le plein éveil du libre vouloir dans toute la noblesse de l'être responsable, que par l'union des deux volontés, la divine et l'humaine. Car c'est ici le nœud de toute vie morale et surnaturelle; et selon la foi des chrétiens, si je veux être l'ami de

Dieu, je le deviens : je ne le perdrai définitivement que si je lui tourne, de plein gré, le dos. C'est à raffermir le pacte d'amitié, à resserrer l'union des volontés, spontanée, libre, cordiale, que se porte tout l'effort de la vie spirituelle. Et il devient clair qu'il y a bien des degrés divers dans l'intensité de cette intime union, et dans la révélation que fait de lui-même, dans la conscience, « Dieu sensible au cœur ». Ces degrés vont depuis la ferveur, et la consolation la plus humble jusqu'aux sommets de l'extase et du ravissement.

Nous n'avons pas ici à étudier les règles de l'ascèse, mais à raconter l'histoire de ses effets dans l'âme, *les étapes du progrès de l'amour*, d'où naîtra la fidélité aux devoirs, et la générosité des entreprises. Ce sont les étapes de la vie intérieure d'union à Dieu que nous avons à retracer, ce sont ses manifestations psychologiques, les faits de conscience et leur succession que nous devons analyser. Nous contemplons les résultats positifs, nous n'enseignons pas les règles pratiques pour les obtenir, nous n'exhortons pas. Notre point de vue est celui de l'étude, étude psychologique du progrès de l'union mystique, — telle qu'elle fut entendue et délimitée, dès le début, — *analyse des divers sentiments qui modifient notre vie affective, et nous unissent de plus en plus étroitement à Dieu.*

Si tu t'appuies sur ta raison et ta sagacité plus que sur la vertu dominatrice de Jésus-Christ, dit l'auteur de l'Imitation, tu n'arriveras que rarement et tardivement à l'illumination, parce que Dieu veut que nous lui soyons parfaitement soumis, et que notre amour enflammé s'élève par-dessus toute raison (liv. I, ch. XIV).

Et le célèbre et pieux auteur, si répandu parmi les chrétiens, ne cesse de proclamer la supériorité du mobile de l'amour sur tous les autres mobiles moraux[1].

L'amour est une grande chose, le grand bien entre tous les biens; seul il allège tout ce qui est pesant, et soutient avec égalité tout ce qui est inégal, dit-il au 5e chapitre du livre III, qui traite des effets admirables de l'amour divin. Et, fidèle en cela à la tradition des écoles mystiques, il revient, sans se lasser jamais, sur ce thème de l'incomparable grandeur, et de l'efficacité souveraine de l'amour.

Rien de plus doux que l'amour, rien de plus fort, rien de plus haut, rien de plus large, rien de plus agréable, rien de plus rempli, rien de meilleur au ciel et sur terre... Il vole, court, se réjouit, celui qui aime; il est dégagé et sans liens... Il donne tout pour tout, il a tout en tout... Souvent l'amour ignore la mesure, mais il est fervent sans mesure. L'amour ne sent pas le poids, il ne tient pas compte des labeurs, il aspire à plus qu'il ne peut atteindre. Il n'allègue pas l'impossibilité, parce qu'il estime que tout lui est possible et permis. Aussi est-il capable de tout, et il accomplit beaucoup, et il donne suite à son affection, tandis que celui qui n'aime pas défaille et succombe. L'amour veille, et même en dormant il ne sommeille pas; fatigué il n'est pas lassé; lié il n'est pas entravé; effrayé il n'est pas troublé; et comme une vive flamme, et une ardente étincelle, il s'élance en haut, et passe avec sécurité... L'amour est viril, et ne se cherche jamais lui-même. En effet, dès qu'on se recherche, aussitôt on déchoit de l'amour.

Il ne faudrait pas croire que cet amour tant prôné soit une sensiblerie oisive et jouisseuse : c'est une charité, c'est une dilection pratique et efficace, qui arrache l'âme à tous ses dérèglements, qui la déprend de ses attaches égoïstes, qui lui fait exercer toutes les

1. Cf. Puyol. *Doctrine de l'I. C.*, liv. VIII, pp. 399, 402.

vertus, et qui l'unit enfin dans une douce paix au Souverain Bien, à la Souveraine Beauté, au Souverain Amour, au Dieu vivant. La croissance de la charité suppose donc l'exercice continuel de notre volonté, pour la conformer de plus en plus parfaitement aux volontés divines. De la sorte se réalise toujours davantage la communication, de plus en plus riche et profonde, de la Divinité dans l'âme : et la vie surnaturelle, la vie morale, la vie mystique intérieure sont ainsi liées et harmonisées dans un même développement.

Venons-en à une comparaison, qui rendra cette vérité plus facile à comprendre, selon saint Jean de la Croix dans *la Montée du Carmel.*

Lorsque le soleil donne sur les vitres d'une fenêtre, si le verre a des taches noires et fort épaisses, les rayons ne peuvent le pénétrer, comme ils le pénétreraient s'il n'y avait point de taches; cependant ce n'est pas le soleil qui manque à éclairer le verre, mais c'est le verre qui manque à recevoir les rayons du soleil. Que si le verre est tellement plein de lumière qu'il ne paraisse plus qu'un rayon, quoiqu'il soit de nature et d'une substance différentes de la nature et de la substance du rayon, nous pouvons alors l'appeler un rayon, par la participation de la lumière que le soleil répand sur lui, parce que son éclat ne semble être que la lumière même du soleil.

Ainsi l'âme est devant Dieu comme un verre; la lumière de l'essence divine rejaillit continuellement sur elle, ou, pour mieux dire, elle demeure en elle de la manière que nous l'avons expliqué. Lors donc que l'âme se met en état de recevoir cette lumière, en se purifiant des plus petites souillures, et en unissant sa volonté à celle de Dieu par un parfait amour, elle est toute remplie des rayons de la divinité, et toute transformée en son Créateur. Car Dieu lui communique surnaturellement son être, de telle sorte qu'elle a ce que Dieu a, et que tout ce qui est à Dieu et tout ce qui est à l'âme semble être une même chose par cette transformation. On pourrait même dire que l'âme paraît être plus Dieu, par cette participation, qu'elle n'est âme, quoiqu'il soit vrai qu'elle retient son être, et que son être est distingué de l'Etre divin, comme le verre est distingué du rayon qui l'éclaire et le pénètre. Il est facile d'inférer de là, que la grande pureté et l'amour parfait sont les dispositions nécessaires pour unir l'âme à Dieu, et pour la transformer toute en lui.

Il reste à montrer comment nous grouperons les descriptions des phénomènes, des faits de conscience de cette vie intérieure. Car, réservant les dicussions critiques de toutes les questions,psychologiques, physiologiques, théologiques, qui peuvent être soulevées, nous nous bornerons à prendre contact avec les faits. Il est excellent de les connaître avant de disserter et de critiquer. Et pour rendre cette première étude plus une et plus attrayante, pour monter comme nous l'avons promis l'aspect esthétique de la vie spirituelle, nous l'envisageons comme une sorte de poème intérieur, que nous aideront à reconstruire tous les grands maîtres, rangés autour des noms fameux d'Alighieri et Loyola, de Dante et de saint Ignace, en leurs œuvres synthétiques.

(1) Voir à l'Appendice I des remarques sur l'œuvre de saint Ignace, et à l'Appendice II des remarques sur l'œuvre de Dante, et en particulier sur la traduction de Fiorentino que la Maison Hachette et Cie a éditée, et à laquelle elle nous autorise gracieusement à emprunter nos citations.

LE POÈME DE LA CONSCIENCE

ALIGHIERI ET LOYOLA. LA DIVINE COMÉDIE ET LES EXERCICES

Il sied ici de parler de poésie. — Les faits de conscience, dont nous parlons, peuvent être envisagés dans leur série entière, comme les étapes d'une histoire, d'un poème. (Voir Introduction générale : en quoi œuvre de science, en quoi œuvre d'art.) — Pourquoi ces deux noms, comme réalités ou comme symboles. — Comment *les Exercices* et *la Divine Comédie* peuvent être rapprochés et nous aider à grouper, dans une même unité, des peintures d'âme sur lesquelles, plus tard, nous pourrons revenir. Ce sera une aide pour la critique à venir. — Vue générale de ce poème de la vie intérieure.

I

POURQUOI POÈME : POÉSIE DE LA DESTINÉE

Il ne peut sembler étrange que nous parlions de poésie de la vie spirituelle, de poème de la conscience. A vrai dire, une âme investie du sentiment de la destinée me semble par là renouvelée, et touchée par le génie des grands poètes. Quand Pascal, le géométrique Pascal, les yeux fixés au ciel, sonde du regard la voûte mystérieuse et profonde, et murmure : « le silence éternel de ces espaces infinis m'effraie », ne sentons-nous pas un cœur de poète? Et c'en est un! Poète de poésie haute et belle, non de celle qui se contente d'une vaine cadence de syllabes, mais de cette grande et supérieure poésie qui est dans les choses, et que perçoit toute âme belle, douée de sentiment et d'imagination. Qu'il abaisse son regard sur l'homme « égaré dans ce canton détourné de la nature », et contemple ce « roseau pensant » ; ou bien qu'il lève la tête vers les cieux, qu'il regarde « cette éclatante lumière mise comme une lampe éternelle pour éclairer l'univers », et qu'il écoute « le silence éternel des espaces infinis », Pascal s'émeut dans son âme, il est soulevé, il éprouve et il exprime la grande poésie du mystère, de l'infini de la destinée.

Et, pour ne point le détacher du chœur de ses pareils, il rejoint ceux que j'appellerai les littérateurs de l'éternité ; nommons quelques grands noms de l'antiquité, du Moyen-Age, et des temps modernes, Lucrèce, Dante, Lamartine, Musset. Placez en face du même spectacle ces âmes de haut vol, mettez-les devant une voûte étoilée, en présence de cette clarté sereine, limpide, profonde, qui fait soupçonner des espaces infinis derrière les mondes que nous pouvons entrevoir, le même sentiment va les envahir. Lucrèce contemple les astres :

> ... suspicimus magni cœlestia mundi
> Templa, super stellisque micantibus æthera fixum,

et la pensée de Dieu s'impose à lui :

> Ne quæ forte Deum nobis immensa potestas
> Sit.

Il se sent dès là moins assuré d'avoir dénoué le terrible problème de l'origine et de la destinée :

> Ecquænam fuerit mundi genitalis origo
> Et simul ecquæ sit finis.

Et le silence éternel de ces espaces infinis le fait aussi lui trembler :

> ... cui non animus formidine Divum
> Contrahitur.

Plus tard, en cette Italie de l'épicurien Lucrèce, Dante Alighieri, emporté par l'inspiration et la foi chrétienne, se fait le hardi voyageur des sphères éternelles. Du regard il pénètre plus avant que les autres. Les espaces infinis n'ont plus pour lui de silence, ni de mystère, et le sourire de sa Béatrix en dissipe tout l'effroi. Mais, comme les autres, il ne se lasse point des merveilles de l'infini. De visions en visions, appuyé sur Virgile, son doux maître, guidé par des anges aux ailes radieuses, aux figures plus éblouissantes que les rubis et les saphirs, ou bien les yeux fixés dans les yeux de Béatrix, il ne s'arrête point qu'il ne soit parvenu à percer le dernier rayon de l'éternelle lumière. Mais ses paroles sont impuissantes à nous en retracer l'éclat. « Tel qu'est celui qui voit en rêvant, et qui après son rêve garde l'impression produite sans que le reste lui revienne à l'esprit, nous dit-il, tel je suis : car presque toute ma vision a cessé, et si je me sens distiller dans le cœur la douceur qui naquit d'elle, ainsi la neige fond au soleil, ainsi se dispersent au vent sur des feuilles légères les décrets de la sybille. »

Les modernes, au cœur souffrant, à l'esprit sceptique, ne peuvent pas non plus « passer comme un troupeau les yeux fixés à terre » ou « regarder le ciel sans s'en inquiéter ». Non, ils subissent la même fascination du silence éternel des espaces infinis. L'infini les tourmente, qu'importent tous les vains systèmes. Philosophies ou positivisme laissent l'esprit muet et le cœur froid devant le grand problème humain.

Et, convertis d'hier ou d'avant-hier, nos contemporains les mieux doués semblent nous répéter le mot du pauvre Musset :

Malgré nous vers le ciel il faut lever les yeux.

Mais comment, dans ce concert des poètes de l'éternité, devant l'infini des cieux ou de la destinée, n'écouterions-nous pas la voix de Lamartine s'adresser à Dieu même :

... Quand l'aube, agitant son voile dans les airs,
Entrouvre l'horizon qu'un jour naissant colore
Et sème sur les monts les perles de l'aurore,
Pour moi c'est ton regard qui, du divin séjour,
S'entrouvre sur le monde et lui répand le jour.
Quand l'astre à son midi, suspendant sa carrière,
M'inonde de chaleur, de vie et de lumière,
Dans ses puissants rayons qui raniment mes sens,
Seigneur, c'est ta vertu, ton souffle que je sens ;
Et quand la nuit, guidant son cortège d'étoiles,
Sur le monde endormi, jette ses sombres voiles,
Seul au sein du désert et de l'obscurité
Méditant de la nuit la douce majesté,
Enveloppé de calme, et d'ombre, et de silence,
Mon âme, de plus près, adore ta présence.

Nous l'entendons, la même admiration religieuse saisit ces hommes. Ils nous apparaissent le regard tendu vers les cieux, comme on voit, dans les miniatures de Fra Angelico, des figures d'anges et de bienheureux, se pressant en longues files dans une attitude contemplative, perdus dans une muette extase, baignés d'une pure lumière, les yeux levés et comme fixés sur un centre dont ils ne peuvent se détacher. Ils sont comme soulevés, comme entraînés en haut, on dirait qu'ils ne touchent plus à la terre. Ainsi font nos poètes. Les mêmes accents s'échappent de ces poitrines en face de l'infini, ou mieux leurs diverses notes sont dans un merveilleux accord : ainsi, dans un chœur, les voix, de timbres variés, d'inégale étendue, attaquent un même air à des octaves différentes, ces nuances diversifiées à l'infini concourent à la beauté de l'ensemble : tantôt les voix se marient, éclatent en accords, tantôt se fondent harmonieusement dans un unisson puissant et grandiose.

Nous pourrions dire que toute poésie intérieure véritable, toute grande poésie est là, dans le problème de la destinée humaine envisagée par une âme qui s'en émeut.

L'humanité, disait Sainte-Beuve, porte au flanc cette blessure, un besoin toujours inassouvi que la lyre doit célébrer : en un mot, tout ce qu'Eschyle pressentait dans le Prométhée, tout ce que Shakespeare a peint dans Hamlet, ce pourquoi dont Manfred demande la solution à l'univers, ce doute que Faust cherche à combler par la science, Werther par l'amour, don Juan par le mal, ce constrate de notre néant et de notre immortalité sont des sources d'éternelle poésie qu'on ne peut épancher sans remuer le cœur de l'homme.

II

LE POÈME ET LES POÈTES DE LA VIE INTÉRIEURE

S'il en est ainsi, n'avons-nous pas raison de nous ingénier à *découvrir en son entier le poème des sentiments* que doit vivre une âme, tellement pénétrée de la présence de Dieu, et de son union cordiale avec lui, qu'elle en cherche les moindres traces ? Et si nous parlons simultanément, pour peindre la vie spirituelle, de Dante et de saint Ignace, d'Alighieri et Loyola, ce n'est pas un pur jeu de l'esprit de juxtaposer ainsi le génie du poète et le génie du saint.

Dans le livre même des *Exercices*, aux notations si brèves, nous trouverons peut-être de quoi guider cette étude du poème de la conscience et de son expression littéraire. Le bienheureux Père Ignace, en effet, dans les conseils intitulés *Secundus orandi modus*, recommande de s'arrêter aux comparaisons que nous trouvons, ou qui s'offrent à nous, dans la prière : *Consistat quamdiu invenit... comparationes, gustum*. Le Père Roothaan attire là le regard de notre âme. Interprète des plus autorisés de la pensée des *Exercices*, il a jugé bon de ne pas nous laisser passer légèrement. Ces comparaisons, ces similitudes sont en effet, nous dit-il, d'un grand prix dans l'usage de l'oraison : non pas à seule fin de nourrir le goût, la délectation spirituelle, mais aussi d'apporter des fruits de perfection. Elles furent presque toujours familières aux saints les plus adonnés à la prière. Il y a plus — je cite le texte même, — *consuetum videtur Divino Spiritui per eas potissimum animam illustrare ac docere,* elles rentrent dans la méthode divine.

Ces habitudes du divin magistère de l'Esprit Saint, ce soin qu'on nous prescrit de ne point passer comme en courant, mais d'insister sur ces illustrations intérieures, tout cela tend, il est vrai, surtout au progrès dans les voies spirituelles. Cet usage des similitudes ouvre aussi, à l'étude littéraire de la spiritualité, une veine pleine de promesses. Il semble que les beautés esthétiques du mysticisme chrétien, — beautés, intimes, secrètes, cachées, — seront par là plus facilement mises au jour sous une forme accessible, littéraire, et digne de l'œuvre d'art dont nous parlions dans une introduction générale.

Cette persuasion grandira, si nous étendons le sens du conseil sans le détourner. Ces illustrations mentales, ces similitudes, nous les retrouvons dans les écrits des saints et des mystiques : elles nous révèlent des harmonies, entre le monde sensible et le monde invisible où nous nous efforçons de vivre par le cœur : elles peuvent sans doute nous éclairer, nous catholiques, nous consoler, comme elles en ont éclairé et consolé d'autres. Mais aussi un artiste, ou un ami de la psychologie, peut admirer et découvrir là des beautés d'un ordre supérieur.

De plus, si nous admirons une à une ces lumières du ciel, prenant corps dans une image, sous un voile moins épais que de coutume, ne pourrons-nous pas aisément grouper ces beautés de détail ? Comparaisons, allégories, symboles, visions, depuis la similitude goûtée dans une méditation commune, jusqu'aux illuminations des âmes de plus haut vol, toutes ces beautés, disséminées dans les écrits des Saints, se réfèrent sans nul doute aux divers instants, aux divers aspects de la vie spirituelle. En prenant souci de ne point voltiger à la légère, mais de recueillir peu à peu ces perles précieuses, ne pourrait-on les enchâsser, les relier dans une sorte de commentaire littéraire des *Exercices*, je dirais une récollection perpétuelle étendue à toute l'histoire de l'âme qui se transforme sous l'action de la grâce ? On en pourrait tirer, ce semble, de bons traits pour retracer comme l'épopée de l'amour divin, l'esquisse d'un poème ineffable tracé par le doigt de Dieu dans les âmes.

D'ailleurs *les poètes n'ont pas manqué non plus à*

cette entreprise vraiment haute et belle. Une poésie sublime ne jaillit-elle pas comme spontanément du cœur des grands saints? Saint François d'Assise, le bienheureux Jacopone, sainte Thérèse, saint Jean de la Croix sont devenus poètes et poètes lyriques, par la force même de l'amour mystérieux qui les enflammait. « Je connais une personne », disait sainte Thérèse, à propos des divines violences, « qui, pour exhaler ses plaintes, faisait sur-le-champ, sans être poète, des couplets pleins de sentiment. » Voilà certes un genre de poésie qu'il nous appartient de revendiquer, et de prôner, s'il en est digne.

Mais ces cris de l'âme, ces épanchements, ces célestes ardeurs, ces brûlantes confidences des amants de Dieu nous laissent seulement entrevoir quelques échappées sur le monde surnaturel où vit leur cœur. Un grand poète peut nous aider à suivre du regard, vous le savez, tout le développement de cette action divine dans les âmes. La trilogie dantesque renferme en effet le même cycle que la trilogie sacrée des ascètes.

III

L'ALLÉGORIE DE LA DIVINE COMÉDIE

Quel est, en effet, d'après les commentateurs les plus autorisés, le sens vrai de la *Comedia*, et, nous bornant à l'aspect moral et religieux, quelle est la marche de l'allégorie qui l'exprime ?

Au milieu du chemin de la vie, Dante avait quitté la véritable route : gagné par un sommeil funeste, il était entré sans pouvoir dire comment au milieu d'une forêt obscure. L'apparition de monstres hideux vient glacer ses sens, la solitude l'effraie, le découragement le gagne, quand paraît devant lui le grand Virgile, image de la poésie et du génie, de la raison, de la sagesse naturelle, mais génie éclairé déjà d'un rayon céleste, car Virgile est envoyé par Béatrix. Du séjour des joies éternelles, Béatrix a vu son fidèle poète égaré sur la plage déserte : Marie, reine de miséricorde, et Lucie, symbole de la grâce divine, l'ont engagée à le secourir, et Virgile a été envoyé vers le pèlerin égaré.

A la suite du poète de Mantoue, le poète florentin quitte l'affreuse forêt. Mais, pour en sortir, il doit parcourir d'abord la cité de l'éternelle douleur, créée par celui qui est juste, élevée par la divine puissance, la souveraine sagesse et le premier amour. La race damnée s'étonne de voir errer dans le royaume de la mort cet homme qui n'a pas vu encore son dernier soir, et lui, s'approchant de chaque âme maudite, et l'interrogeant, s'instruit de la Justice de Dieu. Il regarde, il écoute, éperdu, transi de crainte, suspendu entre la vie et la mort, — jusqu'au moment où il passe dans un autre hémisphère et où l'aspect serein du ciel recommence à charmer ses yeux : il est au pied de la montagne des expiations.

Les larmes que Dante a répandues en contemplant les punitions du péché ont souillé ses joues : Virgile le conduit dans une prairie où la rose étincelle au soleil : il étend ses deux mains ouvertes sur le gazon, puis les reporte sur le visage de Dante, et y fait revivre les couleurs que les vapeurs d'enfer avaient chassées.

Fatigué de la marche, le voyageur se laisse vaincre au sommeil. Mais à l'heure où l'hirondelle commence ses plaintes du matin, une femme vient sur les fleurs dont la vallée est couverte, et dit : « Je suis Lucie : laissez-moi prendre celui qui dort, je l'aiderai ainsi dans son chemin. » Lucie, la grâce divine, enlève donc le poète et le dépose sur le flanc de la montagne à la porte même du Purgatoire. Il doit, en le traversant, s'instruire et se purifier encore. Il se jette aux pieds de l'Ange qui garde le seuil de diamant, et se frappe trois fois la poitrine. De la pointe de son épée, l'ange lui grave sept fois la lettre P sur le front, et : « Quand tu seras entré, dit-il, tâche de laver ces blessures. » Les lettres mystérieuses disparaissent en effet une à une, à mesure que Dante traverse les sept cercles où sont punis les péchés; et le pèlerin arrive enfin au sommet de la montagne, dans le jardin de délices où fut, au commencement du monde, placé l'homme innocent.

Là coule un fleuve de nectar, et sur ses rives une femme chante en cueillant des fleurs : *Beati quorum tecta sunt peccata.* Là de ses mains habiles, Lia, image de l'action, cueille des fleurs, tandis que la belle Rachel, sa sœur, se repose dans la contemplation. Là paraît le char de l'Église, traîné par les quatre animaux mystérieux. Là dansent en rond trois femmes, dont l'une est si éclatante qu'à peine la distinguerait-on du feu, l'autre est de la couleur de l'émeraude, la troisième est blanche comme la neige fraîchement tombée. Là enfin est Béatrix vêtue d'une robe étincelante comme la flamme, couverte d'un voile blanc et couronnée d'olivier. Elle invite son poète à la suivre par des chemins plus élevés.

Il a vu tout ce que peut voir le génie humain soutenu de la grâce, la raison humaine ne peut le conduire plus loin : Virgile a même disparu lorsque s'est avancé le char sacré. Il va maintenant en quelque sorte participer au bonheur des âmes que réjouit l'éternelle vision de Dieu. Ce qu'il racontera désormais ne pourra être compris que par ceux qui aspirent dès ici-bas vers le pain des Anges, pain qui nourrit déjà sur terre, mais qui ne rassasie qu'au Paradis.

La soif du Ciel emporte Dante et Béatrix; Béatrix regarde en haut, et Dante regarde en elle, et tous les deux s'élèvent vers l'éternel amour, d'un mouvement droit et rapide, comme celui de la flèche, tandis que la corde qui la lance vibre encore. Près d'eux, les âmes bienheureuses, tourbillons de lumière ou guirlandes de roses, tournent d'un mouvement rapide et toujours égal autour de leur centre éternel. En passant d'une sphère à l'autre, Dante sent grandir sa fidélité et son désir : car l'âme dans la contemplation des choses célestes se transfigure, s'illumine, s'enflamme et brûle de s'unir à Dieu. Mais pour qu'il jouisse de cette vision ineffable, pour qu'il puisse plonger un regard jusque dans l'essence infinie, il faut que l homme soit élevé au-dessus de lui-même, que ses yeux s'ouvrent à une lumière nouvelle.

Béatrix disparaît soudain, et Dante voit près de lui le prince de la théologie mystique, le fidèle serviteur de la Reine du Ciel, Bernard. Bernard se tourne vers celle dont la beauté fait la joie de tous les saints, et, lui lançant un regard plein de tendresse, il lui demande de permettre à ce mortel de voir Celui dont la vue est notre suprême espoir, et de conserver pures ses affections après cette vision ineffable.

Les yeux que Dieu a aimés et respectés, les regards de Marie se fixèrent sur Bernard, comme pour agréer sa prière, puis se reportèrent vers l'éternelle clarté. Et le poète vit alors, dans la profonde et transparente substance de l'éternelle lumière, trois cercles, de trois couleurs et d'une seule circonférence, et l'un était reflété par l'autre, comme Iris par Iris, et le troisième semblait un feu sorti également de l'un et de l'autre. Vision que la parole humaine ne peut rendre, mais dont l'âme, désormais confirmée dans le bien, garde un impérissable souvenir! Car, dès lors, le désir et la volonté du pèlerin étaient mûs comme une roue tournant d'une manière uniforme, par l'amour qui meut aussi le soleil et les autres étoiles [1].

IV

EXERCICES SPIRITUELS ET DIVINE COMÉDIE

Cette marche du pèlerin de la trilogie dantesque est aussi celle de la vie spirituelle, et par conséquent des *Exercices* de saint Ignace. Ce *rapprochement des Exercices et de la Divine Comédie* peut paraître inattendu, et demande quelques éclaircissements.

Entre les exercices de l'ascète et les visions du poète, les différences sont aisées à relever. Saint Ignace tend à l'action, il invite l'âme à une entreprise, c'est à elle de concourir au développement de cette « divine comédie », et, pour ainsi dire, de se la jouer à elle-même, en sa vie intérieure. Dante chante pour être lu, comme un poète : il déroule devant nous de vastes fresques, ou des tableaux et des miniatures, il nous invite à voir : on assiste à sa « Comédie ».

1. Voir Scartazzini, Poletto, Hettinger, Berardinelli, Dante lui-même et les premiers commentateurs, pour s'assurer que ce soit là le sens véritable.

Le petit livre d'Ignace n'a rien de superflu, rien qui ne tende au dénouement, à faire progresser l'action, aussi vite qu'il se peut, sans hâte précipitée, avec sagesse, mais par une stratégie mêlée de vigueur et de suavité, selon des plans mûris, et le dessein unique d'être utile. Dante au contraire abonde en épisodes. Outre l'action même du poème, déjà complexe en sa double allégorie religieuse et politique, on rencontre une foule de descriptions, de détails. Nous entendons les échos de l'histoire, et des luttes politiques du XIIIe siècle. Souvent même l'abus des allusions elliptiques aux choses de son temps nous aheurte à de véritables énigmes, à d'indéchiffrables rébus : la lassitude nous prend à suivre ce dédale.

Ces oppositions, qu'il serait facile de prolonger et d'accumuler, m'invitent à proposer quelques ressemblances, qui nous feront peu à peu entrer dans l'idée et la méthode, et nous guideront désormais pour esquisser l'histoire des sentiments mystiques.

La Divine Comédie est un voyage : si le lecteur a suivi fidèlement le poète, il s'est fait avec lui le pèlerin de l'éternité, il a vécu avec lui, pendant tout ce temps, de la vie contemplative.

Arrivé au terme, il ne reste pas, il est vrai, en possession du Souverain Bien tant désiré, dont jouissent les Bienheureux. Le poète s'est transformé, s'est rendu meilleur, plus fervent ami du bien : tout pécheur qu'il est, cette vue des trois royaumes a servi à purifier, élever, unir à Dieu sa volonté. Son âme renouvelée entre, elle aussi, dans le mouvement de l'amour qui entraîne tout le ciel. Désormais son désir et sa volonté sont mûs comme tournant d'un mouvement uniforme par l'amour « qui meut aussi le soleil et les autres étoiles » (*Parad.*, *in fine*). Mais au sortir de ces extases, il va se retrouver aux prises avec les dangers accoutumés. Aussi saint Bernard a-t-il terminé sa prière à Marie pour son protégé, en la suppliant de « conserver pures ses affections après cette vision ineffable ».

En la même manière, le retraitant de saint Ignace entre pendant trente jours dans une période de vie contemplative; il entreprend un pèlerinage de sa pensée, de son cœur, de toutes ses puissances spirituelles, de toute son âme, des portes de l'Enfer aux plus hauts sommets du Paradis. Mais ce n'est qu'un voyage : on a bien soin de l'en avertir. Loin de se croire élevé à tout jamais, au-dessus des misères de la vie, et fixé au terme qu'il a contemplé et presque touché, il doit veiller à ne point dissiper l'acquit de ce temps précieux et béni. La lumière peut rapidement s'obscurcir, et toute la ferveur se refroidir; il y a même péril qu'au sortir d'une atmosphère surchauffée l'extérieur ne soit plus glacial. *Ut qui ex loco calido ad locum frigidum egreditur facile fieri potest ut cito frigefiat*, disent, dans le Directoire, les commentateurs dépositaires de l'esprit d'Ignace de Loyola.

Ce voyage a *même point de départ*, *mêmes préparatifs*, *même but final*.

Le point de départ est le même dans *les Exercices* et *la Divine Comédie* : pour employer le mot traditionnel, dans le petit livret du gentilhomme espagnol, c'est la même composition de lieu. Saint Ignace et son retraitant, — ce sont les expressions du texte — voient par la vue de l'imagination, et considèrent l'âme, enfermée dans ce corps corruptible comme dans une prison, et l'homme lui-même, exilé dans cette vallée de misère, comme s'il se trouvait égaré parmi des animaux privés de raison.(1re sem., 1er exerc., 1er prél.). — Dante et son lecteur, au milieu du chemin de la vie, se trouvent dans une âpre et redoutable forêt où des fauves viennent les assaillir. Nous relirons cette page dans un prochain entretien.

Il faut un guide à ces pauvres égarés, un maître prudent dont la sagesse, éclairée d'un rayon de la grâce, leur enseigne le droit sentier qui mène au Bien Suprême, et y dirige leur course. Dante fait la rencontre de Virgile. C'est l'image de la raison, lumière donnée par Dieu à tout homme venant en ce monde, pour éclairer la marche de l'exilé : guide naturel qui, soutenu par la grâce (Lucie, symbole de la grâce illuminatrice, et Marie la miséricordieuse Mère de la grâce, ont député Virgile), assistera le pèlerin avec une vraie sollicitude de mère. — Le retraitant sur le seuil des *Exercices* reçoit aussi les lumières de la raison soutenue par la grâce : cette lumière de la raison s'appelle « le principe, le fondement, ou la méditation fondamentale », elle accompagne l'âme bien loin dans ses ascensions vers Dieu.

Pour entreprendre ce long et parfois pénible voyage, pour suivre le guide, il faut du courage, un esprit généreux plein de libéralité envers Dieu. Ignace le dit positivement, en son court langage, avec tout l'entrain d'un chevalier, toute la précision d'un chef militaire. Pour aller à Dieu il faut se livrer à Lui tout d'une pièce, et montrer sa largeur d'âme, sa libéralité envers la divine majesté, et sa volonté très sainte [1].

1. « Intrare animo magno cutem liberalitate ergi Creatorem ac Dominum suum ut divina Majestes tam de se quam de

— Dante laisse entendre le même conseil quand il nous fait jeter un regard de dédain sur les âmes médiocres « qui vécurent sans blâme et sans éloge », âmes égoïstes, qui ne furent ni fidèles, ni rebelles à Dieu, mais qui furent pour elles-mêmes, et déplurent tout ensemble à Dieu et à ses ennemis. — *A Dio spiacenti ed a'nemici sui.* Devant la foule de ces nullités, ni bonnes, ni mauvaises, à qui manque un cœur grand et généreux, Virgile n'a qu'un mot : « Regarde et passe — *guarda e passa!* »

Ah ! si l'on savait ce que Dieu peut faire quand une âme s'abandonne à sa conduite ! C'est le cri des saints, des Ignace de Loyola ou des Thérèse d'Avila ! Mais, pour cela, sans fausse humilité, il faut l'humble simplicité, la confiance enfantine en la main paternelle de la Providence. — C'est ainsi que Virgile dissipe la fausse modestie, ou la pusillanimité de Dante, symbole du Pèlerin que nous sommes tous.

Paul, le Vase d'élection, fit aussi ce voyage pour réconforter cette foi qui est à l'entrée de la voie du salut. Mais moi, pourquoi y viendrais-je, ou qui me le permettrait ? Je ne suis pas Enée, je ne suis pas saint Paul, je ne suis pas digne d'une telle faveur, ni à mes yeux ni à ceux des autres.

Mais le messager de Marie, de Lucie, et de Béatrix, expose le dessein d'En-haut, et il termine par une exhortation.

Qu'est-ce donc ? Pourquoi t'arrêtes-tu ? pourquoi ouvres-tu le cœur à une si lâche crainte ? pourquoi n'as-tu ni hardiesse ni fermeté, puisque ces trois femmes bénies s'inquiètent de toi dans la cour du ciel, et que mes paroles te promettent tant de bonheur ? (*Inf.*, II.)

omnibus quæ habet disponat juxta sanctissimam suam voluntatem. » (*Annot.*, 5.)

Dès lors tout est décidé.

Comme les petites fleurs que la gelée nocturne incline et ferme, dès que le soleil les éclaire se redressent tout épanouies sur leur tige, ainsi je fis de mon courage abattu et une telle hardiesse me vint au cœur que je m'écriai en homme déterminé : ... Tu as si bien rempli mon cœur de désir par ce que tu m'as dit que j'en suis revenu à mon premier dessein. Va donc, nous n'avons à nous deux qu'un seul vouloir, tu es mon guide, tu es mon Seigneur et mon maître.

Ignace s'efforce d'inculquer à son disciple cette pleine confiance, et cette application totale à l'œuvre entreprise. Pour ce voyage, il faut se séparer de ses amis, de ses affaires, vaquer seulement aux choses de Dieu, dans la solitude. *Eo plus proficiet quo magis segregaverit se ab omnibus amicis ac notis, et ab omni sollicitudine terrena*. Libre de tout souci terrestre, on profitera d'autant plus et mieux. Le maître, — car à l'ascète comme à Virgile nous pouvons dire en ces étapes spirituelles : « Tu es mon guide ; tu es mon seigneur et mon maître » — justifie son conseil où la prudence humaine, comme de coutume, marche de pair avec la sagesse surnaturelle. L'âme, ainsi moins partagée entre diverses sollicitudes, double ses forces, c'est un motif naturel. De plus, ce sacrifice mérite devant la Majesté divine, et surtout, — goûtons ce mot magnifique — l'âme séparée de la sorte devient plus apte à approcher de son Créateur et Seigneur, à l'atteindre et, par ce voisinage et ces divins attouchements, se dispose à recueillir plus abondants les dons de la divine et souveraine Bonté[1].

Ainsi Dante, seul et planant au-dessus des vains désirs des mortels, s'applique d'un cœur plus libre

1. *Annot.*, 20.

à sa contemplation, il s'en réjouit et s'apitoie sur les insensés qu'il a quittés.

Combien sont défectueux les raisonnements qui font abaisser vos ailes vers la terre. Les uns s'en allaient au droit, les autres aux aphorismes, ceux-ci exerçaient leur sacerdoce, ceux-là régnaient par force et par sophisme ; d'autres volaient, d'autres suivaient les affaires publiques, d'autres s'épuisaient aux débauches de la chair, d'autres enfin s'abandonnaient à l'oisiveté, lorsque moi, libre de toutes ces choses je marchais vers Dieu [1].

Une *vue générale du voyage, de la marche du pèlerin* (Pilgrim's progress) [2], dans *les Exercices* et dans *la Comédie fera, plus complètement encore, ressortir les points de contact.*

Dans les Exercices, l'homme, fait pour aller à Dieu, rentre en soi-même, en contemplant sa fin et celle des créatures ; il voit son âme emprisonnée dans son corps, et s'effraie de se trouver au milieu d'animaux, de monstres ; il réfléchit sur ses péchés propres, sur le péché, cause de damnation des Anges et de tant d'autres, sur les peines de l'Enfer ; pendant ce temps les Esprits bons excitent en lui le remords, les mauvais s'efforcent de l'arrêter dans la voie du bien. — *Dans la Divine Comédie*, Dante s'aperçoit qu'il s'est égaré, il rentre en soi-même, se voit au milieu d'une forêt effrayé par l'apparition des monstres : il reconnaît ses péchés, grâce à Béatrix il échappe aux pièges des démons, et parcourt l'Enfer, voyant la manière dont le péché est puni, — et aussi le néant du monde, dont les plus grands personnages se rencontrent sur sa route.

Dans les Exercices l'homme revient à la pénitence

1. *Par.*, XI.
2. John Bunyan. *Pilgrim's Progress.* — Voir *De Dante à Verlaine* (Plon, 1897). Ch. II. Dante, Spenser, Bunyan, Shelley.

et commence tout ensemble à s'éclairer et à se purifier. Il se purifie en contemplant N. S. lui-même et en voyant en lui le modèle de la parfaite sainteté. Il s'éclaire en même temps, s'attache à la suite de J.-C., apprend à connaître l'intention de N. S., et l'intention du chef des ennemis. Il entrevoit diverses manières de servir Dieu, s'adonne aux vertus, il est consolé par les anges. — *Dans la Comedia,* Dante tombe enfin aux pieds de l'Ange qui le marque du signe de la pénitence, il continue à se purifier, en voyant la punition des fautes légères. A chaque cercle du *Purgatorio*, l'exemple de quelque mystère de la vie de N. S. et de la Sainte Vierge est mis en opposition avec le péché qu'on expie. Dante s'éclaire ainsi, et voit enfin dans une mystérieuse apparition le char de l'Église, l'intention de N. S., la lutte qui se poursuit sans relâche entre les deux étendards qui se partagent le monde. Les Anges chantent et consolent les âmes. Les Vertus, Rachel, Lia viennent au devant du poète.

Dans les Exercices, l'homme s'affermit dans l'amour de N. S. en voyant ses souffrances, se purifie de nouveau et plus complètement de ses péchés, et commence à vivre d'une vie nouvelle mieux réglée. Enfin il voit le triomphe de N. S. L'humanité jusque-là voilait la divinité. Ici la divinité se manifeste de toutes les manières. La Croix glorifiée est entrevue comme instrument du triomphe ; les apparitions de N. S. à sa mère, aux apôtres, à Madeleine, montrent comment il se communique à chacun. — *Dans la Comedia,* après avoir contemplé, dans la dernière Vision du Purgatoire, l'arbre d'Adam et l'arbre de la Croix, Dante se purifie une dernière fois, se plonge dans le Léthé, et est prêt pour le voyage du ciel. Là il voit N. S. se manifestant de diverses manières aux âmes. Tout est joie, gloire, amour ; rappelons-nous le Triomphe de la Croix, le Trône de la Vierge, le Ciel Rose immense où les Anges montent et descendent comme des abeilles.

Enfin *les Exercices* s'achèvent par la contemplation de la Beauté suprême de Dieu qui fixe l'homme dans l'amour, — qui fait tourner le Ciel entier autour de ce premier moteur. Ainsi fait *la Divine Comédie.*

Dante et saint Ignace, Alighieri et Loyola, le rapprochement n'est donc pas si forcé qu'on l'eût pu croire tout d'abord. Et le sujet a vraiment son intérêt, pour tous, croyants ou incroyants. On étudie bien l'influence de l'amour profane : genre érotique ; pourquoi pas l'amour de Dieu, l'union intime de l'âme avec Dieu : genre mystique. Saint-Marc Girardin fit jadis un cours de littérature dramatique, où il étudiait l'expression des passions humaines.

Psychologie intéressante assurément. Pourquoi n'étudierions-nous pas les affections de l'âme surhumaine pour ainsi parler, pourquoi ne rechercherions-nous pas dans les littératures, expressions de l'âme, les traces des passions que j'appellerai divines, puisqu'elles ont Dieu pour objet, et pour auteur ?

Certes la supériorité de Dante éclate dans une œuvre de génie : admirable conception, hardiesse, grandeur et unité de l'œuvre, imagination puissante qui peint en traits vifs, en des tableaux comparables à ceux des prophètes, et des saints favorisés de communications divines. Ces dons sont manifestes. Mais ils ne suppléent pas à tout ; ils ne suffirent pas à faire resplendir la flamme de l'amour de N. S. si belle quand elle jaillit de l'âme des saints. N. S. a sa place, sa grande place, dans *la Divine Comédie*, il a son histoire, des symboles qui le représentent, mais Dante n'en parle pas comme les saints [1]. La personne humano-divine demeure, à mon gré, trop voilée. Aussi nos *Essais sur le poème mystique de la conscience* gagneront beaucoup à se compléter par les écrits des saints, et des poètes mystiques qui ont chanté telle ou telle phase merveilleuse de leur vie surnaturelle.

Il ne nous reste plus qu'à entreprendre ainsi *l'Itinéraire de l'âme vers Dieu*, à relever minutieusement les faits psychologiques, et à les enchaîner, à les dérouler dans leur netteté et leur beauté. Plus tard seulement, après cette œuvre où apparaît l'esthétique de la vie intérieure, nous utiliserons cette connaissance des faits pour une critique plus exclusivement philosophique et scientifique.

1. *Par.*, XII. N.S. est pourtant là appelé *nostro diletto*.

NOTA. — Parmi les *Poètes de la Destinée*, j'ai naguère signalé le poète CHARLES RECULOUX, breton d'origine, ancien capitaine au long cours, fils du commandant Reculoux. Ame élevée et même religieuse, qui se dit et se croit incroyante, il méritait une étude. *Jamais*, *les Horreurs*, *le Vagabond*, et plus encore l'œuvre inédite, sont d'un vrai poète : poète celte, sensitif, et rêveur philosophique plus que philosophe. Je voudrais retracer quelque jour encore, ce profil d'oiseau de mer, mélancolique comme nos grèves de Bretagne, mais évoquant, comme elles, l'infini.

PREMIÈRE PARTIE

LA CONVERSION

Et nous n'étions pas nés, et cependant nos âmes
Flottaient sur le noir Golgotha,
Quand, se purifiant de souillures infâmes,
La pécheresse sanglota.
O ma sœur, j'étais là quand tes larmes sincères.
Coulèrent sur le Dieu meurtri,
Et j'apportais ma part lugubre de misères.
Dans tes sanglots j'ai mis mon cri !

LUD JAN. *Madeleine.*

Nous suivrons désormais la marche du pèlerin qui cherche l'Union divine.

Ouvrons *la Divine Comédie* à la première page :

Au milieu du chemin de notre vie, je me trouvai dans une forêt obscure, car j'avais perdu la bonne voie. Hélas ! que c'est une chose rude à dire, combien était sauvage et âpre et épaisse cette forêt dont le souvenir renouvelle mon effroi ! Elle est si amère que la mort l'est à peine davantage.

C'est dans l'égarement du péché que se trouve le voyageur, et tandis qu'il veut reprendre la bonne route, et gravir le sentier du devoir et de la béatitude, il rencontre de terribles ennemis.

Et voici, presque au commencement de la montée, une panthère très agile et très vive qui était couverte d'une peau tachetée ; elle ne s'écartait pas devant moi, et barrait tellement mon chemin que plusieurs fois je fus tenté de retourner en arrière.

C'était l'heure où l'aube commence, et le soleil s'élevait, entouré de ces étoiles qui brillaient avec lui lorsque l'amour divin donna pour la première fois le mouvement à ces belles choses ; et la 'peau nuancée de la panthère, l'heure du jour et la douce saison m'étaient un présage de bonne espérance : mais non pas au point que je ne fusse effrayé par la vue d'un lion qui m'apparut ; il semblait venir à moi la tête haute et avec une faim si pleine de rage que l'air paraissait en frémir.

Puis je vis une louve qui, dans sa maigreur, paraissait chargée de tous les désirs, et qui a fait vivre bien des gens misérables. Elle me donna tant d'engourdissement par la terreur qu'elle lançait de ses prunelles que je perdis l'espérance d'atteindre le sommet.

La volupté, l'orgueil et la cupidité sont ainsi symbolisés, selon l'usage très fréquent, pour peindre les passions dominantes des hommes. De grands et populaires missionnaires, comme saint François de Hieronimo ou saint Léonard de Port-Maurice, comparent les villes habitées par des pécheurs à des déserts peuplés d'animaux sauvages. C'est que le péché ravale l'âme à la vie purement naturelle, animale en ce sens, — et pis que cela encore, il déchaîne toutes les impulsions, toutes les passions animales. Cet éperdu de voluptés, nous disent les mystiques, est-ce un homme ou n'est-ce pas plutôt un vampire sans raison ? Tel est un paon pour son orgueil, il se complaît à être admiré en faisant la roue : tel autre un renard qui tend des embuches aux autres. N'est-ce pas un loup celui qui a soif du sang de la vengeance, et une vipère le perfide qui distille le poison de la haine ? Joignez-y ceux qui sont plus impitoyables que les tigres, plus voraces que les vautours, plus immondes que les reptiles des marécages. Et pour emprunter le mot énergique et concis de Dante, le pécheur vit non en homme, mais en bête.

Tel est le sens de ce tableau où le peintre représentait Diogène, le fameux philosophe cynique, armé de sa lanterne, et répétant : « Je cherche un homme ! » tandis qu'autour de lui, sur la place publique, se pressaient les symboles parlants, ceux-là mêmes dont nous venons d'entendre caractériser les vices du pécheur [1].

1. On trouverait dans Edgard Poe des peintures des vices par symboles expressifs d'horreur. — Lire aussi Flaubert, *la Tentation de saint Antoine.*

NOTA. — Nous citerons généralement *la Divine Comédie*, d'après la traduction en prose due à *Pier-Angelo Fiorentino*, et publiée par la maison Hachette. On trouvera à la fin de ce volume, à l'Appendice, note II, une appréciation élogieuse de cette œuvre, et les motifs de notre préférence. La prose de Fiorentino concise, et serrant le texte toscan de près, nous plaît mieux que d'autres, mieux que les vers de M. de Margerie. Et je remercie très sincèrement la maison Hachette, qui a gracieusement autorisé ces emprunts. C'est intelligemment contribuer au bien commun.

CHAPITRE PREMIER

Sentiments du péché, du remords, de la confusion. — L'Ame-inferno.

L'âme égarée. Dante, *Inf.*, I. — Tableau de Prudhon au Louvre. — Victor Hugo : La Conscience. — Les Prisons de Paris. — Macbeth. — Durtal. — L'âme-inferno : Lucrèce, Bossuet, Jacopone de Todi. — Jugements des saints et des mystiques sur eux-mêmes : Paul, Augustin, Bonaventure, Ignace ; Thérèse, Angèle de Foligno, etc. — Sentiments de confusion.

I

L'AME PÉCHERESSE : LE REMORDS

C'est ici le point de départ de tout le poème intime de l'âme. L'état du péché, nous n'avons pas à le peindre et toute la littérature profane ne s'en charge que trop, car le roman et le théâtre ne vivent guère que de ces tableaux. Plusieurs, même des meilleurs, se font parfois de singulières illusions, quand ils prétendent par là aider et justifier le christianisme. Il y a des remèdes qui, neuf fois sur dix, tuent le malade : on aura beau me vanter leur mérite, je reste en défiance. Toutefois, sous certaines réserves, et pourvu que l'impression finale ne soit point séductrice, alléchante, dangereuse, on ne peut nier que le mal, le péché, la tentation n'aient une place à tenir dans les scènes de la vie morale, que le roman ou le théâtre analysent. Rien n'est plus tragique que ces ravages du péché dans une âme.

Cette lèpre ne respecte rien ; parfois d'un coup soudain, parfois par de lentes morsures, ses plaies rongent tout, et dévorent tous les biens du corps et de l'âme : la santé, l'honneur, la beauté, l'intelligence, la paix, tout pourra y passer par de naturelles conséquences. Ce peut donc être sagesse d'artiste de nous en montrer l'horreur, de la faire apercevoir et de la repousser, de la déplorer dès les premières atteintes.

Dans un tableau fameux du Louvre, le peintre nous montre, sous des lueurs blafardes,le crime blême qui s'enfuit,poursuivi par la Vérité et la Justice. Elles planent vengeresses, armées de la torche et du glaive. Il ne les voit pas, peut-être, mais l'inquiétude de son front nous dit qu'il sent leur menace, je dirais presque que leurs haleines le brûlent. Les châtiments humains ne sont pas toujours certains, car Dieu réserve son heure ; mais s'il ne perd pas toujours la santé, la fortune, la vie, l'honneur,le pécheur n'en sent pas moins sur ses talons des poursuites, qui le menacent de glisser vers des abîmes où tout se perd et se brise.

Et telle est la forêt sauvage, la *selva selvaggia*, où Dante symbolisa, fourvoyée, l'âme pécheresse. Tel est aussi le point de départ du poème de la conscience que nous voulons déchiffrer.

Pénétrons en effet plus avant dans l'âme même du coupable. Quand la faute y a pris son gîte, la paix s'envole, et le remords l'habite, avec son cortège ordinaire, le trouble, l'inquiétude, le besoin de s'étourdir, de se mentir à soi-même, tout en cherchant à tromper les autres. Cette voix de la conscience aura cent tonalités, cette morsure intérieure aura des touches bien diverses, selon le rang social, l'éducation, la culture d'âme. Mais à travers toutes ces manifestations de l'amitié blessée, légères et fugitives dans leur discret appel, ou sombres et violentes, et comme de grandes secousses qui terrassent, comme d'horribles hallucinations qui épouvantent le criminel, c'est toujours le même reproche véridique, et qui crie au coupable : « Malheur! Malheur! » ou qui le fait trembler sous le regard de Dieu.

Ce fuyard, que j'évoquais tout à l'heure, harcelé par ses souvenirs et les voix de la Vérité et de la Justice selon le tableau de Prudhon, c'est Caïn si vous voulez, c'est l'éternelle image du pécheur, même inconnu des hommes, l'image de tous ces Caïns ignorés, qui ont tremblé, qui tremblent, ou qui trembleront à la grande voix de l'Eternel. C'est lui que les peintres ont retracé, que les poètes tragiques ont mis en scène avec Oreste ou Macbeth, et ce n'est pas une fiction, c'est la vérité profonde du cœur humain qui nous saisit dans leurs œuvres, la psychologie du pécheur, traqué par le remords, et manquant sa destinée.

Ce n'est point une fiction que Victor Hugo inventa dans son poème de « la Conscience ». C'est la Bible qu'il transpose, c'est l'histoire du pécheur qu'il symbolise, quand il nous représente en ses vers « échevelé, livide au milieu des tempêtes, — Caïn qui s'est enfui de devant Jéhovah! » Tandis que sa famille épuisée goûte le repos, le sommeil ne le visite point, mais il est hanté de la vision du regard de Dieu, de la conscience qui perce les plus épaisses obscurités.

Au fond des cieux funèbres
Il vit un œil tout grand ouvert dans les ténèbres
Et qui le regardait dans l'ombre fixement.

Vainement il poursuit sa fuite sinistre. Quand il irait jusqu'aux bornes du monde, il y trouvera le même regard et le même frisson. Ni la toile des tentes, ni l'enceinte des tours, — dites, si voulez, ni la solitude, ni le tourbillon des plaisirs — n'arrachent un pécheur à lui-même : ni la vie, ni la tombe ne l'arrachent à Dieu. Contre Dieu, contre le remords, on ne mure point la porte des villes, ni la porte des cœurs ! Ce criminel aïeul, ce premier homicide, le meurtrier d'Abel, symbolise tous les autres, non seulement ceux qui ont versé le sang, mais ceux qui, par de plus coupables meurtres, ont souillé leur âme, ou ont entraîné au mal celle des autres, de leurs frères innocents. Pour eux comme pour lui, sous quelque voûte sombre, ou quelque repaire souterrain,

l'œil était dans la tombe et regardait Caïn !

Ce n'est point non plus une pure fiction, c'est l'éternelle vérité du remords que Shakespeare a si puissamment dramatisée dans Macbeth : rappelez-vous le spectre de Banquo, qui vient épouvanter cette conscience hallucinée au milieu d'un festin ; — ou lady Macbeth elle-même, qu'un tragique somnambulisme trahit. Dans sa marche, errante, hagarde, elle aperçoit sur sa main la trace, la marque du crime. « Ici, gémit-elle, est la trace et l'odeur du sang... tous les parfums de l'Arabie ne laveront pas cette petite main, oh ! oh ! » Et un soupir, un sanglot, s'échappent dans son sommeil, qui glacent le cœur du médecin, et du fidèle serviteur qui la veillent.

Non ! ceci n'est point pure fantaisie de poète. Les positivistes de nos jours ont vainement tenté d'interpréter le crime et le criminel ; il est encore aujourd'hui semblable à lui-même, et les pages consciencieuses de M. Adolphe Guillot sur les prisonniers de Paris, au XIXe siècle finissant, nous donneront la note réaliste :

Abadie avec Gilles a assassiné une femme par onze coups de couteau et l'étrangla. « Je vais vous donner, écrit-il, quelque idée sur mes rêves affreux, par lesquels vous pourrez voir si l'on souffre après le crime commis. Je me couche souffrant. Aussitôt les yeux fermés, cette pauvre femme est là, debout devant moi ; je vois sa poitrine percée des coups mortels que nous lui avons donnés, ses vêtements pleins de sang, et à terre cette mare de sang dans laquelle elle baigne ses pieds, et le même sang est après ma main ; mon poing est même fermé, et je crois tenir encore le terrible couteau à la lame sanglante qui a donné la mort à cette malheureuse femme ; elle me réclame la vie que je lui ai prise injustement. Ce fantôme se relève enfin, mais quand je lui ai promis un repentir sincère, et quand j'ai réclamé d'elle miséricorde. »

Un autre écrit : « J'ai passé une triste nuit, je croyais apercevoir, dans le coin le plus obscur du cachot où j'étais, une tête pâle, grimaçante, ayant au front un trou rouge, cela doit s'appeler le remords. » — Marchandon, à la suite de ses aveux, adresse au juge un mémoire duquel je détache ces lignes.

Dans le wagon, en retournant à Compiègne, après le crime, j'étais seul. Je me mis à pleurer à plusieurs reprises, en pensant à ce que j'avais fait ; une fois arrivé chez nous, je faisais tout pour calmer mon émotion ; la nuit, je ne dormis pas, à quatre heures on me surprit pleurant, on me demanda ce que j'avais, je ne répondis pas... Voilà le récit de mon grand malheur. J'en demande pardon à Dieu et à la justice des hommes, ainsi qu'à cette pauvre famille que j'ai plongée dans le deuil.

Et le reste !...

Sommes-nous si loin du dramaturge, du spectre de Banquo, de la tache de sang de Lady Macbeth ? Et ces grandes et classiques figures du remords, et des grands crimes, n'aident-elles point à évoquer l'âme de tout pécheur ? Car tout péché mortel est une offense de Dieu comparable, et la perte effroyable qui menace, est d'un plus grand effroi que les billots, que les potences, que les échafauds. Quelque jour, des fantômes ne se lèveront-ils pas dans l'âme du pécheur, qui l'épouvanteront ? Caïn entendait cette voix : « Caïn, qu'as-tu fait de ton frère ? » Devant chaque pécheur obstiné surgira son propre être, cet être tué par lui, et qui murmurera autant de fois que le péché mortel a tué la vie surnaturelle : « Je suis toi-même, que m'as-tu donc fait? » « Et moi ? je suis toi-même aussi. » Hélas ! se redira chacun : « Qu'as-tu fait de toi-même? » et cela pendant l'éternité.

Telle est l'âpre forêt, la *selva selvaggia* où Dante s'est endormi.

Tous ne s'arrachent pas à cette léthargie. Plusieurs, sans doute, ont tenté d'étrangler la voix de leur conscience, la muette, comme ils l'appellent. Malheur à ces consciences « cautérisées ». Leur âme silencieuse et froide apparaît plus voisine des malédictions, car cet endurcissement prépare des sans-cœur, et des monstres, quelque soit le faux honneur qu'ils recueillent parmi les hommes. Dieu se tait, il est vrai, il ne réveille pas toujours le pécheur qui le repousse, et ce silence de Dieu, son immobile patience a quelque chose d'effrayant.

C'est de ce sommeil que Dante se réveille au sortir de l'âpre et épaisse forêt dont le souvenir renouvelle son épouvante. « Je ne saurais bien expliquer comment j'y entrai, tant j'étais plein de sommeil au moment où j'abandonnai la véritable route. »

Et son réveil troublé, image de celui du pécheur, je le retrouve, avec une horreur plus tragique, dans les nuits de Macbeth. Depuis l'heure de son crime, le thane de Cawdor, le meurtrier de Duncan, croit entendre dans l'ombre une voix vengeresse : « *Sleep no more! Sleep no more!* Plus de sommeil! Macbeth a tué le sommeil! »

Que ce soit une grande clameur qui retentisse dans la tempête et dans l'épouvante des nuits, ou une très douce voix de reproche qui murmure très délicatement dans le cœur, il faut souhaiter de l'entendre ce son ami, ce langage de la conscience et du remords après la faute. Moins menaçante la voix dit encore : « Ne t'endors plus! ne t'endors pas dans ton péché! Réveille-toi de cette mort de l'âme où tu es endormi, car le sommeil de l'âme, selon le mot profond de saint Augustin, c'est l'oubli de Dieu [1]. »

II

RÉVEIL DU PÉCHEUR : L'INFERNO, IMAGE DE L'AME PÉCHERESSE. — LEÇON ET STIMULANT

Tel est bien le premier pas du poème de la conscience, du pèlerinage de l'âme vers le Souverain Bien et la Souveraine Beauté. Elle est tout d'abord réveillée et stimulée par l'horreur du mal et le remords. Puis Dante, le pèlerin symbolique, est encouragé par l'appel réconfortant de Virgile, par le messager des dames bienfaisantes du Ciel, la Vierge Marie, Lucie symbole de la grâce, et Béatrix de la sagesse surnaturelle. D'heureux attraits vont seconder leurs influences. Le goût de Dante pour Virgile, symbole ici de la raison,

1. Pour ceux que ces rapprochements intéressent : lire la scène du remords de Siméon dans l'opéra de Méhul : *Joseph*.

des vertus naturelles, de la beauté d'éloquence et de poésie, nous fait sentir comment la divine Providence use de tous ces dons créés, et comment ces attraits secondaires coopèrent au salut, sollicitent et encouragent notre marche vers le Bien.

Ainsi, pour prendre un exemple moderne, Durtal, entre toutes les causes qui ont secrètement déterminé son retour, note un atavisme d'ancienne famille pieuse éparse dans les monastères, son dégoût de l'existence et la passion de l'art.

Plus que son dégoût de la vie même, l'art avait été l'irrésistible aimant qui l'avait attiré vers Dieu. Le jour où, par curiosité, pour tuer le temps, il était entré dans une église, et, après tant d'années d'oubli, y avait écouté les vêpres des morts tomber lourdement, une à une, tandis que les chantres alternaient et jetaient, l'un après l'autre, comme des fossoyeurs, des pelletées de versets, il avait eu l'âme remuée jusque dans ses combles...

En somme, en se récapitulant, il pouvait croire que Saint-Séverin, par ses effluves et l'art délicieux de sa vieille nef, que Saint-Sulpice par ses cérémonies et par ses chants l'avaient ramené vers l'art chrétien, qui l'avait à son tour dirigé vers Dieu [1].

Ainsi le culte de Dante pour l'art de Virgile, « cette source qui répand un si large fleuve d'éloquence », est le moyen choisi pour lui faire surmonter la crainte et le découragement qui le paralysent devant les trois bêtes affreuses de nos concupiscences. « O gloire et lumière de tous les autres poètes, puissent me recommander auprès de toi la longue étude et le grand amour qui m'ont fait chercher ton livre. Tu es mon auteur et mon maître, tu es le seul dont j'aie pris le beau style qui m'a fait honneur. Vois la bête fauve

1. *Pages catholiques*, de J.-K. Huysmans, p. 49 et p. 59.

devant laquelle je recule, viens à mon secours, illustre sage, car elle fait trembler mes veines et mon pouls. »

Suivons le guide providentiel qui lui fait tenir une autre route.

Je te tirerai d'ici, en te faisant passer par un lieu éternel, où tu entendras les hurlements désespérés, où tu verras les âmes antiques accablées de douleur... Tu verras ensuite ceux qui sont contents dans les flammes, parce qu'ils espèrent monter un jour parmi les esprits bienheureux. Puis, si tu veux t'élever jusqu'à ces derniers, une âme plus digne que moi pourra te conduire, je te laisserai avec elle à mon départ.

Faisons-nous donc pèlerins, et prenons les sentiments qu'on nous suggère pour ce Souverain qui règne là-haut. « L'univers est son empire, le ciel est son royaume; là est sa cité et son trône sublime. O bienheureux ceux qu'il choisit pour ce séjour ! »

Nous sommes en marche, dans le « chemin haut et sauvage », et nous voici devant la porte de l'*Inferno*, à l'inscription fameuse.

Par moi l'on va dans la cité dolente, par moi l'on va dans la douleur éternelle, par moi l'on va chez la race damnée. La justice a guidé mon sublime créateur; je suis l'œuvre de la divine puissance, de la souveraine sagesse et du premier amour. Avant moi rien ne fut créé qui ne soit éternel, et moi, je dure éternellement. Laissez toute espérance, ô vous qui entrez !

Regardons-la bien cette porte redoutable. La sœur Mechthilde, béguine de Magdebourg, au troisième livre de son écrit « Lumière émanant de la divinité », dit avec une brièveté sublime : « J'ai vu une ville, elle a nom haine éternelle : *Ich habe gesehen ein Stadt, ihr Nahm ist der ewige Has* (III, 21). » La cité de la haine, c'est cela, et c'est affreux.

Pendant que nous admirons avec terreur, une remarque surgit utile à notre commentaire. Dans *la Divine Comédie*, dont le sujet allégorique est le retour à Dieu d'une âme pécheresse, la contemplation des peines et des récompenses de l'autre vie est en partie une figure de ce qui s'accomplit dans cette âme, en partie un stimulant qui l'excite à se convertir ou à s'unir à Dieu.

Ainsi dans l'*Inferno, l'état des damnés est une image de l'âme pécheresse de même que l'âme pécheresse est elle-même une image de l'Enfer ; et la contemplation des peines de l'Enfer instruit l'âme et l'arrache à son état de mort.*

1. — Lucrèce, dans un passage célèbre de son poème *De natura rerum*[1], pour dissiper la crainte des enfers qui étreint le cœur des hommes, donnait un sens symbolique aux supplices dont on parlait alors. D'après lui ces divers supplices ne sont qu'une allégorie des passions humaines qui trouvent en elles-mêmes leur châtiment.

Des vautours ne dévorent point le malheureux Tityos, ils ne trouveraient pas dans sa poitrine une nourriture éternelle. Mais le vrai Tityos est cet homme dont les soucis de l'amour, ou tous les autres désirs avec leurs angoisses, rongent le cœur comme autant d'oiseaux de proie. La vie offre aussi des Sisyphes aux regards : briguer les faisceaux, flatter le peuple,

1. III, 976.

faire la chasse aux honneurs, et se retirer après mainte défaite, plein de tristesse, et revenir sans cesse à la charge, n'est-ce pas comme Sisyphe rouler à grand effort, sur un mont ardu, un lourd rocher qui retombe toujours du sommet dans la plaine ? Donner toujours nouvelle pâture à notre âme, la combler de biens sans la rassasier jamais, n'est-ce pas ce que figurent les jeunes Danaïdes versant toujours une onde nouvelle dans un tonneau sans fond, et qu'on ne peut remplir? Cerbère, les Furies, le sombre Tartare, ses feux horribles n'existent nulle part, pas plus que les cachots, les coups, les bourreaux, la poix, les torches ardentes, mais la peur nous aiguillonne et nous redoutons mille fléaux. *Hinc Acherusia fit stultorum denique vita.*

Plus d'un contemporain, deux mille ans après Lucrèce, a des pensées proches parentes des siennes. Mais s'il nous aide à concevoir, un tout autre esprit nous anime. Oui, nous disons, avec les mystiques, que *l'âme du pécheur est une vivante image de l'Enfer*, car être en proie au péché c'est un enfer commencé. Mais cela n'ôte rien à la vérité des supplices trop réels que la foi nous apprend à craindre. Non que le dam qui nous dépouille de Dieu, et c'est la suprême peine, non pas même que le châtiment positif qui l'accompagne soit poix, bitume, ver rongeur, boue fétide, mais ils équivalent à tout cela : tout cela nous les fait imaginer, comme la fièvre d'un amour déçu me fait concevoir l'incendie sanglant d'un cœur à jamais dépourvu du souverain amour, vide de Dieu.

C'est en ce sens que Bossuet écrit : « Chrétiens, si vous voulez voir quelque affreuse représentation de ces gouffres où gémissent les esprits dévoyés, n'allez pas rechercher, n'allez pas rappeler les images, ni des fournaises ardentes, ni de ces monts ensoufrés qui nourrissent dans leurs entrailles des feux immortels, qui vomissent des tourbillons d'une flamme obscure et ténébreuse, et que Tertullien appelle élégamment pour cette raison « les cheminées de l'enfer ». Séparés de l'unité de l'Eglise, les pécheurs commencent leur enfer même sur la terre, et leurs crimes les y font descendre : car ne nous imaginons pas que l'enfer consiste dans ces épouvantables tourments, dans ces étangs de feu et de soufre, dans ces flammes éternellement dévorantes, dans cette rage, dans ce désespoir, dans cet horrible grincement de dents. L'enfer, si nous l'entendons, c'est le péché même : l'enfer c'est d'être éloigné de Dieu, et la preuve en est évidente par les Ecritures. »

Si vous désirez la preuve qu'en donne Bossuet, consultez le 2e dimanche des Rameaux, 3e point, et le 3e dimanche après la Pentecôte, 1er point. « Job nous représente l'enfer en ces mots : « C'est un lieu, dit-il, où il n'y a nul ordre, mais une horreur perpétuelle » (x, 22); de sorte que l'enfer c'est le désordre et la confusion. Or le désordre n'est pas dans la peine : au contraire j'apprends de saint Augustin que la peine c'est l'ordre du crime. Quand je dis péché, je dis le désordre, parce que j'exprime la rébellion. Quand je dis péché puni, je dis une chose très bien ordonnée, car c'est un ordre très équitable que l'impiété soit punie ; d'où il s'ensuit invinciblement que ce qui fait la confusion dans l'enfer ce n'est pas la peine mais le péché. Que si le dernier degré de misère, ce qui fait la damnation et l'enfer, c'est d'être séparé de Dieu, qui est la véritable béatitude, si, d'ailleurs, il est plus clair que le jour que c'est le péché qui nous en sépare : comprends, ô pécheur misérable, que tu portes ton enfer en toi-même, parce que tu y portes ton crime, qui te fait descendre vivant en ces effroyables cachots où sont tourmentées les âmes rebelles. Car comme l'apôtre saint Paul, parlant des fidèles qui vivent en Dieu par la charité, assure que « leur demeure est au ciel, et leur conversation avec les anges », ainsi nous pouvons dire très certainement que les méchants sont abîmés dans l'enfer, et que leur conversation est avec les diables. Étrange séparation du pécheur, qui trouve son enfer même en cette vie !... »

Les mystiques ne parlent pas autrement, et prennent ainsi tantôt l'Enfer pour la figure de l'âme en état de péché, et l'âme du pécheur pour l'image de l'enfer. Jacopone de Todi, ce poète franciscain contemporain de Dante, dépeint ainsi l'âme pécheresse dans un de ses chants spirituels [1]. « L'orgueil y siège sur un trône, mieux vaudrait pour l'âme loger un démon. — L'envie y étend ses ténèbres, une ombre si épaisse enveloppe le cœur, qu'on n'y voit plus vestige d'aucun bien.— Là s'allume le feu de la colère qui entraîne la volonté à faire le mal : elle va, vient et s'agite ; elle mord comme une bête enragée. — Là règne un froid sans mesure que souffre la paresse, réduite aux dernières terreurs. — L'avarice pensive est comme le ver qui ne se repose pas; elle a rongé tout le cœur à force de sollicitudes. — La gourmandise a la voracité des serpents et des dragons; elle ne songe pas qu'au lever de la table viendra l'heure de payer l'écot. — La luxure fétide, telle qu'une flamme de soufre, désole l'âme qui héberge de tels hôtes. — Venez, peuple, venez entendre, étonnez-vous de voir : hier, l'âme était un enfer, aujourd'hui Dieu veut en faire un paradis. »

1. Edition Tresatti, p. 129, liv. II, ch. XI.

2. —Déjà nous comprenons mieux ainsi *que la contemplation des peines de l'enfer instruise l'âme*, et qu'elle s'aperçoive comme au miroir. Les poètes, les mystiques, les saints ont en effet les mêmes images et les mêmes symboles pour déprécier le pécheur et symboliser l'horrible séjour des damnés.

Parfois leur langage choque même notre délicatesse. L'Alighieri semble en concentrer toute l'expressive horreur. Il nous montre l'enfer avec ses marais puants, ses plages grises et méphytiques.

Et des ombres fangeuses, dans ce bourbier, se frappaient non seulement avec les mains, mais avec la tête et la poitrine et les pieds, et se déchiraient avec les dents lambeaux à lambeaux. Et les damnés criaient, avalant la fange noire. — Plus loin les parois du gouffre sont incrustées d'une lie gluante, qui, s'élevant du fond, s'y collait comme une pâte et repoussait la vue et l'odorat. Penchés sur le fossé, dit le poète, je vis les damnés plongés dans un cloaque où les sentines humaines semblaient s'être vidées.

C'est que l'esprit de Dieu vomit le péché du pécheur, et les saints ne reculent pas devant les images violentes, pour exprimer leur mépris d'eux-mêmes, ou pour dégoûter les âmes du mal. Saint Paul se déclare la balayure du monde, et saint Ignace se contemple comme un petit être de boue, bien vil et bien faible devant le Tout-Puissant, comme un ulcère purulent, un « apostème » où le péché pullule, d'où la malice suinte comme un venin honteux. Il n'a pas de termes trop bas pour exprimer son mépris : il fait goûter et sentir en esprit des choses sales et des corruptions fétides, images de nos fanges, la sentine des péchés.

Le voilà, le pécheur, sa joue peut s'empourprer de honte, il est comme un chevalier félon, confus devant son suzerain, comme un captif chargé de chaînes devant son juge. Ainsi parle saint Ignace, et tel est l'universel sentiment des saints et des mystiques. Ils opposent leur bassesse à la souveraine Majesté, à l'incomparable Bonté de Dieu, et puisent là une connaissance pénétrante d'eux-mêmes.

Notre Seigneur enseignait ainsi à sainte Catherine de Sienne à connaître son néant et la grandeur de Dieu. « Sais-tu, ma fille, ce que tu es, et ce que je suis? Si tu apprends ces deux choses, tu seras bienheureuse. Tu es celle qui n'est pas, et moi je suis Celui qui suis. Si tu pénètres ton âme de cette vérité, l'ennemi ne pourra te tromper, et tu éviteras tous ses pièges... Ma fille, reconnais ton Créateur [1]. »

C'est le *noverim me*, *noverim te* de saint Augustin, qui proclame Dieu Souveraine Grandeur, Toute Beauté, Toute Sagesse, Toute Puissance, et le « moi » pauvre pécheur. Saint Ignace l'appelle un grand pécheur, *magnum peccatorem*, où Dieu a versé ses dons, bienfaits qui doublent le regret avec la honte, en criant la dette de l'offenseur. Saint François d'Assise demandait instamment qu'on le traitât après sa mort comme le dernier des hommes. Et il voulait qu'on l'enterrât à l'endroit où l'on portait les cadavres des malfaiteurs, ou bien sur une montagne qui était hors des murs d'Assise et que l'on appelait *colle d'inferno*, la colline d'enfer.

Comment peut naître un sentiment d'une pareille intensité, si bien qu'à première vue nous sommes enclins à le taxer d'exagération? Rien n'y est épargné dans les exercices de la vie spirituelle. On fait repas-

1. *Vie de sainte Catherine de Sienne*, par son confesseur, le Bienheureux Reymond de Capoue (Poussielgue, 1877), p. 72.

ser devant nos yeux toutes les annales de la conscience. Vous rappelez-vous l'histoire du roi Assuérus, qui se fit relire, en ses nuits d'insomnie, les annales de son règne? Le roi Assuérus n'avait pas plutôt commencé à écouter la lecture de sa propre histoire qu'il y découvrait plusieurs injustices à réparer. Ainsi nous invite-t-on à laisser, comme on a dit, « ce chroniqueur impartial qu'on nomme la conscience déchiffrer aux tablettes des jours évanouis ce que nous fûmes alors, ce que nous avons souffert, accompli, ou négligé ». On nous presse de céder à une sollicitation intérieure qui dit avec insistance et autorité : « Pèlerin, arrête-toi, fais une halte et souviens-toi. »

A la suite d'Ignace de Loyola on se remémore le péché des Anges, le péché d'Adam, le péché d'un damné pour une faute mortelle unique — que l'hypothèse se soit, ou non, réalisée, elle fait mieux concevoir la gravité, l'horreur, la malice de la faute en soi, — puis les péchés personnels, et la longue procession des souvenirs accusateurs qui peuplent la mémoire.

C'est toute la vie intérieure qui se projette ainsi devant nous par une sorte de cinématographe spirituel. Tel cet appareil qui reproduit par la projection sur un écran des suites de mouvements, des scènes animées, au lieu d'un tableau isolé, immobile. C'est un régiment qui défile, l'arrivée d'un train en gare, l'arrêt, les portières qui s'ouvrent, les voyageurs qui se dispersent, — ou la mer sur les côtes avec le flux et le reflux, les vagues qui sautent et retombent en battant les rochers. Une série d'instantanés ont été pris, et reviennent tour à tour dans le même ordre et la même vitesse, par un mouvement d'horlogerie, peut-être quinze cents pour une scène d'une minute. Ainsi en sera-t-il quelque jour de toute notre vie, nous en composons tout le tableau, détails par détails, et une sorte de miroir divin, un enregistreur précis et nécessaire, nous les remettra tous sous les yeux dans leurs enchaînements et leurs perspectives véridiques.

III

LE SENTIMENT DE CONFUSION, DE HONTE

A ce spectacle sincère, à la lumière de la conscience et à la lumière de la grâce, il faut que jaillisse la pudeur de soi, la confusion douloureuse dont l'expression nous étonne. S'il ne s 'agissait que d'un grand passionné, qui se guette et s'épie dans l'effondrement de ses débauches, les vers du poète nous remonteraient au cœur :

Ah! malheur à celui qui laisse la débauche
Planter son premier clou sous sa mamelle gauche!
Le cœur d'un homme vierge est un vase profond,
Lorsque la première eau qu'on y verse est impure
La mer y passerait sans laver la souillure,
Car l'abime est immense et la tache est au fond!...

Nous comprendrions qu'écœuré de la destinée qu'il s'est faite il se dise, fou d'illusions :

J'aurai du moins le cœur
De la mener si bas que la honte l'en prenne!

ou encore qu'il porte de lui-même ce court jugement :

Il n'existe qu'un être
Que je puisse en entier et constamment connaître,
Sur qui mon jugement puisse au moins faire foi,
Un seul, je le méprise, et cet être, c'est moi!

Nous adopterions peut-être aussi pour nous-mêmes

le mot du comte de Maistre, dont je me rappelle le sens plus que le texte. S'analysant avec loyauté il disait : « Que peut bien être la conscience d'un scélérat, je ne connais que le cœur d'un honnête homme et c'est quelque chose de misérable et d'affreux ! »

Les admirables aveux d'un saint Augustin ou d'un saint Jérôme se comprennent encore. Ce sont, après des égarements de jeunesse, les abaissements et les confidences d'une âme qui rougit de son passé.

Quand même je vous fermerais mon cœur, confesse Augustin à son Dieu, que pourrais-je vous dérober? Vos yeux, Seigneur, ne voient-ils pas à nu l'abîme de la conscience humaine? C'est vous que je cacherais à moi-même sans me cacher à vous. Et maintenant que mes gémissements témoignent que *je me suis en dégoût*, voilà qu'aimable et glorieux vous attirez mon cœur et mes désirs, afin que je *rougisse de moi*, que je me rejette et vous élise ; afin que je ne trouve grâce devant moi-même, comme devant vous que grâce à vous [1].

Cette confusion ne naît pas seulement du rappel des plus graves désordres. Au deuxième livre des *Confessions*, l'admirable fils de sainte Monique ne déplore-t-il pas, avec humilité et sainte honte de lui-même, je ne sais quel larcin de quelques fruits.

Ces fruits étaient beaux, mais ce n'était pas eux que convoitait mon âme misérable : j'en avais de meilleurs en abondance : je ne les ai donc cueillis que pour voler. Car aussitôt je les jetai, ne savourant que l'iniquité où je trouvais ma joie. Si j'en approchai quelqu'un de ma bouche, je n'y trouvai pas la saveur de mon crime.

En partant de là pour méditer cette beauté menteuse

1. Conf. lib. X, II. « Nunc autem quod gemitus meus testis est displicere me mihi, tu refulges et places, et amaris et desideraris, ut erubescam de me, et abjiciam me atque eligam te. »

et décevante des vices, il rougit de la malice intrinsèque du péché, car il veut contrefaire les perfections mêmes de Dieu.

L'orgueil contrefait l'élévation, et vous seul, ô mon Dieu, êtes élevé au-dessus de tous les êtres. L'ambition que cherche-t-elle, sinon les honneurs et la gloire? Et vous seul devez être honoré, seul glorifié dans tous les siècles. La tyrannie veut se faire craindre, et qui est à craindre que vous seul, ô Dieu? Votre pouvoir se laisse-t-il jamais rien ravir, rien soustraire, ici, là, par personne? Et les profanes caresses veulent être de l'amour; mais quoi de plus caressant que votre amour? Quoi de plus heureusement aimable que la beauté resplendissante et souveraine de votre vérité [1]?

Le saint poursuit cette veine féconde, pour retomber plus haut dans ce bas-fond du mépris de lui-même :

Ceux-là même vous imitent avec perversité, qui s'éloignent de vous, qui s'élèvent contre vous. Et toutefois, en vous imitant ainsi, ils montrent que vous êtes le Créateur de l'univers, et que vous ne laissez aucune place où l'on puisse se retirer entièrement de vous. Et moi, qu'ai-je donc aimé dans ce larcin? En quoi ai-je imité mon Dieu? faux et criminel imitateur! Ai-je pris plaisir à enfreindre la loi par la ruse, cette puissance de la faiblesse? Esclave échappé, mais traînant la chaîne de la licence, ai-je trouvé dans la faculté de violer impunément la justice une ténébreuse image de la Toute-Puissance? Esclave malheureux qui fuit son maître et n'atteint qu'une ombre! O corruption! ô monstre de vie! ô abîme de mort! Ce qui était illicite a-t-il pu me plaire, et par cela seul qu'il était illicite!

C'est bien véritablement le rouge de la pudeur et de la confusion qui lui monte au visage, c'est bien le sentiment que nous analysons, il nous le dit : « Malheu-

1. Lib. II, VI. S. Ign., *Exerc.*, 1re sem., 2e ex., 4e point.

reux! quel avantage trouvais-je donc alors dans ces actions, dont aujourd'hui la pensée me fait rougir, *quæ nunc recolens erubesco?* »

Il y a plus encore, puisque des âmes d'une pureté inviolée, comme sainte Thérèse, ne sont pas moins plongées dans ces abîmes de confusion et de sainte dépréciation de soi. Et l'on percevrait mal ce premier sentiment de la vie mystique, si l'on ne voyait qu'il croît en profondeur, non d'après la malice des fautes, mais d'après la lumière sur la Majesté de Dieu. « Quand l'homme considère, — nous dit Rusbroeck, l'admirable prieur de la Vallée-Verte (Groensdael), — au fond de lui-même, avec des yeux brûlés d'amour, l'immensité de Dieu, sa fidélité, quand il songe à son essence, à son amour, à ses preuves d'amour, à ses bienfaits, qui ne peuvent rien ajouter à son bonheur; quand l'homme ensuite, se regardant lui-même, compte ses attentats contre l'immense et fidèle seigneur, il se tourne vers son propre fond avec une telle indignation et un tel mépris de lui-même qu'il ne sait plus comment faire pour suffire à son horreur. Il ne connaît pas de mépris assez profond pour se satisfaire. Il sent que celui qu'il mérite est plus grand que celui auquel il pense. Il tombe dans un étonnement étrange, l'étonnement de ne pas pouvoir se mépriser assez profondément, et il reste indécis, devant la défaillance de ses forces. Dans cette perplexité, ce qu'il y a de mieux à faire c'est de se plaindre à Dieu, son seigneur et son ami, des forces de son mépris, qui le trahissent et ne le mettent aussi bas qu'il le voudrait [1] ».

1. *Hello,* Rusbrock, p. 110; p. 2. — Dans *Exercices*, saint Ignace

C'est ce que le même Rusbroeck appelle « creuser la vallée de l'humilité », pour y attirer les rayons de l'amour. « Quand le soleil est à son midi, si une vallée très profonde est enfouie entre deux montagnes énormes, et que les rayons du soleil puissent atteindre le bas de la vallée, il se produit trois phénomènes. La vallée reçoit une splendeur, une ardeur, une magnificence, une fécondité que la plaine n'égale pas.

« Quand le juste réside au fond de la pauvreté, contemplant en lui le néant, la misère, l'impuissance; quand il s'aperçoit profondément incapable de progrès, de persévérance; quand il voit la multitude de ses négligences et de ses défauts; quand il s'apparaît tel qu'il est, dans la réalité de son indigence, il creuse la vallée de l'humilité. Prosterné dans sa misère, reconnaissant sa détresse, il l'étale en gémissant devant la miséricorde du Seigneur; il contemple la hauteur du ciel, et sa petitesse à lui. La vallée devient profonde.

« C'est pourquoi le Christ-Soleil, du haut de son midi, assis à la droite du Père, lance dans le fond de cet humble mille feux et mille splendeurs. »

Voilà qui nous aide, me semble-t-il, à comprendre les écrits d'une sainte Thérèse, quand elle parle d'elle-même comme d'une grande pécheresse, elle qui, selon les paroles de Grégoire XV dans la bulle de canonisation, conserva « exempte de toute tache une angélique pureté de corps et de cœur ». Et selon le rapport

oppose les attributs divins et la bassesse du pécheur, 1re sem., 2e ex., 4e point.

des auditeurs de rote, ces juges que tous reconnaissent éclairés, intègres et sévères, « elle a très fidèlement conservé la robe nuptiale de la grâce reçue au baptême ». Mais, comme le fait très opportunément remarquer son pieux traducteur le P. Bouix, les fautes vénielles sont mortelles pour ce cœur aimant, les atomes des moindres imperfections sont, à ses yeux, des montagnes.

Ce n'est pas sans dessein [1], nous dit-elle, que j'ai fait un exposé si approfondi et si consciencieux de ce temps de ma vie. Un si triste tableau flétrira, je le sens, l'âme de tous mes lecteurs. Aussi avec quelle sincérité je souhaite qu'ils me prennent en horreur, en voyant cette lutte obstinée d'une âme ingrate contre celui qui l'avait comblée de tant de faveurs ! Oh ! que je regrette de ne pouvoir dire toutes les infidélités dont je me rendis coupable envers mon Dieu durant ces années, pour ne m'être point appuyée à cette forte colonne de l'oraison ! Pendant près de vingt ans, je traversai cette mer pleine d'orages et de tempêtes... Je puis dire, c'est là une des vies les plus pénibles que l'on puisse s'imaginer. Je ne jouissais point de Dieu, et je ne trouvais point de bonheur dans le monde (ch. VIII).

Et mieux encore, semble-t-il, aux pages précédentes, ses effusions nous livrent la nuance la plus délicate du sentiment que nous cherchons à peindre :

O Seigneur de mon âme, où trouver des termes pour retracer les grâces dont vous me comblâtes durant ces années ! Comment exprimer cet ineffable amour, qui, dans le temps où je vous offensais le plus, me disposait soudainement, par un si vif repentir, à goûter vos douceurs et vos divines caresses ! A la vérité, ô mon Roi, vous n'auriez pu inventer pour me punir un châtiment plus délicat ni plus cruel : vous saviez ce qui ferait à mon cœur une plus vive blessure, et pour vous venger de mes fautes.

1. Lire ch. 7, 8, 9, de sa Vie écrite par elle-même.

vous m'inondiez d'enivrantes délices! Non, ce n'est pas le délire, je l'atteste, qui m'arrache ces paroles; quoique, hélas! toute ma raison dût céder en ce moment au souvenir de mon ingratitude et de ma méchanceté. Avec mon caractère, il m'était infiniment plus cruel, quand j'étais tombée dans de grandes fautes, de recevoir des faveurs que des châtiments. Oui, une seule de ces faveurs me confondait, m'accablait, me faisait plus rentrer dans mon néant que plusieurs maladies jointes aux plus fortes tribulations. Dans celles-ci du moins je voyais un châtiment mérité, et une satisfaction, très légère sans doute, pour mes nombreux péchés; mais me voir comblée de nouvelles faveurs quand je répondais si mal à celles que j'avais reçues était pour moi un tourment bien terrible; et ce tourment se fera sentir, je n'en doute point, à tous ceux qui ont quelque connaissance et quelque amour de Dieu (ch. VII).

IV

L'EXPRESSION DE CES SENTIMENTS

On ne peut aller plus loin, semble-t-il. Du plus modique au plus intense, nous entendons bien désormais la poussée croissante de ces sentiments, jusqu'à ce que s'échappe cette exclamation admirative dont parle Ignace de Loyola au terme de son second Exercice. C'est un flot gonflé qui s'enfle, les eaux montent, les vagues accumulées dans le cœur, ces multiples sentiments d'horreur, de honte, de confusion, de douleur, veulent rompre les digues, et s'échappent comme en un cri :

Comment toutes les créatures ne se sont-elles pas révoltées, et m'ont-elles aidé à vivre ? Comment, les Anges, qui sont le glaive de la justice divine, m'ont supporté, protégé, aidé de leurs prières! Les saints ont intercédé pour moi! les cieux, le soleil, la lune et tous les astres, les éléments, et tout ce qui vit sur la terre, dans l'air, ou sous les eaux, ne s'est pas soulevé hostile à mon être! Des gouffres ne se sont pas entrouverts sous mes pas prêts à m'engloutir en mille enfers où je fusse voué à d'éternels tourments!

Ouvrez saint Augustin, saint Bonaventure, sainte Angèle de Foligno et bien d'autres, ce langage est aussi le leur. Ils s'étonnent, en vérité, que les créatures témoins et instruments du péché ne se soient pas insurgées contre le pécheur au lieu de rester complices. « Non seulement, dit saint Augustin à son Seigneur, j'ai mérité votre colère, mais aussi j'ai excité toute créature contre moi. »

Le *Stimulus amoris*, jadis attribué à saint Bonaventure, s'en explique à sa manière, interprétant le langage de toutes ces créatures de tous ces bienfaits de Dieu:

C'est là celui qui a abusé de nous. Alors qu'il devait nous employer selon l'intention de celui qui nous créa, il nous fit servir aux pièges du démon. En nous aimant plus que Dieu il nous couvrit d'opprobres. Nous avions été faites pour rendre gloire au Seigneur, et par cet homme pervers nous l'avons déshonoré. L'accomplissement des volontés célestes était la fin de notre existence, et nous avons été réduites en servitude au profit de l'enfer. Cet homme avait une âme créée à l'image de Dieu, et il l'a plongée dans l'avilissement en lui imprimant notre image. Il a été plus terrestre que la terre, plus instable que l'eau, plus vain que l'air; sa concupiscence a été plus ardente et plus enflammée que le feu; il s'est montré contre lui-même plus dur que le rocher, et contre les autres plus cruel que la brute.

« Ce serait donc justice que toutes les créatures s'élèvent contre moi, misérable, et qu'elles s'écrient : « Venez et faisons-le disparaître, car il a outragé sans réserve notre Dieu. La terre me dit en son langage : « Pourquoi porterais-je un semblable criminel ? » L'eau : « Pourquoi ne l'ai-je pas englouti dans mes flots? » L'air : « Que ne lui ai-je fait défaut ? » Le feu : « Pourquoi ne pas le consumer ? » La pierre : « Pourquoi ne point l'écraser ? » Et l'enfer répond : « Que différai-je à le dévorer et à l'ensevelir dans mes tourments ? »

Ces hypothèses nous semblent-elles naïves, et ces sentiments bien subtils, nous pouvons songer qu'après tout ce n'est rien de si inconcevable. Une machine à vapeur, quand le mécanicien est négligent, si par exemple les parois intérieures sont mal nettoyées, si un dépôt se forme, ou bien si la vapeur est mal dirigée, ou trop comprimée, que sais-je, elle éclate, et le châtiment est lié avec la faute. Pourquoi pas de même pour le pécheur, immédiatement, si Dieu l'avait voulu ? Cela s'est vu parfois. Nous abusons des bontés miséricordieuses de Dieu pour mieux l'offenser, mais des torrents de soufre ont consumé Sodome et Gomorrhe, pour punir les crimes de ces villes. La mer s'est soulevée, un monstre a englouti le prophète Jonas quand il désobéissait à Dieu. Deux ours ont dévoré quarante-deux enfants qui insultaient un prophète. La terre s'est entrouverte pour engloutir Coré, Dathan, Abiron. Ce sont là des traits que tous les croyants ont pu lire dans la Sainte Ecriture.

Les Anges de Dieu m'ont souffert, ils m'ont gardé ! ils m'ont épargné ! Ils sont pourtant le glaive de la justice divine ! Là encore des souvenirs l'attestent. Michel a lutté contre Lucifer, et précipité dans les abîmes ses bandes orgueilleuses. L'ange a dressé une barrière lumineuse et terrible pour chasser de l'Eden Adam et Eve ; l'ange exterminateur a couché morts sur le sol en une nuit cent quatre-vingt-cinq mille Assyriens de l'armée de Sennachérib pour punir leurs blasphèmes. Un ange a frappé Hérode, dévoré des vers ; Héliodore, venu dans le temple pour le dépouiller de ses trésors, fut chassé et battu de verges par les anges sous la forme de blancs cavaliers qui le poursuivaient; les anges, un dernier jour, sépareront les bons d'avec les méchants.

Pénétré de ces sentiments, ajoutant au remords la confusion, le retraitant de saint Ignace est invité à soulager son cœur aux pieds du Crucifix, et à s'épancher avec son Sauveur en un « colloque de miséricorde ». C'est la détente destinée à adoucir l'impression, trop dure et trop pénible si on en restait à l'horreur de soi.

Durtal, errant, avant l'absolution, dans les bois du monastère, m'apparaît comme l'image de notre pèlerin à ce stade de sa course :

Lorsqu'il eut regagné le haut de l'étang en croix, il contempla l'immense crucifix de bois, dressé en l'air et qui se réverbérait dans cette glace noire. Il s'y enfonçait vu de dos, tremblait dans les petites ondes que plissait le vent, paraissait descendre en tournoyant dans cette étendue d'encre. Et l'on n'apercevait de ce Christ de marbre, dont le corps était caché par son bois, que deux bras blancs qui dépassaient l'instrument de supplice et se tordaient dans la suie des eaux.

Assis sur l'herbe, Durtal regardait l'obscur miroir de cette croix couchée et, songeant à son âme qui était, ainsi que cet étang, tannée, salie par un lit de feuilles mortes, par un fumier de fautes, il plaignait le Sauveur qu'il allait convier à s'y baigner, car ce ne serait même plus le martyre du Golgotha, consommé, sur une éminence la tête haute, au jour, en plein air au moins, mais ce serait par un surcroît d'outrages, l'abominable plongeon du corps crucifié, la tête en bas, la nuit dans un fond de boue !

Ah ! il serait temps de l'épargner, en me filtrant, en me clarifiant, s'écria-t-il. Et le cygne, demeuré jusqu'alors immobile dans un bras de l'étang, balaya, en s'avançant, la lamentable image, blanchit de son reflet tranquille le deuil remué des eaux.

CHAPITRE II

Sentiments de crainte et de souverain respect de la Majesté divine et de sa Justice.

Les peines de l'*Inferno*. — La contemplation de cet au-delà douloureux, d'après Dante et les mystiques. — Grâces propres non seulement aux commençants, mais aux plus élevés, v. g. sainte Thérèse. — Comment s'y accroît l'amour.

I

LA PORTE DE L'ENFER. SCÈNE DU JUGEMENT DERNIER

Déjà nous avons partagé l'horreur du poète, devant la porte du royaume de perdition, où il lisait : « Par moi l'on va dans l'éternelle douleur ; — par moi l'on va dans la cité de la plainte ; — par moi l'on va dans la nation perdue ; — vous qui entrez, laissez toute espérance. » Nous devons entrer plus avant, nous pencher sur les bords, et vers les menaces de l'entrée béante. Le sentiment du pèlerinage d'âme que nous analysons est, à ce moment, une impression de crainte et de respect souverain devant la majesté divine et sa justice. Quoi de plus redoutable que d'envisager l'hypothèse qui nous fixerait dans l'état où on n'aime pas, dans cette aversion horrible, par laquelle on tourne le dos au Bien infini, au moment qui fixe à jamais le flot mouvant de notre vie !

Quels dangers dans ces incertitudes, répètent les maîtres de la vie intérieure à leurs disciples, si notre volonté hésite, si elle est ballottée par ces fluctuations d'amour et de haine, qui tantôt portent en haut vers Dieu, tantôt attirent à ce qui est incompatible avec la Majesté infinie. Ainsi les vagues s'élèvent et s'abaissent, mais viendra l'heure décisive, la dernière de notre course ici-bas, qui fixera ces ondes sans cesse en mouvement, et elles resteront là, figées, surprises, immobiles. Le Pèlerin demeurera dans le « Ah! » éternel de l'admiration et de la joie, ou le « Væ! » terrible du désespoir et de la damnation.

Le sentiment avivé de cette alternative ne peut être négligé, si l'on veut se retracer la psychologie de la vie spirituelle.

Aussi saint Ignace presse son retraitant, pour mieux enraciner en lui la haine du péché, de se représenter l'Enfer le plus vivement possible à l'imagination et au cœur. Il sied de ne point en rester à une conviction raisonnée, mais abstraite, de l'esprit. On demande à Dieu, dans la prière, le sentiment intime de la peine des damnés, *sensum pœnæ*. En sorte, dit le saint, que si jamais mes fautes me rendaient oublieux de l'amour du Seigneur éternel, du moins la crainte des châtiments vienne à mon secours, et m'empêche de tomber dans le péché [1]. C'est donc une sûreté contre soi-même, et un raffermissement de l'amour que cherchent ici l'ascète et le pèlerin engagés sur les routes mystiques.

Les plus grands mystiques, de fait, se sont appliqués à cette contemplation, non moins que les plus hum-

1. « Ut si unquam amoris Domini æterni oblitus fuero ob meas culpas, saltem timor pœnarum me juvet, ne in peccatum deveniam. »

bles d'entre les fidèles. Saint Paul, ravi au troisième ciel, craint l'enfer : « Je châtie mon corps, écrit-il, et je le réduis en servitude, de peur que peut-être, après avoir prêché aux autres, je ne devienne moi-même un réprouvé [1]. » — Saint Augustin parle à Hippone : « Vous craignez, mes frères, je crains comme vous, et pour moi comme pour vous. J'ai feuilleté nos divins livres, et je n'y ai rien vu qui me dispensât de trembler. » — Saint Jérôme dans sa solitude arme sa main d'un caillou, il ensanglante sa poitrine, le désert retentit de ses gémissements. Pourquoi ? « Je me suis condamné à cette prison, écrit-il, parce que je crains l'enfer. » — Saint Bernard dit à ses novices [2] : « Descendez en enfer de votre vivant, pour n'y point descendre à votre mort. » Et sur le point de mourir, il tremblait malgré sa vie sainte.

Or, saint Paul, saint Augustin, saint Bernard, ce sont de grands cœurs, héros de l'amour, brûlés de l'amour divin. Il faut donc bien comprendre et analyser ce sentiment de crainte, de souverain respect de la Majesté divine, et d'appréhension de perdre ce souverain Bien que l'on aime. Et l'on saisira mieux que des chrétiens, devant leurs juges, n'éprouvent point de peurs basses et serviles, et, poursuivis, accusés, ou calomniés, gardent toute leur fierté d'âme et la sérénité de leur dédain. Ils ne redoutent que le jugement dernier, et en même temps ils s'y confient, car là seront revisés bien des procès injustes, là seront bouleversées bien des réputations : les premiers seront les derniers et les derniers seront les premiers.

1. I Cor., IX, 17.
2. « Descendant in infernum viventes, videlicet ne descendant morientes. »

Sainte Hildegarde nous a transmis une Vision du jugement dernier, qui va nous y introduire :

Et voici, — dit-elle en son *Scivias*, — que tous les éléments et toutes les créatures sont ébranlés d'un choc soudain. Le feu, l'air et l'eau se confondent, la terre tremble, la foudre et le tonnerre éclatent, les montagnes et les forêts s'écroulent, tout ce qui était mortel perd la vie. Tous les éléments sont purifiés, toute souillure disparait. Et j'entendis une voix criant à la Terre : O vous, fils des hommes, qui êtes gisants, levez-vous. Et voici que tous les ossements humains se rassemblent et se revêtent de de leur chair. Les uns brillent de clarté, et les autres sont enveloppés de ténèbres ; et chacune porte le témoignage de ses œuvres. Les uns ont le signe de la foi, qui illumine leur face comme une auréole ; chez les autres, cette auréole est remplacée par une ombre, qui est comme un signe distinctif. Soudain, l'orient s'éclaira d'une lumière splendide, et je vis sur une nuée le Fils de l'homme, paraissant avec le même visage qu'il a eu dans ce monde, et siégeant sur un trône enflammé, mais non ardent, au-dessous duquel le monde achevait de se purifier dans cette tempête effroyable dont j'ai parlé. Et ceux qui étaient signés, étant comme ravis par un tourbillon, se portèrent à sa rencontre dans les airs, vers le point où j'avais vu d'abord cette lumière, qui est le tabernacle de la Divinité. Les bons restèrent séparés des méchants. Et, comme il est écrit dans l'Evangile, le souverain juge, d'un ton plein de douceur, admit les justes au royaume céleste, et, d'une voix foudroyante, il précipita les réprouvés dans les flammes éternelles. Il ne fit aucun autre examen ou interrogatoire sur la vie des hommes, rien de plus que ce que dit l'Evangile, car leurs œuvres bonnes ou mauvaises apparaissaient visiblement dans leurs personnes. Ceux qui n'étaient pas signés se tenaient au loin, du côté de l'aquilon, avec la tourbe infernale, et n'approchaient pas du juge, mais voyant toutes ces choses comme dans un tourbillon, ils attendaient la fin du jugement et éclataient en sanglots lugubres.

Le jugement terminé, les foudres, les tempêtes et les ouragans cessèrent, et tout ce qu'il y avait de passager dans les éléments s'évanouit. Puis il se fit un calme profond. Les élus, devenus radieux comme des soleils, s'élevaient pleins d'allégresse vers le ciel avec le Fils de Dieu, et les myriades des esprits angéliques. Tandis que les réprouvés descendaient en enfer avec le diable et ses anges, en poussant des clameurs lamentables. Et ainsi le ciel reçut des citoyens, et l'enfer engloutit des victimes. Le contraste de ces deux destinées est une chose que la langue humaine ne saurait exprimer.

Cette scène grandiose a d'ailleurs souvent inspiré l'imagination chrétienne, et ce jour de colère est toujours évoqué aux funérailles par les strophes vigoureuses ou attendries de Thomas Celano : *Dies irae, dies illa* [1]. La peinture et la sculpture ont tenté aussi de rendre ces sublimes horreurs : Nicolas de Pise, Orcagna, Fra Angelico s'y sont tour à tour essayés selon les nuances propres à leur génie. Mais Michel-Ange reste surtout devant la postérité comme le peintre du jugement dernier. Il ne m'appartient pas de juger cette œuvre colossale dont les artistes vantent la beauté, la grandeur et la force.

Je voudrais simplement interpréter le geste du Christ que l'incomparable Buonarotti a saisi au moment sans doute où il prononce les redoutables et glaciales paroles : *Discedite a me maledicti*. Ceci nous permettra d'entrer mieux dans les sentiments du pèlerin de la grâce, soit qu'il médite à l'école de saint Ignace, soit qu'il suive en esprit les étapes de la vision dantesque.

1. Lire, dans Huysmans, les pages sur la musique du *Dies irae* : *En Route*, *Pages catholiques*, p. 37. — Clair, S. J., le *Dies irae*.

LA PAROLE DE JÉSUS-CHRIST : DISCEDITE A ME, MALEDICTI

Le Père des Cieux a donné à l'humanité de Jésus-Christ, hypostatiquement unie, c'est-à-dire personnellement, à la divinité, tout pouvoir de juger les vivants et les morts, et c'est Lui, le Dieu homme, l'amour infini, méprisé et méconnu, le Sauveur transpercé par les bourreaux pécheurs, qui aura ce geste irrité, qui repousse, cette voix calme, mais inexorable et terrifiante : *Discedite !* Retirez-vous, séparez-vous, allez-vous-en ! — Est-ce bien lui? Est-ce ce même Jésus, qui passait dans les bourgs de la Palestine, invitant les foules, par ses miracles, par ses doctrines, par son accueil si charmant de mansuétude, si touchant de délicatesse? Lui, qui disait : « Venez à moi et je vous soulagerai ! » Lui qui disait devant les multitudes affamées : « J'ai pitié de cette foule ! » Oui, c'est Lui. L'heure de la miséricorde est passée : la terre et les cieux se taisent, les anges l'adorent, des milliards d'êtres humains sont courbés devant sa parole, dans le frisson de l'amour ou de la terreur, comme les grands blés, qui tremblent au vent dans la plaine, en attendant la faux du moissonneur.

« Allez-vous en ! » dit-il. Combien de fois je vous invitai ; combien de fois ma parole vous appela ; en public, dans le secret du cœur, par la voix de mes anges, par la voix de mes prêtres, par des conseils, par des exhortations, par des exemples, de votre famille, de vos amis. Je vous appelais à l'observation des commandements, à la pratique de la prière, au festin de mes sacrements. Vous avez refusé ! Vous avez dit non à la conscience, — vous avez dit non à vos amis chrétiens, — vous avez dit non à l'Eglise. Je vous ai fait libres et maîtres de vos destinées ; et vous avez choisi, vous vous êtes écartés, vous vous êtes éloignés, vous vous êtes retirés de moi ! Vous l'avez voulu ! J'ai respecté votre liberté dans mes invitations les plus pressantes ! Maintenant, partez... éloignez-vous encore, allez-vous-en. *Discedite*... Allez-vous-en.

A me ! Loin de moi ! Je m'étais dit et j'étais votre Père, père de votre vie, moi qui vous ai créés, — père de votre vie, moi qui vous ai élevés au rang de fils adoptifs, — père de votre vie, moi qui vous ai racheté, et qui ai lavé de mon sang vos âmes, tandis que l'eau du baptême mouillait vos fronts. Vous étiez de moi, plus que le fleuve qui descend des montagnes n'est à la source d'eau vive, plus que l'enfant n'est à son père. Je vous retire, puisque vous n'en avez pas voulu, et mon amitié et ma protection. Allez-vous-en ! Loin de moi, de Marie, des anges, des saints, de la patrie. *Discedite a me !* Loin de moi, loin de moi, loin de moi !

Oh ! le dur exil, loin du père et de la patrie, songera le pèlerin méditatif, oh ! le dur exil ! Absalon coupable, dans une première révolte, revint, et, de retour à Jérusalem, David refusa de le recevoir. Il rentra dans sa maison, et demeura deux ans ainsi. Enfin n'y tenant plus, il demanda sa grâce. « Pourquoi suis-je donc revenu de la terre d'exil, disait-il, il eût mieux valu pour moi rester là-bas. Je demande à voir la face du Roi, s'il ne m'a pas encore pardonné ma faute, qu'il me fasse mettre à mort ! » Il préférait donc la mort à la séparation... Et le damné !

Discedite a me ! Maledicti ! Allez-vous en ! Loin de moi ! Maudits ! La malédiction d'un père, c'est chose horrible ! Noé maudit son fils Cham et vous savez, par les récits de l'Ecriture, comment Dieu ratifia cette malédiction. Les prophètes ont maudit Jérusalem et Babylone, et vous savez le sort de ces villes. Les juifs, maudits de Dieu pour le forfait du Calvaire, sont disséminés et errants par le monde, souvent méprisés, et même haïs ou proscrits par le peuple. Et pourtant la grâce du salut leur est toujours offerte : leur nation est misérablement dispersée, mais chaque âme est toujours invitée de Dieu à la lumière, et à l'amour qui béatifie. Mais cette malédiction du dernier jour ! y songez-vous ? De quel effroi trembleront les malheureux qui l'entendront tinter à leurs oreilles ?

A la cour de Philippe II, des seigneurs favorisés du regard du prince en souffrent. Un d'eux, chassé de sa présence, parce qu'il se tenait mal à l'Eglise, en meurt le soir même. Mais ici ! *Maledicti !* Ils sont maudits par la Justice et repoussés par elle, car ils ont violé ses lois ! *Maledicti !* Ils sont maudits par la Miséricorde, car ils ont méprisé ses appels et ses grâces.

Dieu, qui est tout amour et souverain Bien, ne peut haïr qu'une chose au monde, le péché qui est le mal ! Et en ce jour-là, où le Bien doit définitivement triompher du mal aux yeux de tout l'Univers assemblé, la Justice de l'Eternel parlera par la bouche de Jésus-Christ : *Maledicti !*

Vous l'avez voulu, vous contraignez l'Amour infini, dont vous vous êtes obstinément détourné, à vous haïr. Que cette haine pèse sur vous de tout son poids : pécheurs, je vous hais !... Soyez maudits dans tout votre être ! Dans votre corps instrument de péché, dans votre âme révoltée, dans toutes vos facultés de l'esprit et du cœur que vous avez perverties, et souillées de désordres; oui, jusqu'au fond de votre substance, soyez maudits!

Et désormais ces malheureux, qui auront refusé de vivre de l'amour, ne pourront plus répondre que par la haine, et quelle haine! La haine du Bien infini, la haine de la Vérité infinie. Rappelons-nous le mot de la sœur Mechthilde de Magdebourg: « Je vis la cité de la haine ! »

III

SENTIMENTS DES MYSTIQUES

Supposez que cette parole, ainsi comprise, s'imprime dans une âme délicate, d'une Thérèse, d'une Catherine de Sienne, d'une Angèle de Foligno, ou d'un Augustin, d'un François d'Assise, d'un Ignace de Loyola. La crainte des jugements de Dieu, mêlée au désir du Souverain Bien, redoublera leur amour, et la délicatesse de leur conscience ; en même temps qu'une immense pitié pour leurs frères, pour les âmes qui tombent ou s'égarent. Quels seront, pensez-vous, leurs sentiments ?

Où aller, Seigneur, loin de vous ? Jadis, lorsque vous demandiez à vos disciples s'ils voulaient vous quitter, et partager à votre égard les préjugés des Pharisiens et des Scribes, Pierre, l'apôtre au grand élan, au cœur généreux, tombait à vos genoux, et s'écriait au nom de tous: « Seigneur, à qui irons-nous? Vous avez les paroles de la vie éternelle. » Mais, hélas ! en ce jour, au jour des exécutions et des vindictes divines, — après ce sinistre renvoi : « Allez-vous-en ! » — si ces maudits interrogent en secret, interdits, et glacés d'épouvante : « Seigneur, où irons-nous, chassés de devant votre face? » — la réponse est dictée d'avance, et ceux qui se retirent se précipitent d'eux-mêmes au gouffre qu'ils ont choisi, en enfer.

Et pareils aux flocons de neige qui tombent un jour d'hiver, ou aux feuilles des arbres, un jour d'automne, la race des révoltés de tous les siècles, de tous les âges, de toutes les contrées de la terre, s'affaissera avec un grand cri de désespoir, entraînée comme par l'attrait magnétique du gouffre, enfouie pour jamais. *Sepultus est in inferno*, dit la parabole du mauvais riche ; telle sera leur demeure éternelle.

Saint Paul exprime le sentiment répété par tous : *Horrendum est incidere in manu Dei viventis* ; et la musique de Gounod s'efforce de l'interpréter dans *Mors et vita !* Oh ! l'horrible chute sous la main vengeresse de la Justice infinie. Oh ! l'horrible feu, attisé par le souffle de la colère de Dieu, qui se manifestait à Isaïe, violent comme un torrent de soufre. *Flatus Dei sicut torrens sulfuris.*

Sainte Thérèse[1], dont l'analyse psychologique est si fine et si sûre, a tenté de nous retracer ses impressions à la suite d'une vision particulière des châtiments éternels :

L'entrée de ce lieu de tourments, dit-elle, me parut semblable à une de ces petites rues longues et étroites, ou pour mieux dire à un four extrêmement bas, obscur, resserré. Le sol était une horrible fange, d'une odeur pestilentielle et remplie de reptiles venimeux. A l'extrémité s'élevait une muraille dans laquelle on avait creusé un réduit très étroit, où je me vis enfermer. Tout ce qui, jusqu'à ce moment, avait frappé ma vue, et dont je n'ai

1. *Vie*. Bouix, XXXII, p. 366.

tracé qu'une faible peinture était délicieux en comparaison de ce que je sentis dans ce cachot. Nulle parole ne peut donner idée d'un tel tourment, il est incompréhensible. Je sentis dans mon âme un feu dont, faute de termes, je ne puis décrire la nature, et mon corps était en même temps en proie à d'intolérables douleurs. J'avais enduré de cruelles souffrances dans ma vie, et, de l'aveu des médecins, les plus grandes que l'on puisse endurer ici-bas; j'avais vu tous mes nerfs se contracter d'une manière effrayante, à l'époque où je perdis l'usage de mes membres; en outre, j'avais été assaillie par divers maux dont quelques-uns avaient le démon pour auteur, tout cela néanmoins n'est rien en comparaison des douleurs que je sentis alors; et ce qui y mettait le comble, c'était la vue qu'elles seraient sans fin et sans adoucissement.

Mais ces tortures du corps ne sont rien à leur tour auprès de l'agonie de l'âme. C'est une étreinte, une angoisse, un brisement de cœur si sensible, c'est en même temps une si désespérée et si amère tristesse, que j'essayerais en vain de la dépeindre. Si je dis qu'on endure à tout instant les angoisses de la mort, c'est peu; car au dernier soupir c'est une puissance étrangère, qui semble nous ôter la vie, mais ici c'est l'âme elle-même qui se l'arrache et qui se déchire. Non, jamais je ne pourrai trouver d'expression pour donner une idée de ce feu intérieur et de ce désespoir, qui sont comme le comble de tant de douleurs et de tourments. Je ne voyais pas qui me les faisait endurer, et je me sentais brûler et comme hacher en mille morceaux; je ne crains pas de le dire, le supplice des supplices, c'est le feu intérieur et ce désespoir de l'âme.

Toute espérance de consolation est éteinte dans cet effroyable séjour; on y respire une odeur pestilentielle, et on y manque d'espace pour s'asseoir ou pour se coucher. Telle était ma torture dans cet étroit réduit creusé dans le mur, où l'on m'avait enfermée; les murailles de ce cachot, effroi des yeux, me pressaient elles-mêmes de leur poids. Là, tout vous étouffe; point de lumière, ce ne sont que ténèbres de la plus sombre obscurité; et cependant, ô mystère! sans qu'aucune clarté brille, on aperçoit tout ce qui peut être le plus pénible à la vue.

Il ne plut pas à N. S. de me donner alors une plus grande connaissance de l'enfer. Il m'a montré depuis des châtiments encore plus épouvantables infligés à certains vices : comme je n'en souffrais point la peine, mon effroi fut moindre [1].

Mais, après tout, la perte de Dieu, du Souverain Bien, de la Souveraine Beauté, du Souverain Amour qui se retire, est le plus désespérant supplice. Le Père Surin, qui, pour délivrer une âme possédée du démon, croyait-on, s'offrit à souffrir lui-même les cruelles souffrances de cette épreuve, en décrit ainsi les effets :

Il me semblait que tout mon être, que toutes les puissances de mon âme et de mon corps se portaient avec une véhémence inexprimable vers le Seigneur mon Dieu, que je voyais être mon suprême bonheur, mon bien infini, l'unique objet de mon existence ; et en même temps, je sentais une force irrésistible qui m'arrachait à lui, qui me retenait loin de lui. De sorte que, fait pour vivre, je me voyais, je me sentais privé de Celui qui est la Vie ; fait pour la vérité et la lumière, je me voyais absolument repoussé par la lumière et la vérité ; fait pour aimer, j'étais sans amour, repoussé par l'amour ; fait pour le bien, j'étais plongé dans l'abîme du mal.

Je ne saurais comparer les angoisses et les désespoirs de cet inexprimable détresse qu'à l'état d'une flèche, vigoureusement lancée vers un but, d'où la repousse incessamment une force invisible ; irrésistiblement poussée en avant, elle est toujours et invinciblement repoussée en arrière.

1. Sainte Madeleine de Pazzi (*Vie*, par Vincent Puccini, traduite par Brochard, Paris, Cramoisy, 1670, p. 231) a laissé une vision du Purgatoire où elle indique divers supplices. Les avares comme du plomb fondaient à tous moments devant ses yeux, et, par une merveille tout à fait étrange, reprenant leur première forme, étaient abandonnés aux bêtes fauves, pour être dévorés. Les impurs étaient dans un lieu dont la puanteur était au-delà de tout ce qu'on peut croire. Les ingrats plongeaient dans un grand trou plein de plomb fondu, etc.

Les plus vigoureuses images, les tableaux les plus fouillés de *la Divine Comédie* commenteront sans les dépasser ces lignes des mystiques.

IV

PEINTURE DE L'INFERNO

C'est au second cercle, au cinquième chant de l'*Inferno*, que commence la contemplation des supplices. Dante y rencontre d'abord *la foule toujours emportée par la tempête*, comme jadis par l'ouragan du désir et de la passion : c'est le châtiment de la luxure.

Et voilà que des cris plaintifs commencent à se faire entendre, me voilà arrivé là où de nombreux sanglots frappent mon oreille. Je parvins dans un lieu muet de toute lumière, qui mugit comme la mer sous la tempête quand elle est battue par les vents contraires. uragan infernal, qui ne s'arrête jamais, entraîne les esprits dans son tourbillon, et les tourmente en les roulant et en les meurtrissant. Lorsqu'ils arrivent au bord du précipice, ce sont des cris, des sanglots, des lamentations, et ils blasphèment la vertu divine. J'appris que, par ce tourment, étaient punis les pécheurs charnels qui mettent la raison au-dessous du désir; et comme dans un temps froid les étourneaux sont emportés par leurs ailes en troupes nombreuses et pressées, ainsi cette rafale emporte les mauvais esprits. De çà, de là, en haut, en bas, elle les entraîne; nul espoir de trêve et d'adoucissement dans leur peine ne vient les consoler. Et comme les grues vont chantant leur lai, et forment dans l'air de longues files, ainsi je vis venir, traînant leurs plaintes, des ombres emportées par la tourmente.

Dans le troisième cercle (chant VI), c'est *une pluie éternelle, maudite, froide et pesante*, qui tombe également et toujours la même. Une grosse grêle, de l'eau noirâtre et de la neige tombent à larges ondées par l'air ténébreux ; la terre qui s'en abreuve exhale une odeur infecte. C'est là qu'on expie le péché de gourmandise.

Au chant VII, Dante pénètre dans la quatrième fosse, parmi les victimes de l'or : avares ou prodigues.

Mal donner et mal garder les a privés du monde heureux, dit Virgile au pèlerin. Or, tu peux voir, mon fils, la courte durée des biens qui sont confiés à la fortune, pour lesquels l'espèce humaine se tourmente. Car tout l'or qui existe sous la lune ou qui a déjà existé ne pourrait donner un instant de relâche à une seule de ces âmes fatiguées.

Le contemplateur ne peut retenir un cri, en enfonçant plus avant dans l'abîme de douleur qui engloutit tout le mal de l'univers :

Ah! justice de Dieu, qui peut donc entasser les supplices et toutes les souffrances que je vis là, et pourquoi nos crimes nous défigurent-ils ainsi! Comme près de Charybde l'onde se brise contre l'onde opposée, de même il faut ici que les malheureux s'entre-choquent. Je vis là une foule d'âmes encore plus nombreuses qu'ailleurs, qui de part et d'autre, avec de grands hurlements, roulaient des fardeaux en les poussant de la poitrine. Elles se heurtaient l'une contre l'autre, puis chacune d'elles au même endroit retournait en arrière en criant : — Pourquoi les retiens-tu et pourquoi les lâches-tu? — Ainsi elles revenaient des deux côtés du cercle obscur au point opposé, en répétant toujours leur honteux refrain. Arrivées là, elles recommençaient à parcourir leur demi-cercle, jusqu'à ce qu'elles se rencontrassent dans un nouveau choc.

Plus loin sont les âmes de ceux que la colère a

dominés, et troublés de ses bouillonnements fumeux. Elles sont en des ondes bourbeuses, qui forment une sorte de *marais méphitique*, auquel Dante donne le nom de Styx.

Et comme j'étais tout attentif à regarder, je vis des ombres fangeuses dans ce bourbier, toutes nues et le visage meurtri. Elles se frappaient non seulement avec les mains, mais avec la tête et la poitrine et les pieds, et se déchiraient avec les dents, lambeaux à lambeaux. Le bon maître (Virgile) me dit : — Tu vois, mon fils, les âmes de ceux que la colère a dominés, et je veux que tu aies pour certain que sous l'eau il y en a une foule qui soupire et soulève des bulles d'air à la surface, comme ton œil te le dit, de quel côté qu'il se tourne. Enfoncés dans le bourbier, les damnés s'écrient : — Nous avons été tristes dans l'air doux que le soleil égaye, en portant en nous-mêmes une fumée turbulente. Et maintenant nous sommes tristes sous la fange noire. Cet hymne s'embarrasse dans leur gosier, car ils ne peuvent pas le prononcer avec des paroles entières.

Au chant XIV, on nous montre « l'endroit où la seconde enceinte se sépare de la troisième». Là s'expie la violence à Dieu par le blasphème, à la nature par la sodomie. Et nous y suivons Dante, là où l'on voit « l'art terrible de la justice divine ».

Nous parvînmes à une lande dont le sol repousse toute espèce de plantes. *La forêt de Douleurs* lui fait guirlande, comme le triste fossé entoure la forêt ; là nous posâmes nos pieds tout au bord. Le sol était d'un sable aride et fin... O vengeance de Dieu ! Combien devront te craindre ceux qui liront ce que j'ai vu de mes yeux ! Je vis plusieurs troupeaux d'âmes nues qui toutes pleuraient bien tristement ; mais une loi diverse leur paraissait imposée : les unes gisaient sur leur dos, d'autres étaient accroupies et d'autres marchaient sans cesse; le nombre des dernières étaient plus grand, celles qui gisaient dans leur supplice étaient moins nombreuses, mais leur langue était plus prompte à la douleur. De larges flammes pleuvaient lentement sur le sable, comme la neige sur les Alpes, lorsque le vent ne souffle pas. De même qu'Alexandre, lorsque, dans les chaudes régions de l'Inde, il vit tomber sur son armée des flammes entières jusqu'à terre, fit fouler le sol aux pieds de ses soldats, afin que le feu s'éteignît plus facilement à mesure qu'il tombait; ainsi descendait l'éternel incendie, et le sable s'enflammait comme l'amadou sous le briquet pour doubler la douleur de ces âmes. De çà, de là, sans trêve, se débattaient leurs mains misérables pour secouer la flamme nouvelle.

Dans une autre fosse des Malebolge, au chant XXI, sont les escrocs.

Comme dans l'arsenal des Vénitiens bout pendant l'hiver *la poix gluante* pour calfater les vaisseaux brisés qui ne peuvent plus traverser la mer... Ainsi, non par l'effet du feu, mais par un ordre divin, bouillait dans le gouffre un bitume épais qui engluait les bords à l'entour. Je voyais bien cette poix, mais je ne voyais à sa surface que des bouillonnements soulevés par la chaleur, qui se gonflaient partout et retombaient affaissés.

Et avec le poète nous assistons à la scène des démons, qui poursuivent, blessent, et raillent les malheureux escrocs plongés dans cet horrible bain.

Cependant, mes regards étaient toujours attachés à la poix pour voir la nature de l'étang et les esprits qui brûlaient dans ce gouffre. Comme les dauphins avertissent les matelots, en se courbant en arc, qu'il est temps de sauver le navire, ainsi parfois, pour alléger leur peine, quelques-uns de ces pécheurs montraient leur dos, et disparaissaient plus prompts que l'éclair; et comme au bord des eaux d'un fossé se tiennent les grenouilles, le museau dehors, et cachant dans la vase leur corps et leurs pieds; et quand un démon s'approchait ils s'enfonçaient sous la poix bouillante.

Dans une autre enceinte, nous rencontrons, au ch. XXIII, le sinistre *défilé des hypocrites.*

Là-bas nous trouvâmes des âmes éclatantes, qui marchaient tout autour à pas lents, pleuraient d'un air abattu et vaincu par la douleur. Elles étaient vêtues de chapes avec des capuchons abaissés sur les yeux, taillées sur celles qui se font à Cologne pour les moines. Le dehors tout doré éblouit, mais dessous elles sont de plomb, et si lourdes que celles de Frédéric (qui faisait brûler les coupables de lèse-majesté dans des chapes de plomb), étaient de paille auprès d'elles. O manteau écrasant pour une éternité !

Les pèlerins marchant avec les ombres, les écoutaient pleurer, mais ces pauvres âmes se traînaient si lentement sous leur fardeau qu'ils changeaient de compagnon à chaque pas.

Plus loin sont *les voleurs.*

Je vis, raconte le poète, un effroyable ramas de serpents si divers de forme que leur souvenir me glace encore le sang. Et à travers cette cruelle et affreuse multitude de serpents, couraient des âmes nues, épouvantées... Elles avaient les mains liées derrière le dos avec des serpents, qui passaient autour de leurs reins leurs têtes et leur queue, et se renouaient par devant.

Dans la huitième enceinte, sont châtiés *les rusés, les menteurs.* Le poète pèlerin aperçoit là des esprits enfermés en des flammes [1].

Comme le villageois qui se repose sur la colline, — dans la saison où celui qui éclaire le monde nous cache moins sa figure, à l'heure où la mouche fait place au moucheron, — voit par milliers des vers luisants par la vallée dans laquelle il vendange ou il laboure, d'autant de flammes étincelait la huitième fosse, comme je pus voir là d'où l'on

1. Lire les métamorphoses imaginées par Dante pour peindre leurs supplices, dans le texte, ou Fiorentino, pp. 101, 104.

découvrait le fond... Des flammes se suivaient au fond du gouffre, et chacune d'elles, sans montrer son larcin, recélait un pécheur (ch. XXVI).

Nous passons rapidement. Voici la neuvième enceinte. Imaginez le sang et les plaies de toutes les batailles les plus cruelles ? « Quand tous ces morts étaleraient à la fois leurs membres percés ou mutilés, rien n'égalerait le spectacle hideux de la neuvième enceinte. » Là sont punis ceux qui ont divisé et déchiré l'Eglise ou la Patrie, tous ceux qui ont semé sur terre le scandale ou le schisme.

Et nous arrivons enfin à la dixième et dernière des fosses maudites. En cette enceinte, « l'infaillible Justice, ministre du Très Haut Seigneur, punit *les faussaires* ». Des gémissements percent tellement l'âme du Pèlerin, par leurs traits de fer, qu'il couvre ses oreilles des deux mains. Là sont entassées toutes les douleurs des hôpitaux, « et il en sortait cette odeur infecte des membres gangrenés ».

Dans la sombre vallée où gisent ces fourbes et ces faux monnayeurs, les esprits entassés languissent par monceaux.

Nous marchions pas à pas, sans parler, regardant et écoutant les malades qui ne pouvaient soulever leurs corps. J'en vis deux assis, appuyés l'un sur l'autre, comme on appuie une tourtière sur l'autre tourtière pour les chauffer; et les deux pécheurs étaient couverts de croûtes des pieds à la tête. Jamais le palefrenier qui est attendu par son maître, ou par celui qui veille contre son gré, n'a fait courir son étrille aussi vite que ces damnés se déchirant de leurs ongles, pour soulager la rage de leur démangeaison, qui n'a pas d'autre secours. Et leurs ongles arrachaient la gale comme le couteau les écailles du scare ou d'un autre poisson qui en ait de plus larges.

Mais le gouffre maudit pour lequel Dante appelle

des rimes âpres et rauques, où il place la race d'hommes selon lui maudite sur tous les autres, ce lieu dont il est dur de parler, est au fond de cette dixième fosse. Là sont *les traîtres*.

Aussitôt que nous fûmes au fond du puits obscur... et tandis que je contemplais encore les parois élevées, j'entendis qu'on me disait : Prends garde où tu marches ; n'écrase pas avec la plante de tes pieds les têtes de tes frères malheureux, harassés [1] !

A ces mots je me tournai, et je vis devant moi et sous mes pieds un grand lac, qui par sa glace ressemblait plutôt à du verre qu'à de l'eau. Jamais un voile plus épais ne couvrit en hiver le cours du Danube en Autriche, ou du Tanaïs sous le ciel glacé, que ne l'était celui qu'on voyait dans ce lieu, et sur lequel les monts Tabernick et Pietrapana seraient tombés sans le faire craquer à sa surface. Et comme la grenouille se met à coasser le museau hors de l'étang, à l'heure où la villageoise rêve souvent de glaner, ainsi ces ombres désolées, livides, étaient enfoncées dans la glace jusqu'au visage, où la pudeur se peint, et leurs dents claquaient comme des becs de cigogne. Chacune d'elles baissait la face; leur bouche attestait leur froid, et leurs yeux la douleur de leur âme. Lorsque j'eus regardé quelque temps autour de moi, je baissai l'œil à mes pieds, et je vis deux pécheurs si étroitement serrés l'un contre l'autre que leurs cheveux se mêlaient.

— Dites-moi, qui êtes-vous, m'écriai-je, vous qui collez ainsi vos poitrines? — Et ils ployèrent leurs cous en arrière, et après avoir levé leur tête vers moi, les pleurs qui mouillaient leurs yeux débordèrent par leurs paupières, et le froid condensant leurs larmes entre elles les referma. Jamais crampon n'a serré deux planches avec plus de force; c'est pourquoi les deux pécheurs, vaincus par la rage, s'entrechoquèrent comme deux boucs...

... Je vis ensuite mille visages rendus violets par le

1. Ce gouffre comprend quatre sections : la *Caïna*, du nom de Caïn, qui trahit son frère; l'*Antenora*, d'Anténor, qui trahit sa patrie; la *Tolomea* de Ptolémée, qui trahit son hôte, et la *Giudecca*, de Judas, qui trahit son Dieu.

froid, c'est pourquoi le souvenir de ce lac gelé me donne et me donnera toujours un frisson...

Plus loin, après l'admirable épisode du comte Ugolin enfermé à Pise dans la Tour de la Faim, le poète-pèlerin a complété cette peinture du supplice par le froid.

En avançant encore, dit-il, au chant XXXIII, nous arrivâmes là où la glace serre d'une plus rude enveloppe d'autres damnés qui, au lieu d'avoir leurs têtes penchées en bas, sont renversés sur le dos. Là, les pleurs mêmes empêchent de pleurer, et la douleur, qui trouve un tel obstacle sur les yeux, retombe sur le cœur et redouble l'angoisse, car les premières larmes se condensent, et, semblables à des visières de cristal, remplissent tout le creux des paupières.

Plus loin encore, tout près de Ditè, et de Satan « l'empereur du royaume des douleurs » (ch. XXXIV), « les ombres étaient entièrement couvertes par la glace et elles y étaient transparentes comme des fœtus dans le verre. Les unes sont couchées, les autres se tiennent droites ; celles-ci sur la tête, celles-là, sur les pieds, d'autres rapprochent les pieds de la tête, courbées comme un arc ».

Et le Pèlerin, transi, éperdu, entre la vie et la mort, reste impuissant à traduire ses impressions : « Je ne mourus pas, je ne restai pas vivant ; or, juge par toi-même, si tu as un peu d'intelligence, ce que je devins dans la mort, sans la vie. »

V

L'IMPRESSION FINALE

Que l'on conçoive, que l'on imagine comme on voudra le lieu de supplices, ces analogies resteront toujours au-dessous des réalités. Et tout esprit de croyant, non dispersé au dehors, mais replié au dedans pour vivre de la vie intérieure, sera touché. Il regardera comme un contemplateur avide, qui semble vouloir enfoncer dans ses prunelles, et dans les plus secrets replis de son cœur, l'image évocatrice de la majesté et de la justice divines. Mais surtout il sentira profondément que le plus lamentable deuil de ces proscrits, abîmés dans leurs maux, c'est *la perte de l'amour* qu'ils ont méconnu.

Quand on est condamné par la justice, disait Lacordaire, on peut recourir à l'amour, mais quand on est condamné par l'amour, à qui recourra-t-on? Tel est le sort des damnés. L'amour qui a donné son sang pour eux, cet amour-là même, c'est celui qui les maudit. Eh quoi, un Dieu sera venu ici-bas pour vous... un Dieu se sera livré pour vous aux liens et aux injures de la trahison; il se sera laissé attacher à un poteau, déchirer de verges, couronner d'épines, il sera mort enfin sur une croix : et après cela vous pensez qu'il vous sera permis de blasphémer et de rire, et d'aller sans crainte aux noces de toutes vos voluptés! Oh! non! détrompez-vous, l'amour n'est pas un jeu [1]; on n'est pas impunément aimé par un Dieu, on n'est pas impunément aimé jusqu'au gibet. Ce n'est pas la justice qui est sans miséricorde, c'est l'amour; l'amour c'est la vie ou la mort, et s'il s'agit de l'amour d'un Dieu, c'est l'éternelle mort (72ᵉ *Conf.*).

Ce souvenir de l'amour humain peut en effet aider à concevoir les sentiments de cette perte effroyable, et les sentiments des mystiques. Imaginez, si vous le voulez, la déception qui suit un grand amour, une affection légitime brisée, est-ce que le regret, la douleur, n'éclatera pas en fièvre qui brûle les veines, qui

1. « Je ne t'ai pas aimée pour rire » (N. S. à sainte Angèle de Foligno).

échauffe et incendie le sang? N'est-ce pas un véritable feu dont les calories se mesurent, dont les thermomètres comptent les degrés? Multipliez à l'infini ce brisement, cette déception, cette séparation de la suprême Beauté, du Bien Souverain, appelé par l'élan naturel de votre cœur; et quand, sans l'avoir vu, cet Etre si beau qui rassasie l'amour, vous concevrez cependant que votre vie est brisée, que tout ce que vous avez rêvé, tout ce que vous avez aimé, le bien [1] de votre intelligence, le seul bien capable de vous ravir, et d'apaiser votre soif de bonheur, est évanoui, à jamais perdu pour vous, devinez, pressentez quelle fièvre, quel feu, quel désespoir, va brûler de sa lave tout votre être.

Quelles larmes vont vous étouffer sans rafraîchir vos paupières embrasées, et vous retomber sur le cœur! « Oh! ce feu vengeur! Oh! cet amour perdu! Et c'est à jamais! » Voilà le sentiment, et il rattache très étroitement au Dieu qu'on aime, et qu'on craint de perdre. C'est là ce qu'exprime fort bien sainte Thérèse :

O mon Dieu, mon Dieu! faites-moi miséricorde! Comment pourrais-je exprimer quelle est ma douleur lorsque je me représente l'état d'une âme qui, s'étant vue dans le monde toujours considérée, toujours aimée, toujours servie, toujours respectée, toujours caressée, au moment qu'elle sortira de la vie, se verra perdue pour jamais, et comprendra clairement que sa misère n'aura point de fin; qu'il ne lui servira plus de rien de détourner son esprit des vérités de la foi, ainsi qu'elle avait accoutumé de le faire ici-bas; qu'elle se verra séparée et comme arrachée de ses divertissements et de ses plaisirs, lorsqu'il lui semblera qu'elle n'avait pas encore commencé seulement à le goûter, parce qu'en effet tout ce qui passe avec la vie n'est qu'un souffle et une vapeur; qu'elle se verra environnée de cette compagnie si hideuse et si cruelle

1. « Il ben dell'intelletto » (Dante).

avec laquelle elle doit souffrir éternellement ; qu'elle se verra plongée dans un lac puant et plein de serpents, qui exerceront sur elle toute la rage dont ils sont capables ; et, enfin, qu'elle se trouvera comme abîmée dans cette horrible obscurité, qui, n'ayant pour toute lumière qu'une flamme ténébreuse, ne lui permettra de voir que ce qui peut entretenir pour jamais ses peines et ses tourments!

Oh! que ce que je dis est peu en comparaison de ce qu'il en est! O supplice sans fin et sans relâche! Est-il possible que ceux-là ne vous craignent point qui craignent tellement les moindres incommodités du corps, qu'ils ne peuvent souffrir de passer seulement une nuit dans un lit qui soit un peu dur?

(*Exclamations de l'âme à son Dieu.* — Sainte Thérèse, citée : *Esprit des saints, Trésor de spiritualité*, par M. l'abbé Grimes, t. VI, p. 87.)

CHAPITRE III

Sentiment du néant d'ici-bas

Le sentiment de la vanité des choses créées, très vif, et à expliquer. — Il doit s'allier à une vie vraiment humaine. — Mais y vivre en pèlerins, hôtes de passage. — « Vie course vers la mort. » (Dante.) — L'oubli de la mort. — Les poètes de la mort. — Les sentiments variés qu'elle inspire : de détachement, de résignation paisible. — Bossuet, incomparable peintre de ce sentiment. — Villon, Lucrèce, Shakespeare, Victor Hugo. — Les mystiques : sainte Thérèse.

« O Dieu! ô Dieu! qu'elles me semblent fastidieuses, insipides et vaines, toutes les jouissances de ce monde! O Dieu! que je le dédaigne et qu'il me lasse! »
(HAMLET, acte I, scène II.)

« Mourir, dormir, rien de plus? et, par ce sommeil, dire : Nous mettons un terme aux angoisses du cœur, et à cette foule de plaies et de douleurs, l'héritage naturel de cette masse de chair... Ce point, où tout est consommé, devrait être désiré avec ferveur. » (HAMLET, acte III, sc. I.)

I

LE NÉANT D'ICI-BAS : LA BIBLE, LES POÈTES

Outre les sentiments de confusion, de crainte et de respect, l'âme touchée de la grâce sent grandir en elle le sentiment du néant d'ici-bas. La fragilité, le provisoire de tout bien et de toute beauté terrestre lui apparaît. Le *Dies irae* ne gémit pas seulement *quid sum*, *miser, tunc dicturus*, il fait résonner comme le glas de notre monde : *solvet saeclum in favilla*. Ni dans *les Exercices*, ni dans *la Divine Comédie*, il n'est réservé de place spéciale au développement de ce sentiment, mais il est indiqué, il est répandu partout et nous devons le traduire.

Cette vie est « une course vers la mort », dit quelque part le poète de Florence. Oderisi, l'honneur d'Agobbio, et l'honneur de cet art « qu'on appelle à Paris enluminer », est plein de ce sentiment et le rappelle à Dante :

Le bruit du monde n'est autre chose qu'un souffle du vent qui vient maintenant d'ici, maintenant de là, et qui change de nom parce qu'il change de côté. Quelle plus grande renommée auras-tu donc si ta chair se détache vieillie de toi, que si tu étais mort en bégayant les premiers mots de l'enfance, avant que mille ans se soient écoulés ? Temps plus court, auprès de l'éternité, qu'un mouvement de sourcil en comparaison de la sphère la plus lente qui tourne dans le ciel... Votre renommée est comme la couleur de l'herbe qui naît et qui s'éteint, et celui qui la fane est le même qui la fait sortir encore tendre de la terre [1].

Les écrits sacrés médités par nos mystiques leur montrent le mort comme une suite du péché. « Un homme a introduit le péché en ce monde et par le péché la mort, et ainsi la mort a passé sur tous les hommes. » (Rom., v, 12.) Le péché est la source de la mort, il est la cause permanente, non par accident, mais en vertu d'une loi qui tient à la nature même des choses : « Lorsque la concupiscence a conçu, elle enfante le péché, et le péché quand il est consommé

1. *Purgatoire*, XI. — Saint Ignace, 3e exerc., 1re sem. « Pedir conocimiento del mundo, para que aborreciendo a parte de mi las cosas mundanas y vanas. »

engendre la mort » (Jac., II, 15). « La mort, dit Job, est la fille aînée du pécheur » (Job, XVIII, 13).

Sans la faute du premier père, dit en effet l'Église, Dieu, par une faveur spéciale et par des moyens à nous inconnus, nous eût préservé de la dissolution commune à tous les organismes. Mais, après le péché, ce privilège accessoire, qui accompagnait l'état de justice originelle, nous fut ôté. Et Dieu promulgua la loi commune : « Vous mourrez. » C'est là une sentence édictée, et comme telle retentit encore la terrible parole, aux oreilles de l'humanité.

Ouvrons la genèse :

Et tout le temps que vécut Adam fut de neuf cent trente années, et il mourut. — Et les jours de Seth furent de neuf cent douze ans, et il mourut. — Et les jours d'Enos furent de neuf cent cinq ans, et il mourut. — Et les jours de Caïnan furent de neuf cent dix ans, et il mourut. — Et les jours de Malaleel furent de huit cent quatre-vingt-quinze ans, et il mourut. — Et les jours de Jared furent de neuf cent soixante-deux ans, et il mourut. — Et les jours de Mathusalem furent de neuf cent soixante-neuf ans, et il mourut (Gen., V, 4-27) [1].

Le pèlerin de l'éternité ne peut qu'être saisi par cette grande image et ce sentiment profond, qui fauche bien des illusions, et encourage la marche en avant [2].

1. Voir ces textes réunis dans l'abbé Bolo, *la Mort*.

2. « Assurément la lumière et le don de la vie sont précieux et doux », ainsi que le dit le livre de l'*Ecclésiaste*, mais le même, quelques feuillets plus loin, rappelle, en termes pressants, la fugitive variété dont il faut se souvenir avant le dernier jour : « Souvenez-vous fréquemment de votre Créateur aux jours de votre jeunesse, avant que n'arrive le temps affligeant de la vieillesse, et n'approchent ces années dont vous répéterez : « Elles me sont amères et pesantes, avant que pour vous ne s'obscurcissent le soleil, et la lumière, et la lune, et les étoiles, et que se succèdent la pluie et les nuages dans votre vie attristée ;

« Quand vos mains et vos bras, sauvegarde de la demeure de

Mais ne nous suffirait-il pas, sans parler des auteurs sacrés, d'évoquer les auteurs profanes? C'est Iphigénie qui pleure la belle lumière du jour. C'est la Jeune Captive de Chénier qui, mélancoliquement, gémit : « Je n'ai pas fini ma journée. » C'est Brizeux qui suit par les taillis, les genêts, les blés verts, un pauvre cortège :

Quand Louise mourut à sa quinzième année,
Fleur des bois par la pluie et le vent moisonnée,
Un cortège nombreux ne suivit pas son deuil...

Et c'est, dans cette solitude de campagne, le contraste d'avril dans tout son éclat, qui couvrait en passant

. . . . d'une neige de fleurs
Ce cercueil virginal et le baignait de pleurs.

Ou bien encore c'est Victor Hugo qui s'émeut au souvenir de celles que la mort traîtresse toucha, en pleine fête, de sa première atteinte.

votre âme, s'affaibliront et trembleront, et que vos jambes et vos genoux, autrefois si souples et si virils, fléchiront; quand les dents de votre bouche, comme des servantes de la meule, diminuées de nombre deviendront oisives; et vos yeux, pareils aux jeunes femmes regardant par les fenêtres, seront obscurcis d'un voile de ténèbres;

« Quand se fermeront, comme les deux battants d'une porte sur le dehors, les parois de votre bouche, et que la voix de vos lèvres sera grêle et faible; quand, en proie à l'insomnie, vous vous lèverez au premier chant du coq, et que vos oreilles amies des chansons seront dures et sourdes;

« Quand vous redouterez les montées, et tremblerez sur le chemin; quand votre tête blanchira comme la fleur de l'amandier, que votre corps agile comme la sauterelle deviendra lourd, que nul excitant ne stimulera plus votre appétit, car l'homme s'en ira dans la demeure de son éternité, et les parents éplorés ou les pleureurs à gage parcourront les rues de la cité;

Oui pensez à votre Créateur avant que votre vie ne se brise, comme une lampe d'or suspendue au plafond par une chaîne d'argent, qui s'est rompue, comme une cruche se casse sur la fontaine, comme la roue d'une citerne est mise en pièces; enfin, avant que le corps formé du limon, de la poussière, ne retourne dans la terre d'où il a été tiré, et que l'esprit ne remonte vers Dieu qui l'a créé;

« Oui, vanité des vanités et tout n'est que vanité ! »

Hélas! que j'en ai vu mourir de jeunes filles...
Elle aimait trop le bal.

C'est Musset, dans ses Stances à la Malibran, qui pleure le génie, tôt ravi aux amis de l'art, de cette « comédienne imprudente » emportée par sa fougue, émue jusqu'à « verser de vrais pleurs sur la scène ».

Et de toi, morte hier, de toi pauvre Marie,
Au fond d'une chapelle il nous reste une croix,
Une croix, et l'oubli, la nuit et le silence !...

C'est Lamartine évoquant un premier regret, un souvenir de jeunesse et d'amour, et ce tombeau perdu près de la plage de Sorrente :

Il est près du sentier, sous la haie odorante,
Une pierre petite, étroite, indifférente,
Aux pas distraits de l'étranger.
La giroflée y cache un seul nom sous des gerbes,
Un nom que nul écho n'a jamais répété !
Quelquefois seulement le passant arrêté
Lisant l'âge et la date en écartant les herbes,
Et sentant dans ses yeux quelques larmes courir,
Dit : « Elle avait seize ans, c'est bien tôt pour mourir. »

Jeunesse, plaisir, talent, beauté, tout cela s'en va, tout nous échappe et nous fuit, c'est le cri universel. Dès lors, c'est un sentiment nouveau qu'il faut noter ici, celui de l'infinie vanité de tout et du néant des choses humaines. Et aux oreilles de l'âme réveillée de sa léthargie pécheresse, comme une musique de grave et pénétrante douceur, comme le glas d'adieu pressenti. David et la sibylle, muse sacrée et muse du dehors, chantent à l'unisson, comme dans les vers de Thomas Celano :

Dies irae, dies illa,
Solvet saeclum in favilla.

II

L'OUBLI DE LA MORT : LA POÉSIE DE LA MORT

Il ne faut pas moins pour nous déprendre de mille liens et rappeler l'âme à son pèlerinage, aux sentiments du pèlerin et de l'hôte de passage dont parle saint Paul. Car nous sommes des oublieux incorrigibles. Quand nous rencontrons sur notre chemin la pâle Mort, prête à renverser le palais de nos illusions, nous paraissons bouleversés par la surprise. La légende et les arts ont immortalisé ce fait dans une page expressive. C'était l'histoire de l'humanité, et une étape du Pèlerinage de l'âme, que symbolisaient la plume ou le pinceau quand ils retraçaient au Moyen-Âge la scène des Trois Vifs et des Trois Morts. Tel Orcagna dans la fresque fameuse du *Campo santo* de Pise. Au milieu d'une chasse brillante, trois cavaliers fleuris de jeunesse, tout parés, tout à l'entrain du plaisir, se sont arrêtés soudain. Et tandis que leurs montures se roidissent, tremblantes de peur à un carrefour de la forêt, les trois vivants aperçoivent trois cercueils entr'ouverts, où déjà les vers ont fort avancé leur besogne de destruction. Tout surpris, les jeunes hommes se regardent, pleins d'épouvante et de stupeur.

Ainsi faisons-nous. *Cosi fan tutti.* Nous ressemblons plus ou moins à ces cavaliers toujours galopant à la poursuite du plaisir. Nos pensées s'envolent capricieuses et changeantes, nous sommes emportés de ci de là par le tourbillon de nos soucis d'avenir, d'affaires, de fêtes et de plaisirs. Autant de divertissements qui nous écartent de la route; et parfois, à un carrefour de nos rêves, se dresse la funèbre visiteuse, qui chuchote en passant : « Ne m'oubliez pas! »

A la suite de Paul de Saint-Victor, dans *Hommes et Dieux*, nous pourrions parcourir les Comédies de la Mort, et le cycle des *Danses Macabres* si célèbres au moyen-âge : sortes de drame aux mille tableaux, ironique et funèbre, qui affirme en raillant l'égalité des hommes devant la mort. C'est le « nivellement du cimetière appliqué aux écrasantes inégalités de la vie. Du pape au serf, du trône pontifical au sillon, la Mort visite en gambadant les mille étages de la Babel humaine. Elle n'affecte pas l'air tragique; c'est en bouffonnant qu'elle invite les hommes à sa ronde ». Sans la dérouler à vos yeux, fût-ce avec le pinceau de Hans Holbein, il suffit de rappeler combien la danse des morts devint populaire. « Elle monta sur les tréteaux, se déroula en longues fresques sur les murs des cloîtres et des cimetières; elle encadra les livres d'Heures, et colora les vitraux : on la retrouve qui serpente jusque sur le fourreau des épées, jusque sur le couvercle des coupes. »

C'est encore et partout la visiteuse qui se rappelle aux oublieux.

Mais que de pèlerins s'en vont, après une pirouette et un éclat de rire, se laissant aller au courant et vivant à la dérive. En vain les événements de la vie, et les lois de la nature même excitent notre attention. Le sommeil, frère de la mort, comme disaient les anciens, nous remet bien souvent sous sa loi, en attendant l'éternel sommeil. Quand le soleil baisse à l'horizon, et que tinte l'Angelus du soir, la cloche, comme a dit si joliment l'Alighieri, « semble pleurer le jour qui va mourir ». Tout meurt autour de nous chaque année; les saisons succèdent aux saisons, et ramènent dans leur cours tragique et fécond le même renouveau et le même déclin. Eh! surtout, autour de nous, pressés comme sur le sol les feuilles de l'automne, disparaissent un à un tous ceux que nous avons aimés, ou simplement connus.

Qu'importe! le pèlerin oublie parce qu'il veut oublier et retourne inconscient à ses habitudes!

Cependant il est des âmes moins distraites, délicates et promptes à découvrir l'aspect idéal des choses, amies des hautes leçons de cette Mort. Aussi ce mystique souvenir a sa belle place dans la littérature et les arts. Parfois la pensée de la mort nous attire, nous pénètre, nous touche de telle sorte, elle éveille de tels échos dans notre cœur qu'une âme d'artiste est facilement éprise de ses charmes austères. Elle a sa beauté et sa poésie particulières.

Dans les sombres et mystérieuses galeries des Catacombes, qui s'allongent devant le visiteur à perte de regard, le long des nefs gothiques de Westminster, ou sous les voûtes de Saint-Denis, — où « dorment dans la poussière les grands de la terre », ces rois et ces « princes anéantis » qui trouvent à peine une place « tant les rangs y sont pressés », l'ombre de la Mort qui plane répand une teinte de poésie sublime. Là toutes les puissances de l'âme se recueillent, et nul cœur ne peut se défendre du sentiment de respect, d'admiration, de religieuse grandeur qui l'investit. Cette majestueuse et divine horreur saisit l'artiste : l'inspiration va jaillir sous mille formes. Le pinceau d'un Orcagna trace alors, sur les murs du Campo Santo, cette fresque dont la poésie s'appelle le *Trionfo della morte;* un Mozart écoute le chant intérieur qui lui dicte les ineffables accents de son *Requiem*. La parole humaine resterait-elle donc seule muette et impuissante à changer en harmonie, non plus le « retentissement de ce monde mortel », mais le silence où vont s'ensevelir tous les vains bruits du monde?

III

LES POÈTES DE LA MORT

Sans doute, bien des poètes ont parlé de la mort; mais, pour être appelé le poète d'un sentiment, il ne suffit pas qu'une note légère, et comme de passage, l'ait fait vibrer dans notre âme. Virgile nous redit les plaintes émouvantes de Didon, que l'amour fait monter sur un bûcher; il s'attendrit sur le gracieux jeune homme qui s'incline et meurt, comme la fleur sous le tranchant de la charrue. Sur les lèvres d'Horace toujours souriant et badin, la mort prêche au mortel Dellius une philosophie aimable et tempérée; le cours fugitif des années, et cette force du trépas qui l'enlèvera à l'improviste, avertissent l'ami de Mécène de jouir du présent, plutôt que d'amasser un or inutile, ou d'élever des palais de marbre. Malherbe fera même d'heureux emprunts au poète épicurien, en quelques stances sur cette cruelle « qui se bouche les oreilles et nous laisse crier ».

Le pauvre en sa cabane où le chaume le couvre
Est sujet à ses lois,
Et la garde qui veille aux barrières du Louvre
N'en défend pas nos rois.

Le gai conteur lui-même, le bonhomme La Fontaine, ornera quelques-unes de ses fables des grâces toutes mélancoliques de cette mort qui nous défend « le long espoir et les vastes pensées », qui ravit, sans pudeur, beauté, vertu, jeunesse. Mais ce sont de très courts accents, quelques vers jetés en passant.

Parmi nos vieux poètes, Villon peut-être a pénétré plus avant dans le sentiment que nous analysons. La vérité poignante, l'énergie pathétique, la douceur attendrissante de quelques-unes de ses pièces, nous disent assez qu'il aimait à songer à la mort pour écrire sous sa dictée. Il a des accents émus comme les mystiques, il sait que toute humaine beauté s'efface, comme fondit au soleil la neige d'antan.

> Mais où sont les neiges d'antan ?
> La reine blanche comme un lys
> Qui chantait à voix de sirène,
> Berthe aux grands pieds, Biétris, Allys,
> Harembourge qui tint le Maine,
> Et Jehanne la bonne Lorraine
> Qu'Anglais brûlèrent à Rouen.
> Où sont-ils, Vierge souveraine ?
> Mais où sont les neiges d'antan ?

Et dans le *Grand Testament*, il revient encore à ce thème mélancolique. Ils sont morts les « gratieux gallants » qu'il suivait au temps jadis.

> Mon père est mort : Dieu en ait l'âme !...
> J'entends que ma mère mourra
> Et le sais bien, la pauvre femme,
> Et le fils pas ne demorra [1].

1. Je congnois que povres et riches
Sages et fols, prestres et lais,
Nobles, vilains, larges et chiches,
Petits et grans, et beaux et laids,
Dames à rebrassez collets,
De quelconque condition,
Portant atours et bourrelets
Mort saisit sans exception.
Et meure Paris ou Hélène,
Quiconque meurt, meurt à douleur
Celluy qui pert vent et alaine
Son fiel se crève sur son cueur.
Puis sue, Dieu sait quelle sueur
Et n'est qui de ses maux l'allège
Car enfants n'a, frère ne sœur
Qui lors vousist être son pleige.
La mort le fait frémir, pallir,
Le nez courber, les veines tendre,
Le col enfler, la chair mollir...

(*Grand Testament.*)

Tous s'en vont, « seigneurs ou dames », et quand les têtes se pressent dans les charniers, « qu'elles soient de « maîtres de requête ou de porte-paniers », il peut autant « l'ung que l'autre dire », car d'évesques ou de lanterniers « il n'y connaît rien à redire ». Le joyeux enfant de Paris a même un cri que ne renierait pas l'auteur du *Dies irae* : « Plaise au doulx Jésus les absoudre ! »

Ces chants sont de bien courte haleine, et le tableau n'est qu'une miniature, mais il fait bonne figure dans le musée artistique du sentiment de la mort, et de l'infinie vanité des choses d'ici-bas.

Pour retrouver des traits plus énergiquement burinés, j'irai chercher trois maîtres, très séparés par le temps, la race et le génie, mais dont la touche est, me semble-t-il, pareille. Elle est sombre et terrible. Leur mort nous saisit fortement, nous nous sentons comme en présence d'un fantôme hideux, mais tout puissant, qui nous raille et se joue de nos terreurs. Lucrèce se rit de l'épouvante des mortels, et s'efforce de nous prouver que la mort n'est rien, puisqu'elle assure un repos insensible, et un sommeil éternel. Il veut nous voir sortir de la vie comme un convive rassasié sans regrets et sans peur. La nature, — dans une apostrophe présente à la mémoire de tous et que Montaigne a reproduite, — gourmande le récalcitrant, le presse, et lui montre, pour l'engager à mourir sans effroi, tous ses prédécesseurs. Faible consolation sans doute, et qui nous semble bien pâle quand Horace veut consoler Virgile, ou que Sulpicius exhorte Cicéron, après la mort de sa chère Tullia. Mais l'antiquité devait s'en contenter. Impassible et impitoyable, la Nature redemande à ce mortel, plus mourant que vivant, la matière dont l'usage seul lui fut concédé et qui doit passer à d'autres êtres : flambeau de vie qu'il faut transmettre au suivant, comme les coureurs se passent une torche au milieu des jeux.

La scène de Shakespeare est encore plus impitoyablement railleuse pour notre pauvre mortalité, et les plaisanteries des deux fossoyeurs, dans Hamlet, leurs sarcasmes cruels et insouciants, devant un spectacle lugubre que l'habitude leur a rendu familier, nous resserrent et nous glacent le cœur.

Pascal est bien de la même école : il nous a laissé deux petits tableaux que Lucrèce ou Shakespeare auraient signé. « Qu'on s'imagine, dit-il, un nombre d'hommes dans les chaînes et tous condamnés à mort, dont les uns étant chaque jour égorgés à la vue des autres, ceux qui restent voient leur propre condition dans celle de leurs semblables, et, se regardant les uns les autres avec douleur et sans espérance, attendent leur tour, c'est l'image de la condition des hommes. » Et ailleurs : « Le dernier acte est sanglant, quelque belle que soit la comédie en tout le reste. On jette enfin de la terre sur la tête, et en voilà pour jamais ! » Ce sombre accent, cette poésie sourde et pénétrante, qui nous fait entendre le bruit des pelletées tombant sur la bière, nous donne du même coup la couleur de l'imagination chez Pascal. Dans sa lettre sur la mort de son père, le raisonnement du philosophe lui montre « la mort en Jésus-Christ comme la joie du fidèle », mais l'impression, l'image, le tour particulier du poète, nous venons de les mettre en plein jour.

IV

BOSSUET POÈTE DE LA MORT

La « mort en Jésus-Christ », et les sentiments qu'elle suggère ce serait, en effet, ce qu'il faudrait nous peindre. Et je dirais volontiers avec un poète chrétien et religieux [1] :

Quand vous peindrez la mort, désormais sur vos tombes
Plus d'ange au noir regard, ni de figure en deuil
Qui penchée et pleurant cherche au fond d'un cercueil
Ni de vieillard qui va fauchant des hécatombes,

Plus de linceul jeté sur des squelettes nus,
Ni torche qui s'éteint ni débris de colonnes,
Mais des signes d'amour, des fleurs et des couronnes,
Mais une croix bien simple et le nom de Jésus.

Bossuet pourrait être notre interprète, il est le roi de l'Oraison funèbre, et le poète de la mort, comme Louis Veuillot dans *le Cyprès,* ou Victor Hugo, après la mort de sa fille, dans les vers fameux datés de Villequier. Chacun entend bien de quelle poésie nous voulons parler, en nommant Bossuet, de cette poésie au sens le plus élevé du mot, où la haute éloquence se porte souvent sans effort [2]. L'évêque de Meaux excelle en ces genres de beauté propres à la poésie, vérité des peintures, sincérité de sentiments, hardiesse de l'expression. Bien que la foi ne lui laisse aucune

1. Alexandre Brou, S. J.

2. La poésie est partout répandue et nous environne, dit le poète... Elle est dans un brin d'herbe au coin de ce sentier,

Dans les amandiers verts que fait blanchir la pluie,
Dans ce fauteuil d'ivoire où votre main s'appuie.
Partout où le soleil nous verse sa clarté
Toujours est la grandeur et partout la beauté.

incertitude sur le sens de ce grand changement qu'opère la mort, il ne laisse pas de s'étonner, avec la simplicité populaire, de la soudaineté de son arrivée. Il n'en raisonne pas subtilement, il la sent, il en est ému comme les enfants [1]. Aussi nous le disons volontiers poète, tandis que ce titre irait mal à Bourdaloue, ou Massillon par exemple. Ces moralistes ont des développements bien agencés, d'une fécondité merveilleuse et variée, ils creusent et retournent leurs idées en tous sens : la mort est le « remède souverain pour amortir nos passions », la « règle de nos délibérations », « un motif pour inspirer la ferveur ». Mais dans ces développements parfois un peu longs, dans cette belle ordonnance un peu trop régulière, nous ne trouvons point cet accent personnel, ce « naturel saisissant, dont parle Pascal, ces tableaux, ces sentiments, ces cris de l'âme qui s'étonne, qui admire, qui s'attendrit, ces tours vifs et courts, cette simplicité, cette originalité familière, cette sincérité naïve dont avec Bossuet nous goûtons le charme.

Dans le *Sermon sur la Mort*, l'orateur atteint, selon nous, le niveau des plus grands poètes, par la force, le coloris, le relief de ses tableaux. Devant le tombeau entrouvert de Lazare, il écoute : il recueille les étranges étonnements que font éclater les assistants surpris de ce que ce mortel est mort. Désireux d'instruire il veut faire parler la mort elle-même, « le plus véritable interprète, le plus fidèle miroir des choses humaines ». Mais la mort est muette : David lui prêtera sa voix... Les images se succèdent, se pressent, s'accumulent, pour nous bien faire voir le néant de notre substance, et d'une vie qui se mesure. Nous

1. Nisard.

bâtissons un édifice plus fragile qu'un « château de cartes », vain amusement d'enfant qu'un souffle de la mort, tout faible, tout languissant, suffit à renverser. Nous écrivons sur un livre où la mort efface tout sans même la trace d'une rature. Nous perdons toute forme, il ne reste de nous qu'« un je ne sais quoi qui n'a de nom dans aucune langue ».

Le mot est de Tertullien, et rappelle l'ironie de Shakespeare, ou la mélancolie de Villon, mais ici Bossuet emprunte à bien d'autres. Comme dans Lucrèce, la nature redemande cette matière « dont elle a besoin pour d'autres formes ». Cette recrue du genre humain, ces enfants qui s'avancent, et nous poussent de l'épaule en réclamant leur place, nous remettent en mémoire les coureurs qui se passent le flambeau. Bossuet se voit comme Pascal enserré entre deux infinis : « Si je jette la vue devant moi, quel espace infini où je ne suis pas ! Si je la retourne en arrière, quelle suite effroyable où je ne suis plus. » Pour lui aussi la vie est une comédie, nous n'y paraissons que pour faire nombre, et la pièce ne serait pas moins bien jouée si nous restions derrière le théâtre. Il doute même, avec Arnobe, s'il dort ou s'il veille, tant est petite la place que nous occupons en ce monde, tant est fugitive cette vie qui nous échappe comme une ombre.

Toutes ces images naissent spontanément sous la plume de Bossuet. Qu'il imite ou qu'il se souvienne, sans en avoir conscience, ou qu'il se rencontre fortuitement avec d'autres, rien ne vient rompre l'unité de l'œuvre, rien ne nous distrait de l'impression. Le maître s'assimile tout : ses emprunts ou ses réminiscences deviennent sa propriété, et comme une nouvelle création, tellement il les transforme et les marque de son sceau. D'ailleurs s'il profite de ce que d'autres ont dit, la chose n'est pas rare dans l'histoire de l'art. Virgile n'est pas amoindri parce qu'un critique alexandrin aura laborieusement confronté dans ses notes les passages imités d'Ennius ou de Lucrèce, d'Homère ou de Quintus de Smyrne.

L'accord serait cependant moins unanime, à reconnaître à Bossuet le premier rang, s'il en était demeuré là. Mais comme si ce chef-d'œuvre de 1662 n'eût été pour lui qu'une première ébauche, il l'a repris pour nous donner l'admirable Oraison funèbre de la duchesse d'Orléans.

Déjà dans la seconde partie du *Sermon sur la Mort*, il va plus loin que ses émules. Ceux-ci confondaient surtout notre orgueil, et voyaient dans la mort un spectacle d'abaissement et d'ignominie ; Bossuet dévoile en entier les mystères de notre nature. Après avoir célébré les merveilles de l'industrie humaine, et reconnu en nous « quelque ressemblance, quelque écoulement, quelque portion de cet esprit ouvrier qui a fait le monde »,il nous relève par là dans notre propre estime, et nous fait toucher notre grandeur après notre misère. « Il ne faut pas, dira-t-il plus tard, permettre à l'homme de se mépriser tout entier. » Les énigmes, les contrastes de notre nature n'ont plus d'obscurité pour lui : cet étrange composé dont les uns font un dieu, les autres un rien, d'autres encore un jeu et un caprice de la nature, livre le secret de ses disproportions. « Ces masures mal assorties, avec ces fondements si magnifiques »,lui crient assez haut que l'ouvrage n'est pas dans son entier. Parmi les marques d'une main divine, il découvre ce que le péché a mis du sien.

« L'homme a voulu bâtir à sa mode sur l'ouvrage de son Créateur, et il s'est éloigné du premier plan... L'immortel et le corruptible, le spirituel et le charnel, l'âme et la bête, en un mot, se sont trouvés tout à coup unis. » La foi éclaire tout et dénoue tout embarras, et le langage de Bossuet commenterait assez bien celui de Dante Alighieri : « Ne vous apercevez-vous pas que nous sommes des vermisseaux nés pour former le papillon angélique, qui volera vers la Justice, sans défense? »

Mais le poète orateur pouvait encore se surpasser lui-même. Dans le *Sermon sur la Mort*, les images qui se groupent vont à soutenir et confirmer le raisonnement. Plus tard devant le tombeau d'une jeune princesse aimée de tous, la gloire, la joie, l'ornement de la cour, Bossuet n'a plus d'efforts pour raisonner et nous instruire : les choses parlent assez d'elles-mêmes. Il n'a qu'à peindre et à laisser parler son cœur, devant celle qui fut Henriette d'Angleterre, duchesse d'Orléans.

Dès les premières paroles, on devine des larmes dans cette triste voix qui s'étonne : « O vanité! ô néant! ô mortels ignorants de leurs destinées! » L'eût-elle dit, il y a dix mois, cette jeune princesse si attentive, tandis qu'on rendait les derniers devoirs à sa mère. Un tel coup arrache de l'âme un véritable cri : « Non! après ce que nous venons de voir la santé n'est qu'un nom, la vie n'est qu'un songe, la gloire n'est qu'une apparence, les grâces et les plaisirs ne sont qu'un dangereux amusement! »

Aussi le sentiment vient interrompre les leçons de l'orateur sacré. Tandis qu'il se propose de tirer des enseignements de cette surprise de la mort, et de montrer aux hommes que « toutes leurs vaines distinctions » vont se confondre au tombeau, comme les fleuves les plus vantés demeurent sans nom et sans gloire, mêlés, dans l'Océan, avec les rivières les plus inconnues, tandis qu'il s'efforce de retracer la brillante origine de la princesse et d'arrêter les yeux sur sa gloire, — la mort vient tout offusquer de son ombre. « O mort ! s'écrie Bossuet, éloigne-toi de notre pensée et laisse-nous tromper pour un peu de temps la violence de notre douleur par le souvenir de notre joie. » On sent qu'il est personnellement touché : on devine l'admirateur, le confident, l'ami de la jeune princesse. Il pleure cette grâce aimable, cette modestie unie à tant de dons naturels, cet attrait, ce charme, dont tous étaient séduits et dont la ravissante esquisse augmente les lamentations de ce deuil.

Les émotions, les élans, les cris de l'âme se succèdent : c'est ici la plus sublime élégie inspirée par une grande infortune, et le plus bel hymne de triomphe que la foi puisse chanter sur un tombeau. Soulevé par son affection et sa foi, tout ensemble poète plein de sensibilité et croyant plein d'assurance, le grand évêque s'attendrit devant cette jeune princesse sitôt ravie aux affections de la terre, fleur du matin que le soir vit séchée : et il se console aux clartés du ciel entrouvert, par le souvenir pieux d'une mort si chrétienne : « Elle a aimé en mourant le Sauveur Jésus, les bras lui ont manqué plutôt que l'ardeur d'embrasser la croix ; j'ai vu sa main défaillante chercher encore en tombant de nouvelles forces pour appliquer sur ses lèvres ce bienheureux signe de notre rédemption : n'est-ce pas mourir entre les bras et dans le baiser du Seigneur ? »

Le mouvement de sensibilité si pleinement, si largement conduit, cette émotion qui monte au cœur du poète au souvenir de la nuit désastreuse, nous envahit nous-mêmes. Nous revoyons ce funeste lit de mort, « Monsieur, le roi lui-même tenant Madame serrée par d'étroits embrassements », la princesse leur échappant « parmi des embrassements si tendres, et la mort plus puissante qui l'enlevait entre ces royales mains ». Les sanglots éclatèrent, dit-on, dans l'auditoire, et le trouble de l'orateur se trahissait par une voix mouillée de larmes. Il nous semble en retrouver quelque trace, en entendre quelque écho affaibli quand nous relisons ce cri vraiment sorti du cœur : « La voilà, cette princesse si admirée et si chérie, la voilà telle que la mort nous l'a faite, » encore « ce reste tel quel va-t-il disparaître, cette ombre de gloire va s'évanouir... ».

Nulle poésie plus vraie, plus pénétrante, plus sentie ne peut nous prendre davantage jusqu'aux entrailles mêmes. Les tableaux du *Sermon sur la Mort*, dans leur concision énergique, font penser à quelque scène gravée au burin, ou bien à quelque bas-relief de Nicolas de Pise. La passion, le sentiment, qui domine dans l'Oraison funèbre de la Duchesse d'Orléans, aime à se déployer plus au large : elle étend des couleurs plus abondantes, cherche des touches plus riches, des tons plus chauds. Elle fait songer à la palette d'un Raphaël, à l'opulente variété, à la suave délicatesse de son pinceau, au délicieux attendrissement qui nous surprend devant ses œuvres.

V

L'APAISEMENT CHRÉTIEN ET MYSTIQUE DEVANT LA MORT

De fait, nous sommes ici à l'apogée du sentiment issu des deuils humains, lorsque le cœur chrétien se relève aux chauds rayons de l'espérance. Bossuet, en son âme de prêtre, est tout saisi d'une si ravissante beauté. L'élégie plaintive fait place à l'« alleluia » et se change en cantique d'allégresse. « Nous nous sommes plaints que la mort ennemie des fruits que nous promettait la princesse les a ravagés dans sa fleur, qu'elle a effacé pour ainsi dire sous le pinceau même un tableau dont les premiers traits, dont le seul dessin montrait déjà tant de grandeur. Changeons maintenant de langage. » Puis il bénit cette mort qui arrache cette âme aux périls du monde, et assure son bonheur éternel. « Qu'importe que sa vie ait été si courte? Jamais ce qui doit finir ne peut être long. » Il invite donc ses auditeurs à se consoler pendant que va « s'achever le saint sacrifice pour le repos de Madame », et à recourir à « ce Jésus en qui elle a espéré ».

Là en effet est le couronnement de tout. Et ce sentiment du néant d'ici-bas ne s'achève pas sans un regard levé vers l'espoir d'en haut. Ne résistons pas au plaisir de relire quelqu'une des strophes où Victor Hugo, au cimetière de Villequier, a épanché devant Dieu sa mélancolie résignée. Après la première surprise désespérée il se ressaisit :

Maintenant que Paris, ses pavés et ses marbres,
Et sa brume et ses toits sont bien loin de mes yeux ;

Maintenant que je suis sous les branches des arbres
Et que je puis songer à la beauté des cieux;

Maintenant que du deuil qui m'a fait l'âme obscure
Je sors pâle et vainqueur,
Et que je sens la paix de la grande nature
Qui m'entre dans le cœur;

Maintenant que je puis, assis au bord des ondes,
Ému par ce superbe et tranquille horizon,
Examiner en moi les vérités profondes
Et regarder les fleurs qui sont dans le gazon;

Maintenant, ô mon Dieu, que j'ai ce calme sombre
De pouvoir désormais
Voir de mes yeux la pierre où je sais que dans l'ombre
Elle dort pour jamais;

Maintenant qu'attendri par ces divins spectacles,
Plaines, forêts, rochers, vallons, fleuve argenté,
Voyant ma petitesse et voyant vos miracles,
Je reprends ma raison devant l'immensité;

Je viens à vous, Seigneur, père auquel il faut croire,
Je vous porte, apaisé,
Les morceaux de ce cœur tout plein de votre gloire
Que vous avez brisé!

Peut-être pouvons-nous percevoir une résignation plus soulevée de terre, une espérance qui fasse mieux tressaillir le cœur. Elle me semble exprimée en ces vers du Père Fougeray sur la mort de sainte Thérèse :

Ne dites pas : le deuil est dans notre demeure;
Dites : l'Ange en son vol a pris l'une de nous!
Dites : l'hiver a fui, les neiges sont passées,
Dites : le ciel est plein d'heureuses fiancées,
Sous l'amandier fleuri les tables sont dressées,
Nous avons vu l'Epouse au bras de son Epoux!

Cette poésie mystique ne nous semble pas faire dissonance, même après celle des grands maîtres. Car toutes deux s'élancent d'une grande envolée vers le ciel, toutes deux s'inspirent de la foi, toutes deux ont ce double regard sur l'homme et sur Dieu, qui seul peut percer le mystère, la redoutable énigme, et la véritable poésie de la mort. Ce sentiment complexe en effet, de deuil, de douce mélancolie, d'espoir, et de douleur apaisée n'est nulle part plus vif que chez les chrétiens, et même chez les plus mystiques d'entre eux.

Plus ample, plus complète, plus émue, leur poésie n'est pas dure, sombre, froide ou déchirante : elle laisse au cœur un rayon d'espérance sereine, au lieu de l'aiguillon brûlant que Lucrèce retourne dans la plaie sous prétexte de consolation. « Voulez-vous sauver quelque chose de ce débris universel, si inévitable ? » disent-ils tous par la bouche éloquente de Bossuet, « donnez à Dieu vos affections; nulle force ne vous ravira ce que vous avez déposé en ses mains divines. Vous pourrez hardiment mépriser la mort à l'exemple de notre héroïne chrétienne. »

Ou mieux encore, avec sainte Thérèse, nous prendrons ici les sentiments de notre Pèlerin de l'éternité :

O Souverain Créateur, mon Dieu et mes délices! Jusques à quand vivrai-je ainsi dans l'attente de vous voir un jour? Quel remède donnez-vous à celle qui n'en trouve point sur la terre, et qui ne peut prendre aucun repos qu'en vous seul ? O vie longue, vie pénible, vie qui n'est point une vie! O solitude profonde! ô mal sans remède! Jusqu'à quand, Seigneur, jusqu'à quand? Que ferai-je, ô mon Dieu, mon bien, que ferai-je? Désirerais-je de ne vous désirer pas? O mon Dieu et mon Créateur! Vous nous blessez par les traits de votre amour, et ne nous guérissez point; vous faites des plaies d'autant plus sensibles qu'elles sont plus intérieures et plus cachées! Vous donnez la mort sans ôter la vie!

O mort! ô mort! je ne sais qui peut te craindre, puisque c'est dans toi que nous devons trouver la vie! Mais comment ne te craindra pas celui qui aura employé une partie de sa vie sans aimer Dieu? (Sainte Thérèse, *Exclamations.*)

CHAPITRE IV

Sentiment du repentir ; L'élégie de la conversion : larmes amères, larmes douces, larmes de joie.

Dante et les reproches de Béatrice. — Le repentir et les larmes. — La détestation du péché et le ferme propos, affermis par les sentiments de regret, de douleur, de brisement de cœur. — Les larmes : passim, les écrits des mystiques. — Rapprocher de l'expression des poètes : Dante, Jacopone de Todi. — Retrouver cette note chez les contemporains, Verlaine et Huysmans, ou chez les trouvères du moyen-âge.

L'ÉLÉGIE DE LA CONVERSION

Il ne nous reste plus qu'à voir s'achever l'évolution des sentiments qui forment notre première étape. Les terribles spectacles de l'*Inferno*, et la vanité de tout ce qui passe, laissent leurs traces profondes dans l'âme du Pèlerin. « Je m'attristai et je m'attriste encore, écrit Dante, quand je reporte ma pensée à ce que j'ai vu, et je retiens mon cœur plus que jamais, pour qu'il ne coure pas sans que la vertu le guide[1]. » Et il sait bien qu' « on ne peut absoudre celui qui ne se repent pas ». C'est donc cette dernière démarche de la conversion qu'il nous faut analyser, le repentir

1. *Inf.*, XXVI, XXVII.

et les larmes, c'est-à-dire la détestation du péché, et le ferme propos, affermis par le sentiment de regret, de douleur, de brisement de cœur que la langue chrétienne a nommé contrition. Et sans doute les yeux du corps ne pleurent peut-être pas, mais le cœur et la volonté pleurent tout au moins au dedans, et ces larmes sont les plus efficaces.

Larmes amères de douleur et du désir de l'aveu, larmes dans la rencontre miséricordieuse du pardon, larmes de joie dans la paix retrouvée, c'est là tout l'épisode, toute l'élégie de la conversion. Et après avoir parcouru bien des documents psychologiques, et des confidences littéraires, on s'aperçoit, en revenant à la parabole de l'enfant prodigue, que tout s'y trouve. Sans relire tout entier ce quinzième chapitre de saint Luc, où sont aussi « la brebis perdue », « la drachme retrouvée », je rappellerai seulement le cœur de notre récit où sont bien notées trois phases du sentiment. Le pauvre égaré, dans la grande famine de tout son être, étant rentré en lui-même se dit :

Combien de mercenaires, dans la maison de mon père, ont du pain en abondance, et moi, je me meurs ici de faim ! Je me lèverai, et j'irai vers mon père, et je lui dirai : Mon père, j'ai péché contre le ciel et contre toi ; je ne suis plus digne désormais d'être appelé ton fils ; traite-moi comme l'un de tes mercenaires. Et se levant il vint vers son père. — Comme il était encore loin, son père le vit, et fut ému de compassion ; et accourant, il se jeta à son cou et le baisa. Et le fils lui dit : Mon père j'ai péché contre le ciel et contre toi ; je ne suis plus digne d'être appelé ton fils. Alors le père dit à ses serviteurs : Vite, apportez la plus belle robe, et revêtez-l'en ; et mettez un anneau à sa main, et des chaussures à ses pieds ; — puis amenez le veau gras, et tuez-le ; et mangeons et faisons bonne chère ; car mon fils que voici était mort, et il est revenu à la vie ; il était perdu, et il est retrouvé.

Contentons-nous de cela, c'est un guide et un fil à lier tous nos souvenirs.

I

LE DÉSIR DE L'AVEU. — LES LARMES AMÈRES

Ici plus que jamais qu'il me soit permis de citer abondamment, pour mieux enrichir notre glane, et suggérer mieux notre poème. Le rappel de tous les souvenirs de *l'Ame errante*, et l'étonnement de ce long regard sur le passé, m'ont paru bien exprimés dans ce sonnet de M. Charles Epry, cité dans le *Polybiblion* d'août 1899 :

C'est donc moi, vraiment moi qui l'ai vécu le songe
Qu'évoquent ces feuillets en tournant dans mes doigts?
C'est vraiment moi, cette ombre étrange que je vois
Décroître en ces lointains douteux où mon œil plonge!

Ces pays que déjà l'eau rouille et le temps ronge,
C'est là tout mon passé !... Quoi déjà tant de fois
J'ai souffert, supporté, sans crouler sous leur poids,
Le doute et la douleur, l'amour et son mensonge ?

Ces souvenirs, qu'ils me font mal !.. Vienne l'oubli !
Mais leur vol obstiné, las! sous mon ciel pâli,
Me suit par les sentiers, ô Temps, où tu m'emportes,

Comme un souffle d'automne au fond des chemins creux,
O mémoire! pourquoi, dans mon cœur douloureux,
Sans fin les remuer toutes ces feuilles mortes?

Ce branle donné par la mémoire, et ses reproches inquiets, se résolvent dans un besoin de l'aveu, douloureux à ceux qui ne sont point chrétiens. Ce besoin de la confession, Sully-Prudhomme l'a rendu en un sonnet délicat :

Un de mes grands péchés me suivait pas à pas,
Se plaignant de vieillir dans un lâche mystère ;
Sous la dent du remords il ne pouvait se taire
Et parlait haut tout seul, quand je n'y veillais pas.

Voulant du lourd secret dont je me sentais las
Me soulager au sein d'un bon dépositaire,
J'ai pour trouver la nuit fait un trou dans la terre
Et là j'ai confessé ma faute à Dieu, tout bas.

Heureux le meurtrier qu'absout la main d'un prêtre !
Il ne voit plus le sang épongé reparaître
A l'heure ténébreuse où le coup fut donné.

J'ai dit un moindre crime à l'oreille divine ;
Oui, je l'ai dit, la terre a fait croître une épine,
Et je n'ai jamais su si j'étais pardonné.

Parmi les chrétiens, ce besoin de l'aveu trouve à se satisfaire, et il réclame la sécurité du pardon promis. Le lied de Tannhauser met assez curieusement en scène le repentir suivi d'une rechute parce que le pardon n'a pas été accordé, alors que tout péché peut être effacé par un regret sincère.

Le chevalier Tannhauser, raconte le lied, voulut connaître le plaisir d'amour et descendit dans la montagne de Vénus, où, pendant un an, il fut aimé de la déesse. Mais au bout de ce temps la lassitude, le remords, la crainte d'avoir perdu son âme s'emparent de lui ; il prend congé de Vénus, renonce à son amour maudit, et invoquant l'appui de Marie, la Vierge pure, quitte la montagne, le cœur gonflé de tristesse et de repentir.

« Je veux aller à Rome, la ville sainte, et me confier au Pape.

« Joyeux, je vais mon chemin, — Dieu m'ait en sa garde — vers le Pape qui a nom Urbain ; puisse-t-il me donner le salut.

« O Pape Urbain, ô mon Seigneur, je viens m'accuser par devers vous du péché que j'ai commis, — je vais vous le dire :

« J'ai été pendant un an chez Vénus, la belle dame ;

maintenant je veux me confesser et faire pénitence; puissé-je revoir la face de Dieu »

Le Pape avait en main un bâton fait d'une branche sèche : « Quand ce bâton portera des feuilles, Dieu te rendra sa grâce. »

Le chevalier s'éloigna de la ville, triste et le cœur dolent: « Marie, ô sainte Mère, Vierge sans tache, il me faut vous quitter. »

Et il retourna vers la montagne, à tout jamais et pour l'éternité : « Je reviens vers Vénus, ma tendre dame, où Dieu même m'envoie. »

« Soyez le bienvenu, Tannhauser! vous êtes resté longtemps absent ; soyez le bienvenu, ô mon doux seigneur, mon amant fidèle. »

Et quand vint le troisième jour, le bâton se prit à reverdir. Alors le Pape envoya par tous pays savoir où était allé Tannhauser.

Mais il était rentré dans la montagne, auprès de la dame de son cœur. C'est pourquoi le Pape Urbain sera damné à tout jamais.

Malgré les singularités de ce lied, en cette fiction revit le sentiment chrétien de réprobation contre le refus injuste du pardon. Car c'est appuyé sur la parole de celui qui a dit : « Venez à moi et je vous soulagerai, » que le prodigue se dit : « Je me lèverai et j'irai vers mon père. »

Dans le voyage dantesque, c'est au neuvième chant du *Purgatorio* qu'est retracée la scène de l'aveu, et l'allégorie de la confession. Mais l'absolution qui remet la faute laisse encore à l'expier, et ce n'est qu'après avoir parcouru les cercles du Purgatoire, dans la prière, la pénitence et l'exercice de toutes les vertus, que nous retrouvons Dante complètement purifié, repentant et en larmes, traversant le fleuve de l'oubli avant d'entrer dans les sphères du Paradis. C'est d'ailleurs l'attitude de toutes les âmes du Purgatoire qui pleurent et chantent, *che va piangendo e canta*, livrées à la prière et à l'expiation, montant dans la lumière et dans l'amour

Mieux vaut, pour la suite de notre étude, unir ces deux scènes qui se complètent. Au neuvième chant du *Purgatoire*, les visions et les allégories nous dépeignent la grâce qui mène le pécheur à l'aveu de ses fautes.

A l'heure où l'hirondelle commence ses tristes plaintes du matin, peut-être en souvenir de ses premiers malheurs, et lorsque notre âme, plus dégagée de la chair, et moins retenue par la pensée, est presque divine dans ses visions, il me semblait voir en rêve un aigle planer dans le ciel avec des plumes d'or, les ailes étendues et prêt à descendre, et je me croyais dans ce lieu où Ganymède abandonna les siens, quand il fut ravi jusqu'au suprême conseil. Et puis je pensais en moi-même, peut-être cet aigle vient-il s'abattre ici par habitude, et peut-être dédaigne-t-il d'aller prendre en d'autres lieux ce qu'il porte en haut dans sa serre. Puis il me parut qu'après avoir tournoyé un peu il descendait terrible comme la foudre, et m'enlevait en haut jusqu'à la région du feu. Là il me semblait que l'aigle et moi nous brûlions, et cet incendie, quoiqu'imaginaire, devint si cuisant qu'il fallut bien que mon sommeil s'interrompît.

Le poète se réveille en effet; blême, et comme glacé d'épouvante, il se voit transporté, avec son guide, à l'entrée du Purgatoire ; le soleil est levé depuis deux heures. Et le bon Virgile rassure le pèlerin, il change sa peur en confiance.

Tout à l'heure, dit-il, pendant l'aube qui précède le jour lorsque ton âme dormait en toi, sur les fleurs dont la vallée est couverte, une femme vint et dit : — Je suis

Lucie laissez-moi prendre celui qui dort, je l'aiderai ainsi dans son chemin.

Ainsi aidé par la grâce illuminatrice et prévenante, Dante arrive à la porte que franchissent les repentants.

Je vis une porte et au-dessous d'elle trois degrés de couleurs diverses pour y monter, et un gardien qui ne disait rien encore. Et comme j'ouvrais les yeux de plus en plus je vis qu'il était assis sur le degré supérieur, et tel était son visage que je ne pus en supporter la vue. Il avait à la main une épée nue, qui réfléchissait tellement les rayons sur moi que je levais souvent en vain mes regards vers lui.

Invité à s'avancer, le Pèlerin vient devant les degrés.

Nous y allâmes, et la première marche était d'un marbre blanc si poli et si clair que je m'y mirais tel que je suis. La seconde, plus obscure que la couleur perse, était d'une pierre rude et calcinée, crevassée en long et en large. La troisième, qui surmontait les deux autres, me paraissait d'un porphyre flamboyant comme du sang qui jaillit de la veine. Sur cette marche posait ses pieds l'Ange de Dieu assis sur le seuil, qui me semblait une pierre de diamant. Mon guide me fit monter ces trois degrés de bonne volonté en me disant : « Demande-lui humblement qu'il ouvre cette porte. » Je me jetai dévotement à ses pieds sacrés, et je demandai à Dieu miséricorde, afin que son ange m'ouvrît, mais auparavant je me donnai trois coups dans la poitrine.

Il me grava sept fois la lettre P sur le front avec la pointe de son épée ; et : « Quand tu seras entré, me dit-il, tâche de laver ces blessures. » La cendre ou la terre sèche qu'on extrait de la fosse seraient d'une couleur semblable à son vêtement, et il tira de dessous deux clefs. L'une était d'or et l'autre d'argent. D'abord avec la blanche et ensuite avec la jaune il ouvrit la porte et me rendit heureux.

La pénitence chrétienne et ses conditions sacramentelles, tel est le sens de cette scène d'un symbolisme aisé à comprendre. Il se trouve exposé dans l'ouvrage de M. de Margerie[1], comme il suit. Le premier degré de marbre blanc, poli comme un miroir représente dans l'ensemble de la pénitence la sincérité limpide de l'examen de conscience et de l'aveu. Le second, noir, fondu en tous sens et comme calciné, représente la contrition qui brise la dureté du cœur. Le troisième, d'un porphyre flamboyant et rouge comme du sang, représente l'amour dont la flamme s'allume dans l'âme pénitente. Au-dessus de cette troisième marche est le seuil, en pierre de diamant représentant l'indestructible solidité de l'Eglise catholique.

L'ange, qui représente le sacerdoce catholique, grave sur le front de Dante, en sanglants caractères, sept P qui désignent les sept péchés capitaux, dont les peines temporelles sont payées dans le Purgatoire. Il lui recommande de laver son visage que cette opération a couvert de sang, image des œuvres satisfactoires que le pénitent doit accomplir telles qu'elles lui sont imposées pour le confesseur. Les clefs sont celles que J.-C. a données au chef de son Eglise, et sous son autorité, au sacerdoce catholique qui s'en sert pour ouvrir le royaume du ciel par l'absolution. La clef d'argent représente la science et la discrétion du confesseur. La clef d'or, plus précieuse, mais qui ne suffit pas sans l'autre, représente son autorité surnaturelle. Dans l'usage de l'une et de l'autre, Pierre veut que le confesseur soit guidé par la charité la plus tendre, et incline vers l'indulgence plutôt que vers la rigueur.

1. Dante, I, p. 360.

***

L'histoire et la poésie se font un mutuel commentaire. Les grands repentirs de Madeleine, Paul, Augustin, comme de Mlle de la Vallière, et de tant d'autres pénitents célèbres, cet universel sentiment du pécheur contrit, qui avoue son passé et le regrette, est dans les lettres chrétiennes, bien touchant, et bien pénétrant. Faisons un choix entre mille pour en renouveler en nous l'impression.

L'histoire de Raymond Lulle semble faire passer dans la réalité visible l'allégorie où Dante nous peint les réalités invisibles de la vie intérieure. Parmi ses folles amours une dernière lui fut le dernier terme où le devaient rejoindre les poursuites de l'amour divin. « Ambrosia de Castello, mariée à un riche Génois, était une des plus belles femmes de Palma, mais elle était aussi universellement respectée et jamais la médisance publique n'avait osé prononcer son nom. On ne la voyait à aucune fête mondaine ; elle passait ses journées à prier dans les églises, à visiter les malades dans les hôpitaux et à porter des consolations et des secours aux malheureux dont elle était la providence. Elle était d'une beauté grave ; son regard profond disait des souffrances refoulées et vaincues par la résignation chrétienne.

« C'est à cette femme que l'insensé Raymond osa offrir l'impureté de son amour. Exaspéré par la silencieuse résistance qui lui fut opposée, il écrivit des vers enflammés [1]. »

Malgré plusieurs apparitions du divin Crucifié, durant plusieurs jours, aveuglé par la passion, il s'en-

1. Marius André, *Raymond Lulle*, p. 20.

têta, et fit parvenir sa poésie. La vertueuse dame, silencieuse jusqu'alors en son indifférence, répondit au troubadour, pour repousser son hommage et le rappeler à Dieu.

« Oubliez une passion qui dégrade votre noblesse, et n'exposez pas pour si peu votre réputation ; car si vous persistez dans un dessein aussi fou, je me verrai dans la nécessité de vous détromper en vous faisant voir que l'objet de votre enthousiasme ne doit être que celui de votre aversion. »

Lulle ne vit dans ces paroles qu'un aveu à peine voilé. Le lendemain, continue son biographe, — l'Eglise en ce jour fêtait l'anniversaire de la conversion de saint Paul, — il se promenait à cheval sur la place publique, lorsqu'il rencontra Ambrosia qui se dirigeait vers l'Eglise... Enflammé, affolé plus que jamais, il la suivit, et comme elle entrait dans le temple, il franchit, lui aussi, le seuil et pénètre à cheval jusque dans le saint lieu d'où les fidèles le chassèrent avec de grands cris d'indignation et d'effroi.

Quelques heures après, Ambrosia lui faisait dire par une de ses servantes qu'elle lui accordait un rendez-vous chez elle pour le soir même.

Il accourt à l'heure fixée ; il est introduit auprès d'Ambrosia, mais, dès qu'il est en sa présence, reste interdit à la vue du visage douloureux de l'aimée et de ses yeux d'où perlaient les larmes. Ce fut elle qui parla :

« Malheureux ! lui dit-elle, tu crois que je t'ai fait venir pour partager ta passion criminelle... Ne t'ai-je pas dit que j'étais prête à te montrer le corps dont tu as célébré la beauté, s'il fallait m'y résoudre pour te guérir ? Ton action insensée de ce matin m'a prouvé que je n'ai plus que ce moyen pour t'arrêter au bord de l'abîme où le démon de la luxure va te précipiter. Eh bien! contemple-la donc dans toute sa laideur cette chair méprisable pour laquelle tu oublies tes devoirs d'époux et de chrétien... »

Aussitôt, elle se découvrit la poitrine et fit voir à Raymond ses seins horribles rongés par un cancer :

« La voilà donc cette beauté fragile livrée à la pourriture avant même d'être enfermée au tombeau! Et c'est la vision que tu en avais créée, qui obscurcit ton esprit au point de t'éloigner de la seule beauté de Dieu éternelle et suprêmement parfaite... »

Elle parla un instant encore, car elle était parvenue à dompter sa douleur et à sécher ses larmes pour livrer à Satan une bataille qu'elle comprenait décisive; puis elle se retira dans sa chambre, sans attendre une parole de Raymond, le laissant comme foudroyé...

Il rentra chez lui, chancelant, et se mit à genoux bégayant des phrases enfiévrées où le nom du Seigneur était jeté pour un appel à des prières qu'il était incapable de formuler. Et alors « il plut à Jésus-Christ, par grande pitié », de lui apparaître une cinquième fois, avec la même face douloureuse; il regarda le Sauveur du monde, et il vit les lèvres divines s'entr'ouvrir et il entendit qu'elles disaient :

« Raymond, suis-moi! »

Ce soir-là, Raymond ne se coucha pas et ne s'endormit point; il resta agenouillé jusqu'à l'aube et versa une abondance de larmes.

Il allait suivre son Sauveur [1].

1. C'est dans le *Livre de Contemplation* qu'il faut lire Lulle se jugeant lui-même, et avec quelle sévérité!

« Celui qui veut voir un homme en qu'il n'y ait que trahison, fausseté et vileté n'a que venir me voir; car je suis plein de

1. Marius André, *Raymond Lulle*, p. 18.

II

LA RENCONTRE DANS LES LARMES

Aux chants XXX et XXXI du *Purgatorio*, après avoir parcouru les divers cercles, et entendu le

fautes. Il est surprenant qu'un corps aussi petit puisse contenir autant de mal.

« Comme une étoffe s'imprègne de musc ou d'ambre et en est toute odorante, ainsi, ô Seigneur, mon corps est tout infesté des immondices qui sont en lui et des mauvaises œuvres que je fis en le temps passé.

« Mon âme, Seigneur, est malade et couverte des plaies de sept péchés capitaux qui la blessèrent, l'enlaidirent, et la désordonnèrent; elle est malade parce qu'elle désobéit aux dix commandements; et puisqu'elle est si malade, je vous supplie, mon Dieu, vous qui êtes son médecin, de ne pas vous éloigner d'elle. Je ne crois pas, ô mon Dieu, qu'il y ait dans le monde un seul péché qui retienne l'homme en son pouvoir comme le péché de luxure, car il est si mauvais qu'il se répand et s'étend par le monde entier; et il s'étendit et se répandit tellement en moi qu'il me maitrisa tout, et que je ne fus terrassé et vaincu par aucun péché comme par celui-là...

« Les immondices du péché me souillèrent ainsi tellement que peu s'en fallut, ô mon Dieu, qu'elles me fissent désespérer de ta gloire, car il me semble qu'un homme aussi souillé et aussi corrompu que moi ne pouvait être digne de paraître en ta présence. Mais ce qui m'empêcha de désespérer, ce fut la douce miséricorde, car elle est si grande qu'elle peut purifier et guérir toutes mes corruptions. »

En son allégorie de l'Arbre de la Philosophie d'amour, comme en son roman de Blanquerna, spécialement aux livres de l'Ami et de l'Aimé, R. Lulle nous a peint plusieurs événements de la Vie intérieure. Vous y pourriez lire de touchantes confessions de l'Ami. Mais pour y joindre le Nord au Midi ne nous contentons point de cette « fleur suprême de la littérature de Provence et de Catalogne » pour montrer ce que peut l'art des troubadours, le gay-savoir, en se dédiant à l'amour divin.

Dans une thèse sur *Tristan et Iseult*[1], se trouve une des plus belles poésies de l'époque des *Minnesinger* (les chanteurs d'amour), dont l'auteur est Gottfrid de Strasbourg. Le poète célèbre tour à tour les deux sentiments qui, pour les *Minnesinger*, étaient comme les deux faces de la vie idéale, et résumaient toute poésie : l'amour terrestre et l'amour divin. Il adresse son

1. M. Bossert, 1865.

chant du *Beati quorum tecta sunt peccata*, le poète pèlerin de la béatitude nous rappelle la venue de Béatrix, et la scène finale d'aveux et de larmes, qui sera suivie des lumières et des joies paradisiaques. Puisque nous groupons ici ce qui vient à l'étude de ce sentiment, ces fragments compléteront pour nous la scène du chant IX. Dante est sur le bord du Léthé, le fleuve de l'oubli des péchés, et de l'autre côté est Béatrix avec son radieux et symbolique cortège.

Virgile vient de disparaître : « Virgile, mon doux père Virgile, à qui je m'étais donné pour mon salut », dit Dante, et toute la beauté de l'apparition nouvelle n'empêche pas ses joues, « lavées déjà par la rosée, de se voiler encore de larmes ». — Dante, parce que Virgile s'en va, ne pleure pas, ne pleure pas encore ; il te faudra pleurer pour un autre glaive. C'est Béatrix

hymne à tous les esprits inquiets, cherchant le repos qu'il ne pût jamais atteindre. « Celui qui veut élever son âme ici-bas, et vivre là-haut dans les joies célestes, celui qui veut se confier à la paix et à l'amour, celui qui veut apprendre à vaincre le péché, à fuir le mensonge et les mauvaises pensées, qu'il lise ce chant et qu'il suive les enseignements que je lui donne... »

Gottfrid nous exprime ici le sentiment du Pèlerin en ce stade où nous sommes de voyage : « Pourquoi, hélas ! suis-je si peu pénétré de l'amour divin, moi qui en parle à cette heure ? S'il vivait en moi, comme il vit dans les cœurs purs à qui il donne le calme et la paix, je saurais mieux chanter cette flamme sacrée. Maintenant ma langue tremble, en louant ce que j'ai si peu connu dans ma vie.

« Si la plainte pouvait guérir ma peine, je me plaindrais à qui voudrait m'entendre, je me plaindrais d'avoir eu trop peu de cet amour qui devait me porter vers l'éternel ami. Le mensonge, qui trouble maint esprit, m'a trompé : j'aimais le mensonge et je haïssais la vérité. Je suis un de ces insensés, dupes volontaires, dont les yeux sont voyants et dont l'âme est aveugle. Aussi que la joie de nos cœurs est petite.

« Maintenant, Dieu fidèle, aie pitié de moi ! Laisse-moi jouir de ta grâce, je la réclame au fond de mon cœur. Car mes péchés sont plus nombreux que les flots du lac de Constance, et j'en souffre et j'en suis accablé de douleur. Je t'ai peu aimé dans ma vie, je le confesse et le déplore devant toi, Seigneur ! J'ai été timide dans ton amour, et je reste seul maintenant, avec mon cœur meurtri. »

qui parle ainsi. Le poète, au milieu des splendeurs qu'il nous a dépeintes, l'avait reconnue.

J'ai déjà vu, au commencement du jour, tout l'orient d'une couleur de rose, et l'autre partie du ciel teinte d'un bel azur, et la face du soleil se lever ombragée, si bien que l'œil soutenait longtemps son éclat, voilé par les vapeurs. Ainsi à travers un nuage de fleurs qui montait et retombait de toutes parts des mains des anges, couronnée d'une branche d'olivier sur un voile blanc, une femme m'apparut, vêtue, sous un manteau vert, d'une robe couleur de flamme. Et mon esprit, qui déjà depuis longtemps n'avait pas été brisé d'étonnement et d'effroi en sa présence, avant même que les yeux ne l'eussent averti, et par une vertu secrète qui émanait d'elle, sentit la force irrésistible de l'ancien amour.

Mais cet amour qui l'avait guidé vers la souveraine béatitude, et dont il s'était écarté, va raviver son repentir et ses larmes.

Quoique le voile qui retombait de sa tête couronnée du feuillage de Minerve ne laissât pas voir ses traits, dans une attitude royalement austère elle continua, comme celui qui parle et qui garde pour la fin ses paroles les plus ardentes : « Regarde-moi, je suis bien Béatrix. Comment as-tu daigné enfin gravir la montagne ? Ne savais-tu pas qu'ici l'homme est heureux[1] ? »

Mes yeux tombèrent sur le fleuve limpide, mais, en m'y voyant, je les retirai sur l'herbe, tant la honte me pesa sur le front. Comme la mère paraît sévère à son fils, ainsi me le parut-elle, parce que je sentis l'amertume de son acerbe pitié.

Elle se tut, les anges chantèrent aussitôt : *In te, Domine, speravi,* mais ils n'allèrent pas plus loin que *pedes meos.*

De même que les neiges se congèlent à travers les forêts des montagnes par lesquelles est partagée l'Italie, souf-

1. Ici, c'est-à-dire dans ce paradis terrestre de l'âme qui a reconquis la paix et l'harmonie de son être. (Voir, plus loin, leçon sur *la paix.*)

flées et comprimées par les vents esclavoniens,puis, devenues liquides, filtrent à travers elles-mêmes, au premier souffle venu de la terre qui a moins d'ombre, comme la chandelle est fondue par le feu ; ainsi je restai sans larmes et sans soupirs jusqu'aux chants de ceux dont les notes suivent toujours les notes des sphères éternelles. Lorsque j'eus compris que dans leurs douces mélodies ils compatissaient plus à ma douleur que s'ils avaient dit : « Femme, pourquoi l'accables-tu ? » la place qui était divine autour de mon cœur se fit sanglots et larmes, et déborda de ma poitrine avec angoisse par ma bouche et par mes yeux.

Mais, ferme, Béatrix, tournée vers la cour céleste qui l'accompagne, continue ses reproches « à celui qui pleure de l'autre côté du fleuve, afin que son repentir soit mesuré sur sa faute ».

Par ses dons de nature et « par l'abondance des grâces divines » qui pleuvent sur nous de sources si élevées que nos regards ne sauraient les atteindre,cet homme fut tel, virtuellement, dans sa vie nouvelle, que toute habitude droite aurait opéré en lui des effets merveilleux. Mais la terre se fait d'autant plus ingrate et plus sauvage avec une mauvaise semence et sans culture, qu'elle a plus de bonté et plus de vigueur... Il dirige ses pas hors du vrai chemin, en suivant les fausses images des biens, qui ne tiennent aucune promesse. Il ne me servit de rien de lui obtenir des inspirations, avec lesquelles je le rappelai dans ses rêves et dans ses veilles, tant il s'en inquiéta peu! Il tomba si bas que tous les moyens étaient désormais impuissants pour son salut, si je ne lui montrais la race damnée. Pour cela je visitai le seuil des morts, et je portai mes prières et mes pleurs à celui qui l'a conduit ici. La loi sublime de Dieu serait violée si l'on passait le Léthé et si l'on goûtait de ses eaux sans payer avec des larmes l'écot du repentir.

— O toi qui es au-delà du fleuve sacré, continua-t-elle sans s'arrêter, en tournant vers moi pointe le glaive de sa parole, dont la taille m'avait déjà paru si acérée, dis si mes reproches sont vrais, il faut que ta confession vienne confirmer une accusation si dure [1].

Mes forces étaient si brisées que ma voix s'émut, mais elle s'éteignit avant d'être sortie de ma bouche.

Elle entendit un peu, puis elle dit : — « Que penses-tu ? Réponds-moi, puisque tes tristes souvenirs ne sont pas encore effacés en toi par l'eau de l'oubli. » La confusion et la peur, mêlées ensemble, me poussèrent un oui si faible sur les lèvres que, pour le comprendre, il fallut le secours des yeux. Comme une arbalète que trop de tension fait partir, brise sa corde et son arc, et le trait arrive au but moins rapide, ainsi j'éclatai, sous le poids de mon émotion, en larmes et en soupirs, et ma voix se ralentit dans son essor.

Et elle à moi :

Au milieu de mon amour, qui te conduisait à chérir le bien au-delà duquel il n'y a rien de souhaitable, quels fossés, quelles chaînes as-tu trouvés devant toi, pour que tu aies ainsi perdu l'espoir d'aller plus loin ? Quelles facilités, quels avantages as-tu donc aperçus sur le front des autres, pour que tu sois allé ainsi courir devant eux ?

Après avoir poussé un soupir amer, je trouvai à peine la voix pour répondre, et à peine si mes lèvres purent la former. Je dis en pleurant : — « Les choses présentes avec leur faux plaisir détournèrent mes pas aussitôt que votre visage eut disparu. »

Et elle :

Que tu taises ou que tu nies ce que tu confesses, ta faute n'en sera pas moins connue, si clairvoyant est le juge qui le sait ! Mais lorsque l'aveu du péché tombe de la bouche du coupable, dans notre cour, la meule qui aiguise le glaive de la justice se tourne contre le fil. Cependant, pour que tu aies plus de honte de ton erreur, et pour qu'une autre fois tu sois plus ferme contre la voix des sirènes, taris la source des pleurs et écoute.

1. Ici commence le chant XXXI.

Béatrix lui montre comment son amour brisé eût dû le déprendre de tout, et le fixer désormais sans partage au Souverain Bien.

Ton cœur, désabusé par ce grand coup de foudre,
Devait, des vanités qu'un jour réduit en poudre,
S'élever jusqu'à Dieu sur mes pas immortels.

Nulle femme, nul bien fragile, à ses autels
Ne devait abaisser le haut vol de tes ailes
Pour t'y frapper encor de blessures nouvelles.

Le jeune oiseau souvent par la flèche est touché ;
Mais il devine l'arc ou le filet caché,
Celui dont l'âge enfin épaissit le plumage.

Et moi, je demeurai muet à ce langage,
Comme un petit enfant qui, honteux, repentant,
Se tait, et tient les yeux baissés en écoutant.

Dès lors, toujours voilée, Béatrix lui laisse pourtant quelque peu pressentir sa beauté divinisée, et ce reflet de Dieu suffit à détacher le poète de tous les biens éphémères. « L'ortie du repentir, dit-il, me fut si poignante que plus les autres choses m'avaient entraîné à les aimer, plus elles me devinrent odieuses. Un si grand remords me perça le cœur que je tombai évanoui. » Quand il revient à lui, plongé dans le fleuve de l'oubli et du pardon, il en sort au milieu du chœur des Vertus.

Les prophètes, dans les livres sacrés, et les mystiques en leurs écrits expriment, encore plus directement, que l'infidélité à l'amitié divine a toute l'horreur d'un amour trahi. Ils exaltent la tendresse délicate du Seigneur et de l'Ami, blessé de ces adultères, mais prêt au pardon. Nous ne pouvons que rappeler ici les vigoureux tableaux de Jérémie et surtout d'Ezéchiel, les reproches d'ingratitude à l'épousée oublieuse des promesses de la jeune fiancée, la sanglante ironie des plaintes et des accusations contre les coupables Oolla et Oliba[1]. La grande hardiesse de ces images orientales est fort connue. Bossuet, en sa septième Élévation, en donne une belle traduction. Bornons-nous à l'expression non pas sacrée et hiératique, mais personnelle et mystique de la pénitence.

Dans un mode plus suave, et qui se ressent du passage de Jésus sur la terre, Jacopone de Todi a souvent exprimé les sentiments du Pénitent qui revient à l'amour. Voici une sorte de saynète, un petit dialogue : *Cristo si lamenta della sposa anima* (IV, 6).

Les Anges. — O Christ tout-puissant! quel voyage faites-vous? Pourquoi cheminer pauvrement comme un pèlerin?

Le Christ. — J'avais pris une épouse à qui j'avais livré mon cœur. Je la parai de joyaux pour en tirer honneur : à ma honte elle m'a quitté. C'est ce qui me fait aller triste et en peine. Je lui prêtai ma forme et ma ressemblance. — Afin que toutes ses vertus trouvassent leur emploi, je voulus que l'âme eût le corps pour serviteur : c'était un bel instrument, si elle ne l'avait désaccordé. Afin qu'elle eût lieu d'exercer ses puissances, pour elle je formai toutes les créatures. Ces biens pour lesquels elle devait m'aimer, elle m'en a fait la guerre.

Les Anges. — Seigneur, si nous la trouvons et qu'elle veuille revenir, lui faut-il dire que vous pardonnez?

Le Christ. — Dites à mon épouse qu'elle revienne, et qu'elle ne me fasse point souffrir une mort si douloureuse. Pour elle je veux mourir, tant je suis épris d'amour. — Avec grande joie je lui pardonne, je lui rends les orne-

1. L'intime alliance avec la nation théocratique symbolise aussi l'union étroite des âmes et de Dieu.

ments dont je l'avais parée... De toutes ses félonies, je n'aurai plus souvenir.

ANGES. — Ame pécheresse, épouse du grand époux, comment un beau visage est-il plongé dans cette fange? et comment donc as-tu fui celui qui t'accorda tant d'amour?

AME. — Quand je songe à son amour, je meurs de honte. Il m'avait mise en grand honneur : où suis-je tombée maintenant? O mort douloureuse! comment donc m'avez-vous environnée?

ANGES. — Pécheresse ingrate, retourne à ton Seigneur. Ne désespère point : pour toi il meurt d'amour... Ne doute pas de son accueil, et ne tarde plus.

AME. — O Christ miséricordieux! Où vous trouverai-je, ô mon amour? Ne vous cachez plus, car je meurs de douleur. Si quelqu'un a vu mon Seigneur, qu'il dise où il l'a trouvé.

ANGES. — Nous l'avons trouvé suspendu à la Croix, nous l'y avons laissé mort, tout brisé de coups. Pour toi il a voulu mourir. Il t'a achetée bien cher.

AME. — Et moi je commencerai les lamentations d'une cruelle douleur. C'est l'amour qui vous a tué, vous êtes mort pour mon amour. O amour en délire, à quel bois as-tu suspendu le Christ.

Tel est bien le ton de la naïve école ombrienne, Jacques de Benedetti, le Vieux de Todi, comme on l'appelait, bien âpre et bien original à ses heures, a aussi cette suavité de touche, et cette grâce enfantine des primitifs, que Verlaine a parfois retrouvée.

Si le roi de France avait une fille, et elle seule pour héritière, elle irait parée d'une robe blanche et sa bonne renommée volerait par tout pays. Et maintenant si, par bassesse de cœur, elle s'attachait à un lépreux, et qu'elle s'abandonnât à son pouvoir, que pourrait-on dire d'un tel marché? O mon âme, tu as fait pis quand tu t'es vendue au monde trompeur [1].

1. Ozanam, *Poètes franciscains*, p. 177.

L'humble *frate* a aussi chanté ses larmes de pénitent avec une pénétrante douceur que rappelle le pauvre Lélian. « O larmes, s'écriait Jacopone, vous avez la force et la grâce : à vous appartient le pouvoir et la royauté. Vous vous en allez seules devant le juge, et nulle crainte ne vous arrête en chemin. Jamais vous ne revenez sans fruit : par l'humilité, vous avez su vaincre la grandeur, et vous enchaînez le Dieu tout-puissant. » Cela ne rappelle-t-il pas l'allégorie des prières où le vieil Homère nous les représente s'acheminant jusqu'au trône de Jupiter ?

Et c'est après tout le même sentiment que nous peint Durtal, et qui est une des beautés d'*En Route*, quand le souvenir de ses fautes lui taraude l'âme, et fait sortir du sol de son être un jet de larmes, ce sang de notre cœur.

Durtal finit par redevenir enfant, par pleurer sans cause définie, simplement par besoin de s'alléger de larmes. Il s'affala sur le prie-Dieu, attendant il ne savait quoi qui ne vint pas; puis devant le crucifix qui écartelait au-dessus de lui ses bras, il se mit à lui parler, à lui dire tout bas : « Père, j'ai chassé les pourceaux de mon être, mais ils m'ont piétiné et couvert de purin et l'étable même est en ruine. Ayez pitié, je reviens de si loin! faites miséricorde, Seigneur, au porcher sans place! je suis entré chez vous, ne me chassez pas, soyez bon hôte, lavez-moi! »

Avec la note moderne, familière et expressive, n'est-ce point le sentiment juste de l'humilité, de la confusion, des larmes du repentir? Vous le retrouverez plus ample et non moins vrai dans le simple et magnifique langage d'un Espagnol du seizième siècle, fray Luis de Léon, aussi sincère, mais digne, grave.

Plus que la terre ne demeure assombrie quand le soleil détourne sa face éclatante, et va baigner dans la mer son char d'or; plus stérile, plus pierreuse et plus altérée que le sol après une longue sécheresse demeura mon âme, sans ce trésor pour lequel je gémis et je pleure. Et j'ai bien lieu de pleurer sans cesse, puisqu'elle est restée sans la lumière du soleil divin, sans cette rosée souveraine qui produisait en elle le céleste printemps, aveugle, difforme, alourdie, de maîtresse devenue en un instant vile esclave.

O Père immense, qui, du sein de ton immobilité, donnes aux choses le mouvement et la vie, et les gouverne avec tant de douceur! quel amour retient ta justice, quand mon âme si ingrate, si téméraire, s'éloigne de toi, ô source de l'éternel bien[1] ?...

C'est surtout dans la très belle ode au Christ crucifié qu'éclatent son amour et ses larmes.

Innocent agneau, baigné dans ton sang avec lequel tu rachètes les péchés du monde, suspendu à cet arbre robuste, les bras ouverts et désireux de m'embrasser; puisque tu laisses humblement se flétrir les couleurs et la beauté de ce divin visage, déjà tout près de la mort, avant que l'âme souveraine et pure s'envole, pour me sauver, tourne vers moi tes yeux et me regarde.

Puisque l'immense amour, par un suprême effort, rompt les voiles de cette grandeur, attaché avec une douleur à ce tronc, tu penches vers ta mère ta tête couronnée d'épines; et puisque de ton cœur royal s'exhale ta voix pour implorer de la toute-puissance de ton père le pardon des fautes et des forfaits, qu'il te souvienne, Seigneur, de mes péchés.

Ici, où tes mains, ouvertes par les clous, montrent tes libéralités et tes largesses; ici, où tu offres mon rachat; ici, où tu rachètes les captifs, répandant de toute part la miséricorde, ton cœur ne restant satisfait dans sa générosité tant que ton corps n'est pas épuisé de sang; ici, ô Rédempteur, je veux comparaître en jugement, moi le premier.

Ici, je veux que tu contemples un pécheur enseveli dans

1. « Cancion del conocimiento de si mismo. »

la noire prison de ses erreurs; car je ne crains pas que tu ne t'irrites en te croyant offensé, puisque tu plaides pour les pécheurs; car les plus grandes fautes sont celles qui font paraître davantage la noblesse de ton cœur sacré; car la réparation de ces fautes, en te coûtant plus de sang, réjouit davantage ta clémence.

..... Je suis arrivé en temps propice, au moment où tu fais la répartition de tes biens par un nouveau testament. Si à tous tu as légué ce que tu possèdes, moi aussi je me présente à tes yeux. Et quand, au même instant, tu lègues à la mère un fils, au disciple une mère, au père l'esprit, et au larron la gloire, comment serais-je assez malheureux pour rester seul dépourvu au milieu de tant de legs.

..... Je prends à témoin tous ceux qui te regardent que tu inclines la tête en signe d'accord à ma demande, ainsi que je l'attendis toujours de ta libéralité. O admirable grandeur! Charité vraie! c'est une chose certaine que tant que le testateur n'est pas mort, le testament n'a point toute sa force; mais tu es si généreux que tu meurs pour que tout soit accompli.

O mon chant! il faut s'arrêter ici. Les larmes suppléeront à ce qui reste à dire, comme il convient en une si fâcheuse circonstance; car les chants ne sont point de saison quand la terre, le soleil et le ciel se lamentent[1].

Mais, pour en revenir aux modernes, nulle part peut-être le dialogue attendri de la Pénitence et du Repentir sincère n'a trouvé un accent plus simple et plus pénétrant que chez Verlaine. Qu'on l'explique comme on voudra, ces vers, si chrétiens de doctrine et de sentiment, appartiennent désormais à la peinture littéraire de cette première étape vers Dieu :

1. Rousselot, *Mystiques espagnols*, pp. 302-303, cité d'après traduction de M. Guardia, auteur d'intéressante étude sur Luis de Léon (*Revue germanique* du 1er janvier 1863).

c'est la poésie de l'enfant prodigue. Pressé et prévenu par la miséricorde, il écoute :

Mon Dieu m'a dit : Mon fils, il faut m'aimer. Tu vois
Mon flanc percé, mon cœur qui rayonne et qui saigne,
Et mes pieds offensés que Madeleine baigne
De larmes, et mes bras douloureux sous le poids

De tes péchés, et mes mains! Et tu vois la croix,
Tu vois les clous, le fiel, l'éponge, et tout t'enseigne
A n'aimer en ce monde où la chair règne,
Que ma Chair et mon sang, ma parole et ma voix.

Ne t'ai-je pas aimé jusqu'à la mort moi-même,
O mon frère en mon Père, ô mon fils en l'Esprit,
Et n'ai-je pas souffert comme c'était écrit?

L'appelé répond : « J'ai répondu : Seigneur, vous avez dit mon âme. C'est vrai que je vous cherche et ne vous trouve pas. » Mais il reste timide, au souvenir de ses égarements :

Oserai-je adorer la trace de vos pas
Sur ces genoux saignants d'un rampement infâme ?

Et pressé par le pathétique amour du cœur divin,il dit son : *Domine, non sum dignus.*

Seigneur, c'est trop! Vraiment je n'ose. Aimer qui ? Vous?
Oh non! Je tremble et n'ose. Oh! vous aimer, je n'ose,
Je ne veux pas! Je suis indigne.

Mais la volonté divine, et la Croix, dressée par un miracle effrayant de bonté, l'encouragent. Et le pécheur se rend en tremblant :

Seigneur, j'ai peur. Mon âme en moi tressaille toute,
Je vois, je sens qu'il faut vous aimer.

Mais comment aimer celui « que la justice des

bons redoute », « le jaloux d'Israel », cette « chaste abeille qui se pose

> Sur la seule fleur d'une innocence mi-close,

Et tandis que « s'ébranle la voute » où son cœur « creusait son ensevelissement »,le pénitent demande : « De vous à moi quelle est la route ! »

> Tendez-moi votre main que je puisse lever
> Cette chair accroupie et cet esprit malade.

Il ose à peine entrevoir le terme de l'embrassement divin !

> Est-ce possible ? Un jour pouvoir la retrouver
> Dans votre sein, sur votre cœur qui fut le nôtre,
> La place où reposa la tête de l'apôtre.

La voix qui l'enseigne et qui l'encourage continue le long entretien, tout ensemble de charme attirant et de robuste doctrine :

> ... Laisse aller l'ignorance indécise
> De ton cœur vers les bras ouverts de mon Eglise
> Comme la guêpe vole au lis épanoui.
>
> Approche-toi de mon oreille. Epanches-y
> L'humiliation d'une brave franchise.
> Dis-moi tout sans un mot d'orgueil ou de reprise
> Et m'offre le bouquet d'un repentir choisi.

Puis avec le pain « sans qui la vie est une trahison », et le « Vin » du mystère d'amour se soutiendra une vie de luttes, de

> zèle en ces devoirs
> Si doux qu'ils sont encore d'ineffables délices ;

et c'est toute une vie entrevue, « un appel aux armes, d'un clairon pour des champs de bataille »,mais aussi des prémices de la récompense, « le prix du cœur, l'amour d'être pauvre », l'esprit ouvert « aux calmes espoirs ». Et comment ne pas se rendre?

Ah! Seigneur, qu'ai-je? Hélas! me voici tout en larmes
D'une joie extraordinaire...

J'ai l'extase et j'ai la terreur d'être choisi.
Je suis indigne, mais je sais votre clémence.
Ah! quel effort, mais quelle ardeur! Et me voici
Plein d'une humble prière, encor qu'un trouble immense

Brouille l'espoir que votre voix me révéla,
Et j'aspire en tremblant.
— Pauvre âme, c'est cela!

Même sincérité et même justesse dans l'offrande que le pénitent fait de tout lui-même. Sans doute ce n'est que le tout premier épisode de la vie spirituelle, dont les sentiments sont notés dans *Sagesse*, mais leur vérité d'accent est touchante, et nous en recueillons volontiers l'écho.

O mon Dieu vous m'avez blessé d'amour
Et la blessure est encore vibrante,
O mon Dieu vous m'avez blessé d'amour.

O mon Dieu votre crainte m'a frappé
Et la brûlure est encor là qui tonne,
O mon Dieu votre crainte m'a frappé.

O mon Dieu, j'ai connu que tout est vil
Et votre gloire en moi s'est installée,
O mon Dieu, j'ai connu que tout est vil.

L'amour, la crainte, le néant d'ici-bas, le mépris de soi, et la résolution prise dans les larmes de retourner son être entier vers Dieu, nous avons analysé déjà ces sentiments, et ils vivent tout entiers en ces tercets discrètement émus qui murmurent le repentir.

Voici mon front qui n'a pu que rougir,
Pour l'escabeau de vos pieds adorables,
Voici mon front qui n'a pu que rougir...

Voici mon cœur qui n'a battu qu'en vain
Pour palpiter aux ronces du Calvaire,
Voici mon cœur qui n'a battu qu'en vain.

Voilà mes pieds frivoles voyageurs,
Pour accourir au cri de votre grâce,
Voici mes pieds frivoles voyageurs...

Voici mes yeux, luminaires d'erreur,
Pour être éteints aux pleurs de la prière,
Voici mes yeux luminaires d'erreur...

La prière dans les larmes fait tout l'espoir du Pèlerin, à ce moment de son voyage. Et comme le dit ailleurs le poète, les voix des regrets et des tentations, voix de l'orgueil, voix de la haine, voix de la chair, grondent encore peut-être. « Ah ! les voix, mourez donc, mourantes que vous êtes ! » Car le cœur que nourrit la « douceur de la Parole forte » a d'humbles « vœux cachés » et repousse toute « la rhétorique en fuite des péchés ».

Mourez parmi la voix que la prière apporte,
Mourez parmi la voix terrible de l'Amour !

Quoi qu'on en puisse dire [1], je m'obstine à trouver cela fort chrétien, et fort beau. J'aime devoir cet uniforme sentiment du pécheur contrit depuis Madeleine aux pieds de Jésus, ou Pierre dans la cour du grand-

1. M. René Doumic me prenait là-dessus à partie dans la *Revue des Deux-Mondes*, *15 janvier 1901*; il ne rendait qu'à demi ma pensée, et la sienne à demi juste niait l'accent vrai de ces

prêtre, jusqu'à nos cœurs brisés de la même douleur. Et j'y retrouve la même poésie, la même esthétique saveur ; et tous les amis du Maître sont touchés de la même pitié devant la brebis qui sort des épines, sanglante, et revient à son berger, « au bercail où je dormis agnelet », comme disait Dante. Sans doute les puristes de la Palestine, les pharisiens, ne pardonnaient pas à Jésus de s'asseoir aux banquets des pécheurs, et l'appelaient « buveur de vin ». Il fréquentait mal, sans doute, ce Jésus de Nazareth : il n'aurait pas dû mettre sa main dans celle des pardonnés, son cœur sur celui de Lazare. Mais on peut s'inspirer de sa miséricorde, et, s'il y a de bons Samaritains de lettres, ils ne s'effaroucheront pas de rencontrer l'ex-voto de Verlaine ou de J.-K. Huysmans convertis, entre ceux de Raymond Lulle, de Jacopone de Todi, de fray Luis de Leon, et ceux de Jérôme Savonarole et de saint Augustin.

III

LARMES DE JOIE

C'est en effet par là que nous achèverons. Le fougueux Savonarole a chanté, en des « laudes mysti-

pages, qui lui semblent peu en accord avec le reste de l'œuvre. Dans la même revue (art. sur *les Décadents du christianisme*), il doutait aussi de la sincérité de la conversion bien chrétienne de Huysmans. La mort si pieuse et si resignée de ce dernier donne pourtant raison aux amis de la première heure. En 1897, par les pages de Dante à Verlaine, je prenais des premiers une attitude d'accueil, qui a triomphé depuis, et qui eut le privilège de devancer les évidences ultérieures. Sur la tombe des deux disparus, il siérait de reconnaître son erreur. Je l'ai, peut-être vertement, relevée dans *De Dante à Verlaine*, il ne l'a pas confessée. Le pardon est réservé à l'aveu.

ques », les larmes et les sentiments du pécheur qui revient au premier amour. Il s'adresse à Jésus quand Marie-Madeleine pleurait à ses pieds.

Jésus, splendeur du ciel, lumière éblouissante, amour qui réjouit et sanctifie, source des douces larmes, fleuve abondant de toutes les grâces, enflammez mon cœur, afin que je pleure à vos pieds avec Marie et que je reste à jamais suspendu et fixé en vous.

C'est votre clémente, douce, et belle main, c'est votre blanche et pure lumière qui ont poussé Marie à pleurer sur le temps perdu. Votre doux, gracieux et saint visage brillait à ses yeux d'un vif éclat, et réchauffait fortement son cœur attendri.

O vif regard, ô parole perçante, sous lesquels Marie est tombée en langueur et s'est élevée au-dessus de la terre, après avoir vu son affliction transformée en allégresse, faites-moi mourir d'amour : faites-moi tout oublier afin que vous seul, ô doux Jésus, viviez en moi, mort entièrement au monde.

Ouvrez, Seigneur, votre céleste fontaine ; ouvrez ce doux canal qui a transporté Marie-Madeleine de la vallée sur la haute montagne, l'âme sereine, entourée de rayons divins, toute resplendissante de votre lumière. Pitié, Seigneur, pitié pour ce pauvre pèlerin[1] !... (I, p. 166).

Ce n'est plus ici le même son, la même plainte d'enfant malade : les nuances du sentiment ont plus de confiance, et d'intimité : on sent la possession d'une amitié éprouvée. Ainsi sainte Thérèse, émue, et broyée d'une invincible douleur, à la vue des périls que courent les âmes, se jette sur le sein de son Dieu et pleure avec lui[2], *Lloraba con el séñor*. Le cœur navré, dit-elle, je me tenais aux pieds de Notre Seigneur, j'y

1. *Œuvres spirituelles choisies*, de Jérôme Savonarole, par le R. P. Bayonne, O. P., 3 vol., Poussielgue, 1879-1880.
2. *Histoire de sainte Thérèse*, d'après les Bollandistes, 2 vol., Retaux, 1887.

versais mes larmes, et je les suppliais de conjurer de pareils maux.

Saint Augustin a de pareils accents, lui, le fils des larmes de Monique, il ne pleure pas seulement sur lui-même, mais, tout à la joie du miséricordieux pardon, et parlant du passé après un long temps, dans la sécurité, dans l'intensité de son attachement au Seigneur, il pense à l'inquiétude de ceux qui fuient la vraie Beauté et la Paix, *inquieti et iniqui.*

Qu'ils se retournent donc, dit-il, et qu'ils vous cherchent (*convertantur ergo et quaerant te*), car pour être abandonné de ses créatures, le Créateur ne les abandonne pas. Qu'ils se retournent et qu'ils vous cherchent! Mais vous êtes dans leur cœur, dans le cœur de ceux qui vous confessent, qui se jettent dans vos bras, qui pleurent dans votre sein au retour de leurs pénibles voies. Père tendre, vous essuyez leurs larmes, et ils pleurent encore, et ils trouvent leurs joies dans ces pleurs; car ce n'est pas un homme de chair et de sang, mais vous-même, Seigneur, qui les consolez, vous qui les avez faits, vous les refaites et les réconfortez [1].

N'est-ce point là cette douleur apaisée, dont Gounod s'est efforcé, dans *Mors et Vita*, de traduire la suave musique? *Et absterget lacrymas ab oculis eorum.* Ainsi Durtal [2], après l'Eucharistie, se retrouve devant ce même crucifix du parc où nous l'avons laissé, en pleurs, et désolé. Nous le retrouvons épanoui :

« Une allégresse contenue, une douceur recueillie émanaient de ce site qui lui paraissait, au lieu de s'éten-

1. *Conf.*, V, 2.

2. F. Brunetière, dans son premier recueil de *Discours de Combat* (*Perrin*, 1897), un peu défiant des convertis à la Durtal, cite cependant courtoisement mon opinion en sens contraire. L'événement l'a sacrée véritable. J'ai droit de m'en applaudir... modestement. Même dans les batailles de lettrés psychologues, après la peine, et la lutte, l'honneur d'avoir vu juste et la joie des miséricordes perspicaces!

dre ainsi qu'autrefois, se rapprocher, se rassembler autour du crucifix, se tourner, attentif, vers la liquide croix.

Les arbres bruissaient, tremblaient, dans un souffle de prières, s'inclinaient devant le Christ qui ne tordait plus ses bras douloureux dans le miroir de l'étang, mais qui étreignait ses eaux, les éployait contre lui en les bénissant.

Et elles-mêmes différaient; leur encre s'emplissait de visions monacales, de robes blanches qu'y laissait, en pressant, le reflet des nuées; et le cygne les éclaboussait, dans un clapotis de soleil, faisait, en nageant, courir devant lui de grands ronds d'huile.

L'on eût dit de ces ondes dorées par l'huile des catéchumènes, et le saint Chrême que l'Eglise exorcise, le samedi de la semaine sainte, et, au-dessus d'elles, le ciel entrouvrit son tabernacle de nuages, en sortit un clair soleil semblable à une monstrance d'or en fusion, à un Saint-Sacrement de flammes.

C'était un Salut de la nature, une génuflexion d'arbres et de fleurs, chantant dans le vent, encensant de leurs parfums le Pain sacré qui resplendissait là-haut dans la custode embrasée de l'astre.

Durtal regardait, transporté. Il avait envie de crier à ce paysage son enthousiasme et sa foi; il éprouvait enfin une aise à vivre. L'horreur de l'existence ne comptait plus durant de tels instants qu'aucun bonheur simplement terrestre n'est capable de donner. Dieu seul avait le pouvoir de gorger ainsi une âme, de la faire déborder et ruisseler en des flots de joie, et lui seul pouvait aussi combler la vasque des douleurs, comme aucun événement de ce monde ne le savait faire.

Ainsi tout se résout dans un épanouissement momentané, et la nature même, entrevue par l'âme pénitente, semble transformée. C'est cette constante mue, cette projection de nous-mêmes sur nos entours qui fait réellement d'un paysage un état d'âme. Verlaine pardonné voit dans la fête du blé se préparer le froment des convives élus. Il faut relire cette page qui tressaille d'une joie sereine.

C'est la fête du blé, c'est la fête du pain
Aux chers lieux d'autrefois revus après ces choses!
Tout bruit, la nature et l'homme dans un bain
De lumière si blanc que les arbres sont roses.

L'or des pailles s'effondre au vol siffleur des faux
Dont l'éclair plonge, et va luire, et se réverbère.
La plaine, tout au loin couverte de travaux,
Change de face à chaque instant, gaie et sévère.

Tout halète, tout n'est qu'effort et mouvement
Sous le soleil, tranquille auteur des moissons mûres,
Et qui travaille encore imperturbablement
A gonfler, à sucrer là-bas des grappes sûres.

Travaille, vieux soleil, pour le pain et le vin,
Nourris l'homme du lait de la terre, et lui donne
L'honnête verre où rit un peu d'oubli divin.
Moissonneurs, vendangeurs, là-bas! votre heure est bonne!

Car sur la fleur des pains et sur la fleur des vins,
Fruit de la force humaine en tous lieux répartie,
Dieu moissonne, et vendange, et dispose à ses fins
La chair et le sang pour le calice et l'hostie [1].

Désormais, on le sent, tout est renouvelé. C'est la *Vita nuova* qui s'ouvre. Le miséricordieux pardon a comme effacé les souvenirs déprimants, d'autres épreuves viendront, mais présentement tout tressaille, tout est allègre : toute dilatée, l'âme du Pèlerin chante sa joie, et son courage s'exalte. « Que rendrai-je au Seigneur qui délivre mon âme du trouble de mes souvenirs? » — dit saint Augustin, et nous ne saurions

1. La maison Vanier (Messein, successeur) a édité les *Poésies religieuses de Verlaine*. « L'huissier du livre », mon ami regretté *Joris-Karl Huysmans*, rappelle le vœu exprimé par le Père Pacheu, *De Dante à Verlaine* : « qui avait pris courageusement la défense de l'artiste, alors qu'il était honni par le clan impeccable, comme on sait, des catholiques ». Il disait : « Cette meilleure part de lui-même, cette chapelle offusquée par des masures mal famées, il faut la dégager de ses entours, pour la sauver de l'oubli. » On me proposa en effet d'entreprendre ce selectæ mystique. On ne me permit pas d'accepter. (Voir *Figaro*, 23 mai 1908. Lettres de Huysmans au Père Pacheu.)

mieux terminer qu'avec l'immortel auteur des *Confessions.*

— Que je vous aime, Seigneur, que je vous rends grâces et confesse votre nom, ô vous qui m'avez remis tant de criminelles et abominables œuvres! A votre grâce, à votre miséricorde, je rapporte la gloire d'avoir fondu la glace de mes péchés. A votre grâce je rapporte la gloire de tout ce que je n'ai pas fait de mal. Eh! de quoi n'étais-je point capable, ayant aimé le crime sans intérêt? Et je confesse que tout m'est pardonné, et le mal que j'ai fait de gré, et celui que m'a épargné votre miséricorde [1].

Et comme s'il voulait que nul, si innocent soit-il, ne se dérobe au sentiment de la componction, le saint si humble ajoute :

Quel mortel, méditant sur son infirmité, oserait attribuer à ses propres forces sa chasteté et son innocence, et se croirait en droit de vous moins aimer, comme s'il eût eu moins besoin de ce miséricordieux pardon que vous accordez au repentir des pécheurs? Que l'homme qui, docile à l'appel de votre voix, a évité tous ces désordres dont je publie le souvenir et l'aveu, se garde de rire s'il me voit guéri par le même médecin à qui il doit de n'avoir pas été ou plutôt d'avoir été moins malade; qu'il nous en aime davantage, reconnaissant que celui qui me délivre est le même qui l'a préservé.

1. *Conf.*, II, VII.

DEUXIÈME PARTIE

LE PROGRÈS DE L'AME

Che va piangendo e canta.
(Dante. *Purgatorio.*)

CHAPITRE PREMIER

Sentiments d'amour pour Jésus-Christ. L'aube de lumière

Jésus-Christ et les symboles : la fleur divine, — le soleil de l'âme, — le chef, le roi, — l'époux; images justes, pratiques, doctrinales. — Rôle de Béatrix dans *la Divine Comédie* : amour humain menant à l'amour de Dieu. — Réalité plus belle que la fiction : par l'incarnation, rôle mystique de l'amour de Jésus; l'humanité et la divinité. — Les mystères de la vie de Jésus contemplés : leur impression dans les âmes.

I

SYMBOLES DE J.-C. : LA FLEUR DIVINE; LE SOLEIL DE L'AME; LE CHEF

L'âme a pleuré sur le sein de Dieu, elle s'est baignée dans les larmes du repentir, elle commence une vie nouvelle, et si elle suit l'élan donné elle va prendre son vol vers Dieu : elle poursuivra l'entreprise de l'union des volontés par l'amour. Jésus-Christ tiendra dès lors une grande place dans sa vie intérieure : cette fleur divine va tout embaumer de ses parfums, ce radieux soleil va tout illuminer de ses rayons. Ces symboles, en effet, sont familiers aux écrits mystiques pour signifier le merveilleux et efficace amour de celui que saint Ignace propose, au Retraitant des *Exercices,* sous la figure d'un roi guerrier. Ne faisons fi ni des unes, ni des autres, de ces expressions d'âme : les ascètes, les poètes, les âmes contemplatives, les mystiques tendent au même amour de Dieu, par le même amour de Jésus.

***

Isaïe avait annoncé dès longtemps cette fleur de la racine de Jessé, et suggérait l'une de ces images, à la fois expressives et doctrinales, justes et pratiques, que nous recueillons ici. *Egredietur virga de radice Jesse et flos de radice ejus ascendet* (Is., XI, 1). Et Angelus Silesius, — Jean Scheffler, médecin protestant qui se convertit, entra chez les franciscains et écrivit des poèmes spirituels, dont est fière la littérature allemande du XVIIe siècle — s'en souvient dans son joli cantique : « Je connais une chère petite fleur — toute arrosée de la rosée divine, — d'un bouton virginal — en plein hiver éclose. — Cette petite fleur s'appelle Jésus, — d'éternelle jeunesse, de vertu puissante — belle et aimable, riche et splendide, — fils de l'homme, — heureux est celui qui trouve cette petite fleur. »

1. *Heilige Seelenlust. Geistliche lieder von Angelus Silesius.* Regensburg, 1862, p. 57 (XXVIII. *Ich weiss ein lieber Blümelein*).

Jacopone de Todi a lui aussi toute une petite pièce, sur Jésus fleur de Nazareth, avec cette épigraphe gracieuse : *Ego flos campi et lilium convallium* (Cant., 1), qu'il semble mettre comme le cantique des cantiques sur les lèvres du bien-aimé. Le Verbe de Dieu, fleur éternelle, est venu du Paradis, jardin céleste, pour faire refleurir la nature humaine. Isaïe l'avait entrevue, desséchée comme l'herbe, mais voici, dit-il, que l'amour de Jésus-Christ l'a toute renouvelée. Point d'ingratitude envers un tel amant. Cet amant est une fleur de pureté, que le champ de la virginité a vu naître; c'est le lys de l'humanité, lys d'une suave et parfaite odeur. Odeur divine, ravie aux cieux, au jardin où dans le sein du Père il était planté. Il s'est fait nommer la fleur de Nazareth, il a voulu germer sur la tige de Jessé ; il vient sur notre terre au temps des fleurs nous témoigner son grand amour...

Et le poète mystique suit cette image et ce sentiment pour se remémorer et chanter, la vie et les bienfaits de celui qu'il aime et qu'il veut imiter.

Mais plus souvent Jésus-Christ nous est montré, sur l'horizon de l'âme, tel un soleil dont l'éclat croîtra désormais. A cette clarté divine, l'âme se purifie encore. « Elle ne voit pas seulement, nous dit sainte Thérèse, les toiles d'araignée ou les grandes fautes, mais encore les plus légers atomes ou les plus petites taches. — Dès que le soleil de la sainteté infinie l'investit de ses rayons, elle se trouve tout à fait trouble,

1. *Gesù fiore di Nazareth*, lib. 3, od. 11. Edition de Francesco Tresatti. Venise, 1617.

comme l'eau dans un verre, qui loin du soleil semble pure et limpide, mais qui, exposée à ses rayons, paraît toute remplie d'atomes... Surtout elle monte de plus en plus vers Dieu, en s'ornant, par l'imitation de Jésus-Christ, de vertus qui sont le vêtement indispensable des noces spirituelles. Bienheureuse union déjà commencée, mais dont l'intensité, la solidité, les manifestations dans la conscience iront croissant, jusqu'au plein jour du ciel.

Il vous souvient sans doute d'une page de magnifique poésie, où Bossuet nous peint si largement, à la fin de son traité sur la Concupiscence, cette lumière où l'âme se trouve plongée. Il s'est levé avec David pour contempler les beautés d'une nuit étoilée.

Le soleil s'avançait, dit-il, et son approche se faisait connaître par une céleste blancheur qui se répandait de tous côtés : les étoiles étaient disparues, et la lune s'était levée avec son croissant d'un argent si beau et si vif que les yeux en étaient charmés. Elle semblait vouloir honorer le soleil, en paraissant claire et illuminée par le côté qu'elle tournait vers lui ; tout le reste était obscur et ténébreux ; et un petit demi-cercle recevait seulement dans cet endroit-là un ravissant éclat, par les rayons du soleil, comme du père de la lumière. Quand il la voit de ce côté, elle reçoit une teinte de lumière : plus il la voit, plus sa lumière s'accroît. Quand il la voit tout entière, elle est dans son plein ; et plus elle a de lumière, plus elle fait d'honneur à celui d'où elle vient. Mais voici un nouvel hommage qu'elle rend à son céleste illuminateur. A mesure qu'il approchait je la voyais disparaître ; le faible croissant diminuait peu à peu ; et quand le soleil se fut montré tout entier, sa pâle et débile lumière, s'évanouissant, se perdit dans celle du grand astre qui paraissait, dans laquelle elle fut comme absorbée. On voyait bien qu'elle ne pouvait avoir perdu sa lumière par l'approche du soleil qui l'éclairait, mais un petit astre cédait au grand, une petite lumière se confondait avec la grande ; et la place du croissant ne parut plus dans le ciel, où il tenait auparavant un si beau rang parmi les étoiles.

Mon Dieu, lumière éternelle, c'est la figure de ce qui arrive à mon âme quand vous l'éclairez. Elle n'est illuminée que du côté où vous la voyez : partout où vos rayons ne pénètrent pas, ce n'est que ténèbres ; et quand ils se retirent tout à fait, l'obscurité et la défaillance sont entières.

De là le nom de *vie illuminative*. La lumière croît dans l'âme qui s'applique à connaître, à aimer, à suivre Jésus-Christ.

Dans la contexture des *Exercices*, saint Ignace fait aussi la part très grande à l'amour du Christ, mais l'image qu'il choisit est celle d'un Roi, d'un Chef, dont l'appel invite. Il craint un pur sentiment qui se délecte de lui-même, qui se consume à jouir, il suggère un sentiment généreux et fort, capable de porter à l'héroïsme des actes, au sacrifice, que veut cet esprit militaire et chevaleresque. Cette précision et cette vigueur n'ôtent rien à l'enthousiasme pour la personne du Christ, ni à l'absolue donation de soi-même à cet amour envahissant. Loin de là. Mais Ignace coupe court à toutes les illusions pseudo-mystiques, qui se laissent égarer par le charme berceur d'aimer à aimer, plutôt que de se dévouer, de se vaincre, et de suivre pratiquement Celui qui fut couronné d'épines, et porta sa croix, pour nous inviter aux épines de la vie et à ses croix.

1. *Traité de la Concupiscence*, fin. Bossuet. Voir cette similitude développée et appliquée par Ruysbroek, *Ornement des noces spirituelles*, ch. XVI à XVII, pp. 52 à 104. Ed. Maeterlink. Bruxelles, 1900.

La parabole d'un roi de ce monde, élu par Dieu, et à qui tous les princes et tous les peuples chrétiens rendent respect et obéissance : tel est le sujet proposé brièvement. On s'imaginera, dit l'auteur des *Exercices*, entendre ce roi parlant à tous ses sujets :

Ma volonté est de conquérir tout le pays des infidèles. Que celui qui voudra me suivre se contente de la même nourriture, de la même boisson, des mêmes vêtements que moi. Qu'il travaille durant le jour, qu'il veille pendant la nuit, comme moi, afin de partager un jour avec moi, selon la mesure de ses travaux, les fruits de la victoire.

Là-dessus, que devraient répondre de fidèles sujets à un Roi si généreux et si bon? Et si quelqu'un n'acceptait pas de telles offres, ne serait-il pas digne du mépris de tout le monde, ne mériterait-il pas d'être tenu pour un lâche chevalier?

Après s'être représenté cette scène, et avoir fait naître de tels sentiments dans son âme, la seconde partie de cet exercice consiste à appliquer à Jésus-Christ Notre Seigneur la parabole précédente. Si l'appel d'un tel chef, d'un roi de la terre, fait impression sur nos cœurs, combien plus vivement ne devrons-nous pas être touchés de voir Jésus-Christ, Notre Seigneur, Roi éternel, et devant lui le monde entier, et chaque homme en particulier, qu'il appelle en disant : « Ma volonté est de conquérir le monde entier, de soumettre tous mes ennemis, et d'entrer ainsi dans la gloire de mon Père. Que celui qui veut venir avec moi travaille avec moi ; qu'il me suive dans les fatigues, afin de me suivre dans la gloire. »

Tout homme qui fait usage de son jugement et de sa raison, dit saint Ignace, ne peut que s'offrir généreusement et tout entier à tous les sacrifices, à tous les travaux. Mais l'amour plus grand, le désir de s'attacher étroitement par le cœur, *magis affici*, et de se signaler au service de leur Roi éternel, et Seigneur universel, ne se contenteront pas de s'offrir à partager ses travaux; aussi, agissant contre leur propre sensualité, contre l'amour de la chair et du monde, ils lui feront encore des offres d'une plus haute importance et d'un plus grand prix en disant:

Roi éternel, et souverain Seigneur de toutes choses, je viens vous présenter mon offrande; aidé du secours de votre grâce, en présence de votre infinie bonté, sous les yeux de votre glorieuse Mère, et de tous les saints et saintes de la Cour céleste, je proteste que je désire, que je veux, et que c'est de ma part une détermination arrêtée, pourvu que tel soit votre plus grand service et votre plus grande gloire, vous imiter en supportant les injures, les opprobres, la pauvreté d'esprit et de cœur, et même la pauvreté réelle, si votre très sainte Majesté veut me choisir et m'admettre à cet état de vie.

II

L'ÉPOUX DES AMES. — L'AMOUR. — LES ÉGAREMENTS LE RÊVE D'IDÉAL ET D'AMOUR

Une autre appellation du Christ, profonde et mystique, est celle d'"*époux*, de *fiancé de l'âme*. Ordonner tous les amours de l'âme vers le suprême amour, c'est en effet le but de toute la vie d'union à Dieu, le terme de la morale et de la mystique. Et Jésus-Christ en est le moyen, selon sa parole: « Je suis la Vérité, la Voie, et la Vie. »

L'âme, écrit Dante [1], sort de la main de Dieu, satisfait de la regarder avant qu'elle ne soit, comme une petite fille qui pleure et qui rit en folâtrant ; naïve et ne sachant rien, si ce n'est que partie d'auprès de son Créateur bienheureux, elle retourne volontiers à ce qui la charme. D'abord elle prend goût au moindre plaisir, là elle s'égare, et elle court après lui, si un guide et un frein ne détournent son ardeur.

Ni le créateur, ni la créature, ô mon fils, ne furent jamais sans amour, ou naturel ou de choix, et tu le sais. Le naturel fut toujours exempt d'erreur ; mais l'autre peut se tromper pour un objet indigne, comme par trop, ou par trop peu d'ardeur. Aussi longtemps que cet amour se dirige vers le premier des biens, et que dans les biens secondaires il se prend lui-même pour mesure, il ne peut pas être cause de mauvais désirs. Mais lorsqu'il se tourne au mal, ou qu'il court au bien avec plus ou moins de zèle qu'il ne faut, il emploie la créature contre le créateur. De là, tu peux concevoir que l'amour est en vous la semence de toute vertu et de toute œuvre qui mérite châtiment.

Chacun s'imagine confusément un bien dans lequel son âme se repose, et il le désire ; aussi chacun s'efforce-t-il de l'atteindre.

L'âme créée avec un penchant pour aimer se porte vers toute chose qui lui plait, aussitôt que le plaisir actuel la réveille. Votre esprit puise dans un être réel ces impressions qui se développent en vous et qui font tourner votre âme vers elles ; et si, en se tournant vers elles, votre âme s'y abandonne, cet abandon c'est une nouvelle nature que le plaisir fait naître en vous. Puis, comme un feu s'élève vers le ciel, par sa forme, qui tend naturellement à monter aux lieux où sa matière a plus de durée, ainsi l'âme éprise se livre au désir, qui est un mouvement spirituel, et qui ne s'arrête jamais qu'il n'ait joui de la chose aimée. Tu peux comprendre maintenant combien la vérité est inconnue à ceux qui prétendent que tout amour est une chose louable en soi [2], parce qu'il leur semble peut-

1. *Purg.*, ch. XVI, XVII, XVIII.
2. N'est-ce pas tout à fait le préjugé moderne dans la vie et dans l'art ? La passion justifie tout. L'union libre est réclamée dans les lois comme dans les mœurs.

être que la matière de l'amour est toujours bonne; mais toute empreinte n'est pas bonne, encore que la cire le soit.

L'homme ne sait pas d'où lui viennent l'intelligence des premières idées ou l'instinct des premiers appétits qui sont en vous, comme le goût de l'abeille à composer le miel; et cette volonté première ne mérite ni éloge ni blâme. Or, pour que les autres volontés s'accordent avec celle-là, est innée en vous la faculté qui conseille et qui doit garder le seuil du consentement. De là naît en vous la cause des mérites, selon que cette faculté accueille et choisit les amours bons ou coupables.

Au XVIIIe chant du *Pèlerinage de Child Harold*, lord Byron a vivement exprimé *la vanité des faux amours* dans une âme qui n'a pas encore su discerner le véritable.

Hélas ! dit-il, nos jeunes affections s'épanchent en pure perte, ou ne fécondent qu'un désert. Il n'en sort qu'un luxe funeste de plantes parasites, qu'une ivraie hâtive gâtée au cœur, bien que charmant la vue, que des fleurs dans le sauvage parfum desquelles nous ne respirons que des agonies, des arbres qui distillent un poison. Ce sont là des plantes qui naissent sous les pas de la passion alors qu'elle prend son vol dans les déserts du monde, haletante, et en quête de je ne sais quel fruit céleste interdit à nos vœux.

O amour, tu n'es point un habitant de ce monde. Séraphin invisible, nous croyons en toi : c'est une religion qui a pour martyrs les cœurs brisés, mais jamais l'œil ne t'a vu, jamais il ne te verra tel que tu dois être...

L'amour est un délire, c'est la demeure du jeune âge; mais le remède est encore plus amer que le mal. Quand nous voyons s'évanouir l'un après l'autre les charmes dont nous avions revêtu nos idoles, quand nous ne voyons que trop clairement qu'elles n'avaient de mérite et de beauté que dans l'œuvre idéale de notre imagination, nous n'en continuons pas moins à rester sous le charme, et après avoir semé le vent, nous recueillons la tempête. Le cœur opiniâtre, une fois son alchimie commencée, se croit à deux doigts du trésor qu'il convoite. Il n'est jamais plus riche que lorsqu'il touche à la misère.

Nous nous flétrissons dès notre aurore, sans cesse haletants, défaillants, malades. Notre but nous échappe, notre soif n'est point étanchée, et cependant, jusqu'au dernier moment, au bord même de notre tombe, un doux fantôme nous attire, image du bonheur que nous avons cherché dès le commencement. Mais c'est trop tard, et nous sommes doublement maudits. Amour, ambition, avarice, tout cela est funeste, également funeste, sous des noms différents ce sont les mêmes météores, et la mort est la fumée sombre où s'évanouit leur flamme[1].

Nul mieux que le noble lord, sans doute, ne pouvait écrire cette page amère et désenchantée. Bien d'autres poètes, peintres du cœur humain, témoigneraient qu'en ses égarements même il chercha plus et mieux qu'il ne trouve. Car la course folle de tous les âges vers le plaisir n'est qu'une marche, consciente ou non, vers le Souverain Bien et le Souverain Amour: amour dont l'appel se fait entendre ou ressentir, dont l'appel meut toutes choses, libres ou fatales, vers l'existence et vers le terme. De sorte qu'on peut dire, en toute vérité philosophique, que Dieu est tout ce bien et tout ce bonheur que nous cherchons, Beauté Souveraine dont nous apercevons ici-bas quelques reflets. Et ce qui nous attire à toutes nos convoitises, à tous nos espoirs, à ces trésors, à ces beautés, à ces chimères, c'est un diminutif, et comme une esquisse de l'Amour Souverain et du Bien Suprême. Nous allons vers tout ce qui participe de lui, c'est le stimulant de

1. Cité Baunard, *le Doute et ses victimes*, p. 170.

nos efforts, nul bonheur atteint ne satisfait notre désir que l'Infini seul pourrait rassasier.

Des âmes hautes, même égarées, sont très capables d'exprimer ce sentiment. Tel ce fameux *Shelley*, qui, malgré toutes ses excentricités, en rupture de croyance avec toutes les traditions sociales, garde inviolé le culte d'une beauté supérieure, intellectuelle. « Esprit de Beauté, qui consacres, par tes propres reflets, tout ce que tu illumines de pensée ou de forme humaine, où es-tu parti ? Pourquoi t'être enfui, et laisser notre séjour, cette obscure et vaste vallée de pleurs, vide et désolé ! » Il parle ici comme un de ses prédécesseurs, mieux pensant et plus orthodoxe.

Edmund Spenser, au XVIe siècle, a de semblables vues et son imagination le porte aisément à ces ascensions idéales qu'on nomme volontiers platoniciennes. Il a laissé quatre hymnes à la beauté et à l'amour, terrestres et célestes. « Auprès de la beauté, dit Taine[1], il a des adorations dignes de Dante ou de Plotin. C'est une âme éprise de la beauté sublime et pure, platonicienne par excellence, une de ces âmes exaltées et délicates, les plus charmantes de toutes qui... approchent du mysticisme, et par un effort involontaire montent pour s'épanouir jusqu'aux confins d'un monde plus haut. »

L'amour divin que le mysticisme sain offre à l'humanité est le couronnement tout indiqué, le faîte surélevé du sentiment d'amour et de beauté, qui charme les âmes faites pour autre chose que de basses amours. Et *saint Augustin* reste le type achevé de cette transposition et de cet aboutissement, où, dans le même cœur, se rencontrent purement le génie et la sainteté, une belle nature éprise de beauté et d'amour,

1. *Hist. de la Litt. anglaise.*

qui, sans se mutiler et sans déchoir, trouve à étancher sa soif, et à réaliser son rêve. *Nondum amabam, et amare amabam, quærebam quid amarem, amans amare*. Si ce mot là est bien humain, il annonce aussi une belle rencontre du divin.

Shelley prit ce texte de saint Augustin pour épigraphe de son poème d'*Alastor* ou *l'Esprit de la Solitude;* et il en donne peut-être le commentaire dans son *Hymne à la Beauté*. Epris de beauté idéale, le poète poursuit sa vision à travers le monde, dans le vain espoir d'étancher la soif dont il est consumé, courant en vain après son rêve.

Quand, tout enfant, dit-il, je cherchais les esprits et courais à travers chambres silencieuses, caves et ruines, à travers bois, à la lumière des étoiles, poursuivant d'une course tremblante l'espoir d'un entretien avec les morts enfuis,... soudain, ton ombre s'abattit sur moi, je poussai un cri, les mains jointes en extase. — Je jurai de dédier mes puissances à toi et à ce qui est tien : n'ai-je point gardé mon vœu ? Les battements de mon cœur et les pleurs de mes yeux, maintenant encore, appellent les fantômes de milliers d'heures chacun de sa tombe sans voix : ils ont, en des retraites peuplées de visions, dans le feu de l'étude, ou les délices de l'amour, prolongé avec moi de longues veilles. Ils savent que jamais la joie n'illumine mon front, tout à l'espoir que tu affranchirais ce monde de son ténébreux esclavage, que toi, ô mystérieuse Beauté, tu donnerais tout ce que ces paroles ne peuvent exprimer.

En plus d'un endroit se dévoile l'erreur de Shelley, s'imaginant que son idéal de beauté pouvait se rencontrer sur terre. Il l'avoue même dans une de ses dernières lettres : « Je pense que toujours on s'éprend d'une chose ou d'une autre ; l'erreur, et je confesse qu'il est malaisé de l'éviter à des esprits, en prison de chair et de sang, consiste à chercher dans une image mortelle la similitude de ce qui, peut-être, est éternel. »

Ce « peut-être » donne la triste note du doute incrédule, mais le poète, qui suit la pente de son cœur, laisse percer partout dans ses vers l'essor spontané de son âme, vers une éternelle beauté et une vie immortelle. L'expression de ses sentiments, même enflammée et toute vibrante de lyrisme, n'a pourtant rien de sensuel; il est de ceux dont Sainte-Beuve écrivait : « Ils aiment une personne de rencontre, mais ils cherchent toujours plus loin, au delà ; ils veulent sentir fort, ils veulent saisir l'impossible, embrasser l'infini. » C'est la meilleure préface et le meilleur commentaire de leurs poèmes, envisagés comme de curieux documents psychologiques, révélateurs du cœur humain.

Le présent poème, comme la *Vitua nuota* de Dante, dit l'avertissement placé en tête de l'*Epipsychidion*, est suffisamment intelligible à une certaine catégorie de lecteurs, sans un récit positif des circonstances auxquelles il se réfère ; et pour une autre catégorie, il demeurera toujours incompréhensible, faute d'un organe commun de perception pour les idées dont il traite.

Le fait est que Shelley nous emporte dans un vol vertigineux d'images, avec une vibration, un tremblement, un délire de sentiments entre ciel et terre, sur les cimes les plus éthérées, aux confins ultimes de l'idéalisme le plus aigu, là où semblent défaillir la vue et la respiration, dans un air trop subtil, et un éblouissement d'éclairs. Détachons quelques fragments, décolorés et brisés. Cet étrange petit poème rappellera, j'en suis persuadé, la scène idéaliste et pathétique de l'apparition de Béatrice aux derniers chants du *Purgatoire*. Et nous achevons par là d'analyser les sentiments qui préparent l'éclosion de l'amour de Jésus-Christ dans un cœur humain.

... Il y eut un Etre que mon esprit rencontra souvent dans ses chevauchées vagabondes et visionnaires; il y a longtemps, longtemps, dans l'aube claire et dorée de ma première jeunesse, sur les îlots féeriques de pelouses ensoleillées, parmi les montagnes enchanteresses, et dans les profondeurs du divin sommeil... Cette apparition vint à moi, mais revêtue d'un tel excès de gloire que je ne la vis point. Dans les solitudes j'entendis sa voix, elle était dans le murmure des bois et des fontaines, et des senteurs pénétrantes des fleurs... et dans les brises douces ou fortes, et dans la pluie du nuage qui passe, et dans le chant des oiseaux en plein été, et dans tous les bruits et dans tous les silences. Dans les paroles d'antique poésie, et de nobles aventures, dans la forme, le son, la couleur... dans cette philosophie meilleure, dont le goût transforme l'enfer de notre vie et en fait un glorieux martyre; son Esprit était l'harmonie de la vérité.

Shelley nous dépeint alors la poursuite idéale du fantôme rêvé, mais l'apparition se dérobe. Il en demande des nouvelles à toutes les créatures, et rien ne peut dissiper la nuit où elle se cache. Il pousse plus loin, blessé, à en mourir, d'espoir et de crainte, soutenant sa course « par la respiration de l'attente, à travers la forêt sauvage de notre vie ». Il lutte, il trébuche dans sa faiblesse et se hâte, « cherchant partout en téméraire derrière les formes naturelles l'ombre de cette idole de sa pensée ». Puis il tombe endormi et ses songes l'éveillent en pleurs.

Enfin dans l'obscure forêt apparut la Vision que j'avais poursuivie dans la douleur. A travers les sauvages épines de ce désert, sa marche faisait étinceler comme une splendeur du Matin, et sa présence faisait rayonner la vie sur la terre et les branches nues et mortes : en sorte que sur sa route c'étaient des tapis et des voûtes de fleurs, aussi douces que les pensées d'un amour naissant; et de sa respiration une musique s'échappait comme un rayonnement, — tous les autres sons étaient pénétrés par le souffle léger, tranquille et doux de ce son; en sorte que les vents farouches étaient muets tout autour; et des parfums tièdes et frais tombaient de sa chevelure, chassant la froidure de l'air glacé : suave comme une incarnation du Soleil, dont la lumière se changeait en amour, cette glorieuse apparition flottait dans la caverne où je gisais, et appelait mon Esprit... et dans l'éclat incandescent de sa beauté je me tenais debout, et je sentis que le crépuscule de ma longue nuit était pénétré d'une vivante lumière : je connus que c'était la Vision, voilée pour moi depuis tant d'années...

Assez peu importe, d'ailleurs, quelle humaine réalité éveilla ce chant dans l'âme du poète, il suffit qu'il nous ait bien mis en relief le désir d'Amour et de Beauté, qui, endormi ou affamé ou déçu, au fond du cœur humain. Et ces tendances idéalistes ne peuvent toucher leur but qu'en Jésus-Christ, telle est la réponse du mystique, et de tout chrétien qui sait ce qu'il est.

Edmond Spenser, compatriote de Shelley, ne concevait pas l'amour moins idéal et moins haut. C'est pour lui « le seigneur de la vérité et de la droiture ; il monte bien loin de la basse poussière, sur des ailes d'or, jusque dans l'empyrée sublime, au delà de l'atteinte de l'ignoble désir sensuel, qui comme une taupe reste gisant sur la terre ». Mais ceci n'est pas d'un pur idéaliste; c'est d'un chrétien. Ce frère en poésie peut montrer à l'idéalisme incertain des Shelleys, passés ou présents, le terme assuré qui l'excite et l'encourage lui-même :

Ah! certes, pauvre âme avide longtemps nourrie des rêveuses fantaisies de ta pensée affolée, longtemps égarée par l'amour flatteuse des fausses beautés, et déçue par la poursuite d'ombres décevantes, qui se sont envolées, et ne t'ont laissé qu'un tardif regret de ta folie... Elève enfin ton regard vers cette souveraine lumière dont les purs rayons sont la source de toute la beauté... et dans la possession de ces douces joies ta pensée vagabonde va trouver désormais l'indéfectible repos.

III

JÉSUS-CHRIST IDÉAL ET RÉALITÉ DES ADORATIONS DE L'AMOUR

Ces rêves d'idéal et d'amour, en effet, peuvent mener à de lamentables déchéances, et ne servir que de prétexte à colorer les plus tristes passions. Et c'est leur danger. Mais ils trouvent pourtant où se poser sans perdre de leur noblesse, et le mysticisme chrétien nomme une personne, humaine et divine en sa double nature, digne littéralement de toutes les adorations de l'amour : c'est Jésus-Christ. Ni les élans du cœur, ni les embellissements de l'art ne dépasseront le niveau de ses perfections et de sa beauté. Il est le lien du ciel et de la terre, le véhicule de l'amour infini dans le cœur de l'homme : il est le fiancé des âmes, l'Epoux qui les convie aux noces d'une union sans lassitudes, et sans terme.

Au seul point de vue de l'art et de la beauté, c'est là déjà une vue si haute et si charmante que nul ne voudrait la rejeter : et que, l'eût-elle inventée, l'humanité s'enchanterait encore de cette création de son génie. Si ce n'était la réalité divine que la foi certifie aux chrétiens, ce serait encore le rêve berceur des imaginations et des cœurs. Mais le fait vécu ne se distingue plus ici du poème : ou plutôt on n'eût peut-être et sûrement jamais inventé ce poème, si tant d'âmes ne l'avaient vécu, s'il n'était resté si vivant, même dans le souvenir de ceux qui s'intitulent enfants d'un siècle sans foi.

Oui, c'est un vaste amour qu'au fond de vos calices
Vous buviez à plein cœur, moines mystérieux :
La tête du Sauveur errait sur vos cilices
Lorsque le doux sommeil avait quitté vos yeux.
Et quand l'orgue chantait aux rayons de l'aurore
Dans vos vitraux dorés vous la cherchiez encore
Vous aimiez tendrement, oh vous étiez heureux.

Xavier Marmier, dans *les Chants du Nord*, a rapporté une jolie légende, *la Fille du Sultan*, redite à sa manière par *Leconte de Lisle* dans *les Poèmes barbares : la fille de l'Emyr*. C'est l'histoire d'une âme appelée par l'amour de Jésus. Cette histoire appartient à l'étude du sentiment que nous retraçons en ce moment. Dans sa naïveté, elle ne manque point de grâce et de vérité.

Une fille de sultan, élevée dans une terre païenne, s'en alla un jour, au lever de l'aurore, le long du parc et du jardin.

Elle cueillait les fleurs de toutes sortes qui brillaient sous ses yeux, et elle se disait : qui donc a pu faire ces fleurs et découper avec tant de grâce leurs jolies petites feuilles ? Oh ! je voudrais le voir !

Je l'aime déjà du fond du cœur ; si je savais où le trouver, je quitterais le royaume du ciel pour le suivre. — Et à minuit voici Jésus qui arrive et qui s'écrie : Jeune fille, ouvrez !

La jeune fille ouvre la fenêtre, elle voit le noble et majestueux jeune homme, elle l'entend dire : « Apprends donc qui je suis : c'est moi qui ai créé les fleurs. — Est-ce bien vous, mon puissant seigneur, mon amour, mon bien-aimé ? Combien de temps je vous ai cherché !

1. Paris, Charpentier, 1842, p. 23?.

et maintenant que vous voilà, il n'y a plus ni bien ni patrie qui m'arrête, avec vous, je m'en irai. »

Elle quitte donc son père, ses richesses, et son beau palais pour suivre celui que son cœur a choisi; elle l'interroge, il lui répond :

Le jeune homme alors dit en souriant:
« — Je suis fils de roi, je viens d'Orient;
Mon premier palais fut un toit de chaume,
Mais le monde entier ne peut m'enfermer,
Je te donnerai si tu veux m'aimer,
Mon riche royaume.

« Mon nom est Jésus. Ceux qui m'aiment le connaissent bien. » — Elle le regarda avec tendresse, et se courbant à ses pieds, lui jura fidélité.

« — Comment, dit-elle, comment est votre père? ô mon beau fiancé! Pardonnez-moi cette question. — Mon père est très riche, la terre et le ciel lui obéissent; l'homme, le soleil, les étoiles lui rendent hommage.

« Un million de beaux anges s'inclinent devant lui les yeux baissés. — Si votre père est si puissant et si élevé au-dessus de nous tous, mon bien-aimé, comment donc est votre mère?

« — Jamais il n'y eut dans le monde une femme aussi pure. Elle devint mère d'une façon miraculeuse, sans cesser d'être vierge. — Ah! si votre mère est si belle et si pure, de quelle contrée venez-vous donc?

« — Je viens du royaume de mon père, où tout est joie, beauté, vertu. Là des milliers d'années se passent comme un jour; d'autres milliers d'années leur succèdent, pleines de repos et de félicité. »

Ils continuèrent leur route à travers les champs et les prés, et ils arrivèrent près d'un couvent où Jésus voulut entrer. Elle reste à la porte pour l'attendre, mais quand elle ne le voit plus, des larmes d'amour tombent de ses joues. Le jour se passe, le soir arrive, elle attend encore : mais son fiancé ne vient pas.

Alors elle s'avance vers le couvent, et frappe, et crie : Ouvrez-moi la porte, mon bien-aimé est ici.

Mieux qu'une légende, *l'authenticité même de l'histoire* garde le charme du souvenir, le mémorial fidèle du court passage de Jésus-Christ sur cette terre. Les peuples de la Palestine l'ont vu, des bergers comme de savants mages ont pu l'approcher, douze pêcheurs de Galilée l'ont suivi pas à pas, ils nous ont répété ses paroles, esquissé quelques-unes de ses journées. Nous pouvons l'évoquer, mais comment la peindre cette attitude enchanteresse de l'Homme-Dieu présent parmi nous ? Ces lèvres aux invitations miséricordieuses, ces yeux abaissés sur nous avec une indicible expression d'humilité, de mansuétude et d'affection, où se mêlent une douceur et une majesté ineffables; toutes ces manières empreintes de condescendance et de bonté, mais en même temps d'une dignité et d'une simplicité royales et divines? C'est un homme affable et majestueux tout ensemble ce Jésus, ce fils de Marie, ce prophète venu de Galilée : ses disciples sont charmés par son éloquence et par la bonté de son cœur. On l'aime comme un frère, comme un ami, comme un père; et on le vénère plus qu'un saint, plus qu'un thaumaturge, plus qu'un pontife.

Il est Dieu fait homme, voilà qui confond l'esprit, mais sa divinité éclate aux yeux. Il a nourri avec cinq pains d'orge les multitudes dans le désert, il a ressuscité le fils de la veuve de Naïm, il commande à la tempête, il marche sur les flots, il est maître des éléments terrestres, c'est le maître du ciel. On se redit à l'oreille tous ses prodiges, on les murmure dans la foule ; l'enthousiasme croît avec l'admiration : l'amour n'enlève rien au respect, et le respect n'effarouche point l'amour. Le Maître n'accueille-t-il pas les pécheurs comme les innocents? Madeleine dénouant sa chevelure essuie les pieds de Jésus, oints de parfums : elle les couvre de ses baisers et de ses larmes, et Jean repose doucement sur la poitrine de ce Sauveur très aimé.

Telle est, d'après les récits des évangiles, la physionomie du Christ sur la terre. Les éloquents ont admiré la parole de cet homme qui parlait comme nul autre; les artistes se sont déclarés impuissants à reproduire sa beauté, fussent-ils Raphaël, ou Léonard de Vinci, ou Quentin Metsys; mais il a survécu dans les cœurs, il y est toujours beau, il y parle encore, et, depuis tant de siècles, on dirait que c'est d'hier le drame de son berceau, de sa vie et de sa tombe, tellement est lumineuse la trace qu'il a laissée, tellement est sonore et touchant l'accent d'amour qu'il a suscité.

Tous les saints, tous les mystiques, tous les amis de Jésus sont pareils aux disciples de la première heure, le regard tendu en haut, *après l'Ascension ;* chacun pourrait faire sienne l'ode pénétrante de *Luis de Léon.*

Eh quoi ? Saint Pasteur, tu laisses ton troupeau dans cette vallée profonde, obscure, parmi la solitude et les pleurs, et perçant la pure enveloppe de l'air, tu retournes à l'éternel séjour!

Heureux jusqu'alors, aujourd'hui tristes et effrayés, ceux que tu avais nourris sur ton sein, dépossédés de toi, où désormais tourneront-ils leur cœur ?

Que regarderont-ils qui ne leur soit choquant, les yeux qui ont vu la beauté de ton visage? Qui, ayant entendu ton harmonie, ne restera sourd aux bruits déplaisants de la terre?

A cette mer agitée, qui va mettre un frein ? qui va calmer la colère des vents déchaînés? Si tu es loin de nous, quelle étoile guidera le navire au port ?

Ah! nuage jaloux même de cette courte joie, que te

presses-tu ? où voles-tu si rapide ? combien riche tu t'éloignes! combien pauvres, combien aveugles, hélas! tu nous laisses!

Tu nous enlèves le trésor qui seul faisait la richesse de notre vie, qui éloignait les pleurs, qui resplendissait pour nous mille fois plus que la pure clarté du jour.

Quelle chaîne de diamant, ô mon âme! te retient et t'empêche de suivre ton amant? Ah! brise-la, sors de peine, et, libre, place-toi dans la pure lumière.

Crains-tu d'en sortir ? L'amour terrestre pourrait-il plus sur toi que l'absence de ton bon vouloir et de ta vie ? Vivre sans corps n'est pas faire violence à la nature, mais bien de vivre sans le Christ et loin de sa présence.

Doux Seigneur et ami, doux père et frère, doux époux, je suis tes pas, soit à travers les ténèbres, soit parmi les lieux éclatants et glorieux.

IV

LES MANIFESTATIONS DE J.-C.

Toute vie intérieure, toute piété, tout mysticisme chrétien, de saint Bernard, de l'Imitation, de saint Ignace en ses *Exercices*, ou de quelque école que ce soit, cherche à vivre, et à faire vivre les autres, du souvenir ravivé de cette présence du Christ. Par la méditation et la contemplation assidue de toute sa vie, on se familiarise avec sa personne, ses attitudes, ses paroles, ses moindres démarches, telles qu'elles sont relatées, ou que de pieuses conjectures peuvent les faire imaginer, et nous aider à rendre vivant le portrait de l'Ami divin. Et par lui le cœur s'attache à la Loi divine, à l'Ordre universel, à la Volonté du Père, en même temps qu'il s'éprend de Celui qui est venu

1. Ode sur l'Ascension. Luis de Léon. (Rousselot, *Mystiques espagnols*, p. 300.)

nous rendre sensible l'amour qui régit le monde.

Quand Jésus est présent, tout est bon et rien ne paraît difficile. Mais quand Jésus n'est pas là, tout est dur. Quand Jésus ne parle pas au dedans, la consolation est vile. Mais si Jésus dit seulement une parole, on sent que la consolation est grande. Est-ce que Marie-Madeleine ne se leva pas aussitôt de l'endroit où elle pleurait, quand Marthe lui dit : « Voici le Maître, et il t'appelle? » Heureux moment, quand Jésus appelle des larmes à la joie de l'esprit!... Celui qui trouve Jésus trouve un précieux trésor; bien mieux, le bien au-dessus de tout bien. Et celui qui perd Jésus fait une fort grande perte et plus grande que celle du monde entier. Il est très pauvre, celui qui vit sans Jésus; il est très riche, celui qui est bien avec Jésus[1].

Cette présence consolatrice de Jésus-Christ dans l'âme a bien des degrés. Elle suppose la conscience droite, et libre, et s'évertuant aux tâches obligées du devoir. Mais elle est aussi une grâce de ferveur, une familiarité, une présence divine toute particulière, le sentiment d'une lumière, et d'une consolation spéciales, qui rendent tout aisé dans la marche du Pèlerin.

Parfois ses manifestations prennent une intensité très particulière. Et les voiles se lèvent dans la conscience de certaines âmes privilégiées par des avant-goûts des entrevues du ciel. Ce qu'elles en racontent peut aider à concevoir ce qui se passe entre l'âme et Jésus-Christ, dans les relations plus obscures de la foi et des grâces ordinaires. Nous prendrons donc idée de la présence de l'humanité du Christ en des grâces proprement mystiques.

Le jour de la fête du glorieux saint Pierre, étant en oraison, rapporte *sainte Thérèse*, je vis, ou, pour mieux dire, car je ne vis rien ni des yeux du corps ni de ceux de l'âme, je sentis près de moi Notre Seigneur Jésus-Christ,

1. *Imit.*

et je voyais que c'était lui qui me parlait. Comme j'ignorais complètement qu'il pût y avoir de semblables visions, j'en conçus une grande crainte au commencement, et je ne faisais que pleurer. A la vérité, dès que cet adorable Maître me disait une seule parole pour me rassurer, je demeurais comme de coutume, calme, contente, et sans aucune crainte. Il me semblait qu'il marchait toujours à côté de moi ; néanmoins, comme ce n'était pas une vision imaginaire, je ne voyais pas sous quelle forme. Je connaissais seulement d'une manière fort claire qu'il était toujours à mon côté droit ; qu'il voyait tout ce que je faisais ; et, pour peu que je me recueillisse ou que je ne fusse pas extrêmement distraite, je ne pouvais ignorer qu'il était près de moi...

... Que si je dis que je ne vois Notre Seigneur ni des yeux du corps ni de ceux de l'âme, attendu que la vision n'est point imaginaire, on me demandera sans doute comment je puis savoir et affirmer qu'il est près de moi avec plus d'assurance que si je le voyais de mes propres yeux. Je réponds que c'est comme quand une personne ou aveugle, ou dans une très grande obscurité, n'en peut voir une autre qui est auprès d'elle. Toutefois ma comparaison n'est point exacte, elle n'exprime qu'un faible rapport ; car la personne dont je parle acquiert par le témoignage des sens la certitude de la présence de l'autre, soit en la touchant, soit en l'entendant parler ou se remuer. Dans cette vision il n'y a rien de cela : point d'obscurité pour la vue ; Notre Seigneur se montre présent à l'âme par une connaissance plus claire que le soleil. Je ne dis pas qu'on voie ni soleil, ni clarté, non ; mais je dis que c'est une lumière qui, sans qu'aucune lumière frappe nos regards, illumine l'enténdement, afin que l'âme jouisse d'un si grand bien.

Et encore :

Le jour de la fête de saint Paul, pendant la messe, Jésus-Christ daigna m'apparaître dans toute sa très sainte humanité, tel qu'on le peint ressuscité, avec une beauté et une majesté ineffables... Je dirai seulement que quand il n'y aurait dans le ciel, pour charmer la vue, que la grande beauté des corps glorieux, et celle surtout de l'humanité sainte de Jésus-Christ, le plaisir serait indicible. Si dans cet exil, où il ne nous montre de l'éclat de sa majesté que ce que notre misère en peut soutenir cet adorable Sauveur nous jette par sa vue dans de tels transports, que sera-ce dans le ciel, lorsque notre âme le contemplera dans toute sa beauté et toute sa gloire.

... Quand bien même je me serais efforcée, durant des années entières, de me figurer une beauté si ravissante, jamais je n'aurais pu en venir à bout, tant sa seule blancheur et son éclat surpassent tout ce que l'on peut s'imaginer ici-bas. C'est un éclat qui n'éblouit point ; c'est une blancheur ineffablement pure et suave tout ensemble ; c'est une splendeur infuse qui cause à la vue un indicible plaisir, sans ombre de fatigue ; c'est une clarté qui rend l'âme capable de voir cette beauté si divine ; c'est une lumière infiniment différente de celle d'ici-bas, et auprès de ses rayons qui inondent l'œil ravi de l'âme, ceux du soleil perdent tellement leur lustre qu'on voudrait ne les plus regarder [1].

En certaines circonstances, ce que je voyais ne me semblait être qu'une image ; mais, en beaucoup d'autres, il m'était évident que c'était Jésus-Christ lui-même : cela dépendait du degré de clarté dans lequel il daignait se montrer à moi. Quelquefois, quand cette clarté était moins vive, il me semblait que ce que je voyais n'était qu'une image, mais une image très différente des portraits les plus achevés.

... Il y a autant de différence entre cette image de l'Homme Dieu et les portraits faits de main d'homme qu'entre une personne vivante et ses traits peints sur la toile. En effet, si ce que je voyais était une image, cette image était vivante, et non pas morte ; c'était Jésus-Christ même vivant qui se faisait voir à moi, Dieu et homme tout ensemble, non comme il était dans le sépulcre, mais tel qu'il était après sa résurrection.

Quelquefois, il se montre avec une si grande majesté qu'il est impossible de douter que ce ne soit lui. Le plus souvent cela arrive de la sorte après la communion, moment où d'ailleurs la foi nous assure qu'il est présent. Il se

1. Vie écrite par elle-même, ch. XXVII. Je juxtapose des fragments.

montre tellement maître de l'âme qu'elle en est comme anéantie, et se sent consumer tout entière en son Dieu.

Sainte Angèle de Foligno nous dit qu'un jour elle considérait l'union en Jésus-Christ de l'humanité et de la divinité.

Absorbée, dit-elle, dans cette vue, buvant la contemplation et la délectation, j'obéissais dans mon âme à des inspirations intimes par l'attrait. Et il me provoquait à l'amour, et il disait : « O ma fille chérie ! ô ma fille et mon temple ! ô ma fille et ma joie ! Aime-moi ! car je t'aime beaucoup plus que tu ne m'aimes ! » Et, parmi ces paroles, en voici qui revenaient souvent : « O ma fille, ma fille, et mon épouse chérie ! » Et puis il ajoutait : « Oh ! je t'aime, je t'aime plus qu'aucune autre personne qui soit dans cette vallée, ô ma fille et mon épouse ! Je me suis posé et reposé en toi ; maintenant pose-toi et repose-toi en moi. J'ai vécu au milieu des apôtres : ils me voyaient avec les yeux du corps et ne me sentaient pas comme tu me sens. Rentrée chez toi, tu sentiras une autre joie, une joie sans exemple. Ce ne sera pas seulement comme à présent le son de ma voix dans l'âme, ce sera moi-même. Tu as prié mon serviteur François, espérant obtenir avec lui et par lui. François m'a beaucoup aimé, j'ai beaucoup fait en lui ; mais si quelqu'autre personne m'aimait plus que François, je ferais plus en elle. »

Et il se plaignait de la rareté des fidèles et de la rareté de la foi, et il gémissait, et il disait : « J'aime d'un amour immense l'âme qui m'aime sans mensonge. Si je rencontrais dans une âme un amour parfait, je lui ferais de plus grandes grâces qu'aux saints des siècles passés, par qui Dieu fit les prodiges qu'on raconte aujourd'hui. Or, personne n'a d'excuse, car tout le monde peut aimer ; Dieu ne demande à l'âme que l'amour ; car lui-même aime sans mensonge, et lui-même est l'amour de l'âme [1]. »

1. 1re partie, chap. xx, p. 57, Hello.

V

L'AMOUR DE JÉSUS-CHRIST EN TOUTE VIE INTÉRIEURE

Il devient facile de voir que *le rôle de Béatrix*, dans *la Divine Comédie*, représente de quelque façon, si j'ose dire, dans le Poème de la Vie intérieure, l'amour de J.-C. élevant l'âme vers l'amour divin. Et ce rapprochement ne me semble pas manquer au souverain respect pour la figure incomparable de J.-C. Car, dans l'Incarnation, Dieu s'est proposé de nous rendre présente et visible sa Beauté terrible et lointaine. Il s'est efforcé de nous élever à l'amour des choses invisibles par ce qui se pouvait voir et palper, par son Verbe fait chair, dont les apôtres ont parlé en témoin qui ont touché du doigt. Béatrice tient dans le poème de Dante le rôle de cet amour idéal, humain à son point de départ et divin dans son terme, qui se meut de la terre à Dieu. Seulement en J.-C., il atteint les deux, d'un même élan et d'une même étreinte.

Cet amour du Christ, remarquons-le en terminant, n'arrache pas nécessairement une âme à la vie chrétienne du monde, il ne fleurit pas que dans le cloître. S'il est une élite blanche que l'essor total vers les hauteurs isole, elle n'attire pas toutes les autres. Elle les aide du moins à réaliser la pureté des unions chrétiennes. Sainte Jeanne de Chantal a aimé souverainement Jésus-Christ dans les trois états de vierge, d'épouse, de veuve ; dans le monde et dans le cloître. Et l'on pourrait dire aussi que ce chaste amour de Jésus-Christ a singulièrement relevé les amitiés chrétiennes et le mariage chrétien. On en trouverait aisément des exemples dans les vies des saints, et dans les créations de la littérature : et ces dernières témoignent au moins de l'idéal entrevu comme possible, qui paraît plus vraisemblable, qui enchante les imaginations, parce qu'un type nouveau de sentiments épurés a été connu et adopté.

Ceux qui ne sont pas élevés jusqu'aux sommets de cet amour en comprennent cependant la beauté ; ils peuvent envier la cueillette des glanes, ou les miettes du festin. Et pour ne pas nous étendre davantage, nous citerons une dernière petite pièce dont le sentiment a beaucoup de vérité expressive. Elle fut composée par une *sœur Brizida de Lisbonne*, du couvent des Inglesinhas[1].

Je suis morte, soyez ma vie, — Jésus, j'ai froid, soyez mon feu ; — J'erre, il me faut trouver un guide, — Et c'est en vous que je l'aurai...

Vous un enfant pour la tendresse, — Un frère, pour l'amitié, — Vous, le vin désaltérant de l'âme, — Vous, le pain blanc pour notre faim...

Vous, le Christ dans les oratoires, — Vous, un ermite sur les monts, — Dans notre nuit une lumière, — Dans la peine un consolateur...

Je suis devant vous, ô mon maître, — Comme un petit chien bien aimant — Aboyant autour de la table — Pour avoir les miettes de pain !

1. *Revue Britannique*, août 1895. Emile Eude, *les Poètes mystiques du Portugal*.

CHAPITRE II

Les esprits bons et mauvais : leurs influences.

L'épopée mystique ne se peut comprendre si l'on n'a présente *la tactique des esprits*, dont l'âme est le champ de bataille et l'enjeu. Le drame intime qui se déroule en si petit enclos compte aussi très petite liste de personnages : l'âme et Dieu sont les protagonistes. Mais le monde invisible est peuplé d'êtres qui peuvent prendre conctact avec notre âme par l'intermédiaire des phénomènes sensibles. Pour parler d'une manière très générale, et suffisamment exacte, ils influent sur notre système nerveux, pour de là atteindre l'intime de notre être par répercussion ou retentissement. Si leur influence reste dans les limites ordinaires, il est besoin d'être attentif et perspicace pour la percevoir : parfois elle s'exerce en plus merveilleuses conjonctures, qui sont à la vie de la grâce ce que le miracle est à l'ordre de la nature, c'est-à-dire une manifestation insolite d'un pouvoir supérieur. Les vies proprement mystiques offrent à l'analyse de nombreux faits de ce genre.

Or saint Ignace, versé dans la pratique de ces choses, a dépeint et codifié la tactique de l'invisible. Aux quelques lignes du petit livret espagnol, où le chevalier converti a retracé d'un pinceau si sobre et si expressif, les différentes chances de la lutte, nous pourrons joindre les peintures de l'Alighieri, ou de quelques mystiques.

Ignace de Loyola nous montre les anges rebelles perdus par leur faute, et précipités dans les abîmes, désormais acharnés à tourmenter les damnés ou à tenter les mortels [1]. Leur chef est l'ennemi capital de la nature humaine, — cette expression est familière à l'auteur des *Exercices* [2], — et son portrait en raccourci est tracé de main de maître, quand saint Ignace invite son retraitant à le contempler avec son étendard et ses séides. Ce chef de factieux (*caudillo*) se tient dans la plaine de Babylone, c'est-à-dire du trouble et de la confusion. Il siège sur le feu et la fumée pour marquer sa puissance ténébreuse et inquiète : son aspect remplit d'horreur et d'épouvante (*en figura horrible y espantosa*). Autour de lui d'innombrables démons qu'il disperse en tous lieux après leur avoir donné ses ordres.

Ignace a pénétré ses ruses, et les dévoile comme s'il avait assisté au conseil. Nous ne nous arrêterons qu'aux traits que nous devons retrouver en toute peinture des esprits, et qui signalent leur présence.

Pour mieux leurrer ceux qui s'abandonnent à leur conduite, ils les trompent d'abord par des délices apparentes; mais une âme qui monte vers Dieu d'un cœur sincère n'attendra d'eux que l'abattement, le trouble, et la désolation : la pauvrette, qui tombe en leurs griffes, ressent toutes ces morsures. Elle est ballottée de mille sortes. « Les démons, nous dit sainte Thérèse, jouaient avec ma personne comme avec une balle. » Elle est agitée de mille inquiétudes, attirée

1. 1re sem., ex. 1. — Reg. Disc.
2. *Annot.*, 7 — 2 Etendards Toutes nos peintures se composent de traits empruntés au texte espagnol de saint Ignace.

violemment vers la terre; elle gît toute déconsolée, sans espoir, sans amour, et demeure là toute indolente, tiède, triste, et comme séparée de son Créateur et Seigneur.

Ce n'est pas à dire que tout soit perdu : patience, laissons passer la tourmente sans bouger. Puis, courage, lutteur; ces ennemis sont de vraies femmes, fortes en... ıage, et poltronnes devant un front assuré. L'expression de saint Ignace fait penser à quelque roquet, hardi de gueule, qui s'attaque à un taureau puissant et tranquille : que celui-ci vienne à se retourner et montre les cornes, l'agresseur tapageur va tourner les talons. Ainsi fait l'ennemi de la nature humaine : point de bête plus féroce si on lâche pied, pas de femmelette plus craintive si l'on fait bonne contenance (*pone mucho rostro*).

Mais il faut veiller avec prudence, l'ennemi rôde et cherche le point faible de la citadelle, il est rusé et cauteleux, et cache soigneusement ses pièges. Il aura même recours aux déguisements, et se glissera dans la place transformé en ange de lumière. Ayez donc l'œil ouvert et vous reconnaîtrez vite la queue du serpent, c'est-à-dire les traces de sa venue. Sans doute il entrera comme la pluie d'orage qui fouette les rochers ou se trahira par quelque indice de sa haine et de sa méchanceté.

Tout autre est le portrait des bons anges.

Le pécheur les a vus prier pour lui, au deuxième exercice de la première semaine; il a vu l'ange Gabriel saluer Marie de Nazareth, la vierge, remplir son mandat de député, et apporter la paix à la terre. Puis il a vu la troupe angélique rangée autour de la bannière du Christ Notre Seigneur, souverain et véritable Capitaine des bons. C'était à Jérusalem, dont le nom signifie Vision de la Paix, le maître s'y tenait plein de grâce et tout aimable. Eux aussi, ces esprits sont le glaive de la justice divine; mais pour l'âme qui s'élève, d'un cœur dispos, vers Dieu, ils sont, par-dessus tout, messagers de paix.

Elle sait reconnaître leurs visites. Le bon ange l'effleure si délicatement. Moins douce et moins suave est la goutte d'eau qui pénètre une éponge. Son entrée est discrète et silencieuse : il est chez lui, la porte est grande ouverte, il entre sans fracas. Sa présence dissipe le trouble, et sème la vraie joie, le contentement spirituel; fait couler de douces larmes d'amour, attire vers les hauteurs, fait germer ou croître l'espérance, la foi, l'amour ; fait voler dans l'allégresse au service de Dieu, et rend l'âme toute accroisée, toute pacifiée en son Créateur et Seigneur.

I

LES ESPRITS MAUVAIS

La Divine Comédie donne place à ces personnages du poème intérieur.

L'honnête *Boileau* les bannissait du domaine des lettres. Son *Art poétique* [1] raille les auteurs qui, bannissant de leurs vers les ornements conventionnels de la fiction mythologique,

> Pensent faire agir Dieu, ses saints et ses prophètes,
> Comme ces dieux éclos du cerveau des poètes;
> Mettent à chaque pas le lecteur en enfer,
> N'offrent rien qu'Astaroth, Balzébuth, Lucifer.

1. III, 192-206.

De la foi d'un chrétien les mystères terribles
D'ornements égayés ne sont point susceptibles :
L'évangile à l'esprit n'offre de tous côtés
Que pénitence à faire et tourments mérités ;
Et de vos fictions le mélange coupable
Même à ses vérités donne l'air de la fable.
Et quel objet enfin à présenter aux yeux
Que le diable toujours hurlant contre les cieux...

Les idées étroites sur le christianisme, inexactes sur sa réalité et sur sa valeur d'expression, abondent ici, et elles ont été trop souvent relevées pour qu'il soit utile de s'y attarder. Fausses pour toute poésie chrétienne, — même des faits et gestes des preux, des héros, des martyrs, où se peut mouvoir le merveilleux chrétien, — elles le sont bien davantage pour la mystique évolution du poème, dont le brave Nicolas nous pardonnerait sans doute aujourd'hui de recueillir les fragments, pour le suggérer et en partie le reconstituer.

Disons, à la décharge du régent littéraire, qu'il donne tort ici à l'auteur de *Clovis*, ou de *la Pucelle*, à Chapelain et à ses pairs. Il ne connaissait pas Dante, qu'on ne lisait plus, même dans la traduction du bon Grangier[1]. Le XVIIe siècle, d'ailleurs, apparaît aussi incapable de goûter *la Divine Comédie* qu'une cathédrale gothique. Boileau ne connaissait pas non plus Milton : *le Paradis*, publié avant *l'Art poétique*, fut lu en France seulement depuis Voltaire.

A leur défaut, *Bossuet* aurait pu l'avertir : en des sermons sur les anges, ou sur les démons, il a des peintures, et des scènes saisissantes, d'une vraie grandeur, et d'une belle vigueur de touche. Comme il

1. J'ai étudié dans *De Dante à Verlaine* le sort des études dantesques en France, pp. 1-60.

peint celui qu'Ignace de Loyola appela l'ennemi de notre nature, qui hait en nous l'image divine, *inimicus naturæ !* comme il interprète la rage et l'envie de sa troupe !

... Enfin, enfin, disent-ils, nous ne serons pas les seuls : çà, çà, voici des compagnons. O justice divine ! tu as voulu des supplices, en voilà ; voilà ta vengeance ; voilà assez de sang, assez de carnage. Voilà, voilà ces hommes que Dieu avait voulu égaler à nous ; les voilà enfin nos égaux dans les tourments ; cette égalité nous plaît, plutôt périr que de les voir à nos côtés dans la gloire. Malheur à nos lâches compagnons qui le souffrent : il vaut bien mieux périr, et qu'ils périssent avec nous. Ils nous jugeront quelque jour, ces hommes mortels ; il faudra bien l'endurer, puisque Dieu le veut. Ah ! quelle rage pour ces superbes ! mais auparavant, disent-ils, combien en mourra de notre main, ah ! que nous allons faire de sièges vacants et qu'il y en aura, parmi les criminels de ceux qui pouvaient s'asseoir parmi les juges. Puis se tournant aux saints anges : Eh bien ! vous en avez de votre côté ? Est-ce que nous sommes seuls ? vous semblons-nous mal accompagnés au milieu de tant de peuples et de nations ? Allez, allez, glorifiez-vous de votre petit nombre d'élus que vous avez à peine tirés de nos mains.

Puis le portrait de Satan, qu'il trace là aussi, ne mérite-t-il point de rester, près de l'œuvre de Milton ou celle de Dante que nous en rapprocherons tout à l'heure ?

Il ne brille pas comme un éclair, il ne gronde pas comme un tonnerre, il ressemble à une vapeur pestilente qui se coule au milieu de l'air par une contagion insensible et imperceptible à nos sens : il inspire son venin dans le cœur ; ou pour me servir, chrétiens, d'une autre comparaison qui lui convient mieux, il se glisse comme un serpent : c'est ainsi que l'Ecriture l'appelle.

Et Dante à la suite, pouvons-nous ajouter, qui l'appelle « il gran verme ».

Et Tertullien nous décrit ce serpent par une expression admirable. Il se cache autant qu'il peut; il resserre en lui-même par mille détours sa prudence malicieuse, c'est-à-dire qu'il use de conseils cachés et de ruses profondément recherchées... Il se retire dans les lieux profonds, il ne craint rien tant que de paraître : quand il montre la tête il cache la queue[1] : il ne se remue jamais tout entier, mais il se développe par plis tortueux, bête ennemie du jour et de la clarté.

... C'est Satan, c'est Satan, Messieurs, qui nous est représenté par ces paroles; c'est lui qui ne se déplie jamais tout entier, il étale la belle apparence, et il cache la suite funeste : il rampe quand il est loin, et il mord sitôt qu'il est proche.

Toute la suite de ce discours est à lire, là où le grand orateur montre ensuite le diable faible et craintif : tel que nous le dépeignions tout à l'heure, d'après les esquisses de saint Ignace et ses conseils. Le profit que Boileau eût trouvé là, nous l'y prenons nous-mêmes, persuadés que Dante, en ses descriptions symboliques, a raison : car les esprits mauvais, les « chérubins noirs », comme il dit, il les peint en laid, féroces et acharnés sur le pécheur (*inimicus naturæ, in figura horribili*); mais aussi trompeurs et lâches (*delicias apparentes, femina*).

***

Avant de le constater en quelques tableaux dantesques, remarquons le *sens caché, dans la* Comedia *des figures et des noms de la mythologie*. Il ne faut pas oublier que Caron, Minos, Cerbère, Plutus, Phlégias,

1. Cf. S. Ignace, « cauda serpentina ».

Géryon, le Minotaure, les Centaures, et tous les mythes du paganisme qu'on rencontre dans l'*Inferno* ne sont que des démons qui, pour se rendre visibles empruntent ces formes allégoriques [1]. Dante les introduit dans son poème, pour montrer, suivant l'opinion des Pères de l'Eglise, que la fable n'est autre chose que la véritable tradition défigurée et tronquée par l'esprit diabolique que les idolâtres adoraient des démons en la personne de leurs faux dieux.

Aussi nous retrouvons là *Caron*, inclinant à la parole de Virgile [2], qui l'adjure au nom de Dieu, son front humilié, et se vengeant sur les damnés qu'il frappe de l'aviron, à coups redoublés, avec cette joie féroce si bien rendue par Michel-Ange. Au second cercle l'entrée est gardée par un démon qui a pris l'aspect de *Minos*. « Monstrueux assemblage de brutalité et d'orgueil, horrible comme le crime, grondant comme le remords. » Au troisième cercle, où s'expie le péché de gourmandise, un démon vorace et difforme, hurlant par trois gueules, comme *Cerbère*, épouvante et déchire les damnés. Plus loin, parmi des milliers d'anges rebelles, trois plus hideux se montrent sous la forme des *Euménides*. Leur beauté et leur tournure féminines dénotent la séduction que les maudits exercent sur l'homme ; sur leur front rebelle sifflent des serpents venimeux ; l'hydre, symbole de rébellion, est nouée à leur ceinture...

Dans le septième cercle, tous les accouplements mythologiques de l'homme et de la bête, le Minotaure, moitié roi, moitié taureau, les centaures, moitié chevaux et moitié hommes, les harpies, moitié femmes et

1. Cf. Ozanam, Fiorentino, de Margerie, etc.
2. Fiorentino. Introduction, XVIII-XXIV.

moitié vautours, couvrent de leur masque hideux et grossier des troupes de démons.

Pour passer du cercle des violents à celui des fourbes, c'est un monstre, le démon de la fraude, qui vient aider les voyageurs à franchir l'horrible gorge.

Voici, dit Virgile, voici le monstre à la queue acérée, qui perce les monts, brise les murailles et les armures, voici celui qui infecte l'univers. — Ainsi mon guide commença à me parler, et il lui fit signe d'approcher des bords de marbre où nous marchions. Et cette hideuse image de la Fraude vint à nous et avança la tête et le buste; mais elle ne tira pas sa queue sur le bord. Sa figure était celle d'un homme juste, tant son aspect était doux; le reste de son corps était d'un serpent. Le monstre avait deux griffes velues jusqu'aux aisselles; le dos, la poitrine et les flancs étaient peints de nœuds et de mouchetures. Jamais les Turcs et les Tartares n'ont croisé dans leurs draps des fils de tant de couleurs, jamais Arachné n'a tissu de si riches toiles. Comme parfois les canots amarrés au rivage sont à demi dans l'eau, à demi sur la grève, et comme parmi les Tudesques gloutons le castor s'accroupit pour faire sa guerre, ainsi l'affreuse bête se tenait sur le bord rocailleux qui entoure le sable. Sa queue entière se jouait dans le vide et redressait sa fourche envenimée, dont la pointe était armée comme celle du scorpion.

C'est le monstre *Géryon*. Virgile monte sur la croupe du terrible animal, et dit à son protégé : « Sois fort et hardi. On ne descend désormais que par de semblables échelles. Monte devant, je veux être au milieu afin que la queue ne puisse te nuire. » Dante prend place, tremblant comme « celui qui sent approcher le frisson de la fièvre, si bien qu'il en a les ongles livides ». Mais son guide le serre étroitement, et le soutient dans ses bras, tandis que Géryon reçoit l'ordre de descendre doucement, en traçant de larges cercles.

***

Après avoir montré le diable sous tous les aspects empruntés à la mythologie, Dante lui donne encore la *physionomie grotesque et terrible d'après les légendes du moyen-âge*. Comme le remarque très bien *Fiorentino* dans son *Introduction*[1], le type du laid apparaît ici dans toute sa splendeur. Tous ces démons sont d'une vérité à faire dresser les cheveux sur la tête. On les voit avec tout l'attirail de cornes, de griffes, de fouets, de crochets dont les a armés l'imagination. Ils sont roussis, noircis, brûlés, bossués, anguleux, pointus comme un diamant noir taillé à mille facettes. Quel mélange de cruauté, de malice, de mensonge, d'impudence et de bassesses! Avec quelle légèreté fantastique ils glissent sur le rebord des arcades! Comme ils éventrent joyeusement leurs damnés! leurs jointures craquent comme les charnières d'un squelette en mouvement. Interrogez-les, ils vous trompent; regardez-les, ils vous répondent par une grimace; suivez-les ils feront pis que de vous rire au nez.

Relisez, pour vous convaincre, les chants XXI et XXII de l'*Inferno*, vous y trouverez, sur les bords de l'étang de poix, où gitent les escrocs, des détails plutôt burlesques.

Et je vis derrière nous un diable noir, qui venait en courant sur le rocher. Ah! comme il était terrible dans son aspect, et qu'il me paraissait cruel dans son attitude, avec ses ailes ouvertes et légers sur ses pieds! Un pécheur chargeait son dos élevé et pointu, et il en tenait les nerfs des pieds serrés dans sa main... Il jeta le damné et s'en retourna par le rocher dur, et jamais un chien lâché sur

1. P. XXII.

un voleur ne le poursuivit plus rapidement. Le malheureux plongea et reparut le dos courbé en arc, mais les démons l'accrochent de leurs fourches et le raillent. Ainsi les cuisiniers commandent à leurs aides de repousser avec des crochets au fond de la chaudière la viande qui surnage.

Plus loin, ce sont les tourmenteurs qui se prennent de dispute. Une de leurs victimes, vient de leur échapper en plongeant sous la poix, et les ailes du poursuivant n'ont pas été assez promptes; il redresse la poitrine en volant.

C'est ainsi que le canard plonge tout d'un coup à l'approche du faucon, qui remonte vers le ciel honteux et brisé. Calcabrina (les diables ont des noms que Dante retient en les entendant nommer), irrité de ce tour, vola derrière le démon, charmé de voir le pécheur à l'abri, pour s'en prendre à l'autre. Et dès que le damné eut disparu il tourna ses griffes contre son compagnon et s'entrelaça avec lui sur le fossé. Mais l'autre le saisit avec ses serres, comme un épervier, et ils tombèrent tous les deux dans la poix bouillante. La chaleur les sépara bientôt; mais ils ne pouvaient se relever, tant leurs ailes étaient engluées. Barbariccia, affligé avec le reste des siens, en fit voler quatre sur l'autre bord avec leurs crocs, et ils descendirent promptement, d'un côté et de l'autre, à leur poste; ils tendirent leurs fourches aux pauvres englués, qui étaient à moitié cuits dans la poix. Et nous les laissâmes dans leur embarras.

Le même parti pris de peindre laids et ridicules ces êtres déchus se retrouve partout. Et le poète, dans le portrait de Satan, nous marque bien que sa révolte a causé l'horreur monstrueuse du dévoyé.

L'empereur du royaume des douleurs sortait de la glace jusqu'au milieu de la poitrine, et je pourrais plutôt égaler la taille d'un géant que les géants n'égaleraient un de ses bras. Vois maintenant quel doit être le tout qui correspond à une telle partie. S'il a été si beau autrefois, qu'il est laid à présent! et s'il osa lever le front contre son Créateur, c'est bien de lui que doit procéder toute douleur.

Oh! quelle grande merveille ce fut, pour moi, de voir trois faces à sa tête : l'une devant, et celle-là était rouge; les deux autres venaient s'ajouter à la première, du milieu de chaque épaule, et se joignaient au-dessus du front. La face droite paraissait d'une couleur entre le jaune et le blanc, et la gauche était telle qu'il en vient des bords du Nil. Au-dessous de chacun de ces trois visages sortaient deux grandes ailes proportionnées à un tel oiseau; je n'ai jamais vu de voiles si immenses sur la mer. Ces ailes étaient sans plumes, comme celles de la chauve-souris, et en les agitant il faisait naître trois vents, qui glaçaient tout le Cocyte. Il pleurait par six yeux, et les larmes, mêlées d'une bave sanglante, ruisselaient sur trois mentons. Chaque bouche broyait entre ses dents un pécheur comme un brisoir; c'est ainsi qu'il en tourmentait trois.

Ces trois sont Judas Iscariote, Brutus et Cassius, qui ont trahi leurs hôtes, leur patrie ou leur Dieu.

Milton a fait une toute autre peinture. Son Satan est un rebelle altier, et de courage indompté, qui attend la revanche : à l'œil cruel, malgré remords et passions, toujours droit comme une tour, orgueilleusement au-dessus des autres. Il n'a pas encore perdu son éclat d'origine, il n'apparaît pas moins qu'une ruine d'archange, dont l'excès de gloire est obscurci. Ainsi le soleil, nouvellement levé, à travers les buées de l'air, ou offusqué par la lune, durant une éclipse. Le risque pour le poète est de rendre trop noble, trop héroïque, un être déchu : et puisqu'il parle en chrétien, son but est manqué, s'il concilie des sympathies même esthétiques, au Déchu, au Très-Bas.

Les incroyants de notre âge peuvent se jouer en de telles imaginations. *Hugo* intitule une de ses œuvres *la Fin de Satan*. Et un journaliste, dont l'ironie semble inspirée du blasphème plus que du badinage, écrivait en 1855 ces lignes, vertement relevées par Mgr Pie dans une synodale : « Un siècle aussi fécond que le nôtre en réhabilitations de toutes sortes ne pouvait manquer de raisons pour excuser un révolutionnaire malheureux que le besoin d'action jeta dans les entreprises hasardeuses [1]. » Mais on ne peut, sans anachronisme, prêter ce sentiment au puritain convaincu qu'était Milton.

Dante, mieux inspiré par les traditions de légendes diaboliques, par l'art de son temps, ne dénature pas les données de la croyance, et le rôle véritable du démon dans les choses humaines. On l'a dit, l'esprit humain n'est jamais absurde à plaisir : c'est vrai surtout d'une croyance ou d'un sentiment en général. Il ne brode jamais que sur un canevas historique le tissu léger et capricieux de ses fictions. Bien loin que les

1. « De tous les êtres autrefois maudits que la tolérance de notre siècle a relevés de leur anathème, Satan est, sans contredit, celui qui a le plus gagné au progrès des lumières et de l'universelle civilisation. Le moyen-âge, qui n'entendit rien à la tolérance, le fit à plaisir méchant, laid, torturé... Un siècle aussi fécond que le nôtre en réhabilitations de toutes sortes ne pouvait manquer de raisons pour excuser un révolutionnaire malheureux, que le besoin d'action jeta dans les entreprises hasardeuses... Si nous sommes devenus indulgents pour Satan, c'est que Satan a dépouillé une partie de sa méchanceté, et n'est plus ce génie funeste, objet de tant de haines et de terreur. Le mal est évidemment, de nos jours, moins fort qu'il n'était autrefois. (???) Permis au moyen-âge, qui vivait continuellement en présence du mal fort, armé, crénelé, de lui porter cette haine implacable... Nous qui respectons l'étincelle divine partout où elle reluit... nous hésitons à prononcer des arrêts exclusifs, de peur d'envelopper dans notre condamnation quelque atome de beauté. » (*Journal des Débats*, 25 avril 1855, cité dans 1re Inst. Synodale sur *les Erreurs*. *Mgr Pie*, II, 406.)

métamorphoses de la légende diabolique à travers les siècles portent aux yeux de la critique un préjudice quelconque à la réalité des puissances du mal, elles la confirment en montrant à quel point la foi au surnaturel est enracinée dans le cœur de l'humanité. Et l'on peut suivre l'expression diverse de ce sentiment à travers les littératures, depuis l'Atè d'Homère et les Titans d'Hésiode, ou les Nirriti ou les Asouras des Védas, ou les Ases et les Sylphes noires de l'Edda, jusqu'au Méphistophélès du Faust de Gœthe [1].

La vérité chrétienne, la réalité du poème intérieur, et les manifestations des esprits mauvais rapportées par les mystiques prohibaient le moindre sentiment d'admiration ou de sympathie. Les esprits mauvais apparaissent dans *la Divine Comédie*, hideux, trompeurs et lâches [2] : *bugiardo, e padre di menzogna* (XXIII), mais impuissants contre les bons, confiants en Dieu.

Non vo'che tu paventi
Lasciali dizzrignar... (XX)

Une poignée de sable jetée par Virgile au diable Cerbère suffit à le faire taire; et devant Ditè, où surgissent trois furies infernales, les Erynnies, un secourable envoyé du ciel n'a qu'à paraître. « Il s'approcha de la porte, et avec une baguette il l'ouvrit sans aucune résistance. »

Ainsi, malgré leur outrecuidance, sont soumis à la volonté qui ne manque jamais son but les « bannis du ciel, race méprisée, *cacciati del Ciel, gente dispetta* » (IX).

1. Freppel. *Apologistes*, I, 287. Rôle du démon.
2. *Inf.*, XXI, XXII, XXIII, VI, IX.

II

LES BONS ANGES

Mais il nous tarde de quitter définitivement le séjour du mal, et de reposer notre regard sur quelque esprit glorieux. C'est là une des prédilections de la poésie de Dante, et c'est un de ses charmes, que ces figures d'anges dont il peuple pour ainsi dire *la Divine Comédie*. « Dante, dit *Ozanam*, est fidèle aux habitudes de l'art du XIIIe siècle. L'art chrétien représente les Anges par des jeunes gens ailés. La jeunesse, c'est-à-dire la force et la grâce, et le plus beau moment, de la nature. Les ailes, c'est-à-dire l'idéal, la spiritualité, l'immortalité... Dante a donné la parole aux anges de Giotto, Giotto a saisi les anges de Dante, et les a fixés par le crayon et la couleur pour qu'ils ne s'envolassent plus ».

En un mot, Dante nous peint les Anges, en nous laissant une impression conforme aux enseignements des ascètes sur le discernement des esprits, et aux visions des mystiques. Il nous les montre *lumineux et paisibles, tels des aides et des ministres de la Souveraine Beauté, de la Souveraine Paix.*

Ainsi apparaissaient-ils sur cette terre, tantôt en des visions purement intellectuelles tantôt sous une apparence corporelle. *Sainte Thérèse* affirme qu'elle les voyait rarement sous cette forme, lorsqu'elle nous décrit l'ange au javelot d'or qui lui transperça le cœu

Il n'était point grand, mais petit et très beau ; à son visage enflammé, on reconnaissait un de ces esprits d'une très haute hiérarchie, qui ne sont, ce semble, que flamme et amour. Il était apparemment de ceux qu'on nomme chérubins; car ils ne disent pas leurs noms. Mais je vois bien que dans le ciel il y a une si grande différence de certains anges à d'autres, et de ceux-ci à d'autres que je ne le saurais dire. Je voyais dans les mains de cet ange un long dard qui était d'or, et dont la pointe en fer avait à l'extrémité un peu de feu. De temps en temps il le plongeait au travers de mon cœur, et l'enfonçait jusqu'aux entrailles; en les retirant, il semblait me les emporter avec ce dard, et me laissait tout embrasée de l'amour de Dieu.

Le récit des noces de *sainte Cécile* et de la conversion de son fiancé est à relire. « J'ai pour ami un ange de Dieu, gardien de ma virginité, » dit-elle à Valérien.

Troublé jusqu'au fond de son âme, ce jeune homme, que la grâce maîtrise déjà à son insu, répond à la vierge Cécile : « Fais-moi voir cet ange. Lorsque je l'aurai vu, si je le reconnais pour l'ange de Dieu, je ferai ce à quoi tu m'exhortes; mais si tu aimes un autre homme, sache que je vous percerai de mon épée l'un et l'autre ! » La vierge reprend avec une ineffable autorité : « Valérien, si tu veux suivre mon conseil, si tu consens à être purifié dans les eaux de la fontaine qui jaillit éternellement, si tu veux croire au Dieu unique, vivant et véritable, qui règne dans les cieux, tu pourras alors voir l'ange qui veille à ma garde. « Et quel est celui qui me purifiera, afin que je voie ton ange? » reprit Valérien. Cécile répondit : « Il existe un vieillard qui purifie les hommes, après quoi ils peuvent voir l'ange de Dieu. »

Valérien, va alors trouver Urbain, — l'histoire est ravissante à lire en entier — et régénéré par lui dans l'eau baptismale, il revient vers Cécile.

Valérien, couvert encore de la tunique blanche des

néophytes, qu'il venait à peine de revêtir, est arrivé à la porte de la chambre. Il entre, et ses regards respectueux rencontrent Cécile prosternée dans la prière, et près d'elle l'ange du Seigneur, au visage éclatant de mille feux, aux ailes brillantes des plus riches couleurs. L'esprit bienheureux tenait en ses mains deux couronnes entrelacées de roses et de lis. Il en pose une sur la tête de Cécile, l'autre sur celle de Valérien, et, faisant entendre les accents du ciel, il dit aux deux époux : « Méritez de conserver ces couronnes par la pureté de vos cœurs et la sainteté de vos corps .. Ces fleurs ne se faneront jamais, leur parfum sera toujours aussi suave.»

L'ange accomplit son message, et promet à Valérien d'exaucer au nom de Jésus-Christ, fils de Dieu, toute demande. Celui-ci demande la conversion de Tiburce. L'ange rayonne de joie, et leur promet la palme du martyre. Suit une scène délicieuse où Tiburce arrive, tout étonné de respirer des parfums célestes ; cette merveilleuse senteur le transporte, il interroge, et l'entretien amène sa conversion [1].

Dante ne reste pas inférieur.

Comme dès le matin [2] on voit l'astre de Mars, à travers les épaisses vapeurs, rougir à l'Occident sur la surface de la mer ; telle m'apparut une lumière, puissé-je encore la voir ! qui venait si rapidement sur l'onde que le vol d'aucun oiseau ne pourrait l'égaler. Et après que j'en eus un peu détourné le regard, pour interroger mon guide, je la revis tout à coup plus grande et plus brillante. Ensuite, aux deux côtés de cette lumière, je vis je ne sais quelle forme blanche, et au-dessous d'elle peu à peu une autre forme blanche sortait. Mon guide ne dit pas une parole jusqu'à ce que dans les premières formes blanches il aper-

1. Voir Dom Guéranger, *Sainte Cécile*, ch. xv.
2. *Purgat.*, II.

çût des ailes. Alors ayant reconnu le nocher, il s'écria :

— A genoux, à genoux, voilà l'ange de Dieu ; joins tes mains, tu vas voir maintenant de pareils ministres. Vois, il dédaigne tellement les moyens humains qu'il ne veut ni rames ni d'autres voiles que ses ailes, en se hasardant entre des bords si éloignés. Vois comme il les a dressées vers le ciel, frappant l'air de ses plumes éternelles, qui ne muent pas comme le poil humain.

Et plus l'oiseau divin avançait vers nous, plus il apparaissait radieux, si bien que mes yeux n'en pouvaient supporter l'éclat. Aussi je les baissai, et il vint au rivage avec une barque si déliée et si légère qu'elle glissait sur l'eau sans y plonger. Le nocher céleste se tenait à la poupe, et le bonheur était gravé sur son front.

Ainsi Dante peint les purs esprits, suggérant pour ainsi dire leur présence et leur action, lumineuses et paisibles ; et c'est une merveille de sa poésie que la variété avec laquelle il nous les présente, et le tact artistique qui lui fait éviter de les revêtir de formes trop matérielles, ou d'accuser trop fortement le trait. Un ange préside à chaque cercle du *Purgatorio*, il nous suffira de les parcourir pour relever, en ces esquisses légères, les nuances de pureté et d'idéal.

Ici vient à lui une « belle créature vêtue de blanc, dont le visage rayonne, comme on voit trembler l'étoile du matin » ; là une clarté plus brillante lui fait porter la main au-dessus des sourcils, léger abri pour adoucir l'excès de la lumière ; plus loin, c'est une voix, une splendeur, comme un mouvement d'aile et un souffle qui frappe le visage. Dante aime cette image et la répète plusieurs fois : le langage humain a usé de cette métaphore pour nommer les pures substances, ce sont des souffles, des esprits (*spiritus*, πνεῦμα).

Avec les ailes ouvertes et comme celles d'un cygne,

l'ange fait entendre des paroles douces et bénignes, puis nous effleure du vent de ses ailes. Tel, messager de l'aurore, l'air de mai se lève et embaume, tout imprégné du parfum de l'herbe et des fleurs, ainsi je sentis un souffle me frapper au milieu du front, et s'agiter une aile qui répandait l'odeur de l'ambroisie, et j'entendis : Heureux ceux qui brûlent du feu de la grâce [1].

Boileau lui-même ne trouverait-il pas ces interventions angéliques d'une peinture charmante? Il y a loin, il est vrai, de ces touches délicates à la lourde main du bonhomme Chapelain. Le contraste nous rendra plus indulgent au sévère critique, et avivera notre admiration pour le génie plus heureux du grand poète catholique.

Au sixième chant de *la Pucelle*, *l'archange Michel* veut apparaître à Charles sous la figure de la France éplorée ; il descend du ciel, et

De la plus haute sphère aux plages les plus basses
Vient fixer l'air mobile, en assembler les masses,
Les mêler, les unir et s'en former un corps
Vuide par le dedans, et solide au dehors.
De la France abattue il lui donne l'image,
Il lui donne son air, lui donne son corsage,
Et dans son cave sein lui-même s'enfermant
A ses membres divers donne le mouvement.

Ce n'est pas joli, joli, mais ces essais malheureux n'absolvent pas l'auteur de *l'Art poétique* du XVIIe siècle d'avoir si fort méconnu les beautés expressives du christianisme, et très particulièrement du poème intérieur que nous analysons.

***

Ces anges lumineux et paisibles, Dante nous les

1. *Purg.*, XII, XV, XVII, XIX, XXIV, XXVII.

montre comme des *messagers de la justice, de la miséricorde, de la grâce intérieure.* Dans une apparition du VIIIe chant du *Purgatoire*, on s'accorde à voir symbolisé leur rôle près du Pèlerin, exposé aux tentations. Nous sommes dans la vallée qui précède les cercles de l'épreuve purificatrice :

L'or et l'argent fin, la pourpre et le blanc de céruse, le bois de l'Inde pur et lumineux, la fraîche émeraude, au moment où elle se brise, auprès de l'herbe et des fleurs semées dans ce réduit, seraient vaincus d'éclat, comme le moins est vaincu par le plus. La nature n'avait pas seulement jeté là ses couleurs, mais, avec la suavité de mille parfums, elle composait une odeur indéfinissable et nouvelle.

Là les âmes assemblées dans la prière chantent le *Salve Regina* et l'hymne *Te lucis ante;* elles assistent à la scène symbolique de la tentation qui assaille leurs frères, voyageurs comme elles le furent jadis. Elles prient pour eux. « Et je vis, dit le poète, sortir du ciel et descendre deux anges avec deux épées flamboyantes, privées de leurs pointes [1]. Leurs vêtements, verts comme les petites feuilles venant d'éclore, flottaient en arrière, frappés et agités par le vent de leurs ailes, qui étaient vertes aussi. L'un des anges vint se poser un peu au-dessus de nous, et l'autre descendit au bord opposé, si bien que les âmes restèrent au milieu. Je distinguais bien leur tête blonde, mais l'œil était ébloui par leur face, comme une faculté qui succombe à de trop grands efforts. »

Ils viennent, envoyés par Marie, pour garder la vallée contre le serpent qui va venir. Et peu après,

1. Symbole, dit-on, de la bienveillance de leur action près des âmes.

tandis que le Pèlerin dialogue avec ceux qui l'entourent, on lui signale l'adversaire.

Dans cette partie, où la petite vallée n'a pas de bord, était un serpent, le même peut-être qui donna à Eve le fruit amer. Entre l'herbe et les fleurs s'avançait le maudit reptile, tournant de temps à autre sa tête en arrière, et se léchant le dos comme une bête qui se lisse. Je ne le vis pas, et pour cela je ne puis dire comment prirent leur essor les autours célestes; mais je les vis bien planer tous les deux. Lorsqu'il les sentit fendre l'air avec leurs ailes verdoyantes, le serpent s'enfuit, et les Anges remontèrent à leur poste d'un vol égal.

Telle est la scène de la tentation.

Il ne nous reste plus qu'à entrevoir les purs esprits dans les régions plus élevées. Alors que s'épurent de plus en plus les images, dans le ciel où tout est lumière, fleurs, parfums, le poète parvient à la vision des *neuf chœurs angéliques*, et s'efforce de balbutier quelque merveilleux souvenir.

Je vis un point qui rayonnait d'une lumière si poignante que le regard qu'elle blesse doit se baisser pour en éviter l'éclat. L'étoile qui semble la plus petite dans le ciel semblerait une lune auprès d'elle, placée comme une étoile à côté d'une autre. A la même distance peut-être où se trouve cette couronne lumineuse autour de l'astre qui la produit au milieu des nuages les plus épais, un cercle de feu tournait avec tant de vitesse qu'il aurait surpassé le ciel le plus rapide. Autour de ce cercle s'espacent successivement tous les autres, et chacun d'eux avait un mouvement plus lent, selon la distance à laquelle il se trouvait du premier. Et celui-là avait la flamme la plus brillante, qui s'éloignait le moins de la lumière pure, sans doute parce qu'il participait davantage à son essence.

1. *Par.*, XXVIII.

Tandis que Béatrix s'efforce de satisfaire les désirs curieux du contemplateur, devant ce « temple admirable et angélique, qui n'a que l'amour et la lumière pour confins », — les cercles étincellent « comme le fer qui sort bouillant du feu». « Ces étincelles dans leur embrasement produisaient d'autres étincelles, et leur nombre dépassait celui qui résulterait des cases d'un échiquier si on les comptait, en doublant, jusqu'à la dernière. »

« J'entendais, raconte le poète, j'entendais chanter hosanna de chœur en chœur, jusqu'au point fixe qui les tient et qui les tiendra sans cesse à la place où ils ont toujours été. » Et Béatrix lui répète la doctrine du Pseudo-Denys sur la répartition de ces chœurs bienheureux en trois ternaires : les Séraphins, les Chérubins et les Trônes; — les Dominations, les Vertus et les Puissances, — les Principautés, les Archanges et les Anges. « Ils ont tous autant de joie que leur vue pénètre dans la vérité où se repose toute intelligence. De là on peut comprendre que le bonheur réside dans la contemplation [1], et non dans l'amour qui vient ensuite. La profondeur de la vision se mesure à la récompense méritée par la grâce ou par la bonne volonté; c'est ainsi que l'on procède de degré en degré. »

En chacun des ternaires, chante perpétuellement *l'hosanna* « avec trois mélodies qui retentissent dans les trois ordres de joie dont il se compose. » Et tous ces ordres de bienheureux angéliques ont « leurs regards en haut, et leur influence descend au-dessous d'eux, si bien qu'ils sont tous entraînés vers Dieu et qu'ils entraînent eux-mêmes les autres ».

Aux chants XXVIII et XXIX du *Paradiso* vous trouverez rappelée toute la théologie des Anges, leur

1. Question controversée en théologie.

création, l'histoire de leur épreuve, de la chute et de la récompense, et le mode de leur connaissance et de leur contemplation. Nous n'avons pas, ici, à nous y arrêter. Dans l'histoire du Poème mystique, ces belles créatures nous apparaissent comme de splendides reflets de Dieu, et comme des messagers de sa bonté, des instruments de ses desseins de paix dans les âmes ici-bas. Comme Dante nous les montre au Paradis, en la rose éblouissante que forment les élus « la sainte milice que le Christ épousa avec sang », ils épandent la paix, ils illuminent, ils guident vers elle avec suavité. Restons sur la belle image symbolique de cette action, telle qu'elle brille au XXXIe chant du *Paradis*.

Cette milice angélique « qui en volant voit et chante la gloire de celui qu'elle aime et dont la bonté la fit si grande, comme un essaim d'abeilles tantôt se plongeant dans les fleurs, et tantôt s'en retournant à la ruche où déjà se trouve la saveur de son miel, descendait dans l'immense rose ornée de tant de feuilles et elle en ressortait pour revenir là où son amour demeure sans cesse. Ces esprits avaient tous le visage de flamme et les ailes d'or, et tout le reste d'une telle blancheur qu'aucune neige n'en approche. Lorsqu'ils descendaient dans la fleur de degré en degré, ils répandaient, en secouant leurs ailes, la paix et l'ardeur qu'ils venaient de puiser dans le sein de Dieu ».

Leurs [1] traits étaient de feu; leurs ailes étaient d'or;
Et nul n'a sur les monts pu voir de neige encor
Qui de leur blancheur pure offre même l'image.

Se posant sur la fleur, étage par étage
Ils y versaient l'ardeur et la divine paix
Que leur vol en leur cœur entretient à jamais.

Ces escadrons ailés remplissaient l'étendue

1. A. de Margerie, *Dante*, II, p. 476.

De la base au sommet, sans arrêter la vue
Et sans intercepter le jour resplendissant.

Car partout la clarté pure du Tout-Puissant
Pénètre les objets selon qu'ils en sont dignes,
Et rien ne fait obstacle à ses flammes bénignes.

Ce royaume paisible et joyeux qu'à la fois
Peuplent en rangs pressés les élus des deux lois,
Sur un seul point fixait son regard extatique.

O Dieu, lumière triple en une étoile unique,
Qui luis à leurs regards et remplis tous leurs vœux,
Vois et prends en pitié notre monde orageux!

III

LA VIERGE-MARIE ET LE POÈME MYSTIQUE

Reine des Anges, et Mère de la grâce, Marie occupe dans toute vie surnaturelle et mystique une place haute et belle. Elle lui est assignée dans l'économie de l'ordre surnaturel par la théologie catholique, nous n'avons pas ici à exposer cette doctrine, mais à rappeler le rôle de la Vierge dans le poème intérieur des âmes et sa valeur expressive. Tous ceux qui ont raconté leur cœur l'ont montrée secourable au pécheur, étoile du voyage, donatrice souveraine des grâces d'amour divin, l'ostensoir, la monstrance vivante et glorieuse de son Fils Jésus, qui doit ravir par les charmes de son Humanité visible, vers les triomphales Beautés de la Trinité qu'il a révélée. Les trouvères l'ont chantée et les modernes aussi, et, dans *la Divine Comédie*, elle occupe, comme dans les cathédrales du Moyen-Age, la place que lui réserve la traditionnelle et croissante dévotion du peuple chrétien.

Qui ne connaît la ballade que *Villon* fit à la requête

de sa mère pour prier Notre-Dame, véritable recours de l'âme pécheresse, qui lève les yeux vers l'espoir d'en haut. L'humble chrétienne se dit qu'elle ne valut jamais rien [1].

Mais, ô ma maîtresse, mais, ô ma dame, mes péchés sont moins grands que votre miséricorde, et sans elle aucune âme ne pourrait jamais mériter, ni (je ne mens pas) entrer en Paradis... Je suis une femme toute pauvrette et ancienne, je suis toute ignorante, et ne sus jamais lire; mais au Moutier dont je suis paroissienne, je vois de beaux vitraux où le Paradis est peint en couleurs; j'y aperçois des luths et des harpes, tandis que les damnés sont bouillis dans l'enfer. L'un me fait peur, l'autre joie et liesse. Or c'est la joie que je vous demande, ô Dame très haute, ô Reine à qui tous les pécheurs doivent recourir...

Rutebœuf, non moins célèbre au XIIIe siècle [2], implorait avec le même accent, en plus d'une chanson, écoutons-le dans le *Dit des Neuf joies de Notre-Dame :*

Dame c'est toi qu'on doit prier
En tempête et en grand orage :
Tu es étoile de la mer,
Tu es ancre, nef et rivage,
C'est toi qu'on doit servir, aimer,
Tu es fleur de l'humain lignage,
Tu es la colombe sans tache,
Qui porte aux captifs leur message !...
Tu es château, roche hautaine
Qui ne craint assaut ni surprise
Tu es le puits et la fontaine
Dont notre vie est soutenue,
Et l'haleine des cieux par qui
Verdure est en terre épandue,
Aube qui le jour nous amène.....

Dans les *Prières à la Vierge* recueillies par *Léon*

1. Prières à la Vierge recueillies par Léon Gautier.
2. *Rutebœuf*, par Clédat, collection Hachette (1891), p. 44.

Gautier, vous trouverez une belle gerbe de ces sentiments, vous entendrez les troubadours qui chantent tantôt le refuge des pécheurs, tantôt l'étoile du Pèlerin.

« Dame, étoile de la mer, — dit *Pierre de Corbiac*[1] dans son *Domna dels Angels*, — plus étincelante que toutes les autres, voici que les vagues et le vent engagent la bataille contre nous : montrez-nous notre vraie route. Si vous nous voulez conduire à bon port, le navire et les matelots n'ont rien à craindre, ni la tempête qui les enveloppe de son tumulte, ni la houle de la mer en fureur. »

Plus intime et plus pénétrant encore, me semble *Guillaume d'Autpol*, quand il dit à Marie :

Espérance de tous ceux qui savent espérer, fleuve de joie, fontaine de vraie miséricorde, maison de Dieu, jardin d'où tout bien nous est venu, repos sans fin, tutrice de tous les orphelins, consolation de tous les déconsolés, fruit d'entière allégresse, sécurité de la paix, port sans péril, porte du salut et du contentement, joie sans tristesse, fleur de cette vie qui ne connaît pas la mort, mère de Dieu, reine du firmament, séjour des âmes, délices sans tourment, lumière, clarté, aube du Paradis ;

Dame très aimable, il y a en vous tant de charme que le monde ne pourrait jamais le dire. Puis donc, ô glorieuse, que vous avez en vous une telle bonté, souvenez-vous de moi et de tous ceux qui jettent un cri vers vous, c'est pour nous, c'est pour les besoins de notre âme que vous avez été créée, ô grâce, ô charme des yeux, ô beauté ! Quant à moi, ô Vierge, je ne puis, sans vous, trouver réconfort. Conduisez-moi donc où est la vie qui n'a pas de fin, là où jamais le jour ne finit, ni la clarté, ni l'aube.

L'expression de ces sentiments n'est-elle pas fort sincère, très juste, et ne doit-elle pas trouver place dans *le Voyage du Pèlerin*, que nous analysons,

1. Léon Gautier, pp. 330-334.

comme dans la vie des mystiques? L'épopée mystique de Dante ne pouvait l'omettre. La Vierge Marie, comme nous l'avons rappelé déjà, est la *Donna gentile*, trésorière des grâces, qui fut l'instrument de la miséricorde divine, et envoya un messager pour retirer le misérable égaré de l'âpre forêt, la *selva selvaggia*. Elle est, on peut le dire, tout le nœud, tout le moteur du poème: et rien ne serait plus facile que d'exposer, d'après *la Divine Comédie*, ce qu'est Marie vis-à-vis de Dieu, vis-à-vis de nous, ou son excellence au-dessus de toutes les créatures.

N'est-elle pas « la vive étoile[1] qui triomphe là haut, et l'emporte sur tous par la gloire, comme ici-bas elle l'emportait par les vertus »? N'a-t-elle pas refermé et embaumé la plaie ouverte et ensanglantée par notre mère Eve; cette femme si belle [2] qui est à ses pieds? N'est-elle pas « la rose dans laquelle le Verbe divin se fit chair », « le beau jardin qui fleurit sous les rayons du Christ », « le lis dont l'odeur enseigne le bon chemin[3] », l'arche précieuse, « d'où sont tombées sur la terre de si fécondes semences »?

Ces termes et cent autres sont évoqués dans l'opuscule du P. Giuseppe Melandri : *Il Concetto di Maria santissima secondo Dante Alighieri*[4]. Ils attestent la place d'honneur que réserve à la Reine des Anges, Mère de Dieu, Mère des hommes, le poète théologien et mystique. Dante veut que cette figure aimée, dit Ozanam, « se retrouve à l'entrée et au terme de son poème, comme on la trouvait au seuil et au sommet de tous les édifices du Moyen-Age ». Elle a ramené

1. *Par.*, XXIII, 92.
2. *Par.*, XXXII.
3. *Par.*, XXIII.
4. Torino, 1869.

l'égaré, sa protection l'accompagna en tout son voyage; à la prière de son fidèle Bernard, elle obtient au poète privilégié la vision de l'essence divine, qui est au terme. Ainsi, dans *les Exercices*, Marie paraît, dès le premier colloque de miséricorde à Notre-Dame, comme un sourire au milieu des larmes du pécheur, et l'accompagne jusqu'au pied du trône divin. Elle n'est pas nommée dans le premier prélude de la Contemplation *ad amorem*, qui clôt la série, mais elle est entrevue dans la gloire comme à la fin du poème de Dante.

C'est vers cette gloire qu'à la suite du poète nous levons les regards. Au XXIIIe chant du *Paradis*, la Reine des Anges est aperçue comme une splendeur, au milieu de milliers de splendeurs qu'illumine l'éclat du soleil des âmes, le Christ où rayonne la substance divine.

Comme mes yeux voilés d'ombre ont vu parfois un pré émaillé de fleurs, frappé par un rayon du soleil qui perçait à travers la déchirure d'un nuage, je vis ainsi une multitude de splendeurs illuminées d'en haut par des rayons ardents sans voir le principe même de ces rayons. O divine vertu qui les éclaires ainsi, tu t'élevas pour laisser le champ libre à la faiblesse de mes yeux!

Le nom de la belle fleur [1] que j'invoque toujours le matin et le soir porta mon esprit à contempler le feu le plus brillant. Et lorsque mes deux yeux m'eurent retracé l'étendue et la beauté de cette étoile vivante qui triomphe là-haut comme elle a triomphé ici-bas, des profondeurs du ciel je vis descendre une flamme arrondie en cercle comme une couronne, qui vint ceindre l'étoile et se mouvoir autour d'elle. Quelle que soit la mélodie qui semble la plus douce sur la terre, et qui ravisse le plus les âmes, elle paraîtra un nuage déchiré par le tonnerre, si on la compare au son de cette lyre dont se couronnait le saphir éclatant qui brillait au plus pur du ciel.

1. Marie, la Très Sainte Vierge.

Je suis l'amour des anges, — d'autres traduisent : un ange plein d'amour — et je montre, en tournant ainsi, la joie sublime qui sort du sein où fut enfermé l'objet de nos désirs. Et je tournerai, reine du ciel, pendant que tu suivras ton fils, et que tu rendras heureuse la sphère suprême, parce que tu y entres.

Ainsi parlait la mélodieuse couronne, et toutes les autres lumières faisaient résonner le nom de Marie. Le manteau royal qui couvre toutes les sphères du monde, et qui s'anime et s'enflamme davantage par le souffle et par la présence de Dieu, se déployait à une si grande distance au-dessus de nous, que je ne pouvais pas l'apercevoir encore du lieu où j'étais. Aussi mes yeux n'eurent-ils pas le pouvoir de suivre la flamme couronnée, qui s'éleva près de son fils.

Comme le petit enfant tend les bras vers sa mère après qu'il a sucé son lait, par effet de cet amour qui se répand dans ses gestes; ainsi chacune de ces splendeurs s'élança vers Marie, et je compris l'affection qu'elles avaient pour elle. Ensuite elles restèrent en ma présence en chantant *Regina cœli* d'une manière si douce que jamais ce charme ne s'effacera de ma mémoire.

Plus tard, dans les trois derniers chants du *Paradis*, le triomphe de la Vierge, Reine des Anges, se manifeste dans un éclat encore plus intense. *Saint Bernard*, le célèbre abbé de Clairvaux, le grand dévot de Marie au XIIe siècle, est devenu le guide du Pèlerin pour l'achèvement de sa contemplation mystique. Il lui fait lever les yeux jusqu'à ce qu'il aperçoive « le trône de la reine à laquelle tout ce royaume est soumis et dévoué ».

Je levai les yeux, nous redit le poète, et comme le matin la partie orientale de l'horizon est plus éclatante que celle où le soleil se couche, ainsi, lorsque mes yeux montèrent comme d'une vallée sur une colline, je vis à l'extrémité une place qui surpassait en éclat tous les autres, comme autour du soleil embrasé pâlissent des deux côtés les plaines du firmament. Ainsi cette oriflamme de paix flamboyait au milieu, et faisait pâlir également les splendeurs autour d'elle. Et dans ce milieu je vis plus de mille anges avec les ailes ouvertes, et tous différents d'éclat et d'attitude. Là je vis une beauté qui souriait à leurs regards et à leurs chants, et qui faisait la joie des yeux de tous les autres saints; et quand j'aurais dans la parole autant de trésors que dans l'imagination, je n'oserais raconter la moindre de ses délices [1].

Ces protestations d'impuissance sont fréquentes chez les mystiques, à qui l'on veut arracher le récit de leurs secrets, et fût-on une Thérèse d'Avila, la sainteté et le génie n'aboutissent qu'à des paroles qui rappellent ou qui suggèrent. Et c'est souvent le tact souverain de l'Alighieri d'évoquer une scène par la magie des mots et des images.

Il regarde « la face qui ressemble le plus à Jésus, et qui pourra par son éclat le disposer à voir le Christ ».

Je vis tant d'allégresse pleuvoir sur elle, portée par ces saints esprits, créés pour voler vers cette majesté, que tout ce que j'avais vu jusqu'alors ne m'avait pas jeté en une admiration plus grande, ni donné une image si vraie de Dieu. Et cet Amour qui était descendu le premier chantant, *Ave, Maria, gratia plena* (l'Ange Gabriel), déploya ses ailes vers son trône. De toutes parts, la cour bienheureuse répondit à ce chant divin, et une plus grande sérénité se répandit sur tous les visages [2].

O Père Saint, qui as daigné descendre pour moi des doux lieux où un décret éternel avait marqué ta place, quel est cet ange qui avec tant de joie regarde les yeux de notre reine, et qui est rempli de tant d'amour qu'il en paraît tout en flammes?

Je recourus ainsi de nouveau aux enseignements de celui qui s'éclairait aux rayons de Marie, comme l'étoile du matin aux rayons du soleil.

1. *Par.*, XXXI.
2. *Par.*, XXXII.

Et lui à moi :

Toute la hardiesse et toute la beauté qui peuvent être dans un ange et dans une âme sont en lui, et chacun de nous le veut ainsi. Car c'est lui qui porta sur la terre la palme à Marie, lorsque le Fils de Dieu voulut se charger de notre fardeau.

Et vers cette Reine des Esprits le poète fait monter la très belle prière qui lui obtiendra l'union de la volonté à Dieu :

O Vierge mère, fille de ton fils,
-- plus humble et plus élevée qu'aucune créature,
— but arrêté de la volonté éternelle,

Tu es celle qui a tellement ennobli
l'humaine nature, que le Créateur
n'a pas dédaigné de devenir son ouvrage.

Dans ton sein s'est rallumé l'Amour
Dans les rayons, au milieu de l'éternelle Paix
ont ainsi fait germer cette Fleur.

Ici, tu es pour nous un soleil de charité
en son midi ; et là-bas, parmi les mortels,
Une source vive d'espérance.

Femme, tu es si grande, et si puissante,
que celui qui souhaite une grâce, et ne s'adresse
[pas à toi,
veut que son désir vole sans ailes,

Ta bonté ne vient pas seulement en aide
à ceux qui demandent ; mais souventes fois
elle devance les vœux, avec la libéralité.

En toi est la miséricorde, en toi la piété,
en toi la magnificence, en toi se réunit
tout ce qu'il y a de bonté dans la créature [1].

1. La maison Plon aimée de Huysmans (Voir *Figaro*, 23 mai 1908. Lettre au P. Pacheu) nous aidera à donner au public un Livre d'Heures à Notre-Dame (?). Poèmes en prose tirés des œuvres de « notre ami », comme disait Mme Bavoil. Verlaine et Huysmans, et les vrais convertis de cœur, sont toujours des fidèles de la Vierge Marie.

CHAPITRE III

Les Vertus, ornement des noces spirituelles en l'âme qui progresse

Dans *la Divine Comédie* et *les Exercices :* l'humilité, la charité, la pauvreté. — Expression symbolique des vertus : Jacopone, Dante; fleurs, vierges, vêtements royaux de l'âme, sainte Catherine de Ricci, visions. — Saint Grégoire de Nazianze. — La Psychomachie de Prudence. — La Fairy Queen de Spenser. — Les poèmes des vertus au moyen-âge. — Les sculptures de Chartres. — Saint François et ses fiançailles avec la pauvreté : peintures de Giotto, chants de Jacopone.

I

LES VIERGES SYMBOLIQUES DES VERTUS

Par la contemplation de la vie de Jésus s'accroît l'amour. A cette lumière descendue du ciel, l'âme s'éclaire et s'instruit : elle apprend à connaître les vertus et travaille à les acquérir. C'est l'ornement des noces spirituelles qui se prépare. Ces vertus, les mystiques les personnifient et nous les peignent comme des vierges aimables et modestes, dont les charmes attirent; ou bien l'âme nous est montrée ornée de vertus comme d'une parure pour les célestes fiançailles; ou encore ce sont les fleurs du jardin de l'âme.

Jacopone de Todi feint d'avoir rencontré dans une forêt des jeunes filles qui faisaient fête :

Or, dites avec courtoisie, qui donc êtes-vous, vous si belles, et qui chantez de si douces mélodies? Vous me paraissez être sœurs. Alors une d'elles s'arrêta dans la danse et s'approcha... Moi que tu vois si blanche avec couronne d'or et brillante écharpe à la ceinture, je suis bonne entre toutes. On m'appelle virginité : je m'adonne à l'amour de Dieu, et c'est là mon triomphe... Une autre, toute joyeuse, pleine d'honnêteté et de douceur, aux tresses blondes, au chant plein d'allégresse, penchait vers moi la tête. Ceci me donnait confiance, je m'enhardis à lui parler.

Et il leur demande de rester en leur compagnie.

Dante aime aussi à peindre ces vierges mystérieuses et symboliques. C'est, au XXVIIe chant du *Purgatoire*, Lia et Rachel qui figurent les Vertus de la vie contemplative et de la vie active.

Il me semblait voir en songe une jeune et belle femme, qui allait par une lande en cueillant des fleurs, et qui disait en chantant : « Que quiconque demande mon nom, sache que je suis Lia, et je vais portant de tous côtés mes belles mains pour me faire une guirlande. C'est pour me plaire à mon miroir que je me pare, ma sœur, Rachel ne se détourne jamais du sien, mais elle demeure assise devant lui tout le jour. Elle est avide de voir ses beaux yeux, comme moi de me parer avec mes mains. Son bonheur est de contempler et le mien d'agir. »

Pendant la superbe vision qui remplit les derniers chants du *Purgatoire*, dans le cortège qui escorte le char de l'Eglise, les vertus théologales, la *Foi*, l'*Espérance* et la *Charité*, et les vertus cardinales, la *Force*, la *Justice*, la *Prudence*, la *Tempérance*, sont représentées.

Trois femmes venaient, dansant en rond, du côté de la roue droite, l'une si rouge qu'à peine l'eût-on distinguée dans le feu; l'autre était comme si ses chairs et ses os étaient faits d'émeraude; la troisième paraissait de la neige tombée récemment. Elles semblaient guidées tantôt par la blanche et tantôt par la rouge, et selon le chant de celles-ci les autres réglaient leurs pas, lents ou rapides. A gauche, quatre autres se réjouissaient, vêtues de pourpre, selon la mesure de l'une d'elles, qui avait trois yeux au front.

Ces poètes auraient pu invoquer toute une tradition pour ces peintures, et même l'exemple des Saints. *Saint Grégoire de Nazianze* nous a laissé une pièce de vers, où il s'essaie à symboliser des faits de conscience et un événement marquant de sa vie spirituelle.

J'eus un songe, raconte-t-il, qui m'inspira sans peine l'amour de la virginité. Il me sembla que deux vierges splendides, vêtues de blancs, venaient se placer près de moi. Belles toutes les deux, toutes les deux du même âge, elles n'avaient pas d'autres parures que de n'en pas avoir, car c'est bien là ce qui sied le mieux à une femme. Ni l'or, ni l'hyacinthe n'ornaient leur cou. Elles ne portaient, ni léger tissu de soie, ni molle tunique de lin. Leurs paupières ne brillaient point d'une couleur empruntée. Elles n'avaient rien enfin de ce que l'art a inventé dans la parure des femmes pour exciter les passions. Les boucles de leurs blonds cheveux ne jouaient pas sur leurs épaules, au souffle léger du zéphir ; mais un long manteau serré p r une ceinture tombait jusqu'à leurs talons. Leurs têtes et leurs visages étaient couverts d'un voile. Elles tenaient les yeux baissés. La belle rougeur de la pudeur les parait toutes les deux, autant qu'il était permis d'en juger sous le tissu serré de leurs voiles. Leurs lèvres, closes par le silence, étaient pareilles à deux boutons de rose, humides de rosée. J'étais heureux de les contempler ; car je me disais qu'elles devaient être de beaucoup supérieures aux mortels. Leurs cœurs furent aussi touchés en ma faveur. Elles m'embrassèrent, me baisèrent, ainsi qu'un fils chéri, et comme je leur demandais qui elles étaient et d'où elles venaient : « Nous sommes la Chasteté et la Tempérance, me dirent-elles. Assises à côte du Christ-Roi, nous nous complaisons dans la beauté des vierges célestes. Allons, courage, cher enfant !

Unissez votre cœur à nos cœurs, votre flamme à nos flammes, afin que, vous élevant tout radieux dans les airs, nous puissions vous mettre en présence des splendeurs de l'immortelle Trinité. »

En disant ces mots, elles disparurent dans les airs et mon œil les suivit encore tandis qu'elles s'envolaient.

Ce n'était qu'un songe; mais mon cœur resta ravi de ces brillantes apparitions de la nuit et de cette radieuse image de la chasteté[1].

Les *peintres du moyen-âge* aimèrent aussi ces figures symboliques, leur grâce enfantine nous charme encore: et si notre art n'a plus assez de naïveté pour les reproduire, nous aimons pourtant à les retrouver chez les bons vieux maîtres du passé. Le sourire vient parfois aux lèvres, mais on est touché de l'aimable pureté de ces tableaux. Qui n'aimerait à contempler le gracieux tableau des Fiançailles de saint François avec la Pauvreté. Les trois vertus religieuses, trois belles et pudiques Vierges, se sont approchées du saint, l'une d'elles lui passe un anneau au doigt,et elles s'envolent avec un sourire d'adieu.

La *cathédrale de Chartres*, a réservé une place en son peuple de statues aux vierges symboliques. Au porche de la façade septentrionale, dans les voussures de la baie latérale de gauche, les connaisseurs admirent les vertus figurées par des femmes et les vices par différents personnages. A gauche et en bas, sont les quatre vertus cardinales, la Prudence tenant un livre et montrant le ciel, et sous elle la Folie accroupie, délabrée, mangeant une pierre; la Justice armée d'un glaive et d'une balance, et, sous elle, l'Injustice cherchant à fausser la balance; la Force portant une cui-

1. Abbé Benoit. *Vie de S. Grég. de Nazianze*, I, 21. — *Pat. grec.*, XXXVIII, col. 1369.

rasse, un glaive, l'emblème du lion, et, sous elle, la Lâcheté, soldat renversé par la peur et jetant ses armes; la Tempérance caressant une colombe, et, sous elle, la Luxure couchée à terre et se découvrant le sein [1].

A droite, en bas, ce sont les trois vertus théologales: la Foi recevant le sang de l'Agneau dans un calice, et, sous elle, l'Infidélité, aux cheveux flottants, aveuglée par un bandeau comme la synagogue; l'Espérance, les mains jointes, les yeux levés au ciel où une main apparaît, et, sous elle, le Désespoir, femme qui se perce avec une épée; la Charité donnant son habit et portant une écuelle, et sous elle l'Avarice prenant et cachant des écus; l'Humilité avec une colombe, et, sous elle, l'Orgueil, renversé la tête en bas.

D'autres statuettes représentent les principaux traits de la vie active et de la vie contemplative, les fruits du Saint-Esprit, et les quatorze béatitudes célestes, figurées par « quatorze reines jeunes et gracieuses, portant jadis des étendards, et appuyées sur un bouclier orné de leurs attributs ».

Dante (*Par.*, IV) ou saint Denys dit l'Aréopagite justifient l'emploi de tels symboles pour parler par les sens à l'esprit. N'y insistons pas.

II

LES VERTUS PARURES DE L'AME

Mais ces vertus nous devons aussi les envisager comme inhérentes à l'âme, et non plus les contempler au dehors, belles et attirantes. L'âme doit les imiter,

1. Voir le guide de Chartres; lire Huysmans, *la Cathédrale*.

se les assimiler, se les incorporer, pour ainsi dire : dès lors l'image change, on nous les présente comme une parure de vêtements royaux.

Le prophète *Ezéchiel* décrit en langage inspiré l'ordre des divines fiançailles. Dieu dit à l'âme :

On vous a jetée sur la terre nue au jour de votre naissance, à cause du mépris que l'on faisait de vous. Pour moi, passant auprès de vous, je vous vis foulée aux pieds, dans votre sang ; et je vous dis, alors que vous étiez couverte de votre sang, vivez. Depuis ce temps-là, je vous ai fait croître comme l'herbe des champs, et vous vous êtes développée, et vous êtes devenue grande, et vous êtes entrée dans la vie, et vous êtes arrivée au temps où les jeunes filles s'occupent de se parer...

Je vous ai donné des robes étincelantes de broderies, je vous ai mis aux pieds de magnifiques chaussures, je vous ai ornée du lin le plus beau, et je vous ai revêtue des habillements les plus riches et les plus précieux. Je vous ai parée des plus gracieux ornements, je vous ai mis des bracelets aux mains et un collier autour du cou. Je vous ai donné un ornement d'or pour vous mettre au front et des pendants d'oreilles, et je vous ai posé un diadème étincelant sur la tête. Vous avez été parée d'or et d'argent, vêtue de fin lin et de robes brodées de diverses couleurs. Vous vous êtes nourrie de la plus pure farine, de miel et d'huile en abondance. Vous avez acquis une éblouissante beauté, vous êtes parvenue jusqu'à être reine, et votre nom est devenu célèbre parmi les peuples à cause de l'éclat de votre visage (Ez., XVI).

Voilà ce que dit Ezéchiel, ajoute saint Jean de la Croix qui le cite, et tout cela se vérifie excellemment dans l'âme dont nous parlons.

Une vision de *sainte Catherine de Ricci* met en scène cette grâce symbolique de la parure de l'âme.

Le 3 mai 1542, fête de l'Invention de la Sainte-Croix, Catherine se vit transportée en esprit au milieu d'un groupe de ses saints protecteurs. C'était saint Thomas d'Aquin, sainte Catherine de Sienne, sainte Marthe, sainte Marie-Madeleine, et sainte Agnès, martyre, tous portant dans leurs mains des objets précieux, dont ils venaient lui faire présent pour l'enrichir d'une part de leur perfection. Saint Thomas d'Aquin lui offrit un lis et un bouclier d'or, autour duquel était gravée la vie de notre divin Rédempteur, et il lui dit qu'avec ce bouclier, qui renfermait les mystères de la foi, elle triompherait de toutes les attaques de l'ennemi du salut. Sainte Marie-Madeleine, qui portait un vase d'albâtre, lui aspergea la tête des parfums aromatiques qu'il renfermait en lui disant que cette onction signifiait le souvenir qu'elle devait garder de la Passion de Jésus-Christ. Sainte Marthe, portant dans ses mains une robe d'une blancheur éblouissante, lui dit, en l'en revêtant, que c'était l'image de l'obéissance perpétuelle qu'elle devait pratiquer jusqu'à la mort, à l'exemple du Sauveur obéissant jusqu'à la Croix. Sainte Agnès lui offrit un manteau d'un gris brun, et, le mettant sur ses épaules, lui dit que c'était l'emblème de l'humilité qui devait régner dans son cœur. Puis elle plaça sur son sein un petit agneau blanc orné de rubans rouges, comme le symbole de la douceur qui devait accompagner son humilité, afin de se montrer la vraie disciple de Celui qui a dit : « Apprenez de moi que je suis doux et humble de cœur. » Enfin sainte Catherine de Sienne la couvrit d'un autre manteau magnifique de couleur de pourpre, emblème de la charité qui doit donner son lustre à toutes les autres vertus. Elle lui mit en outre trois colliers autour de son cou : l'un d'or, signifiant la soumission aveugle à la volonté de Dieu, l'autre d'argent, comme signe de sa pureté angélique; le troisième de pierres précieuses, comme le symbole de son austère pauvreté. Puis elle céda la place à sainte Marthe, qui revint lui apporter une ceinture de diverses couleurs, pour signifier toutes les vertus d'un ordre inférieur, dont elle devait compléter l'ornement de sa vie.

Après que les Saintes eurent ainsi distribué séparément leurs dons à Catherine, pour vêtir et orner son corps, elles se réunirent pour procéder ensemble à l'ornement de sa tête. Elles dénouèrent ses cheveux qui tombèrent épars sur ses épaules, dans un ordre et une disposition des plus agréables, ce qui signifiait qu'elle devait contempler assidûment la grandeur de Dieu dans son essence, dans ses dons, et dans leurs effets, et ordonner avec soin par rapport à lui toutes les pensées, tous les mouvements de son cœur. Ensuite elles mirent sur sa tête une brillante parure de perles d'un prix infini, ce qui marquait que son divin Epoux attendait d'elle qu'elle pratiquât les vertus les plus rares et les plus excellentes, au degré le plus héroïque et le plus sublime. Enfin, effeuillant des fleurs de Paradis, elles en répandirent une pluie légère sur son cou, comme symbole des saints désirs qui devaient remplir son âme de voir Dieu honoré et glorifié par toutes ses créatures.

Ainsi parée de ses royaux atours, la nouvelle Esther fut conduite en grande solennité à la cour du grand Roi. Saint Thomas ouvrait la marche, sainte Marthe et sainte Agnès la conduisaient en lui donnant la main, sainte Marie-Madeleine et sainte Catherine de Sienne formaient sa suite, et, en marchant ainsi, elles se livraient ensemble à des entretiens si sublimes sur les choses du ciel que l'esprit de l'homme ne pourrait en concevoir la pensée, ni ses lèvres en bégayer les grandeurs.

Arrivée devant le trône de la divine Majesté, Catherine y contempla Jésus tout radieux d'une beauté dont l'amour et la bonté faisaient le charme, ayant à sa gauche une grande et magnifique croix étincelante de rubis. Il était environné de toute une immense armée de bienheureux, au milieu desquels, comme le soleil au milieu des étoiles, brillait sa très sainte Mère, vêtue de gloire et portant un auguste diadème sur la tête. Sur l'invitation que celle-ci lui adressa comme à sa fille chérie avec un sourire plein de grâce, Catherine se prosterna aussitôt aux pieds de Jésus et lui fit hommage de tous ses ornements précieux, de tous ces brillants joyaux qu'elle venait de recevoir, en lui disant qu'elle était indigne de toutes les faveurs qu'il lui prodiguait, et qu'elle se sentait d'autant plus obligée et plus heureuse de lui en rapporter la gloire, qu'elles étaient plus nombreuses et plus considérables. Jésus la releva, et, la prenant paternellement dans ses bras, la baisa et la pressa sur son cœur. Puis, découvrant la plaie sacrée de son côté, il l'invita à venir s'abreuver aux sources de la vie. Pendant que l'heureuse épouse y collait ses lèvres, s'y rassasiait du miel des consolations célestes, son Époux lui donnait l'assurance qu'elle venait de perdre, dans cette coupe divine, le goût de toutes les joies périssables, et que désormais tout sur la terre, hors son amour, lui serait insipide et amer. Des bras de Jésus la très Sainte Vierge la reçut dans les siens, l'embrassa à son tour, la combla de ses caresses, la félicitant et se réjouissant avec elle de toutes les faveurs qu'elle venait de recevoir de son fils. Enfin, après avoir recommandé au Fils et à la Mère toutes les sœurs de son monastère, toutes les âmes qui lui étaient chères, Catherine reçut une dernière bénédiction de Jésus et de Marie et les vit disparaître à ses yeux[1].

Sainte Madeleine de Pazzi eut une vision semblable, et de pareilles visites de saints et de saintes. L'une déposait sur sa tête une couronne, étincelante de la lumière éternelle; la seconde entourait son cou d'un collier d'or; la troisième la couvrait d'une robe d'une éblouissante blancheur; la quatrième jetait sur sa tête une gaze céleste parsemée de diamants ; la cinquième ornait ses vêtements d'une variété de pierres fines; la sixième lui attachait des bracelets magnifiques, tandis que je ne sais quel saint chargeait ses doigts d'anneaux précieux. Et ces grâces étaient reçues au chant d'hymnes et de cantiques.

Sainte Thérèse rapporte aussi dans sa Vie (ch. XXXIII) une extase où elle se vit revêtue d'une robe éblouissante de blancheur et de lumière. La sainte Vierge et saint Joseph étaient à ses côtés, et me firent comprendre, dit-elle, « que j'étais purifiée de mes péchés ». Puis, après quelques paroles, la Vierge mit à son cou un collier d'or très beau, d'où pendait une croix d'une valeur inestimable ».

1. *Vie de S. C. de Ricci*, par le R. P. Hyacinthe Bayonne, I, 329. L'auteur cite et traduit : Sandrini, lib. II., cap. I, p. 153.

Cet or et ces pierreries différaient infiniment de tout ce que l'œil voit ici-bas ; et l'imagination même ne saurait rien concevoir qui approche d'une telle beauté. Il était également impossible de comprendre de quel tissu était cette robe, et de donner la moindre idée de son incomparable blancheur : à côté d'elle, tout ce que la nature a de plus éclatant est noir comme la suie. Les saints personnages la quittèrent, accompagnés d'une multitude d'anges. « Je me trouvai par leur absence dans une extrême solitude ; mais je goûtais une consolation si pure, mon âme se sentait si élevée, si recueillie en Dieu, si attendrie que je fus quelque temps comme hors de moi, sans pouvoir faire aucun mouvement, ni proférer une parole. J'en demeurai transportée du désir de me consumer tout entière pour la gloire de Dieu ; et cette vision produisit en moi de si heureux effets que jamais je n'ai pu douter qu'elle ne vînt de lui, malgré tous mes efforts pour me persuader le contraire.

Saint Jean de la Croix, dans plusieurs strophes de son Cantique spirituel, et les commentaires qui l'expliquent et le développent, compare l'âme à une vigne en fleurs, ou à une roseraie caressée de la brise (str. 15.17.18.24).

Arrêtez-vous, aquilon qui donnez la mort,
Venez vent du midi, qui réveillez les amours,
Soufflez à travers mon jardin
Et que ses parfums se répandent;
Et le Bien-Aimé viendra se repaître parmi les fleurs.

O Nymphes de Judée,
Tandis que sur les fleurs et les rosiers,
L'ambre répand ses parfums,
Restez dans les faubourgs
Et ne venez pas toucher le seuil de nos portes.

Ce sont là autant de symboles qu'avec une docte

préciosité le grand mystique dévoile en des pages souvent délicieuses. Les vertus ne peuvent être, en ce monde, que des fleurs destinées à donner des fruits dans la vie future. Et parfois l'aridité spirituelle semble dessécher l'âme, et donner la mort aux vertus et à l'amour.

C'est un aquilon très froid, qui flétrit, ou resserre et contracte les plantes. Mais le vent du midi, au souffle doux et chaud, c'est l'Esprit-Saint, qui épanouit, réjouit, ranime et réveille la volonté; « il porte à l'amour de Dieu les affections de l'âme, qui, un instant auparavant, semblaient plongées dans un sommeil de mort. »

Les fleurs de ce jardin, je veux dire les vertus qu'elle possède, s'ouvrent en effet de temps en temps en exhalant un parfum si céleste qu'il semble à l'âme être remplie d'une manière très réelle des délices mêmes de Dieu. Oui, je le répète, les fleurs des vertus qui sont dans l'âme ont coutume de s'ouvrir, à certaines époques. Il est bien vrai qu'elle sent habituellement la paix et la tranquillité qu'elles lui donnent; mais il ne l'est pas moins qu'elle ne jouit pas toujours actuellement des vertus très parfaites qu'elle possède. Nous pouvons dire, en effet, que les vertus de l'âme sont, durant cette vie, cachées dans ce jardin mystérieux comme des fleurs dans leur bouton. Et ce qui est admirable, c'est de les voir parfois s'ouvrir toutes ensemble sous la brise de l'Esprit-Saint, et répandre autour d'elles les parfums les plus variés et les plus délicieux [1].

1. Strophe 24, commentaire.

— On trouve souvent de l'afféterie, de la mignardise, et des jeux un peu bien subtils de l'esprit, dans ces descriptions au moyen-âge. Les poètes moralistes abusent, et manquent de goût. Ainsi Olivier de la Marche, en son vivant grand Maistre d'Hostel du Roy de Castille, écrit le *Parement et Triumphe des Dames d'honneur*, en rimes françaises, avec des exemples en prose, auxquel sont contenus et déclarez tous les habits, parements, vestures, triumphe et aornements, qui appartiennent à toutes nobles Dames et femmes d'honneur.

Peintre ne suys pour sa beauté pourtraire :
Mais je conclus un habit lui parfaire

III

LA CONQUÊTE DES VERTUS : LA LUTTE

Cette conquête des vertus, et l'exercice d'âme, la lutte et l'entraînement qu'elle suppose, est propre-

Tout vertueux, affin que j'en réponde
Pour la parer devant Dieu et le monde.

Et Dieu sait qu'il ne nous fait grâce de rien dans son énumération : « les pantoufles d'humilité, les souliers de soing et de bonne diligence, les chausses de persévérance, le jarretier de de fermes propos, la chemise d'honnesteté, le corset ou la cotte de chasteté, la pièce de bonne pensée, le cordon ou lacet de loyauté, le demi ceingt de magnanimité, l'espinglier de patience, la bourse de libéralité, le cousteau de justice, la gorgerette de sobriété, la bague de foy, la robbe de beau maintien, la ceinture de dévote mémoire, les gants de charité, le pigne de remors de conscience, le ruban de crainte de Dieu, le patenostre de dévotion la coiffe de honte de meffaire, les templettes de prudence, le chapeau de bonne espérance, les paillettes de richesses de cueur, le signet et les anneaux de noblesse, enfin le miroër d'entendement par la mort.

Et sur tout cela il s'explique et moralise!!

Un de nos trouvères, Le Grand d'Aussy, je crois, écrit *Dou Capiel à VII flours*, et ce chapeau à sept fleurs, que lui demande une jeune fille, devient un emblème de maintes vertus. » Mon présent devra lui plaire, si j'y mets d'abord le lys ; puis viendra la violette : puis la belle fleur du souci ; l'ache et la consoude y prendront place à leur tour ; la rose épanouïe fera la sixième, et la septième l'ancolie. Voilà une jolie couronne, où chaque fleur désigne une vertu que la jeune fille doit avoir et conserver. La blancheur du lis semble lui dire : adore la Mère de Dieu, aime Dieu et la sainte Eglise. La douce fleur de la violette lui rappelle qu'il faut qu'elle se tienne à l'écart en silence ; qu'elle n'écoute point les médisants, et ne s'expose au blâme ni en faits ni en paroles. L'or du souci lui enseigne à garder pur et sans tâche le trésor de la sagesse. L'ache lui recommande d'être humble, bonne, indulgente pour les pauvres et les faibles ; la consoude, en s'ouvrant à la clarté du jour, et en se fermant aux ténèbres de la nuit, l'avertit de n'accueillir que la courtoisie et de se soustraire à la noire trahison. La sixième fleur, la rose, qui tient de la sainte Mère de Dieu l'empire de la beauté, c'est la jeune vierge elle-même, qui s'élève entre toutes les femmes comme la rose entre toutes les fleurs. La septième enfin, l'ancolie, est celle qui, avec les cinq petits liens que Dieu lui a donnés, sert à nouer toutes les autres. Lors-

ment ce qu'on nomme l'ascétique, dans le langage des maîtres de la vie spirituelle. Ces combats, sans cesse renouvelés, puisque la vie humaine n'est autre chose qu'un champ de bataille, ont été souvent peints par les diverses littératures. On pourrait dire que le roman est le drame vivant de ces tableaux, et s'ils sont souvent la trop fidèle expression des faiblesses humaines, ils nous représentent aussi les efforts plus héroïques pour dominer les événements, et se dompter soi-même, pour atteindre la sérénité du sage ou du saint. Ces luttes, entremêlées de défaites et de triomphes, sont la part du grand nombre des progressants, âmes de bonne volonté, qui ne gisent plus dans le bourbier des fautes, et ne touchent point encore les sommets de la vie parfaite. L'art qui les décrit peut donc atteindre encore un large public d'esprits cultivés.

Les érudits pourraient relever toute une filière d'écrits qui se rattachent à cette *Psychomachie*, pour employer le titre du célèbre poème de Prudence. En dehors des livres inspirés, le pasteur d'Hermas fut un des premiers modèles de ces peintures allégoriques de l'âme en quête des vertus chrétiennes : et ses visions, ses similitudes, furent en honneur parmi les fidèles du second siècle. Aurelius Prudentius Clemens mettait aux prises, en son poème, les vertus de la nouvelle religion, et les vices qui abondèrent sous l'ancienne : il disait les rencontres de la Foi et de l'Idolâtrie, de la Pudeur et du Libertinage, de la Patience et de la Colère, de l'Humilité et de l'Or-

qu'un chapeau de fleurs en perd une seule, il déchoit beaucoup de son prix; il en est ainsi d'une jeune fille, lorsqu'elle perd une seule de ses vertus. Je vous en prie donc, jeune fille, que chacune de vous songe à mes sept fleurs, s'il vous en souvient toujours vous forcerez les médisants à se taire. »

gueil, de la Sobriété et de la Luxure, de l'Aumône et de l'Avarice, de la Concorde et de la Discorde. Et tous ces duels s'achevaient, en somme, par la construction d'un temple de la Sagesse, édifié sur le modèle de la sainte Jérusalem de l'Apocalypse. La Foi et la Concorde l'élevaient en actions de grâces pour la victoire remportée.

Toute une littérature se rattache à ces origines, et le moyen-âge a fort goûté toutes ces allégories morales, qui finalement nous paraissent souvent bien froides et bien abstraites : les *castoiements*, les *tournois*, des batailles des vices et des vertus [1], qui servirent de thème aux jongleurs et aux trouvères, et aussi à ces jongleurs du bon Dieu, ces *joculatores Domini* à qui saint François d'Assise apprit à aller sur les routes et par les campagnes, pour chanter et instruire les peuples, pour les attirer par leur art tel quel à la pratique des vertus.

Chose singulière ! le *roman de la Rose* passa jadis pour le chef-d'œuvre du genre ! Il est assez curieux de le remarquer, ce récit allégorique des entreprises de la galanterie, plusieurs tentèrent de l'interpréter comme une moralité spirituelle, comme l'histoire de l'âme chrétienne cherchant à s'unir à son souverain Bien. La préface de l'édition de 1538 invite à entendre par la Rose tant recherchée « l'état de grâce... à avoir difficile, non de la part de celui qui la donne, car c'est le Dieu tout puissant, mais de la part du Pécheur, toujours empêché et éloigné du Collateur d'icelle ».

1. Voir sur l'*Anticlaudien* d'Alain de Lille (livre VIII et IX) la Thèse de l'abbé Bossard; et *Hist. litt. de la France*, XVI, p. 396.
2. Cf. « *La Giostra delle Virtu a dei vizi*, poemetto marchigiano del sec. XVI per cura di Erasmo Pèrcopo » — Bologna, 1887.

Ou bien encore « nous pouvons par la Rose comprendre le souverain bien infini et la gloire d'éternelle béatitude, laquelle, comme vrais amateurs de sa douceur et aménité perpétuelle, pouvons obtenir en évitant les vices qui nous empêchent, et ayant secours des vertus qui nous introduisent au verger d'infinie liesse, jusqu'au Rosier de tout bien et gloire qui est la béatifique vision de l'essence de Dieu [1] ».

L'Allégorie d'*Edmund Spenser*, au XVIe siècle, en Angleterre, garde encore la trace profonde du moyen-âge. Dans sa *Fairy Queen* (*la Reine des fées*), l'auteur se fait surtout l'écho du merveilleux chevaleresque, pour nous esquisser les combats de la vertu. Le poème, demeuré inachevé parce que la mort vint l'interrompre, devait célébrer les prouesses de douze chevaliers, à la conquête de douze vertus différentes et dont l'ensemble représentait l'idéal à acquérir. Chacune de ces histoires se développait en douze

1. Molinet en donna une édition en prose à la prière de Philippe de Clèves ; il y voit une allégorie morale pleine de piété. « Louange soit au Dieu d'amour perdurable, et à sa mère très sacrée Vierge, quand nous voyons ce Roman réduit à sens moral jusque à cueillir la Rose. Plusieurs hongnars disciples de murmures ont souvent tiré à demi les courtes épées de leurs bouches, pour donner dessus l'Acteur de cestuy livre disant qu'il avait oultrageusement déshonoré le sexe féminin par ses mordans escriptures. Mais il leur doit estre pardonné comme aux povres innocens, ignorant qu'il y a double exposition dessus le texte dudit livre. Aulcunz amanz fols et terrestres addonnés à la lubricité, et pleins de lascivies, le glosent à leur avantage et selon leur affection ; mais ceux qui seront amoureux du déduyt spirituel, ils y trouvent bon fruit, bonheur et honneur salutaire. Et n'est à présumer que unz tel esperit d'homme que fuste maistre Jehan de Meung, trop plus angélique qu'humain, eusist voulu souiller la queue de sa vieillesse en ordure de paillardise, et déturper sa renommée sans en tirer doctrine prouffitable. » (Voir Bibliothèque de l'abbé Goujet, IX, p. 50).

chants. Six seulement ont vu le jour, ce sont les légendes de la Sainteté, de la Tempérance, la Chasteté, l'Amitié, la Justice, la Courtoisie. Quelques chants posthumes intitulés *Mutability* faisaient partie de la légende de la Constance. Tout cela forme pour l'unité de l'œuvre un assez difficile imbroglio, qu'il faut renoncer à exposer en peu de mots. C'est une allégorie qui s'embranche en douze histoires, lesquelles se ramifient elles-mêmes en une foule d'autres : car ordonner et nouer un plan compliqué n'était pas dans le génie de Spenser.

Sa machine poétique est empruntée aux légendes populaires sur le roi Arthur : il aime les combats avec des géants, ou des nains doués de pouvoirs surhumains, des enchantements magiques, avec une profusion d'images, de comparaisons, de descriptions comme au pays des fées ou au pays des rêves. Au XVIe siècle, la chevalerie a disparu des mœurs, mais elle vit encore dans les imaginations, il reste du moyen-âge l'esprit des aventures armées et galantes, des usages de chevalerie dans les fêtes, parades, joûtes et tournois, dont le poète s'inspire. La nécessité de gagner sa vie lui a fait accepter une place de secrétaire en Irlande, et là encore le spectacle d'une nature magnifique, de combats sans trêve ni merci, est venu en aide aux efforts de son imagination. D'ailleurs Spenser, à la cour d'Elisabeth, affecte l'imitation du vieux temps. Pour le poète, tous sont bergers quand il s'agit de représenter la paix des lettres, tous sont chevaliers quand il s'agit de peindre l'action et l'esprit d'entreprise. C'est l'usage, de prendre ces masques, ces déguisements. Il l'adopte, et semble même s'y donner de façon quelque peu abusive. De même que son langage aime à reproduire les formes archaïques de

Chaucer, sa gigantesque allégorie fait une étrange mixture du passé avec le présent, de la fantasmagorie avec la politique, de la mythologie avec les idées chrétiennes les plus graves.

Toutefois, son œuvre demeure curieuse dans le répertoire poétique de l'ascèse. Les deux premiers livres marchent bien selon le dessein général : *le chevalier de la Croix à la poursuite de la Sainteté*, et *sir Guyon de la Tempérance* sont bien des ancêtres de *Chrétien*, le héros de *Guillaume de Guileville* [1], et de *John Bunyan*. Nous ne pouvons nous arrêter longtemps à ses récits fort prolixes, voici seulement, pour prendre idée de sa manière, un fragment dont j'emprunte la traduction à l'*Histoire de la littérature anglaise* par *Taine*.

Trois jours durant, *sir Guyon* est promené par l'esprit mauvais, *Mammon le tentateur*, à travers mille périls, et séductions. Un démon épouvantable marche derrière lui à pas monstrueux sans qu'il le sache, prêt à l'engloutir au moindre signe de cupidité, et de convoitise.

La forme du donjon au dedans était grossière et rude — comme une caverne énorme taillée dans une falaise rocheuse. — De la voûte raboteuse descendaient des arceaux déchirés — bosselés d'or massif et de glorieux ornements, — et chaque poutre était chargée de riche métal, — tellement qu'elles semblaient vous menacer d'une ruine pesante ; — et par-dessus eux Arachné avait porté haut sa toile industrieuse et étendu ses lacs subtils — enveloppés de fumée impure et de nuages plus noirs que le jais.

Le toit, le plancher et les murs étaient tout d'or, — mais

1. J'ai esquissé, dans *De Dante à Verlaine*, et je reprendrai quelque jour la comparaison des œuvres de *Bunyan Pilgrim's progress*, et du *Pèlerinage de l'âme*, de Deguileville, dont il procède. (Voir notes de Nathaniel Hill. Londres, 1858.)

couverts de poussière et de rouille antique, — et cachés dans l'obscurité; de sorte que personne n'en pouvait voir — la couleur; car la lumière joyeuse du jour — ne se déployait jamais dans cette demeure, — mais seulement une douteuse apparence de clarté pâle, — comme est une lampe dont la vie s'évanouit, — ou comme la lune enveloppée dans la nuit nuageuse — se montre au voyageur qui marche plein de crainte et de morne effroi.

Dans cette chambre, il n'y avait rien qu'on pût voir — sinon de grands coffres énormes et de fortes caisses de fer — toutes serrées de doubles nœuds, tellement que personne ne pouvait espérer les forcer par violence et par vol...

Plus loin :

Ils entrèrent dans une chambre grande et large, comme quelque grande salle d'assemblée, ou comme un temple solennel. Maints grands piliers d'or supportaient le toit massif et soutenaient de prodigieuses richesses, et chaque pilier était richement décoré de couronnes, de diadèmes et de vains titres, que portaient les princes mortels pendant qu'ils régnaient sur la terre.

Une multitude d'hommes étaient assemblés là, de toutes les races et de toutes les nations sous le ciel, qui, avec un grand tumulte, se pressaient pour approcher de la partie supérieure où se dressait bien haut un trône pompeux de majesté souveraine. Et dessus était assise une femme magnifiquement parée, et opulemment vêtue des robes de la royauté; tellement que jamais prince terrestre, d'un semblable appareil, ne releva sa gloire et ne déploya un orgueil si fastueux. Elle, assise dans sa pompe resplendissante, tenait une grande chaîne d'or aux anneaux bien unis, dont un bout était attaché au plus haut du ciel, et dont l'autre atteignait au plus bas enfer.

Et le chevalier de la Tempérance, sir Guyon, poursuit son voyage d'épreuves et d'aventures. L'imagination intarissable de Spenser en renouvelle sans cesse les tableaux à travers le monde de la fantaisie : c'est un voyant. « J'ai entrepris mon poème, écrit-il, pour représenter toutes les vertus morales, assignant à chaque vertu un chevalier pour être son patron et son défenseur, en telle sorte que les œuvres de cette vertu soient exprimées, et que les appétits déréglés et les vices contraires soient abattus et surmontés par des faits d'armes et de chevalerie. »

IV

LES GRANDS MODÈLES CONTEMPLÉS

Les âmes adonnées à la vie intérieure font ainsi et font autrement. A l'instar des poètes, elles renforcent leur amour des vertus, par le spectacle et le déploiement héroïque du courage des saints, ou mieux encore de leur maître, de leur modèle à tous. Leur vie contemplative imprime en elles l'image des mystères de Jésus, et y attache leur cœur. Saint Ignace, dans *les Exercices,* guide et encourage son retraitant selon cette méthode d'une psychologie si juste et si sûre. Tous les saints, tous les mystiques revivent ainsi dans leur mémoire, dans leur imagination, dans leur cœur, les scènes de l'Evangile, où se réchauffe l'amour de Christ, où se renouvelle la leçon et l'empreinte des vertus. Dans le *Purgatorio*, Dante suit ces mêmes traditions de la Vie illuminatrice, et dans ce monde de la prière et de la pénitence, où se mêlent sourires et pleurs, plaintes et chants, *che va piangendo et canta*, son âme a des visions et des impressions, qui sont un affectueux commentaire de la doctrine des vertus.

Nous n'avions point encore fait un pas, dit-il au chant X^e, lorsque je m'aperçus que cet escarpement circulaire qui paraissait inaccessible était de marbre blanc, et tellement enrichi de sculptures que non seulement Polyclète, mais la nature elle-même, en auraient été vaincus.

L'Ange qui descendit sur la terre avec le décret de cette paix demandée avec larmes depuis tant d'années, et qui délia le ciel de son long interdit, était devant nous en traits si fidèles et dans une pose si douce, qu'il ne me semblait pas une image muette. On eût juré qu'il disait *Ave*, parce que là aussi était représentée celle qui en tourna la clef pour ouvrir à l'amour divin. Et dans son attitude on lisait ces paroles : *Ecce ancilla Dei*, aussi exactement qu'une figure s'empreint sur la cire.

N'attache pas ton esprit sur un seul endroit, dit mon doux maître, qui m'avait près de lui du côté où les hommes ont le cœur.

Alors je déplaçai mon regard, et je vis après Marie, du côté où se trouvait mon guide, une autre histoire gravée sur le rocher ; c'est pourquoi je dépassai Virgile, et je me rapprochai pour qu'elle fût à la portée de mes yeux. On voyait sculptés sur le même marbre le char et les bœufs qui traînaient l'arche sainte, souvenir qui fait redouter les offices qu'on ne nous a point confiés. Sur le devant on apercevait une foule, divisée tout entière en sept chœurs, faisant dire à un de mes sens : ils chantent ; et à un autre, ils ne chantent pas. De même pour la fumée de l'encens qu'on y avait représentée, ma vue et mon odorat se partageaient entre le oui et le non.

L'humble psalmiste précédait, en dansant, le vase béni et il était en ce moment plus et moins qu'un roi. En face, et à la fenêtre d'un grand palais, Michol regardait étonnée, comme une femme dédaigneuse et triste.

Le Pèlerin poète se plaisait à regarder les *exemples de tant d'humilité* « que l'artiste qui les grava a rendus si chers à la vue ». Et en même temps le spectacle de l'expiation dans les âmes qui achèvent de se purifier le pénétrait jusqu'au fond de l'âme. Ployés sous de lourds fardeaux, ces pénitents, jadis superbes, s'avançaient.

Comme pour supporter un plancher ou un toit, au lieu de pilier, on voit quelquefois une figure joindre les genoux à la poitrine, et cela fait naître d'une fausse douleur une véritable souffrance en ceux qui le voient, ainsi vis-je ces âmes lorsque je les regardai avec attention. Il est vrai qu'elles étaient plus ou moins courbées, selon qu'elles avaient plus ou moins de fardeau, et celle qui montrait le plus de patience semblait dire en pleurant : je n'en puis plus.

Cette *contemplation* ne peut manquer de susciter des *sentiments profonds* qui gravent une leçon, non seulement dans la mémoire de l'intelligence, mais jusqu'au fond affectif de l'être.

O chrétiens orgueilleux, misérables et faibles, qui, infirmes des yeux de l'esprit, paraissiez tout fiers de marcher à reculons, ne voyez-vous pas que nous sommes des vers nés pour former ce papillon angélique qui vole à la justice sans défense? Pourquoi donc votre esprit s'enfle-t-il ainsi d'orgueil? Vous êtes des insectes avortés, semblables à des vers dont la formation est manquée.

Les mêmes sentiments se révèlent dans les entretiens qui suivent, et les paroles d'Oderisi, « l'honneur d'Agobbio, et l'honneur de cet art qu'on appelle à Paris enluminer », sont un cantique de l'artiste sur la vanité de la gloire :

O vaine gloire du pouvoir humain, comme la verdure passe vite sur ta cime, si elle n'est pas fortifiée par une longue suite d'années! Cimabuë crut rester maître du champ de la peinture, et maintenant c'est Giotto qui a la vogue, et il efface la renommée du premier. C'est ainsi que l'un des Guido a ôté à l'autre la gloire de la langue, et peut-être en est-il né un troisième qui les détrônera tous les deux. Le bruit du monde n'est autre chose qu'un souffle du vent qui vient maintenant d'ici, maintenant de là, et qui change de nom parce qu'il change de côté. Quelle plus grande renommée auras-tu donc si ta chair se détache vieillie de toi que si tu étais mort en bégayant les premiers mots de l'enfance, avant que mille ans se soient écoulés? temps plus court auprès de l'éternité qu'un mouvement de sourcil en comparaison de la sphère la plus lente qui tourne dans le ciel... Votre renommée est comme la couleur de l'herbe qui naît et qui s'éteint, et celui qui la fane est la même qui le fait sortir encore tendre de la terre.

Et je lui dis, ajoute le poète : « Ta parole vraie m'inspire une humilité salutaire, et tu fais tomber mon orgueil. »

Puis, sur le conseil de son guide, il poursuit son chemin, les yeux baissés à terre. Et le sol que ses pieds foulent lui redit les leçons de l'histoire, sculptées sur ce dur pavé : souvenirs profanes et souvenirs sacrés se pressent en foule, pour enfoncer et fixer les mêmes sentiments par les douloureuses et lamentables catastrophes dont l'orgueil amoncelle les ruines.

O Niobé! avec quel regard désespéré je te voyais représentée sur la route, ayant de chaque côté sept cadavres de tes enfants! O Saül! comme tu me paraissais là, mort sur ton propre glaive au mont de Gelboé, qui ne reçut plus désormais ni pluie, ni rosée? O folle Arachné, je te voyais aussi, déjà à demi araignée, toute triste sur les lambeaux de cette toile qui fut si funeste pour toi! O Roboam! ton visage ici n'exprimait plus la menace; mais un char t'emportait plein d'épouvante avant d'être chassé par ton peuple.

On comprend le cri, arraché au contemplateur : « Et maintenant, soyez fiers et allez la tête haute, ô fils d'Eve! et ne baissez pas les yeux pour voir le mauvais chemin que vous tenez! »

Mais surtout on songe que sans doute la belle prière qu'il a mise sur les lèvres des pénitents lui chante dans le cœur, et nous la pouvons maintenant redire :

O *notre Père* qui es dans les cieux, non que tu y sois enfermé, mais à cause du plus grand amour que tu portes aux premiers êtres de là-haut, que ton nom et ton pouvoir soient loués de toute créature, comme il convient de rendre grâce à ta suprême émanation. Que la paix de ton règne nous arrive, car avec tous nos efforts nous ne pouvons pas aller à elle si elle ne vient pas à nous. Comme les anges te font le sacrifice de leur volonté en chantant hosanna, que les hommes te fassent aussi le sacrifice de la leur. Donne-nous aujourd'hui la manne quotidienne, sans laquelle, au milieu de cet âpre désert, recule toujours celui qui s'efforce le plus d'avancer; et comme nous pardonnons à chacun le mal que nous avons souffert, toi aussi pardonne-nous, sois bon, et ne regarde pas à notre mérite. Notre courage, qui se laisse abattre pour peu, ne le mets pas aux prises avec l'antique adversaire, mais délivre-nous de lui qui nous presse si fort (ch. XI).

Cette *humble prière* ne clôt-elle pas bien ces méditations et ces contemplations sur l'humilité? Et ces trois beaux chants du Purgatoire ne nous laissent-ils pas apercevoir le mouvement psychologique de cette phase de la vie spirituelle, et l'expression de la vie intérieure qui travaille à enrichir l'âme de vertus [1]?

Mais entre toutes ces vertus, chéries d'une âme éprise de Jésus-Christ, il en est une. étrange pour le monde et pleine d'attraits pour les saints. Si vous consultez Ignace de Loyola, le plus sage des saints, il vous répond par la double vision de Babylone et de la plaine pacifique de Jérusalem. Pauvreté, voilà le mot du divin capitaine. Si vous vous tournez vers le Séraphin d'Assise, pauvreté est le cri de celui que Dante immortalisa sous le nom de « petit pauvre de Dieu », *il poverello di Dio*.

1. Voir un joli petit *Traité pratique des vertus*, d'après Dante Alighieri, paru chez Delhomme et Briguet.

Les poètes ont chanté la gloire, la richesse, l'amour. Mais où sont les héros d'Homère, avides de butin, de combats, de puissance? Où sont les triomphateurs de l'arène olympique et leur Pindare? Que dirait le tendre Virgile dont la muse redit si bien les plaintes passionnées d'une Didon, et les soupirs d'Orphée pleurant son Eurydice? Nous avons des poètes à l'accent nouveau. Leur cœur trouve ses chants les plus suaves pour célébrer la pauvreté. « Doux amour de Pauvreté, s'écrie naïvement Jacopone, combien nous devrions t'aimer! »

Ce n'est point là caprice d'artiste. La poésie n'est ici que l'écho des sentiments très nobles et très vrais qui font battre le cœur des saints. Les tercets du vieil Alighieri à la gloire de la pauvreté ne seraient pas goûtés si l'amour d'un François d'Assise n'en avait popularisé la surnaturelle beauté. L'histoire des fiançailles mystiques de saint François avec Dame Pauvreté, et toute cette légende redite par les arts du moyen-âge, attestent assez qu'on était resté ravi par l'élan d'âme, et le grand exemple, et le lyrisme de ce dépouillé volontaire.

Faut-il rappeler sa magnifique prière [1] :

Seigneur Jésus, ayez pitié de moi et de ma dame la pauvreté... Elle pleure, assise dans la poussière du chemin, et ses amis eux-mêmes passent devant elle avec mépris. Voyez donc l'abaissement de cette reine, ô Seigneur Jésus, ô vous qui êtes descendu du ciel sur la terre pour en faire votre épouse, et pour avoir d'elle, en elle, et par elle des enfants parfaits. Elle était dans l'humilité du sein de votre

1. Huysmans a imité cette prière de S. François à la Pauvreté, en parlant de la Douleur, qui accompagne la Vierge Marie jusqu'à la Croix, jusqu'à la tombe. (Voir *l'Oblat*). — Lire dans *S. F. d'Assise*, par R. P. Léopold de Chérancé, pp. 120, 121, — et dans Ozanam, *Poètes franciscains*, poèmes de Jacopone de Todi sur la Pauvreté, fort gracieux.

mère; elle était dans la crèche; et, comme un écuyer fidèle, elle s'est tenue toute armée dans le grand combat que vous avez soutenu pour notre Rédemption. Dans votre Passion elle a été seule à ne pas vous abandonner. Marie votre mère s'est arrêtée au pied de la Croix; mais la pauvreté, y montant avec vous, vous a enserré de son étreinte jusqu'à la fin, etc., etc.

C'est bien là une vie nouvelle, ce sont de nouvelles passions, inconnues à l'antiquité; j'en crois volontiers Horace [1], quand il nous dit l'horreur de tous pour la pauvreté : *quoad vixit credidit ingens — pauperiem vitium*. Le sémillant Aristophane, il est vrai, au milieu de ses bouffonneries, glisse parfois de sages leçons au peuple d'Athènes. Ses auditeurs spirituels et légers applaudirent un jour la Pauvreté, sous les traits d'une vieille femme en haillons, couverte de rides, qui malgré les quolibets du bonhomme Chrémyle sait donner de bons conseils. Mais elle ne recueille guère de sympathie, et la réponse du Grec aux avances caressantes de cette Dame Pauvreté serait celle de tous ceux qui vivent sans le détachement intérieur : « Tu ne me persuaderas pas quand bien même tu m'aurais persuadé. »

Smith écrivait : « La pauvreté est infâme en Angleterre. » Et l'on connait le mot de Nelson : « Le manque de fortune est un crime que je ne puis pardonner [2]. »

1. Sat., IV, 3.

Quoad vixit credidit ingens
Pauperiem vitium, et canit nil acrius ut si
Forte minus locuples uno quadrante periret
Ipse videretur sibi nequam. Omnis enim res,
Virtus, fama, decus, divina, humanaque pulchris
Divitiis parent, quas qui construxerit ille
Clarus erit, fortis, justus, sapiens etiam et rex
Speravit magnæ laudi fore.

2. Cité Isoard, *Hier et Aujourd'hui*, ch. IX, p. 146.

CHAPITRE IV

Le sentiment de Paix.

Au sommet du *Purgatorio* est le *Paradis terrestre :* son symbolisme dans *la Divine comédie*. — Cette paix rêvée de tous : Lucrèce, Pascal, les modernes, Dante, les mystiques. — Rappeler les types divers : paix du blasé ; paix du stoïque, ou du bouddhiste ; paix du chrétien. — Bossuet : la cavale domptée. Saint Denys dit l'Aréopagite et la Paix. *Exercices* Saint Ignace.

I

UN SYMBOLE DE LA PAIX DE L'AME

Le Paradis terrestre, rencontré au sommet du *Purgatorio*, symbolise l'état de paix et de rectitude originelle, qui fut le partage des premiers parents, et que l'âme purifiée et ornée des vertus surnaturelles a reconquis.

Virgile dit à son protégé :

> Tu es hors des chemins étroits et hors des chemins roides ; vois le soleil qui reluit sur ton front, vois l'herbe et les fleurs, et les arbrisseaux que cette terre porte d'elle-même. Avant que viennent joyeux ces beaux yeux dont les larmes m'ont fait aller vers toi (c'est Béatrix qu'il veut dire). tu peux marcher ou t'asseoir parmi toutes ces choses. N'attends donc plus mes paroles ou mes conseils, ton jugement est libre, droit et sain (ch. XXVI).

Désormais d'autres guides accompagneront le Pèlerin dans les voies mystiques. Il est en ce moment sur un sol tranquille, dans un site de paix dont il comprendra bientôt la nature, et nous le symbolisme.

Je pris par la campagne, dit-il, lentement, lentement, sur le sol qui embaumait de tous côtés. Un air doux et toujours le même m'effleurait le front sans plus me frapper qu'un vent léger. A son souffle, les branches agitées s'inclinaient toutes du côté où la montagne sainte jette sa première ombre; mais elles ne s'écartaient pas assez pour que sur leurs cimes les oiseaux fussent troublés dans leurs ébats. Pleins de joie, ils accueillaient la première heure en chantant dans le feuillage qui accompagnait leur mélodie.

Et voilà que je fus arrêté par un ruisseau, qui, allant vers la gauche, pliait avec ses petites ondes l'herbe née sur ses bords. Toutes les eaux les plus pures sur la terre paraîtraient avoir en elles quelque mélange, auprès de celle-ci, qui ne voile rien quoiqu'elle coule sombre, sombre, sous l'ombrage perpétuel, qui ne laisse rayonner jusqu'à elle ni le soleil ni la lune.

J'arrêtai mes pas, et je franchis le ruisseau avec mes yeux pour admirer au delà la grande variété d'arbres verdoyants. Et comme il apparaît tout à coup des choses qui détournent toute autre pensée par l'étonnement qu'elles produisent, il m'apparut là une femme toute seule, qui allait chantant et choisissant des fleurs parmi celles dont toute sa route était émaillée.

Et aux questions qu'il pose il entend cette réponse :

Le souverain bien, qui se plaît en lui seul, fit l'homme propre au bien, et lui donne ce lieu pour arrhes de l'éternelle paix. Par sa faute, il demeura ici peu de temps : par sa faute il changea le rire honnête et la douce joie en larmes et en chagrins. Afin que les changements opérés ci-dessous par les exhalaisons de l'eau et de la terre, qui suivent autant qu'elles le peuvent la chaleur, ne livrassent aucune guerre à l'homme, cette montagne s'éleva ainsi vers le ciel, et elle est libre depuis le lieu où elle est close.

L'eau que tu vois ne provient point d'une source qui alimente la vapeur condensée par le froid, comme un fleuve qui reçoit et qui perd sa force; mais elle sort d'une fontaine intarissable et permanente, qui ne prend que dans la volonté de Dieu l'eau qu'elle verse par ses deux courants. De ce côté, elle coule avec le pouvoir d'ôter le souvenir des péchés; de l'autre, avec le pouvoir de rendre la mémoire des bienfaits. D'un côté, elle s'appelle Léthé, de l'autre Eunoé... (ch. xxviii).

Elle acheva ses paroles en chantant, comme une femme éprise d'amour : — *Beati quorum tecta sunt peccata!*

II

DANTE CHANTE CETTE PAIX QUE TOUS CHERCHENT

Cette paix est le désir de tous, qu'on la cherche, qu'on la pleure, ou qu'on la possède, on n'y reste pas étranger. Evoquons quelques grands noms de l'antiquité ou du monde moderne, parmi ceux qu'inspira la pensée de la vie future, de la destinée, de l'homme en face de l'infini, de nos acheminements vers l'au-delà. Faisons, si vous le voulez, sonner toutes les lyres, écoutons les voix qui s'élèvent de ce vaste concert; puisque nous sommes en compagnie de poètes voyants, ayons aussi notre vision. L'humanité nous apparaîtra divisée en deux chœurs : nous réserverons une place à l'Alighieri entre les deux, pour nous interpréter la sérénité de la pensée chrétienne.

D'un côté voici l'antiquité avant Jésus-Christ, quand le monde souffre dans les ténèbres. Qui sera la voix de cette douleur et de cette inquiétude ? Lucrèce, un grand souffrant, las de dieux ridicules, oppressé du fardeau des misères humaines, décharge son cœur, et déplore le triste aveuglement, où nous sommes condamnés. Il démolit avec un sarcasme amer, qui déguise mal un sanglot, tous les prétendus appuis de sa faiblesse : idoles enfantées par le caprice d'un cerveau malade, superstitions, frayeurs puériles, dieux, vie future, châtiments de l'enfer, il veut tout nier pour mieux assurer sa paix et attendre le néant de la mort dans la sérénité qu'assure au sage la contemplation de la nature et de la philosophie. Son but est affirmé nettement dans son œuvre : délivrer les hommes de la crainte des dieux, et les établir dans la paix, *pacata posse omnia mente tueri.*

Partout il pousse le même cri : *placidam pacem.* Il a connu la perpétuelle inconstance, l'inquiète agitation de l'homme; il a ressenti l'ennui étouffant, apathique, morne, qui l'écrase : *eadem sunt omnia semper;* il est saisi de pitié pour ces générations infortunées qui se succèdent, misérables coureurs qui se transmettent le flambeau de la vie, *et quasi cursores vitai lampada tradunt.* Il s'enthousiasme pour ce triste système, s'attachant avec un aveugle amour à son maître Epicure ; mais on sent l'effroi derrière sa feinte assurance. Les enfants chantent ainsi dans les ténèbres pour s'étourdir et prennent l'apparence du courage, pour se réconforter le cœur. Le soleil de la foi n'est pas encore levé sur les âmes pour dissiper tout brouillard et les rasséréner ; le chantre de la nature me paraît bien faire vibrer leur cri d'angoisse.

Ecoutons, plus près de nous, le monde d'aujourd'hui : Jésus-Christ a paru, il nous a laissé l'Eglise et la foi. Cependant on sanglote encore : les modernes n'ont point de doctrines, et ces rêveurs ne savent que pleurer la paix du cœur envolée avec la foi. Pour eux « les chants désespérés sont les chants les plus beaux ». Pour parler avec le prophète, ce sont « des âmes que la grandeur de leur mal a faites tristes, qui se traînent courbées, malades, les yeux défaillants, le cœur inassouvi ». La foi, en se retirant de ces âmes, y a laissé un vide que rien ne peut remplir, et ils ne peuvent s'empêcher d'interroger les cieux pour répondre au besoin d'infini qui les aiguillonne :

... Malgré moi, l'Infini me tourmente.
Qu'est-ce donc que ce monde, et qu'y venons-nous faire
Si pour qu'on vive en paix il faut voiler les cieux ?

Les beaux élans, les tressaillements du génie, l'amour de l'idéal ne leur ont servi de rien : après tous les systèmes épuisés, ils retombent sur eux-mêmes, aussi dénués, aussi anxieux.

Pour aller jusqu'aux cieux il vous fallait des ailes,
Vous aviez le désir, la foi vous a manqué.

La voix des poètes n'est qu'un écho de leur siècle, et du XIXe siècle on retiendra surtout ce cri : « Nous avons perdu la foi et nous en mourons. » Hugo ne parle pas là-dessus autrement que Musset :

Aussi repousser Rome et repousser Sion,
Rire et conclure tout par la négation,
Comme c'est plus aisé, c'est ce que font les hommes.
Le peu que nous croyons tient au peu que nous sommes.
..... Hélas tout homme en soi,
Porte un obscur repli qui refuse la foi.

Oui, certes, ils refusent la foi ! Leur âme en saigne et ils jouent harmonieusement de ses gémissements. Ils se consolent en chantant sans rien espérer de leur misère, ou font comme l'Arabe indolent et fataliste qui s'enveloppe dans son manteau, et, couché sur le sable, laisse la tempête l'ensevelir au désert. Hélas! souvent leurs plaintes s'achèvent dans le blasphème, et une femme d'un splendide talent, Mme Ackerman, fut l'interprète de désespoirs forcenés :

Eh bien, nous renonçons même à cette espérance
D'entrer dans ton royaume et de voir tes splendeurs;
Seigneur, nous refusons jusqu'à ta récompense
Et nous ne voulons pas du prix de nos douleurs.

Entre les latins inquiets, anxieux, interrogateurs et souffrants,qui n'ont pas vu se lever le soleil de la foi, et les modernes en pleurs, qui se lamentent d'avoir perdu cette lumière, seule paix de l'âme, le vieil Alighieri se lève. Poète à l'âme aimante et fière, il a connu la vie, et à lui aussi s'est présenté le redoutable Sphinx. Son ferme regard n'a point tremblé; et malgré les déchirements de son cœur, fait à toutes les amertumes réservées ici-bas aux âmes délicates et généreuses, tendres et fortes à la fois, malgré les orages des luttes civiles, malgré la disparition du bonheur humain de ses rêves, son âme dans son fond est restée sereine parmi tous ces poètes infortunés du cœur humain.

Il nous guide radieux sur le chemin du royaume de paix éternelle. Tantôt un esprit s'offre au pèlerin, pareil à la brise de mai « messagère de l'aurore qui se répand toute embaumée des parfums de l'herbe et des fleurs ». Un léger souffle effleure sont front et une voix se fait entendre : « Par ici va celui qui veut marcher vers la paix. » Tantôt le poète entend des âmes au radieux sourire qui lui révèlent le secret de leur paisible bonheur :

Frère, une vertu de charité calme notre volonté, et cette vertu nous fait aimer tout ce que nous possédons, en nous ôtant la soif de tout autre bien... Notre existence bienheureuse se tient dans la volonté divine, de manière que toutes nos volontés se résolvent en une seule. Dans cette volonté est notre paix, elle est cette mer où tout vient se jeter.

Ne reconnaîtrons-nous point un portrait idéal de cette paix dans le tableau suave, gracieux et mélancolique sur lequel s'ouvre le huitième chant du *Purgatoire*. « A l'heure qui blesse d'amour le nouveau Pèlerin s'il entend au loin la cloche qui semble pleurer le jour près de mourir », Dante aperçoit une âme debout, levant ses deux mains jointes, et fixant ses yeux vers l'Orient, comme si elle disait à Dieu : « Je ne désire rien autre chose. » A chaque instant, le même mot revient sur les lèvres du poète, la même impression se dégage des sentiments et des images qu'il nous présente. Elle va croissant pour envahir toute l'âme au terme du voyage : partout des clartés, des guirlandes de fleurs, des danses mystiques, des chants divins. La milice sainte des élus se montre au poète sous la forme d'une rose éblouissante de blancheur; et la milice des anges, — tel un essaim d'abeilles, — tantôt descend dans la fleur et tantôt s'élance « vers le point où son amour séjourne éternellement ». Et lorsqu'ils descendaient dans la fleur, nous dit le poète, « de degré en degré, ils épandaient en agitant leurs ailes ce qu'ils venaient d'acquérir et d'ardeur et de paix ».

Cette sérénité où l'âme resté plongée quand la vision s'achève est celle d'une âme unie à Dieu pour la grâce permanente qui habite en elle : la crainte ne lui est point étrangère, car elle pousse un premier pas vers la sagesse, mais les apaisements de l'amour bannissent tout trouble. Les poètes que nous avons rappelés étincellent sans doute de grandes beautés : effroi, négation, doute, angoisses, vagues aspirations, s'échappent de leur cœur en flots de poésie, poésie brûlante de larmes, qui nous trouble et nous attriste parfois, mais qui nous émeut, et où nous aimons à contempler l'effort de ces âmes vers un bien qu'elles ignorent où qu'elles ont perdu. Dante nous affermit dans une invincible sécurité, non par la superficie, comme un névropathe entre deux crises, mais par l'adhésion du fond de l'âme à la vérité plénière.

III

CE QU'EST LA PAIX

Cette paix chrétienne n'est autre chose que la volonté divine devenue le premier et l'unique souci de l'âme réglée par la règle première de tout ordre. C'est, vivifiée par des actes, colorée par une personnalité, la devise des saints : *Dieu me suffit*.

Cette âme équilibrée repose dans une sérénité tout intime ; — non point inerte, mais tout active, tout entreprenante, quand il faudra, à son heure, et d'autant plus puissante qu'elle n'aura point gaspillé sa force en bonds désordonnés, en élans multiples et brisés ; non déjà lasse avant d'agir, comme une cavale aux impatiences mal domptées, qui piétine, qui piaffe, qui se cabre, qui ronge son frein blanchi d'écume, mais ardente et souple, fière et docile comme une monture bien en main.

Car la vie de caprice est une vie inquiète, et triste souvent, malgré d'intermittentes apparences de folle joie, qui épuise : la vie de devoir est une vie de calme, de force, de vaillance, de joie paisible, intime. La paix c'est la tranquillité de l'ordre selon saint Augustin,

Or, l'ordre réside dans les rapports essentiels des choses, et découle de la nature même de Dieu, imitée par les êtres créés. Cet ordre, aperçu et voulu de Dieu, nous est manifesté et intimé par un commandement, par une promulgation intime de la raison et de la conscience, et il nous apparaît dès lors comme une volonté de Dieu. Cette volonté est-elle connue, le chrétien dit : « Qu'elle s'accomplisse ! » Ne l'est-elle pas encore, le chrétien, sans que son vouloir sorte de son indifférence, prie, médite, s'éclaire, et dit : « Seigneur faites que je voie ! Seigneur désignez-moi votre route, et mon petit sentier. »

De là sa paix quand il s'abstient, ou quand il agit.

Bossuet exprime magnifiquement, à son ordinaire, « cette âme qui ne cesse point d'agir et de pousser, qui en poussant néanmoins ne pousse pas trop, et en agissant n'agit pas trop ; qui sait retenir cette force qui se dissiperait au dehors, et ne garderait rien pour le dedans, qui à force de se contenter elle-même en agissant avec trop d'activité et d'inquiétude, même sur un bon objet, s'ôte le repos ».

Voyez, dit-il, ce cheval ardent et impétueux, pendant que son écuyer le conduit et le dompte, que de mouvements irréguliers ! C'est un effet de son ardeur ; et son ardeur vient de sa force, mais d'une force mal réglée. Il se compose, il devient plus obéissant sous l'éperon, sous le frein, sous la main qui le manie à droite et à gauche, le pousse, le retient comme elle veut. A la fin, il est dompté, il ne fait que ce qu'on lui demande ; il sait aller le pas, il sait courir, non plus avec cette activité qui l'épuisait, par laquelle son obéissance était encore désobéissante. Son ardeur s'est changée en force ; ou plutôt, puisque cette force était en quelque façon dans cette ardeur, elle s'est réglée. Remarquez, elle n'est pas détruite, elle se règle, il ne faut plus d'éperon, presque plus de bride ; car la bride ne fait plus l'effet de dompter l'animal fougueux. Par un petit mouvement qui n'est que l'indication de la volonté de l'écuyer, elle l'avertit plutôt qu'elle ne le force, et le paisible animal ne fait plus pour ainsi dire qu'écouter. Son action est tellement unie à celle de celui qui le mène qu'il ne s'en fait plus qu'une seule et même action.

Ame chrétienne, écoute le Seigneur qui te dit : Je t'ai comparée à une belle cavale, et entièrement domptée. Et s'il faut t'atteler à un chariot, te faire agir en concours avec d'autres âmes, également soumises, ce ne sera pas de ces chariots mal assortis, où l'un tire et l'autre demeure sans action; ce qui épuise et accable ceux qui sont de bonne volonté, et se donnent de bonne foi à l'ouvrage. Sous le fouet du conducteur, ou, pour mieux dire, non tant sous le fouet que sous sa voix, et avec la légère indication d'un coup bénin qui avertit, qui réveille quelquefois, les deux chevaux sont unis, parce qu'ils sont tous deux également soumis à la sage main qui les mène. Ame chrétienne, agis ainsi, et change ton ardeur, ton activité en gravité, en douceur, en règle. Noble animal, fait pour être conduit par Dieu, et le porter pour ainsi dire, c'est là ton courage, c'est là ta noblesse [1].

Comme la monture obéit à la moindre volonté du cavalier, nous sommes ainsi, attendant la moindre pression du Dieu très grand et très bon qui nous guide par la raison, par la conscience, par l'Eglise, par les lois de nature, et les lois positives qui précisent et surajoutent.

Par contraste, il faut bien voir que cette modération chrétienne, ce calme, cette expectative, cette indifférence préalable, n'est ni le dégoût fastidieux du blasé, ni le dédain altier de l'égoïste, ni rien de ce

1. Cf. Cène, 2e partie, 4e jour.

qui étiole ou découronne en quelque façon une riche nature.

Il y a le détachement du mélancolique dont le tempérament voit tout en noir, et se pique aux épines de toutes les roses sans respirer leur parfum. C'est un blasé, souvent précoce, saturé de tout avant que l'expérience l'ait désenchanté, replié sur soi, aigri, misanthrope : les hommes et les choses, tout l'exaspère. Non que son cœur soit dépris de tout, mais il est malade; non qu'il fasse fi des plaisirs, mais son palais est brûlé, cautérisé, ou sa langue trempée d'amertume. Il ne goûte rien, ce n'est pas un rassasié, c'est un avide avec des nausées. Connaissez-vous sa devise ? C'est : « Rien ne me suffit! »

Des concerts, des réunions mondaines, les courses, le sport, le bal? Fadaise, fadaise, triple fadaise! Ces gens qui courent et qui sautent sont des linottes, des écureuils, toujours agités, qui amusent leur inquiète et puérile agilité, sans répit ni trêve, comme par l'idiote activité de la roue d'un tourne-broche. Mais c'est la corvée du bonheur! A d'autres!

Alors, voyagez, les Alpes ont leurs glaciers dans leur majestueux silence, et leurs sommets inviolés, les lacs ont leurs sourires, qui plissent l'azur des flots, sauvages comme aux pieds du Righi, gracieux comme à Zurich ou à Genève, un vrai décor mobile, avec la lumière qui s'y joue ou s'y cache, avec votre âme qui s'y adapte ou se l'interprète. Assistez aux fêtes de la nature, si le monde vous écœure : le Rhin gothique avec ses légendes et ses burgs vous attend, — ou le pays des fiords, ou le pays des castes! Courez aux lagunes, à Venise, parée d'un manteau rutilant de soleil, ou à Moscou et à Nijni Novgorod, paisibles sous leur linceul de neige! — Ah! quelles rhapsodies d'une béate et conventionnelle admiration me proposez-vous? — Donnez-vous une teinte d'exotisme; soyez cosmopolite, mon cher! — Mais tous ces Isaac Laquedem, éternels voyageurs, qui reprennent sans jamais se lasser leur tour du monde, et s'imposent chaque année, par snobisme, une course au clocher sempiternelle, ils ont l'air de se fuir eux-mêmes, et soyez sûr qu'ils emportent l'ennui dans leurs malles.

D'ailleurs, j'ai vu tout cela, et je redis volontiers: « O douceur du chez soi, et du voyage dans un fauteuil, un livre en main, vers des pays de rêve, que mon imagination me fait plus beaux que nature. *Sweet home! Sweet home!* Joachim du Bellay avait raison, et en toutes ces odyssées ce qu'il y a de plus fortuné c'est le retour: « Heureux qui comme Ulysse a fait un long voyage, » et le reste. L'Imitation dit: *qui multum peregrinantur raro sanctificantur*. Vieillard désabusé, que vous croyez né d'hier, je traduis: « Ces grands voyageurs devant l'éternel n'ont pas rapporté la pierre philosophale du bonheur. » Et comme dit Salomon dans l'Ecclésiaste: « J'ai vu que tout cela était vanité et affliction d'esprit. »

Alors livrez-vous aux arts et aux lettres, ou aux sciences, cherchez les plaisirs de l'esprit, jouissez de la pensée qui contemple, maniez l'archet ou le fleuret, le pinceau ou le burin: fouillez les bibliothèques, dévorez les manuscrits, admirez les chefs-d'œuvre, ou produisez vous-même. Passionnez-vous pour quelque découverte, agissez, créez quelque entreprise, faites de l'industrie, de l'agriculture, allez aux colonies. Mais ne vous éteignez pas dans la torpeur! Tout plutôt que ce nihilisme! Peines perdues! Chansons! — J'ai tenté de tout cela, ou du moins tout m'est indifférent, vous dis-je, je n'ai de goût à rien : « Rien ne me suffit ! »

Oh ! mais ce n'est pas du tout ce que je demande, pas du tout. Car nous pourrions continuer, rien de grand ne tente ce cœur maussade. Ne lui parlez ni de dévouement, ni d'enthousiasme pour quelque belle cause, ni de patrie, ni d'esprit chevaleresque, ni des grands génies, ni des grands cœurs ni des grands saints : c'est le dégoût, le marasme, et l'humeur noire qui paralysent cet indifférent. Je n'en recherche pas les causes morales, chapitre peut-être fécond que nous voulons omettre, accusons, s'il vous plaît, un foie bilieux, un estomac dyspeptique, des nerfs déprimés.

Mais tout cela est loin, bien loin, très loin de la chrétienne et sainte indifférence : « Oh ! vers votre volonté, Seigneur, rien ne m'est plus, et plus ne m'est rien. »

Usons d'indulgence pour ce malade, et laissons ce personnage, en voici un autre. Son attitude devant le créé est aussi le détachement, une apparente indifférence, c'est celle du sage, d'une philosophie stoïque à la Taine, ou bouddhiste à la Schopenhauer. Impassible et froid, s'il se peut, dans son égoïsme ou tout au moins dans son orgueil, il s'efforce de dominer les éléments, les événements, ses impressions, au contact des hommes, par le dédain. Son attitude me paraît caractérisée par un mot énergique d'un diplomate anglais : « Voulez-vous être fort, il vous faut mépriser beaucoup. »

Il connaît toutes les vanités humaines ; toutes les médiocrités, toutes les jalousies, toutes les petites perfidies, les petites habiletés mesquines de l'envie, il les connaît : mais il n'est pas dupe. Il sait ce qu'il vaut, et cette conscience de lui-même le rassure ou le console : « Je me suffis. »

Ce n'est pas un naïf, il contrôle, il critique, et juge ses émotions, en sage du bon Horace : *nil admirari*, car toute admiration véhémente risque de devenir une servitude. C'est un sybarite de l'esprit, un épicurien délicat, qui gâterait sa vie en se livrant trop à son plaisir ; il ne paraîtra donc point grossier, mais raffiné, c'est par prudence. Il aime qu'on atténue, et qu'on estompe les sensations et les sentiments : ce sera, si vous voulez, un fin lettré, un analyste, un ironiste, ou un philosophe qui a des égards pour la nécessité qui courbe tous les êtres d'ici-bas. Il s'incline aussi devant les grandes forces du grand Tout : se raidir contre elles, c'est une sottise ou tout au moins une grimace qui manque de dignité. Mais s'il est des ouragans et des trombes inéluctables contre lesquelles on ne peut se garer, il n'y a qu'à les laisser passer, comme le roseau qui plie, ou comme un chêne qui ne romprait pas. Il n'y a qu'à se terrer, à vivre en soi, se suffire et attendre peu du monde et de ses pareils, mais se complaire en cette petite part plus haute, arrachée au destin dont peut jouir une intelligence qui s'élève au-dessus de tout, pour contempler les lois mêmes qui nous broient ; et libre, et content, s'affirmer, avec les faux airs dégagés du mondain de bon ton, ou la placidité souriante du savant stoïque et résigné : « Je me suffis. »

Ce n'est point là non plus l'humble paix du chrétien : « Votre volonté, Seigneur, et rien plus, Dieu me suffit. »

IV

L'IDÉAL DE LA PAIX

Saint Denys l'Aréopagite (ou l'auteur inconnu des œuvres inscrites sous son nom), au chapitre XI des *Noms divins*, célèbre magnifiquement la paix divine qui unit les êtres, que tous désirent, et qui ramène à l'unité leur multitude si diversifiée. « C'est par leur participation à la paix divine, que les premiers d'entre les esprits conciliateurs sont unis avec eux-mêmes, d'abord, puis les uns avec les autres, afin avec le souverain auteur de la paix universelle ; et que, par un effet ultérieur, ils unissent les natures subalternes avec eux-mêmes, et entre elles, et avec la cause unique de l'harmonie générale. »

Cette paix divine et ce divin calme est difficile à concevoir ou à décrire, c'est un silence et une immobilité merveilleusement active. Dieu demeure dans le repos et le silence, et « sans déchoir de son unité parfaite, mais, au contraire, en vertu de cette unité sublime qui n'a pas d'égale, il s'incline vers toutes les créatures sans sortir de son propre fonds ». C'est là l'inexprimable, et ce qui rend cette paix divine ineffable et incompréhensible, de telle sorte que l'esprit ne saisit que son ombre et ses participations que le langage ne balbutie qu'une lointaine esquisse.

Cette éternelle quiétude, cette sérénité tranquille n'enchaîne, ni ne paralyse un seul moment la puissance du divin ouvrier. Partout l'active Providence concourt avec ses créatures, sa bonté s'étend sur toute la nature avec une sollicitude de mère. Dieu tisse aux fleurs des champs des vêtements dont la grâce efface les royales beautés de Salomon. Il dispense la vie à tous les êtres, et nous pouvons contempler cette vie féconde, s'épanouissant dans tout l'univers, toujours changeante, partout la même, sans cesse renouvelée. C'est le souffle impétueux de la tempête qui tord, brise, déracine les chênes superbes, qui découronne les monts les plus fiers; c'est le torrent qui bondit, écume, se précipite; c'est la neige en blancs flocons, revêtant la terre de son gracieux manteau de froidure; c'est la fleur entrouverte et respirant la rosée; c'est la moisson dont les épis ondulent en flots dorés; c'est la mélodie des oiseaux qui gazouillent joyeusement leurs chansons. Partout, douce ou forte, sereine ou terrible, partout la même action puissante du Dieu qu'on admire dans ses œuvres.

Et s'il cessait un moment de soutenir l'univers par la force de sa puissance, dirai-je avec Bossuet, le soleil s'égarerait de sa route, la mer forcerait ses bornes, la terre branlerait sur son axe, en un mot toute la nature serait en un moment replongée, je ne dis pas dans l'ancien chaos, mais dans une perte totale et dans le non-être [1].

Est-ce à dire que, dans tout ce déploiement d'action et de vitalité, le repos de Dieu soit aucunement troublé? Dieu est tout repos, mais en même temps il est tout action. Il est tout action, parce que toute force tend à agir, et la toute-puissance divine coopère à toutes les forces, il est tout repos parce qu'il n'est en lui nul effort et nul changement.

Ce principe parfait, étendant à toutes les créatures son action indivisible, les distingue, les limite, les maintient,

1. 3e Toussaint.

et enveloppe comme par des liens puissants la collection totale de ces substances diverses; et il ne permet pas qu'elles brisent leur union et se dispersent à l'infini et se résolvent sans fin, déchues de toute ordre, de toute stabilité, séparées de Dieu, en guerre avec elles-mêmes, et confondues les unes avec les autres dans un trouble immense.

Dieu produit la raison essentielle de toute paix, et la paix soit dans l'univers entier, soit dans chaque individu; et rapprochant l'une de l'autre les diverses substances, il les réunit sans les altérer, tellement que, dans cette alliance, où il n'y a ni séparation, ni intervalle, elles se maintiennent dans l'intégrité de leur propre espèce, et ne sont pas dénaturées par le mélange des contraires; et que rien ne trouble ni leur concert unanime, ni la pureté de leur essence particulière. Il faut donc contempler cette pacifique harmonie dans la simplicité parfaite de son principe, qui les unit à lui d'abord, puis avec elles-mêmes, enfin toutes ensemble, et qui, les étreignant dans sa force, et les protégeant dans sa sagesse, les ordonne sans les confondre. C'est par lui que les esprits célestes se trouvent unis à leur propre entendement et aux objets de leur connaissance, et de là se plongent éperdument dans les incompréhensibles secrets. C'est par lui que les âmes raisonnables rassemblent leurs raisonnements multiples, qu'elles réduisent à l'unité d'un concept pur, et, dégageant la vérité de tout ce qui est matériel et divisible, s'élèvent, en suivant cette route tracée pour leurs forces, jusqu'à cette union que la pensée ne saurait atteindre. Par lui encore, l'univers subsiste inaltérable dans le merveilleux ensemble de ses parties, et toutes choses, liées par des rapports harmonieux, forment un concert parfait, de sorte qu'elles sont rapprochées sans confusion et maintenues sans séparation. Car de cette sublime et universelle cause, la paix descend sur toutes les créatures, leur est présente, et les pénètre en gardant la simplicité et la pureté de sa force, elle les ordonne, elle rapproche les extrêmes à l'aide des milieux, et les unit ainsi comme par les liens d'une naturelle concorde; elle daigne appeler à sa participation les plus viles substances de l'univers; elle fait que toutes choses conspirent à une sorte de fraternel accord par leur unité individuelle et leur identité, par leur commune réunion et assemblage. Et toutefois elle demeure indivisible, et sa simplicité est l'exemplaire où toutes choses se voient, et elle pénètre tout, sans sortir jamais de sa constante immutabilité. Car elle s'étend et se communique à tous les êtres, en la façon qui leur convient, et sa fécondité paisible déborde en flots surabondants, et sa puissante unité se concentre toute en elle-même, et subsiste pleinement inaltérable.

Telle est la paix divine qui maintient, domine, et surpasse le monde; telle est cette paix vers laquelle tendent tous les êtres, et ceux-là même qui lui semblent hostiles, et désireux de la troubler, comme le remarque encore fort bien l'auteur des *Noms divins*. « Que si les choses mobiles, au lieu d'entrer en repos, cherchent à perpétuer leur mouvement naturel, cet effort même est un désir de la paix que Dieu a faite parmi la création, et qui empêche que les êtres ne viennent à déchoir d'eux-mêmes; qui conserve constantes et inaltérables en tous les êtres doués du mouvement l'aptitude qui le reçoit et la vie qui le transmet; et qui leur donne d'être en paix avec eux-mêmes, de rester invariables et d'accomplir leurs fonctions.

« Si, au contraire, on prend cette diversité pour une déchéance de la paix, et si l'on veut conclure que toutes choses n'ambitionnent pas la paix, nous répondrons qu'il n'y a rien absolument dans l'univers en quoi ne se trouve une certaine union; car ce qui n'est ni stable, ni défini, ce qui n'a ni fixité, ni destination propre, n'existe réellement pas.

« Si l'on ajoute que la paix et ses doux charmes ont pour ennemis les hommes qui se plaisent dans les querelles et les emportements, dans les variations et les caprices, nous dirons qu'alors même ils suivent une impulsion qui ressemble au désir de la paix, et qu'agités en tous sens par des passions diverses ils aspirent à les apaiser follement : car, imaginant que la paix se rencontre en la pleine jouissance des biens passagers, ils se troublent de ne pouvoir conquérir les voluptés dont ils sont épris. »

« Mais que ne devrait-on pas dire de cette paix qui nous fut donnée en la charité de Jésus-Christ ? Car c'est par là que nous avons appris à n'être plus en guerre avec nous-mêmes, avec nos frères, avec les saints anges : c'est par là, au contraire, qu'en leur société, et selon la mesure de nos forces, nous produisons des œuvres divines sous l'impulsion de Jésus qui opère tout en tous, et crée en nous une paix ineffable, prédestinée de toute éternité, et nous réconcilie avec lui dans l'Esprit et en lui-même et par lui avec le Père [1] ».

Les Exercices de saint Ignace, et avec eux tous les maîtres de la vie intérieure, acheminent l'âme vers la Paix, la quiétude vraie opposée à toutes nos inquiétudes d'esprit et de cœur[2]. Encore une fois Dante, et saint Ignace, les mystiques, les philosophes, et les poètes, sont pleinement en harmonie : et la paix est à ce stade du Voyage du Pèlerin, comme le préliminaire de la présence plus intime de Dieu, le prélude de la divine quiétude, et du repos mystique.

1. Les fragments cités sont empruntés à la traduction des œuvres de saint Denys, par Mgr Darboy.
2. Voir ailleurs le développement de cette étude sur les Exercices et la Paix. Appendice I.

TROISIÈME PARTIE

L'UNION MYSTIQUE

L'AME UNIE A DIEU ET LE « PARADISO »

« J'ai considéré notre âme, écrit sainte Thérèse, comme un château fait d'un seul diamant ou d'un cristal très pur, dans lequel il y a de même que dans le ciel diverses demeures. Et, en effet, l'âme du juste, si l'on y veut bien réfléchir, n'est point autre chose qu'un paradis où Dieu, comme il le dit lui-même, prend ses délices. » Et sainte Marguerite-Marie, et sainte Gertrude, et sainte Mechtilde ne parlent pas autrement, et nul docteur de l'Eglise n'y contredira. De même que nous avons appelé l'âme pécheresse un enfer, l'âme-inferno, nous assimilons ici l'âme unie à Dieu au ciel, c'est l'âme-paradis que le *Paradiso* de Dante nous représente, et nous achevons ainsi avec lui le poème mystique de la conscience.

Les paroles des saints ne peuvent que nous encourager dans cette vue. Le jour de l'Ascension 1680, raconte la bienheureuse Marguerite-Marie, « je me trouvai dans une grande quiétude. Je vis aussitôt une ardente lumière qui renfermait en soi mon aimable Jésus. S'approchant de moi, il me dit ces mots :

« Ma fille, j'ai choisi ton âme pour m'être un ciel de repos sur la terre; et ton cœur sera un trône de délices à mon divin amour. Depuis, tout était calme en mon intérieur, et j'avais crainte de troubler le repos de mon Sauveur. »

Sainte Mechtilde reçut une semblable grâce à une fête de Pâques, et en son octave. Le Seigneur lui montra une demeure vaste et haute et splendide, en laquelle était une autre petite demeure faite de bois de cèdre, et recouverte à l'intérieur de lames d'argent magnifiques, et le Seigneur était au milieu. Et elle connut que cette demeure était le cœur divin. Le juste habite en Dieu et Dieu habite en lui, telle est l'inhabitation paradisiaque et mystique que nous avons à dépeindre. A l'entrée, deux anges se tenaient devant la porte, les ailes étendues, de telle sorte qu'ils se touchaient par le sommet de leurs ailes, et ils faisaient entendre comme un son très doux de cithare, qui marquait leur joie de la venue de l'âme. Celle-ci entra, tomba aux pieds du Seigneur, saluant et baisant les roses blessures du Christ. A la blessure du Cœur, elle le vit ouvert et semblable à une flamme ardente émettant une grande vapeur. Le Seigneur accueillant l'âme avec bénignité lui dit : « Entre et parcours la longueur et la largeur de mon divin Cœur. Sa longueur, c'est l'amour et le désir éternel de ton salut que j'eus de toute éternité. Parcours cette longueur et cette largeur, c'est te dire cela est à toi, à toi vraiment appartient tout bien que tu trouveras en mon Cœur. »

Saint Bernard, dans ses Sermons sur le Cantique des Cantiques [1], ne parle pas différemment. Pour lui,

1. Super Cantica, serm. XXVII, n° 8. — Rev. Gertrud, I, ch. V, p. 19.

l'âme humaine n'est pas seulement céleste par son origine, elle peut être appelée un ciel, un paradis, le siège de la Divinité, le lieu de son repos, une habitation de délices, un domicile d'élection, une demeure qu'il a conquise de haute lutte, qu'il a rachetée par sa mort [1].

Mais c'en est assez pour nous faire entendre qu'avec le *Paradiso* nous symbolisons l'âme unie à Dieu dans l'intimité et la familiarité de son amour, dans la suavité lumineuse des étreintes mystiques, que rappellent une Gertrude [2], une Marguerite-Marie [3] et bien d'autres.

1. Ego puto beatam animam non solum cœlestem esse propter originem, sed ipsum cœlum non immerito posse appellari, propter imitationem, cum conversatio ejus sit in cœlis. Unde sapientia « Anima justi sedes est sapientiae » item « Cœlum mihi sedes » (Isa., XVI, 1)... Confirmat me in hoc sensu maxime illa veritatis promissio : « Ad eum, id est ad sanctum hominem, veniamus et mansionem apud eum faciemus » (Joan., XIV, 23). etc., etc. Est ergo cœlum sancta anima habens solem intellectum, lunam fidem, stellas virtutes ; vel certe sol justitiae, sive zelus ferventis caritatis, et luna continentia. Nec mirum si libenter hoc cœlum Dominus Jesus inhabitat, quod utique non sicut cæteros dixit tantum ut fieret, sed pugnavit, ut acquireret, occubuit ut redimeret. Ideo et post laborem voto potitus ait : « Hac requies mea in sæculum sæculi, hic habitabo, etc... »

2. Sainte Gertrude. Revelat., VIII, p. 75 : « O Mansio secura, locus totum continens quod delectat, paradisus perennium deliciarum, praeterfluens rivus inaestimabilium voluptatum, alliciens florifera vernantia omnigenerum amœnitatum, demulcens suavi sono, imo suaviter afficientis melodiae intellectualium musicorum, reficiens, odorifero spiramine vitalium aromatum, inebrians resolventi dulcedine internorum saporum, immutans mira blanditate sanctorum amplexuum. »

Ib., IX, p. 77, et XIV, p. 84. « Domicilium Cordis mei ad requiescendum. »

3. *Bienheureuse Marg.-Marie*, par Contemporaines, I, 174.

CHAPITRE PREMIER

La Douleur : La Croix, le Sacrifice, l'Epreuve.

Beautés et leçons de la douleur comprises de profanes, célébrées par eux. — Ici Croix dans la Vie spirituelle. Croix contemplée : le barde Ceadmon ; Jacopone de Todi ; saint Bernard, roses des blessures : sainte Angèle de Foligno.— Croix désirée : *Udile nuova pazzia* de Jacopone. — Les mystiques et la passion. grandes souffrances qui préparent l'union : Montée du Carmel. Nuit obscure. — Don de la douleur : calice présenté (sainte Véronique), couronne d'épines (sainte Catherine de Sienne), stigmates (saint François d'Assise), transverbération (sainte Thérèse, l'ange au javelot d'or), grandes extases de crucifiement (sainte Catherine de Ricci), — Symboles intérieurs, de dépouillement, de détachement. — Douleur de la privation de Dieu sentie par la force de l'amour : poésies de sainte Thérèse, « je me meurs de ne point mourir ». — Joie de la douleur : Cantique de saint Jean de la Croix ; la joie parfaite de saint François d'Assise.

I

LA DOULEUR EST LA PORTE D'ENTRÉE DE CE PARADIS DES GRACES D'UNION MYSTIQUE

On ne tarit pas sur les beautés de la douleur. Tous comprennent quand on en parle, car tous l'ont connue. Tout cœur noble aime souffrir, et comprend l'amour et la souffrance. Pour les uns c'est une amie, une muse inspiratrice, mais d'autres se trompent ou succombent même jusqu'à la blasphémer. Les anciens déjà ont respecté, vénéré le caractère sacré de la douleur, parfois même, comme dans le *Prométhée*, ou dans *Œdipe à Colone*, ils en ont montré le cachet divin, un homme sous la main de Dieu : mais c'est plutôt un châtiment, une « némésis » fatale. Le stoïque Epictète a la résignation froide et quelque peu orgueilleuse, quand il dit à son maître, qui torture sa jambe : « Prends garde, tu vas la casser. » Il conseille de rester insensible même à la perte de ses amis comme à celle « d'une marmite brisée ». Pas plus que la destruction d'un grand nombre de bœufs et de moutons, de nids de cigognes ou d'hirondelles, les meurtres de la guerre n'ont rien qui doive nous affliger. Quelques restes de la tradition primitive, plus intéressants peut-être, seraient à retrouver dans les mystères éleusiniens, dans l'humiliation et les injures du pont, en souvenir de Cérès insultée par la vieille Crambé, et qui doivent instruire l'initié, dit-on, à les mépriser. Mais tout cela est bien pâle quand on songe au christianisme, dont on a pu dire que seul il donne vraiment un sens à la douleur.

Aussi c'est un écho de lui que nous retrouvons [1] souvent dans les lettres modernes, même chez des profanes. Si une Ackerman a chanté le désespoir de souffrir et poussé, avant de sombrer, « le Cri » des malheureux, les grands lyriques Lamartine, Musset, Hugo, malgré leurs passions ou leurs erreurs, n'ont pas perdu la tradition chrétienne de leur race, et l'ont transmise belle encore à leur postérité intellectuelle. Lamartine sait que la Douleur fait l'homme « comme le creuset l'or et la flamme l'acier ». Qui ne l'a pas connue « ne sait rien d'ici-bas ». Il ne sait pas se trem-

1. Voir étude sur la douleur, à propos du Pessimisme dans *l'Inquiétude religieuse contemporaine*. Du Positivisme au Mysticisme (Bloud, 1906).

per dans les larmes, et le cœur au ciel avec un cri qui supplie

S'affermir par l'effort sur un genou qui plie,
Et dans ses désespoirs, dont Dieu seul est témoin,
S'appuyer sur l'obstacle et s'élancer plus loin.

Il ne sait pas se considérer « en favori des cieux », voir que le bras qui blesse « guérit et vivifie », et se livrer, même brisé, à son action :

Frappez, taillez, polissez... et peut-être
Que l'on verra sortir par ce labeur sanglant
Du caillou sans éclat un merveilleux brillant.

Ce langage est fort chrétien. Et Musset, lui-même, s'il trouve dur pour la nature humaine et de marcher « à pas comptés vers une fin certaine », et de s'y traîner en portant une croix », comprend pourtant le baptême du malheur. Il y a retrempé son « immortelle espérance ». Son cœur est faible, et victime des passions qui l'ont déçu, mais il voit, dans ses pleurs, la rançon de l'expérience, de la maturité : « les moissons pour mûrir ont besoin de rosée, » et l'homme de la pluie féconde des larmes. Bien qu'il soit léger, il n'y voit pas toujours, comme les Egyptiens couronnés de roses et songeant à la mort, un stimulant à mieux jouir ou des plaisirs, ou de la nature, ou des arts, de Pétrarque, de Michel-Ange ou de Shakespeare. Comprendrais-tu, se dit-il, l'ineffable harmonie des cieux,

Le silence des nuits, le murmure des flots,
Si quelque part là-bas, la fièvre et l'insomnie
Ne t'avaient fait songer à l'éternel repos.

Victor Hugo sait aussi que la douleur est « clef des cieux », que « l'expiation rouvre une porte fermée », que « les souffrances sont des faveurs » et que les « grands sacrifiés » sur leurs gibets planent « au-dessus des multitudes folles ». Car

Monter, c'est s'immoler. Toute cime est sévère.
L'Olympe lentement se transforme en Calvaire ;
Partout le martyre est écrit ;
Une immense croix gît dans notre nuit profonde
Et nous voyons saigner aux quatre coins du monde
Les quatre clous de Jésus-Christ.

La croix de Jésus-Christ a rayonné sur le monde, et son ombre même garde encore une force d'inspiration pour ceux que des égarements d'orgueils, ou de doutes, ou de sensualités, ont arrachés à une influence plus profonde. Ceux qui ont pleinement vécu de cette croix, et de sa doctrine, ont mieux exprimé par leurs actes que par leurs chants cette sublime beauté. Ils ont montré, en réalité, comment « Dieu forge une âme », et que la douleur est le chemin qui mène à l'union divine, sur les traces du divin crucifié. S'il a choisi pour lui-même et pour ses amis le mystère de cette voie royale, il a pâti le premier, et son amour invite au triomphe acheté par le sang. C'est une loi secrète, comme bien d'autres, et que ne pénètrent bien que ceux qui s'y soumettent pleinement : il a fallu que le Christ souffrît. Par sa passion et sa mort volontaires, son amour éclatait assez pour conquérir et pour consoler : les épines, les clous, les plaies, le sang, loin de rebuter les pèlerins de l'union divine, les stimulent, et les appellent à plus d'amour. Par cette nécessité du mystérieux amour, il a fallu que que le Christ souffrît.

Au quinzième siècle, des milliers de spectateurs se pressaient à la représentation du Mystère de la Passion. Et le poète a tenté d'exprimer ce sentiment du

Sauveur dans un dialogue avec sa Mère. Le Christ a résolu de mourir pour nous et s'apprête à porter sa croix. Marie supplie son fils de se soustraire au supplice, mais il refuse doucement et avec fermeté. Elle le conjure, au moins, de ne pas lui présenter le spectacle d'une mort lente et douloureuse :

Au moins veuillez de votre grâce
Mourir de mort brève et légère
— Je mourrai de mort très amère.
— Doncques bien loin, s'il est permis,
— Au milieu de tous mes amis.
— Soit donc de nuit, je vous en prie.
— Mais en plein soleil de midi.
— Mourez donc comme les barons,
— Je mourrai entre deux larrons,
— Que ce soit sur terre et sans voix.
— Ce sera haut pendu en croix.
— Attendez l'âge de vieillesse.
— En la force de ma jeunesse.
— Ne soit votre sang répandu,
— Je serai tiré et tendu
Tant qu'on nombrera tous mes os.
Qui me perceront pieds et mains
Et me feront plaies très grandes.
— A mes maternelles demandes.
Ne donnez que réponses dures.
— Accomplir faut les Escritures.

Peut-être trouvera-t-on dans le *Stabat mater*, attribué à Jacopone de Todi, des sentiments aussi touchants et plus conformes à la vaillance de la Mère douloureuse que l'Evangile nous montre debout près de la Croix. La première elle a suivi. Plus que d'autres elle a aimé, elle a été unie à Dieu. Les saints l'ont imitée. Ils ont contemplé la Croix de son Fils, transfigurée et devenue le symbole du sacrifice où s'opère et se trouve l'amour divin ; ils l'ont désirée ; ils l'ont obtenue ; ils l'ont portée ; ils s'y sont enivrés de l'amour de Dieu ; ils ont aimé la douleur, ils y ont même trouvé une des joies de cette terre, tellement ils étaient transformés, transpercés du désir de voir Dieu, persuadés que le partage aux joyaux de la Passion, est le présage des trésors sans fond de l'amour divin et de l'Union divine. Il y a bien des degrés, là comme ailleurs, et place pour tous les courages.

II

CROIX CONTEMPLÉE

Montalembert [1], dans ses *Moines d'Occident*, nous a conservé le chant d'un bouvier northumbrien, original et pieux, dont Dieu fut le maître. Ceadmon, c'était son nom, dans une vision de la Croix, nous montre un chrétien endormi ; et la Croix radieuse, entourée d'anges, lui parle comme une personne céleste. Rien ne peut là nous étonner, ni nous choquer. On anime tout ce qu'on aime, l'artiste parle à son violon, le guerrier à son épée, comme Roland à Durendal, Guillaume Tell à sa flèche [2], qui toujours fidèle ne l'abandonnera pas dans ce coup terrible. Ceadmon a de même personnifié la croix, il la fait parler, tellement elle parle à son cœur.

Il y a de longues, longues années, mais je m'en souviens encore ; c'était au coin d'une forêt, on m'a coupée, abattue et emportée. De rudes ennemis m'ont prise pour faire de moi un spectacle, pour me porter sur une montagne et

1. *Moines*, IV, 77.
2. *Schiller*, acte IV, sc. 3. Monologue de Guillaume Tell.

m'y ficher dans la terre. Là je vis le Seigneur du genre humain arriver dans sa puissance pour monter sur moi. Afin de ne pas désobéir à ce Seigneur, je n'osai ni me briser, ni me courber. Mais je sentis la terre trembler sous moi... Alors le jeune héros se dépouilla pour le combat : c'était le Dieu tout-puissant; fort, ferme, intrépide, il gravit la haute croix devant la cour nombreuse; c'était pour racheter le genre humain. Je tremblai quand le héros m'embrassa; mais je n'osais ni m'incliner ni m'enfoncer dans le sein de la terre. Il me fallut rester debout malgré moi, et me dresser pour élever au-dessus de la foule le grand Roi, le Seigneur du ciel. Je n'osais pas me laisser tomber. On me perça de sombres clous : sur moi les blessures sont encore visibles. Lui et moi, nous fûmes tous deux insultés. J'étais toute tachée du sang qui sortait de son flanc...

Le soleil s'obscurcit : toute la création pleurait; elle pleurait la chute de son Roi. Le Christ était sur la croix. Les hommes accouraient de loin : ils contemplaient ce noble Seigneur; et moi, qui voyais tout, j'étais écrasée de douleur... Après l'avoir détaché, les soldats me laissèrent là toute souillée de sang, toute percée de traits. Ils posèrent à terre ses membres meurtris : ils étaient debout à la tête du cadavre. Ils regardaient, c'était le Seigneur du ciel. Il se reposait un instant, fatigué de sa formidable lutte...

L'imagination de cet homme du Nord, de ce précurseur de Milton, pourrait s'autoriser du culte rendu par la liturgie au bois même de la croix. On le conserve comme une relique, on le vénère, on fléchit même les genoux pour venir adorer, en souvenir, la victime qu'il a porté. L'hymne de la Passion n'anime-t-il pas aussi de quelque façon le bois de la croix, ne la conjure-t-il pas d'adoucir pour l'Agneau rédempteur, sa rudesse native : *Flecte ramos arbor alta Et rigor lentescat ille, quem dedit nativitas.*

Mais c'est à la personne même du Sauveur qu'aboutissent tous les hommages; c'est lui qu'on contemple, étendu sur sa Croix. Le signe tient de lui sa dignité et sa vertu.

O mon épouse, contemple-moi dépouillé sur la croix, — lui fait dire Jacopone de Todi en ses hymnes ou *laude*, naïves et gracieuses, *Mirami sposa* — « contemple-moi sur la croix, en proie à de cruels tourments, vient recevoir de mon feu divin... » — « Ame chérie, âme mienne, je t'avais priée de respecter la dignité où tu fus créée, semblable à ton divin auteur. Je te porte dans mon cœur en lettres de sang, et voici que je languis et que je meurs lentement pour toi. — L'amour que je te portais m'a forcé de venir en ce monde ; la mort même n'a point rebuté mon cœur saint et pur ; et tel fut la profondeur de mon zèle que je m'élançai sur cette croix, où parmi ces affreuses peines, ma voix s'est lassée à t'appeler[1]...

Cet appel a été entendu de tous les chrétiens, de tous les saints ; ils ont aimé avec saint Bernard les roses de ces blessures qui rougeoient sur le crucifix. Et Jacopone de Todi sera encore notre interprète, quand il interpelle le Pèlerin de notre Poème, et le presse de répondre à l'amour qui encourage à souffrir :

Ame bénie de ton puissant créateur, regarde ton Seigneur, qui, fixé à la croix, porte sur toi les yeux.

Regarde ses pieds transpercés, fixés par des clous, et si cruellement tourmentés à coups de marteau. Pense qu'il était beau, au-dessus de toute créature, et que sa chair virginale était plus que parfaite.

Regarde cette plaie qu'il porte au côté droit, vois le sang rançon de tes fautes. Pense qu'il fut atteint par une

1. Voir nombreuses odes de Jacopone de Todi. J'ai eu en main l'édition princeps de J.-B. Modio, et celle de Tresatti. Je traduis sur le recueil de Sorio. Voir *Mirami Sposa ; Alma benedetta ; Il compianto della Vergine ; Pianto della Vergine*. J'en ai parlé dans un article sur le Stabat. *Revue du Clergé*, 15 fév. 1904.

lance cruelle, et que pour chaque fidèle son cœur souffrit ce trait.

Regarde ces mains qui t'ont créée et façonnée. Vois comme les Juifs scélérats les ont clouées. Alors, avec un gémissement amer, crie : O mon Seigneur tout empressé vous avez couru vers la Croix où il vous tardait de mourir pour moi.

Regarde cette tête sacrée, et qui fut si pleine de grâces; vois, elle est toute transpercée d'épines et souillée de sang. Ame, voilà ton époux, pourquoi donc ne pleures-tu pas, et pourquoi, toute défaite, ne laves-tu pas ta faute dans tes larmes.

Regarde ce visage qui fut si resplendissant : le voilà couvert de crachats, et tout dégouttant de sang. Songe, âme dolente, gémissante, que ton Seigneur n'est mort que d'amour et pour te donner la vie.

Vois-le tout couvert de plaies pour toi sur ce bois cruel. O âme, regarde-le bien et fixe en lui tes délices...

Tous les maîtres de la vie spirituelle ont arrêté là le regard de l'âme. *Les Exercices* de saint Ignace consacrent toute une semaine aux souvenirs de la Passion. Ils apportent lumière et réconfort à tous, à tous les pas, à tous les degrés de la vie spirituelle : le crucifix essuie les larmes du pécheur depuis celles de saint Pierre, il est la bibliothèque des docteurs comme saint Bonaventure, il provoqua au plus haut vol de l'amour les grands initiés de la vie mystique comme sainte Thérèse. De cette contemplation partent toutes les grandes transformations de l'âme, pour convertir, orner de vertus, ravir d'amour. Car il invite aux abaissements où on rencontre Dieu, dans les humiliations du repentir et du pardon, dans les travaux entrepris, dans les mépris soufferts, dans les effacements et les petitesses apparentes de l'humilité, que savent apprécier les âmes magnanimes et généreuses, expertes dans les voies de l'Esprit. Il est tellement la clef du Paradis que nous l'étudions ici sur le seuil, comme d'ailleurs saint Ignace ne perd pas de vue en quatrième semaine la Croix instrument de la victoire, comme Dante en son *Paradis* nous montre, fulgurant de lumière, ce signe rédempteur. Il mène au triomphe final.

« Des splendeurs m'apparurent, dit-il, si éclatantes et si rouges dans deux rayons, que je m'écriai : — O Hélios ! comme tu les ornes ! » De même que la voie lactée, parsemée de petites et de grandes étoiles, forme une trace blanche de l'un à l'autre pôle, grand sujet de doute pour les savants, ainsi dans la profondeur de Mars, ces rayons constellés formaient le signe vénérable que « produit dans le cercle la réunion des cadrans ».

Ici le souvenir l'emporte sur l'art; le Christ flamboyait sur cette croix, et je ne saurais trouver de comparaison pour la décrire. Mais celui qui prend la croix et qui suit le Christ excusera bien mieux encore ce que je laisse, en songeant que Jésus lui-même brillait dans cette splendeur. D'un bras à l'autre de cette croix, et de sa cime à sa base couraient des lumières scintillant avec force, lorsqu'elles se rencontraient et qu'elles passaient outre. C'est ainsi qu'on voit des atomes courant ou tourbillonnant, rapides ou lents, longs ou courts, se mouvoir dans le rayon qui sillonne l'ombre de la chambre, cet abri que l'homme s'est fait pour son art et pour son adresse. Et comme une lyre et une harpe avec leurs cordes tendues rendent un son doux à ceux-là même qui ne distinguent pas les notes, ainsi les lumières que je vis formaient dans cette croix une mélodie dont j'étais ravi sans que j'entendisse l'hymne. Je compris bien que c'étaient des louanges sublimes, parce que ces paroles : — Lève-toi et triomphe ! — venaient à moi comme à quelqu'un qui ne comprend pas et qui entend. J'étais tellement transporté d'amour que jamais chose au monde ne m'enchaîna avec plus de doux liens.

III

CROIX DÉSIRÉE, CROIX REÇUE

Cette contemplation de la croix symbole du sacrifice et de l'épreuve, et l'amour du crucifié, qui sont le meilleur appui de tous les chrétiens en toutes les peines de la vie, poussent certaines âmes à une perfection plus haute, leur amour pour le Christ souffrant leur fait désirer de lui ressembler, et d'embrasser sa croix, ses souffrances et ses opprobres, par préférence, par libre choix ; c'est un instinct surnaturel de leur cœur qui les incite à s'approcher toujours plus près du divin modèle. Là même où il n'y a pas nécessité de souffrir et de s'abaisser pour éviter le péché mortel ou le péché véniel, ou quelque imperfection, leur cœur inclinera vers le plus grand mépris, le plus grand sacrifice. Sur cette route il y a bien des étapes, depuis le simple désir d'un si saint désir, jusqu'à l'immolation acceptée et réalisée par les héros de la sainteté. Mais telle est cette pente surhumaine d'un cœur transformé par la croix de Jésus-Christ. Et c'est bien ici vraiment la folie de la croix. Car c'est folie aux yeux de la sagesse humaine, mais c'est sagesse surnaturelle pour ceux qui, éclairés par l'Esprit-Saint, plongent très avant leurs regards dans le mystère de la sanctification. Deux amours, comme dit saint Augustin, ont édifié deux cités, l'amour de soi jusqu'au mépris de Dieu, l'amour de Dieu jusqu'au mépris de soi. Ceux qui se donnent à Dieu rediraient volontiers comme ce grand cœur, et ce grand saint docteur : *O perire sibi, o ire ad Deum !*

Sous une forme ou sous une autre, car les modalités varient à l'infini dans les œuvres de la grâce multiforme, nous retrouverions ce sentiment dans toutes les vies parfaites. Et pour choisir le nom d'un poète connu dans l'histoire des lettres, c'est cette folie que chantait Jacopone de Todi, sur le point d'entrer dans l'ordre des Frères Mineurs de saint François. Lui docteur de Bologne, expert dans les sciences et les vanités du monde, il avait été touché par l'épreuve. Sa femme était morte, dans un accident,au milieu d'une fête publique, et depuis ce deuil qui l'avait pleinement éclairé et détaché du monde, il se conduisait au rebours de ses maximes [1]. Il ne cherchait que le mépris, si bien qu'on le tournait en ridicule, on le regardait comme un fou.

Ecoutez une folie nouvelle, dont la fantaisie me vient, *Udite nova pazzia*, chante-t-il en des vers célèbres. — L'envie me vient d'être mort, parce que j'ai mal vécu. Je quitte les joies du monde pour prendre un plus droit chemin.— Je veux montrer si je suis un homme ; je veux me renier moi-même et porter ma croix pour faire une folie mémorable. — La folie est telle que je vais la dire : Je veux me jeter à corps perdu chez des hommes rustiques et qui déraisonnent, qui déraisonnent par une sainte démence.

C'est la folie du sacrifice de la vie religieuse, du plein don de soi à la vie parfaite, qu'il veut dire, dans un ordre de petits,qui suivent le Christ dans toute la petitesse de sa pauvreté et de ses abaissements volontaires. Et il s'adresse au divin modèle, témoin de ses plus secrets désirs de quitter toute vanité d'ici-bas, le savoir, les livres, les fêtes, le gain de l'argent. Ce sont des biens permis, mais il les laisse à d'autres pour ne vouloir posséder que le Christ et sa croix.

1. Voir les détails dans Ozanam, *les Poètes franciscains.*

Christ, tu connais ma pensée et que je tiens à grand mépris le monde, où je restais dans le désir de bien savoir la philosophie. — Je prétendais savoir la métaphysique afin de pénétrer dans la théologie, et de voir comment l'âme peut jouir de Dieu en passant par tous les degrés de la hiérarchie céleste. — Je prétendais pénétrer comment la Trinité n'est qu'un seul Dieu, comment il fut nécessaire que le Verbe descendît en Marie. — La science est chose divine, c'est un creuset où se purifie l'or de bon aloi. Mais une théologie sophistique a fait la ruine de plusieurs.

Or écoutez ce que je viens de penser : j'ai résolu de passer pour stupide, ignorant, et dépourvu de sens et pour un homme plein de bizarrerie. — Je vous laisse les syllogismes, les pièges de paroles et les sophismes, les questions insolubles et les aphorismes, et l'art subtil du calcul. — Je vous laisse crier à votre aise, Socrate, et toi, Platon, épuiser votre haleine, argumenter de part et d'autre et vous enfoncer dans le bourbier. — Je laisse l'art merveilleux dont Aristote écrivit le secret et les doctrines platoniciennes qui le plus souvent ne sont qu'hérésie. — Une intelligence simple et pure s'élève toute seule, et, sans le secours de leur philosophie, monte jusqu'en présence de Dieu.

Je vous abandonne les vieux livres que j'aimais tant, et les rubriques de Cicéron dont la mélodie m'était si douce. — Je vous laisse le son des instruments et des chansonnettes, les dames et demoiselles jolies, leurs artifices et flèches qui portent la mort, et toutes leurs subtilités. — A vous tous les florins, les ducats et les carlins, et les nobles et les écus génois et toute marchandise de même sorte...

Non point que tout cela soit forcément coupable, mais il veut suivre de plus près, dans le dépouillement, son maître, dans un ordre austère : « Je vais m'essayer dans une religion puissante et dure », dit-il, l'épreuve montrera si je suis « d'airain ou de laiton », mais ce qu'il veut c'est uniquement la Croix.

Je vais à une grande bataille, à un grand effort, à un grand labeur. O Christ! que la force m'assiste si bien que je sois victorieux! — Je vais aimer d'amour la croix dont l'ardeur déjà m'embrase, et lui demander d'une humble voix qu'elle me pénètre de sa folie. — Je vais me faire une âme contemplative, et qui triomphe du monde; je vais trouver la paix et la joie dans une très douce agonie. — Je vais voir si je puis entrer en Paradis par le chemin dont je m'avise, pour y goûter les chants et les sourires d'une compagnie immortelle.

Chercher la paix et la joie dans une très douce agonie, c'est bien là le mot profond et vrai. C'est la douceur de l'amour divin qui donne de la suavité à ces amertumes du sacrifice accepté, désiré, choisi; quand elle n'est pas sentie, la nature se désole; mais la volonté ne succombe pas, elle sait que, tôt ou tard, ici-bas ou là-haut, Jésus viendra : après les attentes du Calvaire, Dieu se manifestera. De sorte que plus l'âme croît en vertu et en amour de Dieu, plus elle apprécie le don des souffrances et des humiliations, et souhaite cette parcelle de vraie croix; et plus Dieu N. S. aime une âme, plus il lui départit cette ressemblance avec le Sauveur, plus il l'invite et lui présente le calice de sa Passion.

Ce fut *souvent sous une forme sensible et merveilleuse* que des âmes privilégiées reçurent *ce don offert* à d'autres secrètement, sous le voile des événements extérieurs ou intimes de leur vie. Sainte Véronique Giuliani[1] connut l'amour des souffrances pendant plusieurs années par une vision du calice. Son esprit désire, sa chair craint, des apparitions de la sainte Vierge l'encouragent. Enfin N. S. se montre attaché à la colonne : « Regarde ces plaies, dit-il, ma

1. Cf. Gorres, *Mystique*, II, 164.

bien-aimée, ce sont autant de voix qui t'invitent à boire ce calice amer que j'ai bu moi-même. Je te le donne. » — Sainte Lutgarde, en des extases, eut des sueurs de sang. A sainte Véronique Giuliani, comme d'ailleurs à plusieurs autres, à sainte Catherine de Sienne ou à la bienheureuse Marguerite-Marie, fut présentée une couronne d'épines. Sainte Véronique Giuliani reçut aussi la plaie du côté : elle vit, lit-on dans sa vie, le seigneur sous la forme d'un enfant charmant et plein de bonté. « Il avait, dit-elle, à la main un bâton d'or, en pointe de lance. L'Enfant Jésus mit le bout du bâton sur ma tête, et la pointe de la lance sur mon cœur, et je le sentis aussitôt transpercé de part en part. » Et depuis lors une plaie saigne à son côté.

On se rappelle le récit que fit sainte Thérèse du Séraphin au javelot d'or qui lui transperça le cœur. D'ailleurs d'autres saints ou saintes reçurent les stigmates, non seulement au côté, mais aux mains et aux pieds, comme il est rapporté de saint François d'Assise, et de sainte Catherine de Sienne, et de sainte Catherine de Ricci, et de sainte Madeleine de Pazzi, et de plusieurs autres[1]. Cette grâce avait été précédée chez sainte Catherine de Sienne de l'échange du Cœur avec N. S., dont parlent aussi d'autres vies de saints. Elle suppliait N. S. de vouloir bien lui ôter son propre cœur, et sa volonté propre. Il lui sembla que N.S. se présentait à elle, —comme on peut le lire dans sa vie écrite par le bienheureux Raymond de Capoue, son confesseur, — lui ouvrait le côté gauche, en retirait son cœur, et l'emportait de sorte qu'elle ne le sentait plus dans sa poitrine. Elle l'affirme à son con-

1. Le docteur Imbert Gourbeyre a étudié ces faits de stigmatisation en deux volumes qu'on peut consulter.

fesseur malgré ses sourires. Quelques jours après, elle se trouvait dans la chapelle de l'église des Frères Prêcheurs, tout à coup « elle se vit environnée d'une lumière qui descendait du ciel, et dans cette lumière lui apparut le Sauveur qui portait dans ses mains sacrées un cœur vermeil et resplendissant. Toute émue de cette présence et de cette splendeur, elle se prosterna contre terre. N. S. s'approcha, lui ouvrit de nouveau le côté gauche, y plaça le cœur qu'il portait et lui dit : « Ma fille bien-aimée, j'ai pris l'autre jour ton cœur, aujourd'hui je te donne le mien, et c'est lui qui te servira désormais. » Après ces paroles il referma la poitrine, mais pour signe du miracle il y laissa une cicatrice. Dès lors, cette grâce symbolique fut suivie d'une abondance de communications divines de plus en plus merveilleuse, et d'une transformation d'âme en joie, en pureté, en humilité, en amour du prochain.

Les visions, les extases se succèdent, un jour, pendant une extase, elle tombe comme frappée à mort.

J'ai vu mon Sauveur crucifié, raconte-t-elle, qui descendait sur moi avec une grande lumière, l'effort de mon âme pour aller au devant de son Créateur força mon corps à se relever. Alors des cinq ouvertures des plaies sacrées de Notre Seigneur je vis se diriger sur moi des rayons sanglants qui frappèrent mes mains, mes pieds et mon cœur. Je compris le mystère et je m'écriai : « Ah Seigneur mon Dieu, je vous en conjure, que les cicatrices ne paraissent pas extérieurement sur mon corps. » Pendant que je parlais les rayons sanglants devinrent brillants, et parvinrent, en forme de lumière, aux cinq endroits de mon corps : à mes mains, à mes pieds, à mon cœur.

A sainte Catherine de Ricci, ce n'est plus le calice seul, ou la couronne d'épines, ou les stigmates qui sont offerts, c'est un appel à une vie toute de crucifiement, et pendant douze ans toutes les semaines une extase de la Passion en reproduit en elle toutes les scènes, elle en porte les traces. Ce fut un vendredi avant les Rameaux, en avril, qu'elle reçut cette vocation spéciale. Levant les yeux elle aperçut trois croix, et sur celle du milieu Notre Seigneur Jésus-Christ, dans une attitude si tourmentée que, dans le saisissement de sa première émotion, elle fut sur le point de s'évanouir de douleur. Cependant, faisant effort sur elle-même, elle s'approcha de la croix et eut alors sous les yeux ce lamentable spectacle :

La tête de Notre Seigneur, comme si elle eût été détachée de son cou, pendait en avant sur sa poitrine, de manière à y poser son visage. Sa poitrine était tellement soulevée que toutes les côtes apparaissaient disloquées. Ses cheveux, épars çà et là, tombaient en partie sur son visage et ruisselaient de sang, ainsi que toute sa barbe. De la large ouverture de son côté le sang jaillissait comme une fontaine. Tout le reste de son corps, déchiré et meurtri, était couvert de taches livides et d'un sang vif. Ses mains étaient à une si grande hauteur au-dessus de son corps qu'on eût dit que sa chair et ses os allaient à chaque instant se rompre, tandis que son corps, incliné vers la terre, semblait près de tomber. Au pied de la croix était un lac de sang, autour du quel quelques femmes gémissaient et se lamentaient. En présence d'une scène si navrante, la pauvre sœur Catherine ne savait plus que devenir, d'un côté n'ayant plus le courage d'en supporter la vue, et de l'autre les forces lui manquant pour se retirer. Enfin, après s'être recommandée à Dieu, elle s'arracha comme elle put à cette situation, et, regagnant à grand'peine sa cellule, à bout de forces, et brisée d'émotions, elle fut obligée de se mettre au lit, vraiment malade de compassion pour ce divin crucifié [1].

1. *Vie de S^te C[...]erine de Ricci*, de Florence, religieuse du Tiers-Ordre régulier de Saint-Dominique au monastère de Saint

Une autre apparition toute consolante l'encouragea à répondre généreusement à cet appel. Et ce fut le point de départ d'un vrai travail de transformation, qui préparait dans l'âme les merveilles de l'union intime avec Dieu.

IV

VARIÉTÉS DES ÉPREUVES MYSTIQUES

L'union divine, tel est, en effet, le but, tel est le terme ; on le sait, on y tend ; elle donne du prix à tout ce qui achemine vers elle. Ces dons manifestes des douleurs de la Passion que nous venons de rappeler sont le prélude et l'accompagnement de très hautes contemplations, d'un très profond envahissement de l'amour de charité. Mais nous y pouvons trouver aussi le symbole des opérations plus secrètes de la grâce, qui purifie, qui détache, qui transforme les âmes par leur crucifiement. Il faut que des blessures rompent les liens qui nous retiennent, nous désenchantent de tout ce qui n'est pas purement Dieu, nous enflamment d'un désir parfois souffrant et angoissé d'aller à lui. Les uns, et c'est le grand nombre, sont frappés dans les biens extérieurs, de leur fortune, de leur santé, de l'honneur, des affections : les deuils, les maladies, les revers, les déceptions, les mécomptes, les ingratitudes et les vénalités, et les injustices humaines viendront éprouver leur constance, et leur rappeler que tout bien de terre est fragile et mesquin.

D'autres plus avancés seront dépris plus profondé-

Vincent-de-Prats, en Toscane, 1522-1590, par le R. P. Hyacinthe Bayonne, O. P., Paris, Poussielgue, 1879, 2 vol.

ment d'eux-mêmes, de leur propre estime, de leurs vanités, de leur amour-propre : ils seront éclairés sur leurs défauts et leurs imperfections, dont Dieu permettra qu'ils prennent une vive conscience, au besoin par de cruelles expériences; par leurs tentations, par leur erreurs, par leurs faiblesses. Plus donnés à Dieu, ils devront se dépouiller encore davantage des dons spirituels mêmes, et des consolations célestes qui ne sont pas Dieu lui-même. Et tous ces crucifiements alternés et mélangés, successifs ou simultanés, feront place nette à la vie nouvelle, à la vie de l'âme unie à Dieu dont tous les mouvements sont pleinement subordonnnés à l'action de l'Esprit Saint.

Nous ne pouvons nous attarder à retracer les sentiments intérieurs qui sont le retentissement de tous ces événements dans le Poème de la Conscience. Ils sont partout autour de nous dans la vie, et dans les vies écrites pour les dépeindre [1], et dans les livres spirituels les plus populaires comme les admirables chapitres de l'Imitation de Jésus-Christ. Chacun selon son degré se fortifie et s'instruit par l'épreuve, toujours proportionnée à ses forces, à sa valeur, aux promesses de progrès qu'elle recèle, aux œuvres que Dieu lui destine, aux trésors de récompense qu'il lui réserve en son amour qui couronne ses dons. C'est toute l'histoire d'une âme,— comme elle apparait assez bien dans la petite pièce très connue d'Eugène Manuel, — entre les mains de Dieu. « Il la durcit comme un émail. Il la trempe comme une épée. »

1. Ainsi la vie de sainte Lidwyne de Schiedam, dont les maladies ont trouvé en Joris-Karl Huysmans un peintre inexorable, et un admirateur de son rôle de victime rédemptrice, comme le furent tant d'autres âmes, v. g. sainte Catherine de Ricci, dont nous avons rappelé la vocation à la Croix.

Peut-être pourrions-nous donner un regard quelque peu plus long aux *épreuves des âmes adonnées à la vie intérieure*, plus rares, et sans doute moins universellement connues. Quand elles ont spontanément quitté les consolations terrestres, elles ne sont pas toujours en possession des consolations célestes, elles ont même à connaître des dérélictions intérieures d'autant plus affreuses qu'elles n'ont rien de sensible où se raccrocher, et sont laissées aux ténèbres, à l'aridité, à la nudité d'esprit de la pure foi. C'est là vraiment que se préparent les vertus de haute envolée, les vrais amis de Dieu. C'est plus que le cloître, c'est le désert dans un désert, une solitude intérieure toute crucifiée. Ce manquement de toute consolation semble avoir touché notre vieux et grand Corneille, quand il traduit ainsi l'Imitation (liv. II, ch. IX).

Notre âme néglige sans peine
La consolation humaine
Quand la divine la remplit.....
Mais du côté de Dieu demeurer sans douceur,
Quand nous foulons aux pieds toute celle du monde,
Accepter, pour sa gloire, une langueur profonde,
Un exil où lui-même il abîme le cœur;
Ne nous chercher en rien alors que tout nous quitte,
Ne vouloir rien qui plaise alors que tout déplaît,
N'envoyer ni désirs vers le propre intérêt,
Ni regards échappés vers le propre mérite :
C'est un effort si grand qu'il se faut élever
Au-dessus de tout l'homme, avant que l'entreprendre;
Sans se vaincre soi-même on ne peut y prétendre,
Et sans faire un miracle on ne peut l'achever.

Or, nulle part ceci n'apparaît mieux que dans les âmes en route vers une haute perfection. Ce n'est pas un vain mot, mais une réalité très sérieuse (et je dirai très intéressante, pour le moraliste, et même pour le psychologue simplement curieux d'observations) que les mystiques appellent une mort, un anéantissement. Ce qui caractérise la mort, c'est la suppression du principe vital, du principe moteur. Or ici et jusque dans les profondeurs de la vie morale et surnaturelle, c'est la substitution d'un principe à un autre : les actes ne seront plus inspirés et guidés par la « nature », par des instincts purement naturels, mais ils seront de plus en plus divinisés, c'est-à-dire, inspirés, guidés, mûs par le principe nouveau, qu'est l'Esprit saint, se communiquant de plus en plus à la conscience. Se livrer à cette action, jusqu'à pouvoir dire avec saint Paul : « Je vis, non, ce n'est plus moi qui vis, c'est Jésus-Christ qui vit en moi », c'est s'y livrer et s'y soumettre jusqu'à une sorte de mort, jusqu'à abandonner pleinement les moindres mouvements de son être, réglés, et conscients, au souffle de l'Esprit-Saint. Les passions soumises pleinement à la raison, la raison soumise pleinement au Dieu de la Loi morale, l'âme tout entière soumise à l'instinct divin, aux moindres motions de l'Esprit Sanctificateur.

Les épreuves qui mènent là, pleinement, les âmes appelés aux grâces les plus hautes, grâces infuses, grâces mystiques, où Dieu agit principalement par une mystérieuse union, saint Jean de la Croix les a décrites dans un chef-d'œuvre qu'il appelle *la Nuit obscure*. Sainte Thérèse, qui en parle en ses diverses demeures du Château intérieur de l'âme, a incorporé cette idée dans sa comparaison allégorique du ver qui se tisse un tombeau en devenant chrysalide, pour en sortir transformé en papillon. Et j'oserais dire que ce papillon spirituel connaît plusiers morts et plusieurs transformations de plus en plus profondes. Nous le verrons mieux plus tard. Et n'est-ce pas aussi le mot de Dante lorsqu'il disait déjà :

> Non v'accorgete voi, che noi siam vermi
> Nati a formar l'angelica farfalla,
> Che vola alla justizia senza schermi (*Purg.*, X, 42).

Vous avez entendu parler de la manière dont se fait la soie, rappelle la sainte à ses filles. On vous a dit comment elle provient d'une semence qui ressemble à de petits grains de poivre.

A peine les mûriers commencent-ils à se couvrir de verdure que cette semence commence aussi, avec la chaleur, à recevoir la vie. Car elle demeure comme morte, jusqu'à ce qu'elle trouve tout prêt, dans le feuillage de cet arbre, l'aliment qui doit la sustenter. C'est donc avec les feuilles du mûrier qu'on nourrit les petits vers éclos de cette semence. Quands ils ont grandi, on met devant eux de petites branches où ils montent; c'est là que de leurs petites bouches ils filent la soie qu'ils tirent d'eux-mêmes, et en font de petites coques, admirablement tissues, dans lesquelles ils se renferment et trouvent la fin de leur vie. Ensuite, au lieu de ce ver qui était assez grand et difforme il sort de chacune des coques un petit papillon blanc d'une beauté charmante [1].

Ainsi notre âme est d'abord comme morte, par la négligence de son salut, par le péché et les occasions du péché. Ranimée par la chaleur de l'Esprit-Saint, elle grandit d'abord par les secours de la vie chrétienne. Grandie et fortifiée dans les voies de la perfection, il est temps pour elle, comme le ver déjà grand file sa soie, de former la demeure où elle doit mourir et se transformer en Jésus-Christ. Et le Seigneur aidera sa bonne volonté et ses petits efforts pour parachever cette œuvre.

1. Op. Bouix.

Hâtons-nous donc de former le tissu de cette coque mystérieuse, en ôtant de nous l'amour-propre, notre volonté, tout attachement aux choses de la terre, en faisant des œuvres de mortification et de pénitence, en nous occupant à l'oraison, en pratiquant l'obéissance et toutes les autres vertus, en un mot en nous acquittant de tous les devoirs de notre état avec le même soin qu'on a mis à nous en instruire. Qu'au plus tôt notre travail s'achève. et puis, mourons, mourons ainsi que fait le ver à soie après avoir accompli l'ouvrage pour lequel il a été créé. Cette mort nous fera voir Dieu, et nous nous trouverons comme abimées dans sa grandeur, de même que ce ver est caché et comme enseveli dans sa coque.

La sainte parle de notre petite bonne volonté s'en remettant à l'action divine d'achever l'œuvre. C'est cette action que saint Jean de la Croix a décrite en ses pages sur *la nuit obscure des sens*, et *la nuit obscure de l'esprit*. Ce sont des états de contemplation où la grâce opère dans l'âme fidèle qui s'y soumet, les purifications et les transformations qui s'achèveront pour elles par la parfaite union divine.

Par *la première nuit*, Dieu amène l'âme à un nouveau mode d'oraison. Elle a fait des progrès et reçu quelques consolations sensibles en usant des méthodes ordinaires, elle a refréné les passions et acquis quelques forces spirituelles. Elle n'a plus besoin du lait des enfants. Celui-ci n'est que pour les commençants.

Dieu supprime tout d'un coup les splendeurs du soleil des faveurs divines qu'ils goûtaient avec délices dans leurs exercices, il ferme les écluses des eaux spirituelles qui venaient les rafraîchir, lorsqu'il leur plaisait de les ouvrir eux-mêmes : tendres et faibles qu'ils étaient, il n'y avait pas pour eux de porte close[1]... Il les met par là dans une obscurité telle que l'imagination et le discours ne leur peuvent plus servir à se débrouiller; ils ne peuvent plus méditer; leur sens intérieur lui-même leur est refusé en cette nuit; il est desséché de telle façon qu'ils ne peuvent plus lui faire exprimer la moindre goutte de ces sucs qui les charmaient naguère, et que leurs exercices spirituels leur deviennent insipides et amers tout à la fois.

Ce n'est point là un état de fatigue ou de mélancolie venant du tempérament, ou de tiédeur spirituelle due à des négligences, des imperfections, ou des péchés. Ce n'est point non plus l'état d'aridités et d'impuissance que traversent souvent les âmes dans leurs oraisons ordinaires[2]. C'est Dieu qui produit un dégoût universel afin de réduire les sens au néant et de les purifier. On ne trouve ni consolation, ni plaisir, ni dans les choses de Dieu, ni dans les choses créées. Mais en même temps persiste un souvenir habituel de Dieu, « avec la douleur amère de ne plus le servir comme auparavant, de reculer, d'être privé du goût des choses divines. » Et peu à peu l'âme « brûlée d'un amour anxieux » est dévorée du désir de Dieu comme d'une soif ardente. D'ailleurs elle est incapable de méditer selon les méthodes ordinaires. L'état de contemplation a commencé, et déroute les habitudes mentales : « le discours », la méthode discursive doit cesser, et « laisser le champ libre à l'opération de Dieu ». Mais privées de leur appui naturel, les puissances intérieures s'ennuient d'avoir à renoncer à elles-mêmes. Il faut « attendre le Seigneur, et l'écouter dans le

1. Apoc., III, 8.
2. Voir les manuels qui traitent tout au long ce que nous indiquons seulement : de Maumigny, Poulain, Ribet, Saudreau. Lire : *Nuit*, ch. 7 et suivants. — Nous réservons pour la série suivante les précisions et les discussions psychologiques de ces états d'âme.

repos des puissances ». Et l'œuvre opérée par Dieu « étant spirituelle et délicate agit avec calme, délicatesse, paix, et tout à l'opposé des satisfactions palpables et sensibles des commençants ».

Mais en attendant que croisse l'amour dont elle va être embrasée, l'âme « comme un malade qui suit un traitement », est plongée dans cette nuit obscure des sens, de toute la partie inférieure de l'âme unie au corps, et elle éprouve des souffrances aiguës. Ces ténèbres et ces privations préparent une abondance incomparable de biens et de vertus, et une communication plus intime des biens éternels. Plus humble par la connaissance de sa misère, plus mortifiée dans toutes ses passions, dans toutes les imperfections de vanité ou de sensualité qui l'attachaient trop aux goûts sensibles qui ne sont point Dieu, tentée parfois en d'horribles tourments, toute respectueuse, toute livrée à la Divine Majesté, l'âme avancera plus loin.

Elle va entrer dans *une seconde nuit*, la nuit de l'esprit. Comme dans la première ses peines et ses épreuves seront causées par la lumière divine de contemplation, non pas que la Sagesse divine ne soit tout bien et toutes délices; mais l'imperfection de l'âme cause ses douleurs, il en est d'elle comme d'une branche de bois vert exposée au feu.

Elle sèche, elle se dépouille de son humidité, devient noire et se prépare ainsi peu à peu à la lumière, par l'éloignement de tout ce qui la rendait impropre à la nature du feu; bientôt elle s'échauffe intérieurement et extérieurement; elle s'enflamme et devient feu. En cet état, cette branche ne souffre plus aucune action propre; toutes ses propriétés sont changées en les propriétés du feu. Elle est devenue sèche, puis chaude, et capable de communiquer sa chaleur, puis lumineuse et capable d'éclairer tout comme le feu lui-même. Or, nous devons raisonner de la même manière, relativement au feu divin de la contemplation d'amour. Avant de s'unir à l'âme, il la dépouille de tout ce qui pouvait résister en elle à la transformation. Il la fait sortir de ses souillures, il la rend noire et obscure, et par là elle semble de condition inférieure à ce qu'elle était. Ses humeurs mauvaises se cachaient dans son propre fonds,et elle en était remplie comme à son insu. A leur sortie, l'âme les voit d'autant mieux qu'elle est éclairée par la contemplation ; et rien de plus naturel alors que de se croire pire qu'auparavant, de penser que les regards de Dieu ne doivent plus tomber sur elle, qu'elle est digne de répulsion et qu'elle la subit en effet [1].

A tous les degrés, en toutes les étapes de la vie mystique jusqu'à l'union divine permanente, où la transformation de l'âme est accomplie, saint Jean de la Croix fait toujours ressortir l'aspect douloureux de ce purgatoire. La lumière divine purifie l'âme de ses faiblesses, elle se communique aux puissances de l'âme selon un mode supérieur à leurs habitudes en cette vie terrestre, elle allume un véhément désir de posséder Dieu pleinement, qui ne sera jamais totalement épuisé ici-bas. Parfois l'âme y jouit de délices indicibles qui l'encouragent, mais la Croix marque l'entrée de cette gloire, et cet amour jouissant prépare à de nouveaux sacrifices, à de grands travaux pour Dieu. Et ces héros de l'amour divin sont bien aussi des héros du Calvaire et de sa croix, qui est la marque des œuvres divines. Il ne faut pas perdre cela de vue ou l'on se méprend étrangement sur tout le Paradis

1. *Montée du Carmel et Nuit obscure*, tome II, p. 307 (chez Douniol. Traduction Gilly).

d'union qui nous reste à parcourir. Sainte Thérèse[1], sainte Angèle de Foligno, en un mot tous les grands mystiques ne parlent pas là-dessus autrement que saint Jean de la Croix.

Et si, à la manière de Dante, nous interrogions des âmes de ce paradis, sur le chemin qu'elles ont dû suivre, sur les tribulations qui les ont assaillies, elles pourraient nous répondre en ce langage elliptique et symbolique, qui rendent et Dante et saint Jean de la Croix difficiles aux non-initiés :

> Pendant une nuit obscure,
> Embrasée d'un amour anxieux,
> O l'heureuse fortune!
> Je suis sortie furtivement
> Pendant que ma demeure était tranquillisée.

Sans parler de toutes les épreuves extérieures qui ne lui ont point manqué, cette âme ne nous raconte ici que des peines intérieures inhérentes à la contemplation mystique, à la purification, au dépouillement, à la nudité d'esprit qu'elle nécessite :

J'ai été pauvre et détachée de toute connaissance; mon intelligence a été obscurcie, ma volonté plongée dans l'angoisse, ma mémoire affligée, réduite. Je me suis abandonnée aux ténèbres de la pure foi : c'était bien pour moi une nuit obscure, que cet état de mes puissances naturelles. Par ma volonté, siège de douleur, des afflictions et des anxiétés de l'amour de Dieu, je suis sortie de moi-même, j'ai renoncé à mes conceptions basses, à mon amour affaibli, à mes goûts de Dieu misérables et imparfaits, sans être arrêtée par la sensualité ou par le démon. Mes puissances ont fini de s'anéantir et se sont calmées; mes passions et mes affections, fertiles auparavant en goûts

1. Sainte Thérèse, *Chem. de la Perfect.*, ch. 18. — *Château*, 6e dem., ch. 1, 2, 7, 11. Elle revient sans cesse sur les peines intérieures des contemplatifs.

sensibles et imparfaits, ont renoncé à de faibles opérations pour entrer dans un vrai commerce avec Dieu. Mon intelligence est sortie d'elle-même, s'est transformée, d'humaine qu'elle était, en divine. Unie à Dieu par cette purification, elle participe à la sagesse divine, et sa portée n'a plus de limites. Ma volonté est sortie d'elle-même pour être divinisée; unie au divin amour, elle n'aime plus d'une manière bornée et imparfaite, elle n'opère plus humainement à l'égard de Dieu, elle participe à la force et à la pureté du Saint-Esprit. Ma mémoire se perd dans les éternelles splendeurs de la gloire et se transforme aussi. Toutes mes forces enfin et toutes mes affections se plongent dans les délices des célestes puissances; c'est là le fruit de la purification du vieil homme que je viens de subir [1].

V

LES ÉPREUVES DES PLUS HAUTS ÉTATS MYSTIQUES

A tout le moins dans cette seconde nuit les consolations, plus abondantes, semblent compenser les peines. Dans la première nuit, la contemplation n'était qu'obscure, pour ainsi dire latente, et pas assez savoureuse pour voiler l'amertume des sécheresses et des ténèbres, et des tourments inévitables. Dans la seconde, l'union divine est plus manifeste. A vrai dire, les peines sont inséparables des étapes mystiques jusqu'à la 7e demeure de sainte Thérèse, jusqu'au mariage spirituel: cela apparaît peut-être encore plus clairement dans le *Cantique Spirituel*, où les délices spirituelles sont plus explicitement décrites, et d'où les tortures spirituelles ne sont point absentes. Qu'on parcoure seulement la table des matières, tout le long

1. *Op. cit.*, tome II, 275; str. I, ch. IV, *Nuit de l'esprit.*

des strophes jusqu'à la vingtième, on devine une poésie des douleurs et des joies alternées, surhumaines et inexprimables toutes deux. La possession du Bien-Aimé est le seul remède à la blessure d'amour. Celle-ci ne guérit vraiment que par la mort, si elle est bien tempérée par l'union parfaite, avant-goût de la béatitude.

Nous n'en apercevons que mieux le caractère sublime de ces douleurs, d'une âme éprise de Dieu, que l'infini de ses perfections pourra seul rassasier, qui a l'attrait de l'abîme éternellement insondable. La beauté des créatures sans raison, les inspirations des anges, et les enseignements des hommes, des impressions de grâce indéfinissables ont avivé cette plaie de l'amour divin. L'âme gémit de l'esclavage du corps, et sur sa route à la recherche du Dieu qu'elle aime, elle ne rencontre qu'obstacles, ennuis et souffrances de tout genre. Elle éprouve un désir immense de voir Dieu dans sa gloire, fût-ce au prix de mille morts. Cette soif de Dieu qui la dévore, et que rien ne peut étancher, lui fait subir avec bonheur les ténèbres intérieures et le martyre de purification que nous avons indiqués. Les premières faveurs ont beau croître jusqu'aux ravissements de l'extase, des souffrances violentes ne les accompagnent pas moins. Lassée de l'antagonisme violent de la chair et de l'esprit, des assauts multiples des esprits de ténèbres, l'âme a beau s'enfuir et se mettre en sûreté dans un profond recueillement, l'absence du Bien-Aimé ne la laisse point sans tourments. Et semblable à un roi déchu, dans la prison de son corps, l'âme doit surmonter sans cesse les impressions de la vie sensitive, jusqu'à ce que l'Epoux divin ait totalement calmé et transformé la cité de paix qu'elle doit être. C'est alors que Dieu se communiquera et se tiendra caché au centre le plus intime de l'âme.

Ne croyez pas cependant que cette intime possession exclue le prodige d'une douleur inexprimable associée à d'inexprimables délices. Parcourez plutôt les strophes et les commentaires de *la Vive flamme d'amour*. En cet état sublime qui décrit assurément une des plus hautes grâces reçues par une créature humaine, ce cri : O « délicieuse brûlure, ô plaie enivrante » se commente par de merveilleux hymnes à la douleur. C'est une « douce main », c'est une « touche délicate », qui a porté le coup; mais si le dard du Séraphin qui transperce l'âme a une délicatesse exquise, il a une puissance formidable, si forte qu'à saint François, il imprime des stigmates.

> Dieu n'accorde jamais aucune faveur au corps, sans l'avoir d'abord accordée à l'âme dans une bien plus large mesure. Alors plus les délices, plus la force de l'amour qui cause la blessure intérieure ont d'intensité, plus aussi la douleur de la plaie extérieure est grande; l'une croît en proportion de l'autre... Ces âmes purifiées ont acquis en Dieu une vigueur admirable. Aussi leur esprit est-il fortement trempé et enivré d'inexprimables joies dans la communication de l'Esprit de Dieu, qui possède à la fois une force et une douceur incomparables; tandis que la chair fragile et corruptible n'éprouve que douleur et tourments [1].

Le vif désir de posséder Dieu arrachait à saint Paul cet aveu enflammé, que, prêt aux plus grands travaux, il souhaitait pourtant voir se dissoudre son corps mortel pour s'unir au Christ : *Cupio dissolvi et esse cum Christo*... Ce sentiment survit en tous les grands contemplatifs, et leurs mots ne sont point de pieuses exagérations, des élans d'imagination, mais

1. *Vive Flamme*, str. II, p. 499. Oudin, 1903.

la traduction très inadéquate de ce qu'ils éprouvent. On peut croire en lisant le cantique de sainte Thérèse, sa glose sur le « Je me meurs de ne point mourir » [1], que c'est là un pieux jeu d'esprit, traité avec quelque grâce poétique, et quelque préciosité espagnole. Mais en se reportant au onzième chapitre de la sixième demeure, on a le contact immédiat d'une âme sincère qui s'analyse, d'une observation psychologique, dont les réalités dépassent l'expression.

La moindre pensée du retardement de la mort qui peut seule la délivrer de la prison de ce corps, pour aller jouir de son divin époux, est comme une flèche perçante, comme un trait enflammé, comme un coup de foudre, sans être rien de tout cela, parce que c'est beaucoup plus que tout ce que l'on saurait imaginer. Cette pensée pénètre l'âme jusque dans son centre... C'est un ravissement de tous les sens et de toutes les puissances qui les rend incapables d'autre chose... Ainsi quoique la personne que je sais s'être vue en cet état fut accoutumée à souffrir de très grands maux, elle ne pouvait s'empêcher de jeter des cris, parce que cette douleur qu'elle ressentait n'était pas dans le corps, mais dans le plus intérieur de son âme.

On peut même courir le risque d'en mourir.

Car encore que cela dure peu, toutes les parties du corps demeurent comme détachées les unes des autres ; et le pouls est tel qu'il serait si on allait rendre l'esprit, parce que la chaleur naturelle manque, et que celle de l'amour embrase l'âme de telle sorte que, pour peu que cela augmentât, elle jouirait de l'accomplissement de ses souhaits en abandonnant cette chair mortelle, pour s'aller unir éternellement à son Dieu. Elle ne sent néanmoins aucune douleur dans le corps, bien qu'il soit en l'état que je viens de dire, et que, durant deux ou trois jours, il en

1. Vivo sin vivir en mi
Y tan alta vida espero
Que muero porque no muero.

souffre de fort grandes, et soit encore si brisé que l'on n'a pas seulement la force de tenir une plume pour écrire.

L'âme se trouve dans une si grande solitude que toutes les compagnies du monde ne pourraient la diminuer, ni même tous les saints qui sont dans le ciel, n'y ayant que le saint des saints dont la présence puisse remplir ses désirs; tout lui fait de la peine, tout la tourmente; elle est comme une personne suspendue en l'air, qui ne peut poser le pied sur la terre ni s'élever vers le ciel; elle brûle de soif, et cette soif est d'une telle nature qu'il n'y a point d'eau ici-bas qui soit capable de l'éteindre, ni dont l'âme se voulût servir, quand même il y en aurait. La seule eau qu'elle souhaite est celle dont Notre Seigneur parla à la Samaritaine, mais il ne la lui donne point encore.

Mon Dieu, mon Sauveur, à quelle extrémité réduirez-vous ceux qui vous aiment véritablement? Mais qu'est-ce en comparaison de la manière dont vous les en récompensez? Peut-on acheter trop cher ce qui est sans prix? Et qu'y a-t-il qui approche du bonheur que c'est à une âme d'être purifiée pour pouvoir entrer dans la septième demeure [1] de même que l'on est purifié dans le purgatoire pour pouvoir entrer dans le ciel?

Or, quoique cette peine soit si grande qu'encore que la personne dont je parle en eût tant souffert de corporelles et de spirituelles, elle croyait qu'elle ne leur pouvait non plus être comparée qu'une goutte d'eau à toute la mer; elle en connaissait tellement le prix qu'elle se trouvait très indigne d'en être favorisée, sans néanmoins que cette connaissance la soulageât en aucune sorte ni l'empêchât de la souffrir très volontiers, si Dieu le voulait ainsi, quand même elle durerait autant que sa vie [2]; encore que l'on puisse dire avec vérité que ce n'est pas seulement comme mourir une fois, mais comme mourir à tous moments (6e dem., ch. 11) [3].

1. L'union transformante ou mariage spirituel.
2. Sainte Thérèse ajoute que cette peine ne dure pas plus de trois ou quatre heures dans l'extrême violence. On ne pourrait la supporter plus longtemps sans un miracle.
3. Arnaud d'Andilly, II, 287, *Chemin Perf.*, ch. 18.

Ceci pourra nous suffire pour esquisser la plus noble des souffrances humaines et nous introduire aux lumières, à l'amour jouissant, à ces sortes d'avances d'hoirie qui font des âmes élevées à l'union mystique une image du Paradis. Nous comprenons que ce calice de douleurs est ce même breuvage enivrant d'amour et de joie. Et par là apparaît la témérité de ceux qui envient aux grands saints leurs consolations sans songer qu'ils seraient rebutés par leurs croix. La générosité d'âme seule aidée du secours divin peut les porter. Les contemplatifs, disait sainte Thérèse à celles de ses filles qui n'étaient pas conduites par ce chemin d'oraison, « ne portent pas des croix moins pesantes que les vôtres, et vous seriez épouvantées si vous voyiez la manière dont Dieu les traite... Il les mène par un chemin si âpre et si rude qu'ils ont besoin de recevoir de sa bonté quelque rafraîchissement pour les soutenir ». Or ce vin fort et puissant qui leur infuse le courage sans les laisser s'absorber dans la pensée de leurs douleurs c'est la consolation paradisiaque de lumière, d'amour et de joie où nous allons entrer. Nous y retrouverons même cet apparent paradoxe de la joie dans la douleur, que saint François d'Asisse appelait la joie parfaite, la joie dans les contradictions, et sous les injures, ce que nous pourrions appeler le *Te Deum* sur la croix.

CHAPITRE II

La Lumière

La lumière du Paradis. — La lumière infuse, connaissance surnaturelle et merveilleuse des saints. Comment croît la lumière dans les états mystiques. — L'attention amoureuse à Dieu. — L'éveil des sens spirituels. — La grande ténèbre. — La nuit obscure. — Les lumières des ravissements et des extases. Les mystiques.

I

LA LUMIÈRE SYMBOLIQUE, CONFORTANTE, RÉSERVÉE A UNE ÉLITE

Une expression revient souvent sous la plume de sainte Gertrude, quand elle parle du ciel, de la Sainte Trinité : *fulgidae semperque tranquillae Trinitatis.* L'éclat et la sérénité, voilà l'impression qui persévère. Ainsi de l'âme si parfaitement unie à Dieu qu'elle est dite sa demeure, son temple, son paradis sur terre. Plénitude de lumière en son esprit, repos dans l'amour pour sa volonté, ce double aspect s'impose aux peintres de cette merveille de Dieu. Une tercine de Dante condense ainsi toute une doctrine que les images mettent seulement mieux en relief :

O luce intellectual bien pien d'amore !
Amor di vero ben pien di letizia!
Letizia che trascende ogni dolzore! (*Par.*, XXX.)

Le *Paradiso* de Dante est tout lumière : il suffit de le rappeler. Les âmes y sont appelées des gloires, des splendeurs, elles se pressent, elles tourbillonnent comme des étincelles. « Comme des vapeurs glacées tombent en flocons de neige du haut de l'air, lorsque la corne de la chèvre touche le soleil, dit le poète, ainsi je vis l'éther se remplir et floconner de clartés triomphales. » Jésus se servait de cette image : « Les justes brilleront comme le soleil, dans le royaume de mon Père. » Et au livre de la Sagesse les feux follets qui scintillent entre les roseaux symbolisent les allées et venues des élus : *tanquam scintillae in arundineto discurrent.*

L'imagination du poète varie à l'infini cette même vision. Ici plus de mille splendeurs vivantes accourent, « tels, dans un étang tranquille et pur, les poissons courent au devant de ce qui vient du dehors, jeté de manière qu'ils croient y trouver leur pâture ». Là les saints docteurs forment, autour de lui et de Béatrix, comme une double guirlande de clartés, qui tourne avec une suave harmonie. Ailleurs c'est une croix lumineuse formée de splendeurs animées, où retentit un hosannah au Christ. Plus loin « comme des oiseaux qui se lèvent sur les rivières et qui se jouent avec leur pâture se forment tantôt en cercle, tantôt en files, ainsi les saintes créatures voletaient et chantaient, figurant dans leurs ébats tantôt un D, tantôt un I, tantôt un L, et elles écrivent ainsi : *Diligite justitiam qui judicatis terram.* Puis elles lui offrent l'image d'un aigle, symbole de l'empire.

Les âmes contemplatives lui apparaissent :

Je vis une échelle, dit-il, ayant la couleur de l'or qu'un

1. *Par.*, V, X, XIV, etc.

rayon de soleil a frappé, et tellement élevée que mon regard ne pouvait la suivre; je vis encore descendre par degrés des splendeurs si nombreuses que toutes les étoiles du ciel me parurent ruisseler le long de cette échelle. Et comme, suivant leur usage, des corneilles s'agitent ensemble, à la naissance du jour, pour réchauffer leurs ailes froides; puis les unes partent et ne reviennent pas, les autres revolent au lieu d'où elles sont parties, d'autres enfin s'arrêtent en tournant; ainsi me parurent faire ces clartés qui descendirent ensemble, jusqu'à ce que chacune d'elles s'arrête sur son degré; et celle qui se trouva le plus près de moi devint éblouissante...

Toute cette profusion de lumière est-elle distribuée sans ordre? Est-ce un éblouissement sans but, une fantasmagorie audacieuse, qui ne dit rien à l'intelligence? Ou bien sommes-nous en présence de symboles pleins de sens, où l'idée veut être cherchée sous les voiles?

Disons tout de suite que *les poètes de l'antiquité* indiquent à peine un semblable rayonnement, même dans leurs Champs-Elysées. Virgile n'a qu'un léger trait, l'éther immense revêt de pourpre lumineuse la campagne :

> *Largior hic campos æther et lumine vestit*
> *Purpureo*... (*Æen.*, VI, 640.)

Tout au contraire, cette même peinture est-elle reprise par une plume chrétienne, Télémaque va retrouver, même en paradis païen, quelque chose de cet éclat qui surabonde dans les sphères dantesques. Il entrevoit la douce et pure lumière du séjour des héros, et son courage renaît peu à peu. Il décrit les gazons, les ruisseaux, la fraîcheur, le doux chant des oiseaux, les fleurs, les fruits, dont s'orne cet heureux séjour de la paix. « Le jour n'y finit point, dit-il, et la nuit avec ses sombres voiles y est inconnue; une lumière pure et douce se répand autour des corps de ces hommes justes, et les environne de ses rayons comme d'un vêtement. »

Cette lumière n'est point semblable à la lumière sombre qui éclaire les yeux des misérables mortels et qui n'est que ténèbres ; c'est plutôt une gloire céleste qu'une lumière : elle pénètre plus subtilement les corps les plus épais que les rayons du soleil ne pénètrent le plus pur cristal : elle n'éblouit jamais ; au contraire, elle fortifie les yeux et porte dans le fond de l'âme je ne sais quelle sérénité : c'est d'elle seule que les hommes bienheureux sont nourris; elle sort d'eux, elle y entre ; elle les pénètre, et s'incorpore à eux comme les aliments s'incorporent à nous. Ils la voient, ils la sentent, ils la respirent ; elle fait naître en eux une source intarissable de paix et de joie : ils sont plongés dans cet abime de joie comme les poissons dans la mer. Ils ne veulent plus rien ; ils ont tout sans rien avoir, car ce goût de lumière pure apaise la faim de leur cœur ; tous leurs désirs sont rassasiés, et leur plénitude les élève au-dessus de tout ce que les hommes vides et affamés cherchent sur la terre : toutes les délices qui les environnent ne leur sont rien, parce que le comble de la félicité qui vient du dedans ne leur laisse aucun sentiment pour tout ce qu'ils voient de délicieux au dehors.

Si Fénelon n'avait été un évêque chrétien, occupé à d'ingénieuses fictions, son Télémaque n'aurait sans doute point si bien parlé de l'éclat des héros transformés et glorifiés. Et ne retrouvons-nous pas en ces pages, comme dans les tercines dantesques, des reflets des grâces mystiques chez les saints, et des enseignements de la théologie chrétienne ?

Les littératures de l'Egypte ou de l'Inde, il est vrai, ne manquent point en chants poétiques pour célébrer la lumière. C'est une comparaison très familière à l'antiquité la plus reculée, dira-t-on, pour peindre le divin et ses manifestations, dans le monde ou dans les âmes. La religion de l'Egypte est mal connue, mais un point certain est le culte solaire dont on trouve l'expression en des hymnes à Ammon-Râ. La doctrine des brahmanes, et la collection des hymnes du Rig-Veda nous montreraient aussi, dans les nombreuses divinités védiques, des personnifications des puissances de la nature, émanant d'une source commune que l'on identifie avec la lumière. Agni est la lumière, est-il dit dans une stance du Sâman, la lumière est Agni ; Indra est la lumière, la lumière est Indra ; le Soleil est la lumière, la lumière est le Soleil. » Le nom même de Deva, origine des mots qui désignent la divinité dans les langues grecques, latines et leurs dérivées, signifie lumineux, resplendissant.

Quoi qu'il en soit de ces curieuses dérivations, il faut marquer un abîme entre le langage védique, ou les hymnes égyptiens, et la poésie de l'Alighieri ou les récits des visions des saints. La lumière est en effet, aux yeux des sectateurs de la religion védique, non pas le symbole, mais l'essence et le fond même de la nature divine; non pas cette lumière intelligible qui serait le monde des esprits, et dont parlait si magnifiquement Platon, mais la lumière matérielle qui éclaire le monde sensible. Ici, l'imagination a détrôné la raison, l'image, qui ailleurs illustre la doctrine et le monde mental, a tout matérialisé, tout rabaissé au niveau des sens.

Dante, au contraire, inonde son Paradis d'une lumière, dont la clarté va toujours croissant, mais lumière incorporelle, il ne cesse de nous en avertir, lumière intellectuelle, pleine d'amour du vrai, lumière qui fortifie son regard, dont les rayons pénètrent et transforment tout son être, et le dotent de puissances nouvelles. Sans approfondir en ce moment les enseignements de la théologie, on peut tout au moins indiquer en passant et comme au vol un sens fécond et caché sous les métaphores et les allégories, sens légitime et fondé sur des analogies toutes mystérieuses.

Les théologiens appellent lumière de gloire ce don surnaturel qui nous rend capables de la vision béatifique. Pour atteindre un acte aussi sublime, l'âme est unie d'une certaine manière ineffable à Dieu lui-même en sorte que, selon les mots de l'école, l'essence même de Dieu devient la forme intelligible de l'intellect, elle le détermine, elle le spécifie pour cette vision. Cet accroissement de facultés visuelles de l'âme fait donner à cette opération le nom de lumière. *In lumine tuo videbimus lumen*, dit le psalmiste [1].

Contentons-nous d'indiquer toute une étude, pleine de charme et de science, sur ces métaphores de l'école : lumière de l'intellect agent, lumière de grâce, lumière de gloire. Une brève citation d'un maître en spiritualité mystique, comme en théologie dogmatique, Lessius, suffira à l'esquisser.

1. S. Thom , 1 a, q. 12, a. 5. — Cardinal Zigliara. *De la lumière intellectuelle pour la connaissance naturelle.* — Lessius, *De Summo Bono.* II, ch. VIII, pour la vision béatifique, et la lumière

Cette lumière, dit-il, est une irradiation suprême, et une participation de cette clarté par laquelle Dieu se voit, et qui élève l'intellect à un état divin et le rend déiforme. Si en effet le soleil de ce monde corporel peut illustrer les nuages convenablement disposés, en sorte que ceux-ci brillent comme le soleil, et qu'ils semblent et sont nommés des soleils (soles parelios), combien plus Dieu, qui est le soleil du monde incorporel, pourra-t-il irradier de son éclat fulgurant les esprits raisonnables comme des nuages spirituels, en sorte qu'ils lui soient tout à fait semblables, et pareils à des dieux resplendissant d'une divine lumière. Car selon le mot de saint Grégoire de Nazianze, ce qu'est le soleil dans le monde sensible, Dieu l'est dans le monde des intelligences. C'est donc par analogie avec ces choses corporelles qu'il nous faut concevoir et expliquer les spirituelles.

Cette *lumière de paradis*, Dante en parle *tantôt comme d'une vertu fortifiante de son regard intellectuel, tantôt comme d'une manifestation objective du divin dans les âmes* ou en la divine essence même. Et il ne cesse de revenir sur la difficulté d'exprimer des vérités si hautes :

La gloire de celui qui meut tout pénètre et resplendit dans l'univers, un peu plus dans une partie, et un peu moins dans une autre. Je suis monté dans le ciel, qui reçoit le plus de sa lumière, et j'ai vu des choses que ne sait ni ne peut redire celui qui descend de là haut. Car notre intelligence, se rapprochant du but de ses désirs, s'enfonce en telles profondeurs que la mémoire ne peut revenir en arrière (*Par.*, I).

Les saints mystiques ne cessent depuis saint Paul de gémir pareillement sur l'ineffabilité de ces arcanes

de gloire. — S. F. de Sales. *Traité de l'Amour de Dieu*, liv. III, ch. XIV.

contemplés. Angèle de Foligno dicte à son secrétaire, le frère Armand, elle s'interrompt.

Je blasphème, s'écrie-t-elle. Les paroles que vous avez écrites servent tout au plus à me rappeler de loin le souvenir de celles que j'ai entendues. Mais si je ne voyais les choses dans la lumière intérieure, ce que vous avez écrit là ne m'en donnerait pas la moindre idée. Tout ce qu'il y a de bas et d'insignifiant dans mes paroles, vous l'avez écrit, mais la substance précieuse, la chose de l'âme, vous n'en avez pas dit un mot.

Dante ne cesse de peindre cette impuissance, et de faire appel à l'élite, qui seule peut le suivre désormais; une élite seule entre dans les voies mystiques. Là encore son langage concorde bien avec celui des saints privilégiés comme les Thérèse d'Avila et les Jean de la Croix.

O vous qui, désireux d'entendre, avez suivi dans une petite barque mon navire lancé sur les flots, en chantant, revénez-vous-en pour voir vos rivages. Ne vous hasardez pas dans la haute mer, parce que peut-être en me perdant vous resteriez égarés... Vous autres, en petit nombre, qui avez tendu le cou de bonne heure au pain des anges, dont on vit ici, mais dont on ne se rassasie pas, vous pouvez bien mettre votre navire sur la pleine mer, en suivant le sillon que je trace dans les ondes qui se referment derrière moi (*Par.*, I).

II

VISION DE PLUS EN PLUS LUMINEUSE

Le premier phénomène mystique, qui fixe l'attention, réconforte aussi la vue du Pèlerin. « De même, dit-il, qu'un éclair subit brise les forces visuelles et rend l'œil impuissant à apercevoir les plus forts objets, ainsi je fus entouré d'une vive lumière, et elle me laissa tellement couvert du voile de ses rayons que je ne pouvais plus rien voir. » C'est l'obscurité de la nuit mystique dont il nous faut noter ici l'analogie au passage.

— L'Amour duquel naît la paix de ce ciel accueillent ceux qui viennent avec un pareil salut, afin de préparer le cierge à brûler de sa flamme.

Je n'eus pas plus tôt entendu ces courtes paroles, que je me sentis *au-dessus de mes forces*, et je fus *doué d'une vue nouvelle* tellement puissante qu'il n'y avait aucune clarté si pure dont mes yeux ne pussent supporter l'éclat. Et je vis une lumière qui était comme un fleuve éblouissant de splendeurs, entre deux rives émaillées par un printemps merveilleux. De ce fleuve jaillissaient de vives étincelles, qui s'éparpillaient de tous côtés sur les fleurs, comme des rubis enchâssés dans l'or. Puis, comme enivrées de ces parfums, elles se replongeaient dans le fleuve admirable, et lorsqu'une y entrait, une autre en sortait (*Par.*, XXX).

Il faut qu'il boive de cette eau comme jadis nous l'avons déjà vu plongé, après ses aveux, aux rives de l'Eunoé, dans un renouveau d'âme pénitente. Ici l'âme ornée de vertus va baigner plus avant dans les eaux de la grâce contemplative. La rivière, et les topazes qui entrent et qui sortent, et les gazons qui sourient, ce sont des préludes qui voilent encore la vérité. Ainsi beaucoup de grâces mystiques encore mêlées d'images préludent aux dons plus secrets auxquels Dieu a dessein d'introduire.

Et plus avide que l'enfant réveillé tard qui se jette rapidement pour presser de ses lèvres le lait maternel, le pèlerin, pour fortifier son regard, se penche sur « ces eaux qui coulent pour qu'on y puise plus de perfection ».

Et lorsque le bord de mes paupières s'y fut plongé, dit-il, je vis ce fleuve, de long qu'il était, devenir rond. Puis, comme des gens cachés sous le masque paraissent autres qu'ils n'étaient d'abord, s'ils dépouillent l'aspect étranger sous lequel ils étaient couverts, ainsi se transformèrent en une plus grande joie les fleurs et les étincelles, et j'aperçus sans voile les deux cours du ciel.

O splendeur de Dieu ! par laquelle je fus témoin du triomphe sublime du royaume de vérité, donne-moi la force de le raconter comme je le vis.

Il est là-haut une lumière qui rend le Créateur visible à ces créatures dont la paix consiste à le contempler, et elle s'étend en une figure circulaire si démesurée que sa circonférence serait une ceinture trop grande pour le soleil. Ce qui apparaît d'elle n'est qu'un rayon réfléchi sur le sommet du premier mobile, qui en reçoit sa vie et sa puissance.

Nous commençons de l'apercevoir, cette lumière qui fortifie, donne la puissance de voir la lumière, et de pénétrer ainsi dans la connaissance des choses divines, et c'est toute la marche des unions mystiques ou paradisiaques. Dès le premier chant du *Paradis*, quand l'attention est portée vers les sphères éternelles pour l'harmonie qui les modère et les dirige, les premières lumières entrevues font désirer d'en savoir davantage.

Je vis les flammes du soleil embraser une si grande étendue du ciel, que jamais ni pluie, ni rivière ne produisirent un lac si immense. Ces sons nouveaux et cette grande lumière allumèrent en moi un tel désir de connaître leur cause que je n'en avais jamais senti d'aussi poignant (*Par.*, I).

Et peu à peu les vérités de tout ordre se révèlent à son regard, l'ordre du monde, l'attrait des choses vers leur centre qui est Dieu.

Toutes les natures marchent par diverses voies, plus ou

moins rapprochées de leur but; et elles se dirigent vers des ports différents, par la grande mer de l'être, conduite chacune par l'instinct qui lui a été donné. C'est lui qui porte le feu vers la lune, c'est lui qui est le moteur des cœurs humains, c'est lui qui rassemble et qui réunit les parties de la terre. Et non seulement les créatures qui sont hors de l'intelligence, mais encore celles qui ont la raison et l'amour (*Par.*, I).

Et le Pèlerin comprend que cet ordre est la forme par laquelle l'univers ressemble à Dieu.

Sans doute ces lumières des vérités qui lui sont données en passant de sphère en sphère ne dépassent pas l'ordre de la foi éclairée par la science théologique, mais elles pénètrent son âme d'une façon plus intime. Tantôt Béatrix, tantôt les âmes des saints, des héros, des docteurs avec qui il s'entretient font descendre les vérités jusqu'au fond de son âme, et se réjouissent de l'instruire. Et leur joie est encore une splendeur plus vive. « Comme une fine escarboucle frappée par le soleil, la joie s'exprime dans le ciel par un éclat plus vif, comme par le rire sur la terre; mais dans l'abîme, l'ombre se rembrunit au dehors, selon que l'âme est triste. »

Mais que sont toutes ces connaissances les plus hautes, si elles ne s'imprègnent du divin qui porte au Dieu suprême ; et que sont toutes les grâces reçues comparées au don de Dieu lui-même? C'est là surtout la grande lumière, qui se répand sur tous les ciels, en toutes les sphères, et à laquelle conduisent les précieuses lumières de la contemplation.

Aussi en avançant dans ce voyage, et dans ces rencontres dont il faut relire la suite dans les admirables chants du *Paradiso* [1], le regard s'affermit, et les dévoi-

1. Il est vraiment puéril de préférer les beautés de l'*Inferno*,

lements de la vérité sont de plus en plus éblouissants jusqu'à ce que le Pèlerin soit entraîné « comme un homme qui se tait et qui voudrait parler, vers le centre doré de la rose éternelle, dont les feuilles s'épanouissent, se superposent, et exhalent un parfum de louanges au Soleil, cause d'un printemps éternel. « C'est l'assemblée de toutes les âmes que notre humanité a envoyées dans le ciel, qui, penchées sur un fleuve de lumière, s'y mirent sur plus de mille degrés. Les deux milices des élus et des anges lui apparaissent sous ces deux symboles de la rose éblouissante, et des esprits au visage et aux ailes d'or qui plongent et remontent et reviennent « épandre, en secouant leurs ailes, la paix et l'ardeur qu'ils viennent de puiser dans le sein de Dieu » (*Par.*, XXXI).

Saint Bernard, le contemplateur mystique, va, par l'intercession de la Reine du ciel, obtenir au Pèlerin la grâce souveraine de l'union divine directe. Humble et joyeux, plein d'admiration comme celui qui, venu de Croatie pour voir la Vraie Image du Christ qu'on vénère à Rome sur le voile sacré, « ne se rassasie pas à cause de son ancienne réputation », mais il dit dans sa pensée, aussi longtemps qu'il la voit : « O mon Seigneur Jésus-Christ! Dieu véritable, votre saint visage était donc ainsi! « tel j'étais », nous dit le poète, « en admirant la charité ardente de celui qui, dans ses extases terrestres, eut un avant-goût de cette paix ».

Le guide de l'extase finale lui montre les élus, le triomphe de la Vierge Marie, ils la prient ensemble en ces tercets sublimes que nous avons relus en par-

et de réduire là le chef-d'œuvre de l'Alighieri. On en revient. Mais jadis on en était à cette courte vue. (Voir *De Dante à Verlaine*. Etudes dantesques en France.)

lant des Esprits et de leur Reine; « les yeux que Dieu a aimés et respectés » s'abaissèrent vers eux pour exaucer leur sainte oraison : et se portèrent ensuite vers l'éternellé clarté.

« Bernard m'invitait en souriant à regarder en haut », continue Dante bientôt approché du but de tous ses vœux, « mais j'avais déjà levé les yeux comme il le voulait, et ma vue en s'épurant pénétrait de plus en plus dans le rayon de la haute lumière où tout est vérité ». Dès ce moment, sa contemplation fut au-dessus de ses paroles, qui ne peuvent rendre ce qu'il vit, et la mémoire reste écrasée par tant de grandeur.

Comme celui qui voit quelque chose en rêve, et qui après son rêve n'en garde que l'impression, et ne se souvient plus de rien, tel je suis, car toute ma vision a presque disparu, et je sens encore distiller dans mon cœur la suavité qui naquit d'elle ; ainsi la neige fond au soleil, ainsi se dispersaient au vent les sentiments de la sibylle, gravés sur des feuilles légères.

O lumière suprême ! qui t'élèves tant au-dessus des pensées des mortels !... Je crois que j'aurais été ébloui par la lumière pénétrante de ces rayons, si j'en avais détourné mes yeux, et je me rappelle que cela m'enhardit à persévérer jusqu'à ce que mon regard eût atteint la puissance infinie.

O grâce abondante ! par laquelle j'osai plonger mon regard si avant dans l'éternelle lumière, que j'y consumai ma vue.

Je vis dans sa profondeur l'amour réunir comme en un volume ce qui s'éparpille en feuillets sur l'univers, la substance, l'accident et leurs modes rassemblés entre eux, de telle manière que ce que j'en dis n'en est qu'une faible lueur. Je crois que j'aperçus la forme universelle de ce nœud, car je me sens plus joyeux et plus épanoui en disant ceci... Mon esprit absorbé admirait, immobile et attentif, et puisait dans cette admiration une ardeur nouvelle. Tel est l'effet de cette lumière, que nul ne peut consentir à en détourner les yeux pour les porter sur d'autres objets; car le bien, qui est le but de notre volonté, est tout entier en elle, et ce qu'elle renferme, parfait en elle, est plein de défauts en dehors.

Ma parole [1] sera désormais plus impuissante pour retracer les choses dont je me souviens, que la langue de l'enfant qu'humecte encore la mamelle. Non point qu'il y eût plus d'un seul aspect dans la vive lumière que je contemplais, et qui est toujours ce qu'elle était auparavant; mais à cause de ma vue qui se fortifiait en moi, en regardant, cet aspect unique, à mesure que je me changeais, se développait pour moi. Dans la profonde et transparente substance de la sainte lumière m'apparurent trois cercles de trois couleurs et d'une seule circonférence, et l'un était reflété par l'autre comme Iris par Iris, et le troisième semblait un feu sorti également de l'un et de l'autre.

O que ma parole est faible et reste au-dessus de ma pensée ! elle est si peu auprès de ce que j'ai vu que ce n'est même pas assez de dire peu !

O lumière éternelle qui seule reposes en toi, qui seule te comprends, et qui, comprise de toi et te comprenant, t'aimes et te souris !

III

LES LUMIÈRES INFUSES DE MYSTIQUES

Nous trouverons aisément de semblables peintures chez les mystiques : ouvrons, par exemple, les visions de la vénérable Marine d'Escobar, où la lumière divine, sous différents symboles, vient de plus en plus profondément l'immerger en Dieu. Choisissons la vision du fleuve divin, très particulièrement dantesque autant que mystique :

1. Notons que cette vision imaginée nous offre plusieurs détails sur lesquels nous pourrons revenir dans *la Critique des faits mystiques*, au point de vue de la science psychologique, et qui sont d'une grande précision et d'une grande exactitude comme une observation personnelle de mystique v. g. sur l'attention, la suavité, le rapport de l'amour et de la connaissance : autant de problèmes que nous discuterons plus tard.

Les anges, dit-elle, s'approchèrent de mon âme, et la dégagèrent des sens. Je me trouvai devant la céleste Jérusalem, qui était entourée par un fleuve d'une grandeur démesurée, très beau, très brillant. Ses rives étaient ombreuses, charmantes, et remplies d'anges saints, qui chantaient admirablement en s'accompagnant sur des instruments. Ils répétaient : gloire à Dieu au plus haut des cieux! De ce fleuve partaient çà et là des canaux ou ruisseaux, par où l'eau céleste s'écoulait et tombait sur la terre. Elle y arrivait comme une rosée, et sa divine influence réconfortait les âmes des justes.

Cette vision dura longtemps; puis subitement les anges me déposèrent sur le bord de ce fleuve grand et mystérieux. Soudain ils m'y plongèrent très profondément, et alors me fut accordée une connaissance grande et extraordinaire de la grandeur de Dieu, de sa toute-puissance, de sa sagesse et de son immensité. Tout d'un coup, les anges me dirent à haute voix : « Y a-t-il quelque chose de plus? » Mon âme fut alors éclairée d'une connaissance lui montrant que ce qu'elle voyait dans l'immensité divine était bien peu en comparaison de l'infinité des choses qui restaient à connaître.

Son admiration lui faisant oublier ce qu'elle venait de voir, elle s'écria : « Oui, il y a quelque chose de plus! » Et dans son enthousiasme, elle répétait d'une voix de plus en plus haute et rapide : « Il y a quelque chose de plus! »

Ensuite les anges m'immergèrent plus profondément dans le fleuve, et j'eus une lumière plus grande, une connaissance plus parfaite de l'essence de Dieu et de la ténèbre divine. Les anges répétèrent leur question sur un ton plus élevé : « Y a-t-il quelque chose de plus? » Après avoir été bien illuminée et avoir connu plus qu'auparavant, je répondis encore : « Oui, il y a quelque chose de plus! »

Une troisième fois, les anges me plongèrent jusqu'au fond et dans les abîmes du mystère, et redemandèrent, toujours en haussant la voix : « Y a-t-il quelque chose de plus?.. » Mon âme, de plus en plus éclairée, et connaissant davantage l'être divin, ne fit plus attention qu'à l'infinité de choses qui lui restaient à connaître, et répondit : « Oui, il y a quelque chose de plus. »

Alors les anges me tirèrent de cette mer profonde et mystique, puis, m'élevant par trois fois à des hauteurs de plus en plus grandes, ils me répétaient la mystérieuse demande : « Y a-t-il quelque chose de plus? » Mon âme recevait une lumière et une connaissance toujours croissantes; elle était perdue, submergée dans l'être divin, et s'écriait : « Ah! mille fois oui, il y a quelque chose de plus! »

Enfin les anges m'enlevèrent à je ne sais quelle lumière infinie et incompréhensible, à une immensité de biens, qu'aucune langue ne peut traduire. Là, ce fut comme un éclair, ou comme si un rideau se tirait pour laisser apercevoir d'admirables trésors et se refermait subitement, Dieu me montra ainsi l'immensité infinie et incompréhensible de son être, mais ma petite capacité ne pouvait supporter tout ce qu'elle vit en un instant; mes forces défaillirent, et tout mon corps se mit à trembler. En un clin d'œil les anges me saisirent, me ranimèrent, et me ramenèrent dans ma cellule [1].

En vain demanderions-nous à une plume plus experte, à sainte Thérèse par exemple, de nous peindre mieux l'impression que lui causait cette lumière : elle s'y efforce, mais le sentiment analysé, elle le comprend, n'est plus qu'une fleur desséchée dans un herbier; et les vérités et les beautés entrevues se peuvent mieux goûter et pressentir en des symboles, qu'exprimer par des mots. « Quand bien même je me serais efforcée, durant des années entières, de me figurer une beauté si ravissante, jamais je n'aurais pu

1. T. I, l. III, ch. I, cité Poulain : *Grâces d'oraison*, page 266 (c'est-à-dire, 3e partie, ch. XVIII), où l'on pourra lire des récits analogues : l'Océan divin, la tour divine, les trois montagnes et les trois éclairs.

en venir à bout, tant sa seule blancheur et son éclat surpassent tout ce que l'on peut s'en imaginer ici-bas. » Ainsi parle-t-elle de l'humanité glorieuse de Notre Seigneur.

C'est un éclat qui n'éblouit point ; c'est une blancheur ineffablement pure et suave tout ensemble : c'est une splendeur infuse qui cause à la vie un indicible plaisir, sans ombre de fatigue ; c'est une clarté qui rend l'âme capable de voir cette beauté si divine ; c'est une lumière infiniment différente de celle d'ici-bas, et auprès de ses rayons qui inondent l'œil ravi de l'âme, ceux du soleil perdent tellement leur lustre qu'on voudrait ne plus les regarder.

Il y a la même différence entre ces deux lumières qu'entre une eau très limpide qui coulerait sur le cristal et dans laquelle se réfléchirait le soleil, et une eau très trouble qui coulerait sur la surface de la terre et qui serait couverte d'un épais nuage. Mais cette divine lumière ne ressemble en rien à celle du soleil ; elle seule paraît à l'âme une lumière naturelle, tandis que celle de cet astre ne lui semble en comparaison que quelque chose d'artificiel. Cette lumière est comme un jour sans nuit, toujours éclatant, toujours radieux, sans que rien soit capable de l'obscurcir. Enfin elle est telle que l'esprit le plus pénétrant, même après les efforts d'une longue vie, ne pourrait jamais s'en former une idée [1].

Les mêmes splendeurs et les mêmes efforts à les décrire nous les trouvons en maintes pages semblables, que ce soit la Vierge qui apparaisse, en robe éblouissante et d'une incomparable blancheur, — ou la Divinité comme un diamant d'une transparence limpide et beaucoup plus grand que le monde, où se voit chacune de nos actions, mais d'une manière si sublime que les termes manquent pour l'exprimer — ou encore le Paradis entrouvert, dans une admiration et

1. *Vie*, XXVIII, Bouix, p. 301 ; — *ib.*, XXXIII, p. 391 ; — *ib.* XXXVIII, pp. 473 et 479 ; — XL, p. 514 ; — XXXIX, p. 501 ; — p. 505.

une suavité de délices, et un éclat de lumière ineffable ; — ou la colombe « aux ailes formées comme d'écailles de nacre qui jetaient une vive splendeur », et dont le bruissement ravit la sainte en extase, dans un repos céleste.

Faut-il vous offrir encore une fois les balbutiements d'une Sainte de génie, à comparer aux balbutiements d'un poète de génie, devant le rayonnement de la gloire de Dieu :

Le ciel qui, les autres fois, ne s'était ouvert que par une porte, dit la sainte, s'ouvrit à mes yeux dans toute son étendue : et alors parut à ma vue le trône, dont je vous ai parlé ; au-dessus de ce trône j'en aperçus un autre, où sans rien voir, et par une connaissance qui ne se peut exprimer, je compris que résidait la divinité. Ce trône était soutenu par des animaux mystérieux dont j'avais entendu expliquer les figures ; et je m'imaginai que c'étaient les évangélistes ; mais je ne pus voir, ni comment il était fait, ni qui y siégeait. Je vis seulement une grande multitude d'anges, qui me semblèrent incomparablement plus beaux que ceux que j'avais auparavant vus dans le ciel. Je pensai que c'étaient des chérubins ou des séraphins, parce que leur gloire, comme je viens de le dire, l'emporte de beaucoup sur celle des autres, et ils paraissaient tout enflammés. Le bonheur céleste dont je me sentis inondée ne se peut exprimer ; c'est quelque chose d'ineffable ; et à moins de l'avoir ressenti on ne peut s'en former aucune idée. Je compris que tout le bien qu'on peut souhaiter se rencontrait là, et, néanmoins, je ne vis rien. Il me fut dit, par qui, je l'ignore, que ce qui était alors uniquement en mon pouvoir était de comprendre que je ne pouvais rien comprendre, et de considérer comment toutes choses ne sont qu'un pur néant en comparaison de ce bien invisible.

IV

LES CONNAISSANCES MYSTIQUES

Bref, le génie du poète ou des saints nous peint une impression surhumaine, sans pouvoir exprimer de la connaissance acquise presque autre chose qu'une admiration révérente et extasiée. De moindres communications nous paraissent parfois plus merveilleuses, leurs effets sont mieux proportionnés à l'exiguité de notre esprit profane. L'âme-paradis, l'âme unie étroitement à Dieu, puise, dans cette étroite familiarité, des connaissances supérieures, ou acquises sans efforts, dans l'ordre plus humble du savoir humain. Ainsi de la sœur converse Anne de Saint-Barthélemy. Sainte Thérèse lui ordonne de copier ses lettres, depuis ce temps la bonne fille sut écrire sans avoir jamais appris. Avec la même soudaineté, sainte Catherine de Sienne, fille d'un teinturier sans instruction, put lire son Psautier, sur la prière qu'elle en fit à son visiteur divin. Le Père Maunoir, S. J., eut la connaissance infuse du bas-breton.

Ce ne sont là que des gracieusetés divines qui nous font sourire, et les communications familières avec Dieu ornent l'âme de connaissances bien autrement relevées. Saint Pierre Claver, pendant sa théologie, n'allait-il pas consulter sur les plus hautes questions l'humble portier du collège de Majorque, saint Alphonse Rodriguez, et n'était-il pas confondu de la sublimité de ses réponses ?

De même Ruysbroeck l'admirable, le solitaire de la Vallée Verte, était un homme ignorant qui ne savait seulement pas le latin, nous dit Denys le Chartreux. Mais la science surnaturelle lui fut donnée en partage. Il écrivit « dans un idiome vulgaire les plus délicates et les plus profondes vérités avec une sublimité telle que les plus excellents professeurs de la sacrée théologie, avouant leur immense infériorité, éperdus d'admiration, n'ont plus d'haleine en sa présence[1] ». Vers l'âge de soixante ans il s'était retiré dans la solitude. Quand il sentait en lui, dit Surius, les splendeurs de l'inspiration, il allait seul au cœur de la forêt ; quand il avait puisé aux sources de l'Esprit, il écrivait ce qui se présentait. Voilà comment cet ignorant fut soulevé au-dessus des plus grands maîtres.

Ces effets manifestes d'une science transcendante nous aident à concevoir l'étendue et la profondeur des lumières infuses en ces âmes, alors même qu'elles ne nous en livrent guère qu'un retentissement ou mieux un reflet admiratif. Ils nous inclinent aussi à les croire lorsqu'elles nous parlent de connaissances supérieures dont elles jouissent sans avoir de termes pour les rendre. Le changement de leur âme, les vertus remarquables qu'y laisse le passage divin, corroborent leurs attestations.

Nul mieux que saint Jean de la Croix n'a élucidé cette grande idée familière aux mystiques depuis saint Denys dit l'Aréopagite : la lumière divine nous semble un rayon de ténèbres, nous entrons dans l'obscurité divine. C'est ce que le docteur extatique appelle la nuit obscure. Non que Dieu soit ténèbres, loin de là ! Mais ses perfections surpassent les puissances de

1. Cf. de Bonniot, S. J., *Miracle et contrefaçons*, p. 343.

l'âme éblouie. Le hibou ne peut supporter l'éclat du jour; le soleil éblouit nos yeux quand, malgré notre faiblesse, nous voulons le regarder en face. Cette obscurité lumineuse tient donc en partie à l'imperfection de notre esprit qui la reçoit; en partie à la perfection du rayon divin, plus dégagé de tous les reflets sensibles qui le rendent d'ordinaire perceptible.

Lorsque le soleil donne sur un cristal transparent, il suffit de défauts et de taches pour empêcher ses rayons de passer, et de le rendre lumineux. La lumière se transmet selon le degré de pureté du cristal. La faute n'en est pas au soleil, dont les rayons brillent toujours d'un même éclat, mais au carreau qui, par ses taches, intercepte le passage. Que si le cristal était parfaitement pur, le rayon lumineux le percerait avec tant de perfection qu'il semblerait émaner du cristal comme de son foyer, bien que ce fût là simplement un foyer dérivé et participé. L'âme est devant Dieu comme du cristal éclairé par la lumière divine qui la pénètre, ainsi que nous l'avons dit, selon l'ordre simplement naturel. Et, de plus, pour peu que l'âme veuille s'y prêter par un entier renoncement aux taches et aux imperfections de la créature, cette lumière la transforme en Dieu qui lui communique la perfection de l'être surnaturel, de telle manière qu'elle semble être Dieu même, qu'elle a ce que Dieu a, qu'elle participe par le bienfait de cette transformation à toutes les richesses de Dieu, bien que son être naturel soit aussi distinct de Dieu qu'auparavant [1].

L'âme travaillera donc à se dépouiller parfaitement de tout ce qui retarde la lumière, et son union à Dieu : et ses attaches aux choses terrestres, à ses passions, et ses attaches même aux goûts sensibles, aux consolations spirituelles, sont autant d'obstacles. Ce n'est pas Dieu même. Il y faut tendre, nous l'avons

1. *Montée du Carmel*, ch. v. — Voir Gilly; ou Edition Oudin et plus loin, ch. VIII, ch. XIV.

vu, par une mort de crucifié, sensible et spirituelle, intérieure et extérieure. Mais encore est-il que, même en suivant le sentier étroit qui mène à l'union, plus les choses divines sont hautes et lumineuses, plus elles nous deviennent inaccessibles et obscures.

Cela peut s'entendre de quelque façon :

Si le rayon de soleil entre par une fenêtre dans une chambre, où l'air est rempli de poussière et d'impuretés, plus il y en a, plus le rayon paraît visible et sensible, au point qu'on croirait pouvoir le toucher. Il est pourtant évident que cette poussière et les atomes brillants qui nous la rendent si sensible, rendent moins simple et moins parfait le rayon lui-même. Plus l'air est pur, moins le rayon est visible. Si l'air était parfaitement pur, le rayon serait tout invisible, faute d'atomes matériels propres à renvoyer à l'œil la lumière. Et pour la même raison, dit le saint, si un rayon de soleil entrait par une fenêtre, et sans rencontrer aucun corps dans la chambre qui lui fît obstacle, sortît aussitôt par l'autre, je puis affirmer que les personnes placées dans le fond de la chambre n'en verraient rien absolument. Il en va de même de la lumière spirituelle et de la lumière de l'âme que nous nommons entendement. Plus la lumière d'en haut est pure et sans mélange, plus elle échappe à nos investigation, parce que l'entendement ne peut percevoir que des objets proportionnés à l'imperfection de sa vue. C'est pour cela que la contemplation, quand elle est très pure, place parfois l'âme dans les ténèbres, en la privant des connaissances restreintes, auxquelles elle s'était accoutumée, et ne lui laissant plus voir et sentir que les ténèbres qui l'environnent.

L'attention amoureuse qui fixe le regard de l'âme se porte d'abord sur une connaissance générale et confuse de Dieu que donne la foi, et l'amour à son tour perfectionne la connaissance; c'est une connaissance savoureuse, affective, et expérimentale ; comme le dit si bien le tercet de Dante : *Luce intellectual ben pien d'amore.* Une « notion amoureuse et obscure qui dépend de la foi nous tient lieu en cette vie, par rapport à l'union divine, de la lumière de gloire dont jouissent les bienheureux[1]. Ces connaissances sublimes et amoureuses sont propres à l'état d'union. C'est en cela même que l'union consiste, et l'on peut les considérer comme un rapprochement très intime de l'âme à Dieu. C'est donc Dieu lui-même que l'on goûte et que l'on ressent dans cet état, « non sans doute avec cette évidence de lumière que l'on aura dans le ciel, mais par une vue si sublime, si savoureuse, et si pénétrante, que l'âme en est imprégnée jusqu'au plus intime d'elle-même[2]. »

Mais si parfaite que soit la contemplation de l'un ou l'autre des attributs divins, l'âme est forcée de convenir qu'elle n'en peut rien dire, que les expressions vagues et figurées, qui s'échappent dans l'abondance de la consolation n'ont en elles-mêmes rien qui puisse rendre ce que l'âme goûte et éprouve en ces moments-là. Ni David, ni Moïse, ni saint Paul ne peuvent faire autre chose que résumer en quelques mots les impressions qu'ils éprouvaient. Ces hautes idées des attributs divins « impriment dans l'âme un effet correspondant ; la toute-puissance ainsi comprise inspire une force extérieure ; et la bonté une douceur sans égale ». Mais ceci est de l'ordre affectif, c'est une lumière qui procède de l'amour et qui aboutit à l'amour. Et il n'est pas au pouvoir de l'homme d'en parler s'il s'agit d'analyser ce qu'on éprouve, il n'y a

1. *Montée du Carmel*, ch. XXIV.
2. Ch. XXVI.

pas de termes pour cela. C'est le secret ineffable : l'arcane de Dieu.

Voilà ce que disent les strophes de saint Jean de la Croix, qu'il commente en deux ouvrages : *la Montée du Carmel*, et *la Nuit obscure*. Plus tard, nous analyserons et discuterons ces événements de l'âme ; cette étude de science psychologique est différée, nous prenons ici seulement une vue générale du poème de la conscience. Il faut lire ce cantique de l'âme, déjà purifiée par la vie de la foi, et riche du dépouillement intérieur que l'obscurité de celle-ci lui procure :

Par une nuit obscure — nuit brûlante et inquiète d'amour, — ô l'heureuse aventure ! — je suis sortie sans être aperçue — tandis qu'en ma demeure tout était tranquille.

Dans l'obscurité, pleine de confiance, — je suis sortie par l'escalier secret ; — ô l'heureuse aventure ! — dans l'obscurité, j'étais bien cachée, — tandis qu'en ma demeure tout était tranquille.

Dans cette nuit heureuse, — dans le secret, n'étant vue de personne — et ne voyant nulle chose — sans autre lumière ni guide — que le flambeau qui brûlait dans mon cœur.

Sa lumière me guidait — plus sûrement que la lumière de midi — vers l'endroit où m'attendait — celui qui me connaissait bien — vers une région où n'habitait aucune créature.

O nuit qui m'as guidée ! — nuit plus aimable que l'aurore ! — nuit qui as réuni l'amant avec l'amante ! — l'amante transformée en son amant [1].

Mais nous le voyons ; il est impossible de parler de

1. Lire les commentaires de S. Jean de la Croix.

cette lumière et de cette nuit sans parler de l'amour qui l'accompagne et qui la caractérise. Tantôt elle s'insinue, subtile, délicate, à peine aperçue ; tantôt elle est aveugle ; tantôt elle organise en nous d'une façon supérieure et persuasive des connaissances déjà acquises sur nous-mêmes, sur les vertus, sur Dieu ; tantôt elle ajoute sur notre néant, ou sur l'Etre en sa plénitude, de nouveaux traits ; parfois, elle est terrassante, tantôt elle est éblouissante ; toujours elle tend à rendre l'âme petite à ses yeux, plus éprise de Dieu, plus confiante en sa bonté paternelle, plus dévouée à son adorable majesté.

Tour à tour, elle purifie, elle illumine, elle unit. « Il s'y allume dans l'esprit un feu d'amour, accompagné d'une certaine manière de sentir Dieu ; on le devine, quoique l'entendement soit dans l'obscurité, et ne distingue rien de particulier [1]. » Il nous faut donc parler de cet amour pour lequel, et dans lequel, Dieu se communique, fait sentir sa possession, et imprime dans l'âme cette connaissance confuse et sublime, trop vaste et trop profonde pour les mots :

Luce intellectual ben pien d'amore
Amore di vero ben pien di letizia.

1. *Nuit obscure*, liv. II, ch. VI. — Lire, dans S. Augustin, *Soliloques*, III et XIII, très belles invocations à la lumière divine.

CHAPITRE III

L'Amour.

Luce intellectual ben pien d'amore

Lumière et amour. — Union des volontés. — Union mystique. — Quiétude. — Union extatique. — Mariage spirituel. — — Dans *la Divine Comédie*, amour divin plutôt analysé par l'intelligence. — A compléter par les écrits personnels des saints.

De toute la science des saints, on peut dire qu'elle n'est pas pour la curiosité de l'esprit, et selon le mot de Bossuet que toute science est vaine qui ne se tourne pas à la pratique et à aimer Dieu. Jésus-Christ est la lumière qu'il ne suffit pas de contempler pour réjouir sa vue. Cette lumière n'éclaire que ceux qui la suivent, et non simplement ceux qui la regardent. La pleine satisfaction de la claire vue est réservée pour le ciel où nous verrons Dieu face à face : là « découvrant sans aucun nuage la vérité dans sa source, nous trouverons de quoi contenter toutes nos curiosités raisonnables ». Maintenant, nous n'avons qu'une « connaissance obscure et enveloppée, qui nous fait entrevoir de loin quelques rayons de lumière à travers mille nuages épais, connaissance, par conséquent, qui n'a pas été destinée pour nous satisfaire, mais pour nous conduire, et qui est plutôt pour le cœur que pour l'esprit[1] ».

Toutes les lumières de la vie spirituelle, peut-on dire, relèvent de cette loi ; non seulement celles qui récompensent les propres efforts des bons chrétiens, aidés d'une grâce ordinaire, mais les lumières même infuses par une grâce plus abondante de contemplation. Comme le remarque, après saint Paul, un des plus grands maîtres de la mystique, saint Jean de la Croix, « de même que l'amour est l'union du Père et du Fils, il est aussi le lien d'union entre l'âme et Dieu. Une âme peut avoir de Dieu des connaissances très élevées, jouir d'une haute contemplation, pénétrer tous les mystères, tout cela, comme l'enseigne saint Paul, ne lui servira de rien pour s'unir à Dieu, si elle n'a pas l'amour[2]. »

Et tout au contraire une connaissance, confuse, indistincte, sans grands efforts de raisonnement, envoyée surnaturellement par Dieu dans les grâces de contemplation pourra être accompagnée d'un grand amour. Dieu communique une « connaissance amoureuse, ou une sorte de lumière dont la clarté et la chaleur sont inséparables ». L'entendement « ne parvient pas à comprendre distinctement ce qui lui est présenté ». Dans l'ordre de la nature, il serait parfaitement juste de dire que la volonté ne peut aimer que ce que l'entendement connaît d'une manière distincte. Mais ici le don de Dieu peut, sur une connaissance confuse et indistincte de la Divinité, allumer un grand amour.

1. Cf. Bossuet, *Panég. sainte Catherine;* S. F. de Sales. Voir de très beaux développements dont je prends ici l'idée maîtresse.
2. *Cantique spirituel*, strophe XIII ; plus loin je cite Strophe III. *Vive flamme d'amour*, p. 581. Ed. Oudin, t. IV.

Dans une communication si délicate, nous dit le saint, Dieu, tout à la fois lumière et amour, agit également sur les deux puissances, bien que parfois il lui arrive de blesser plus profondément l'une que l'autre. Quelquefois l'âme reçoit plus de connaissance que d'amour; en d'autres circonstances, elle reçoit un amour dont l'intensité dépasse de beaucoup la mesure de la connaissance qui lui est donnée.

Nous avions donc raison de dire qu'on ne pouvait donner idée de cette lumière mystique, sans parler de l'amour, *luce intellectual ben pien d'amore*, si bien qu'en certaines grâces il semble à l'âme que sa seule occupation est d'aimer, et non de comprendre.

Mon entendement demeure dans un aveuglement si grand, disait la bienheureuse Marguerite-Marie Alacoque, qu'il n'a aucune lumière ni connaissance que celle que le divin Soleil de justice lui communique de temps en temps. Je n'ai d'autre impression, ni d'autre mouvement que celui de l'aimer, et je me sens quelquefois si pressée que je voudrais donner mille fois ma vie, si cela se pouvait, pour lui marquer le désir et l'ardeur qui me consument[1].

Saint Jean de la Croix, dans les strophes de son *Cantique spirituel*, a été le poète de ces étapes de l'amour unitif dans l'âme contemplative, et dans les strophes de *Vive flamme d'amour*, il a voulu peindre les effets d'une grâce fort élevée de l'âme possédée par Dieu d'une manière si sublime qu'il lui semble toucher à la béatitude, et n'en être plus séparée que par une toile légère et transparente. Les symboles et les allégories de ces deux poèmes sont commentés en des livres savants et profonds par le saint : mais ils peuvent aussi servir à notre vue générale du poème de la con-

1. I, 92. *Vie et Œuvres de la Bienheureuse Marg.-Marie Alacoque*. Publications du monastère de la Visitation de Paray-le-Monial.

science, sans que nous descendions dans les discussions psychologiques ou théologiques que nous réservons. Elles peuvent même aider une âme de bonne volonté qui n'a point reçu de grâce si hautes à admirer et à célébrer l'union divine, plus latente, mais si réelle, de tous ceux qui font la volonté du Père des Cieux.

I

RECUEILLEMENTS SURNATURELS : GOUTS DIVINS

Dès le début des grâces d'union, l'amour recueille l'âme au-dedans d'elle-même, c'est une *attention amoureuse à une connaissance générale, confuse de Dieu, donnée par la foi.* Elle ne peut méditer et discourir, choisir des actes et les multiplier. Elle reçoit, elle est mue, elle est *agie;* nul effort ne suppléerait à ce don, « Dieu ne communique *jamais la sagesse sans y joindre l'amour;* c'est même *par cet amour qu'elle se répand*[1] ». Peu à peu, et même très rapidement, dit saint Jean de la Croix, « le repos divin et la paix » envahissent l'âme « avec d'admirables et *hautes connaissances enveloppées dans l'amour divin* ».

Ces événements très doux, indépendants des efforts de l'âme, celle-ci les reçoit, elle y reconnait ou elle y pressent que c'est un goût du ciel, que celui qu'elle aime est là, et *les effets ressentis trahissent sa présence.* C'est d'abord un recueillement de toutes les puissances vers l'intérieur de l'âme, pour y chercher Dieu, invitées qu'elles y sont d'une manière très suave, très attirante, et très forte, et dans une disposition très

1. *Nuit,* l. II, ch. XII, et *Montée,* l. II, ch. XV, cités Saudreau, *Etat Mystique,* p. 91.

tranquille, très attentive. C'est l'entrée de la quatrième demeure, dans l'admirable *Château de l'âme* de sainte Thérèse. L'entendement, encore libre d'agir, fera bien de se souvenir doucement de la présence de Dieu et de l'adorer.

Que s'il se sent, nous dit la sainte, comme enlevé et tout abîmé en Lui, à la bonne heure, pourvu qu'il ne se mette pas en peine de savoir de quelle sorte cela se fait. Puisque c'est une faveur accordée de Dieu à la volonté, il doit l'en laisser jouir sans interrompre sa joie, si ce n'est par quelques paroles d'amour pour Notre Seigneur; car encore que notre dessein ne soit pas de demeurer en cet état sans penser à rien, cela nous arrive souvent, mais ne dure guère.

Bientôt dans cette même demeure quatrième, c'est *l'oraison de quiétude ou des goûts divins*. L'eau des consolations surnaturelles n'y est plus amenée comme par des aqueducs, et à grands renforts de travaux préalables : mais l'âme y sent sourdre en elle la source même sans effort. « Cette eau, qui est l'oraison de quiétude, procédant de la source même qui est Dieu, et qui est une grâce toute surnaturelle, entre en notre âme comme dans un bassin, et la remplit d'une paix, d'une tranquillité, et d'une douceur inconcevables, sans qu'elle puisse comprendre en quelle manière cela se fait. » Le plaisir en déborde en tout notre être et se répand même sur le corps. Dieu étant la source, l'homme tout entier est comme « un bassin dans lequel elle se décharge par une effusion non moins douce et tranquille qu'inconcevable ».

Vous avez étendu mon cœur, se dit l'âme. Et dans cet élargissement du cœur, il semble que lorsque cette eau céleste commence à sortir du fond de notre âme « nous sentons qu'elle la remplit d'une douceur inconcevable, de même que s'il y avait en elle un brasier dans lequel on jetât d'excellents parfums, d'où il s'élèverait une odeur admirable, sans qu'il parût néanmoins aucune lumière, mais seulement une chaleur et une pensée qui pénétreraient entièrement l'âme et il arrive quelquefois que cela passe jusqu'au corps.» Cet effort des mots ne rend point la chose beaucoup plus subtile, qu'il faut éprouver pour l'entendre bien : on ne peut l'imaginer, tellement cela vient peu de nous, mais de cette pure et divine source de la sagesse éternelle.

Il ne paraît point à la sainte qu'alors nos puissances « soient unies »; il lui semble seulement « qu'elles sont comme enivrées par l'étonnement que leur donnent les nouvelles qu'elles voient ». D'ailleurs elle nous prévient que, pour « avancer dans ce chemin et arriver à ces demeures souhaitables, il ne s'agit pas de beaucoup penser, mais de beaucoup aimer[1] ».

L'âme, si elle est fidèle, va se trouver grandement changée, toute pénétrée de confiance et de zèle, au service de Dieu. Sa foi est plus vive et la rend prête à affronter les difficultés, à souffrir avec patience pour plaire à Dieu. Car « nul bonheur ne lui paraît si grand que de faire quelque chose pour l'amour de lui. Comme elle croît dans la connaissance de son infinie grandeur, elle s'anéantit davantage dans la vue de sa propre misère; les douceurs célestes qu'elle a goûtées lui donnent du dégoût pour les vains plaisirs du monde; elle se dégage peu à peu de l'attachement qu'elle y avait; elle se trouve enfin, en toutes choses, changée en mieux, et croîtra de plus en plus en vertu, pourvu qu'elle ne retourne point en arrière.»

1. Voir *passim*, dans les 3 chapitres de la 4e Demeure, les expressions dont je tisse la trame de cet exposé.

Dès lors nous sommes à même de comprendre le début du *Cantique spirituel*, et toute son allégorie imitée du *Cantique des Cantiques*. L'âme qui a reçu ces premières visites, cherche partout son bien-aimé, et traduit comme elle peut son amour depuis ce premier état jusqu'aux sommets de l'union. Ces strophes composées « sous l'inflence de l'amour et d'une merveilleuse abondance de lumières mystiques » demandent à être lues avec la « simplicité de l'esprit d'amour » et il serait impossible d'en faire « jaillir la vérité tout entière ». Ainsi en est-il des divins cantiques de Salomon, où le saint-Esprit, « ne trouvant dans le langage humain rien qui réponde à l'abondance de sa pensée, nous parle des plus profonds mystères par des figures et des comparaisons qui semblent étranges ». De même les âmes remplies surabondamment du Saint-Esprit « laissent échapper des secrets et des mystères plutôt que des raisonnements. Loin d'y voir des extravagances, il faut pénétrer la doctrine cachée, les sentiments et les désirs que Dieu leur donne, et sous leurs figures, leurs comparaisons, leurs similitudes on trouvera l'expression de la plus haute raison[1] ».

D'ailleurs, ce qui encourage à les lire, sans même reproduire ou abréger les savants commentaires qui les accompagnent, c'est que la sagesse mystique que l'amour inspire et dont traitent ces vers n'a pas besoin d'être comprise distinctement, pour produire dans l'âme les effets et les affections de l'amour.

L'âme à la recherche de l'Epoux divin s'attriste de

1. Voir le Prologue du *Cantique spirituel*.

ne plus le voir, interroge les créatures pour apprendre d'elles quelque chose de son amour : elle n'est heureuse que lorsqu'elle le retrouve enfin, et sa blessure d'amour sera guérie par des communications plus sublimes, jusqu'aux fiançailles et au mariage spirituel, et à la transformation totale dans l'amour. Ses strophes ainsi que *les Demeures* de sainte Thérèse nous aideront à peindre la marche de notre Pèlerin idéal.

Où vous êtes-vous caché, — ô mon bien-aimé, qui m'avez laissée dans les larmes? — Vous avez fui comme le cerf — après m'avoir blessée. — Je suis sortie en vous appelant, et déjà vous aviez disparu.

Pasteurs, vous qui irez — par les cabanes à la colline, — si par hasard vous avez vu — celui que je cherche avec tant d'ardeur, — dites-lui que je brûle, que je souffre et que je meurs!

En cherchant mes amours, — j'irai par les montagnes et au milieu des fleuves : — je ne cueillerai point les fleurs, — je ne craindrai point les fauves, — et je franchirai les forts et les frontières.

O bois, taillis épais, — plantés par la main de mon bien-aimé, — ô prés verdoyants, — émaillés de fleurs, — dites-moi s'il a passé au milieu de vous?...

... Tous ceux que je rencontre — me disent de vous mille merveilles, — ils me laissent là encore plus blessée — et surtout ce qui me fait mourir — c'est un je ne sais quoi qu'ils essaient de balbutier.

... Puisque vous avez blessé — ce cœur, pourquoi ne pas le guérir?

... Eteignez mes ennuis, — puisque nul n'est capable de les dissiper — Et que mes yeux vous voient, — car vous êtes leur lumière — et je ne veux m'en servir que pour vous.

Découvrez-moi votre présence, — que votre vue et votre beauté me fassent mourir; — considérez que la langueur d'amour — ne peut se guérir — que par la présence et la figure de l'objet aimé.

Les commentaires du saint seraient en vérité nécessaires pour pénétrer la moëlle cachée. Il faut lire en entier ces strophes, serties dans les pages de haute poésie et de doctrine profonde que leur consacre le grand mystique, et on retirera, j'en suis sûr, une impression de beauté incomparable. Le Paradis de l'âme n'est vraiment chanté que par les mystiques qui en ont la science expérimentale, et quand ils nous dévoilent les mystères de grâce qu'ils entendent sous leurs images, on sent que l'Esprit de Dieu a passé là et touché leur cœur, et ébloui leurs yeux : et le Paradis de Dante, tout lumineux, reste pâle et froid, devant les splendeurs ardentes qu'ils font entrevoir.

II

UNION SIMPLE : ENTREVUE

L'âme, hors de ce grand Dieu qu'elle aime, n'a pu trouver parmi les créatures, qu'un je ne sais quel balbutiement qui n'apaise point ses désirs. Et après ces préludes nous la suivons avec sainte Thérèse dans la cinquième Demeure où l'*union devient plus certaine, plus intime, plus durable.*

Le roi de gloire entre de telle sorte dans le plus intérieur de cette âme et l'honore si pleinement de sa divine présence que, lorsqu'elle revient à elle-même, elle est si assurée d'avoir reçu cette faveur qu'encore qu'il se passât plusieurs années sans qu'il lui en accorde une semblable, elle lui est toujours présente, et les effets qu'elle produit ne cessent point de continuer... Lors de cette union, elle ne le voyait pas, mais elle l'a vu clairement depuis, non par une vision, mais par une certitude indubitable qui lui est restée et que Dieu seul pouvait lui donner.

Cette certitude ne vient point d'avoir vu aucune forme corporelle, car il n'y a en ceci que la divinité. Comment cela peut-il être? Cela est, et c'est le secret de la toute-puissance de Dieu.

Toutes *les puissances sont alors suspendues.*

Très éveillée au regard de Dieu, et endormie à toutes les choses de la terre, et à elle-même, l'âme se trouve tellement privée de tout sentiment tandis que cela dure que, quand elle le voudrait, elle ne pourrait penser à rien. Ainsi elle n'a point besoin de se faire violence pour suspendre son entendement, puisqu'il paraît si mort qu'elle ne sait même ni ce qu'elle aime, ni en quelle manière elle aime, ni ce qu'elle veut, mais elle est absolument morte à toutes les choses du monde, et vivante seulement en Dieu.

L'âme allait cherchant de tous côtés son bien-aimé. Le roi l'a menée dans ses celliers, selon l'expression du Cantique. Et l'on nous montre « le centre de notre âme comme un cellier dans lequel Dieu nous fait entrer quand il lui plaît et comme il lui plaît, par cette admirable union, afin de nous y enivrer saintement de ce vin délicieux de sa grâce, sans que nous y puissions rien contribuer que par l'entière soumission de notre volonté à la sienne, nos autres puissances et tous nos sens demeurant à la porte comme endormis, lorsque Dieu entre dans ce centre de notre âme, les portes fermées, de même qu'il apparut à ses disciples, en leur disant : La paix soit avec vous, et qu'il sortit du sépulcre, sans ôter la pierre qui en fermait l'entrée [1] ».

C'est ce cellier enivrant de l'amour divin dont parle l'épouse du Cantique spirituel, et où saint Jean de la

1. Demeure 5e, ch. I. Je cite d'après la traduction d'Arnauld d'Andilly, que j'ai sous la main. Voir ch. II : la Chrysalide; et ch. IV: Entrevue et fiançailles spirituelles.

Croix nous fait voir successivement divers degrés de l'union, fiançailles ou mariage spirituel. Car ces images symbolisent plus ou moins parfaitement divers états d'âme. En suivant les traces de l'époux, excités par le choc de l'étincelle d'amour, tels, ou tels enivrés par le vin aromatisé, exhalent un baume tout divin. Mais l'appelée à l'union plus intime est introduite à des faveurs qui la mènent à la transformation totale.

J'ai bu dans le cellier intérieur — de mon bien-aimé, et quand j'en suis sortie, — dans toute cette vaste plaine, — je ne connaissais plus rien, — et je perdis le troupeau que je suivais auparavant.

C'est là qu'il me donna son cœur, — là qu'il m'enseigna une science très délicieuse, — et je lui donnai irrévocablement — tout ce que je suis, sans aucune réserve. — Là je lui promis d'être son épouse.

Mon âme s'est employée — avec tout ce que je possède, à son service ; — je ne garde plus de troupeau, — je n'ai plus d'autre office ; — désormais ma seule occupation est d'aimer.

Si donc, à l'avenir, dans ces prairies — je ne suis plus ni vue ni rencontrée, — vous direz que je me suis perdue, — que, marchant toute ravie d'amour, — je me suis volontairement perdue, et j'ai été gagnée.

C'est bien aussi de promesses, d'*entrevue*, de fiançailles spirituelles que parle sainte Thérèse dans cette demeure, et si les comparaisons et les images symboliques s'accumulent, elles ne se confondent pas, et valent encore plus par les hautes réalités qu'elles signifient que par leurs beautés littéraires. Il faut se reporter aux textes originaux. Ici nous ne pouvons que prendre un aperçu, une trop brève et trop rapide esquisse, de cette phase du poème de la conscience. Dans la présente demeure, l'union n'accomplit pas entièrement le mariage spirituel. Mais dans le monde.

lorsqu'on veut faire un mariage, « on s'informe de l'humeur des personnes, et de leurs inclinations », elles ont des entrevues pour assurer mieux si elles seront satisfaites l'une de l'autre. De même, l'âme connait l'extrême bonheur que ce lui sera, et est très résolue de soumettre entièrement sa volonté à celle de son divin époux; et, d'un autre côté, cette suprême majesté, la voyant dans cette disposition, veut bien, pour lui faire connaître jusqu'à quel point va l'excès de l'honneur qu'il est résolu de lui faire, en venir avec elle à une entrevue ?

Je puis dire, atteste sainte Thérèse, que cela se passe de la sorte dans cette oraison d'union, car elle dure si peu que l'âme peut seulement connaître d'une manière ineffable quel est ce divin époux qui veut l'honorer de la qualité d'épouse. Et les sens et les puissances ne pourraient en mille années acquérir la connaissance de ce qu'elle comprend dans ces moments. Mais bien que cette vue dure si peu, les perfections infinies de cet incomparable époux font une telle impression dans cette âme qu'elles la rendent plus digne qu'elle n'était de lui être unie par un si saint mariage : elles augmentent encore de telle sorte son amour et son respect pour lui qu'il n'est rien qu'elle ne veuille faire pour lui plaire, afin de posséder un tel bonheur.

Si la quiétude était un message, et la présente grâce une courte entrevue, elles ont enflammé les désirs de l'âme, elles l'ont détachée du monde et d'elle-même, elles l'ont ornée de vertus plus fortes: elles l'ont introduite dans le cellier où l'on s'enivre de l'amour divin, et où elle pénétrera plus avant; *la volonté peut se nourrir d'amour sans que l'entendement reçoive de nouvelles lumières*, explique fort bien saint Jean de la Croix en la strophe 26 de son Cantique.

L'expérience le prouve à un grand nombre de personnes spirituelles, qui se sentent consumées par les flammes de l'amour divin, sans avoir pour cela une connaissance de Dieu plus distincte qu'auparavant. N'arrive-t-il pas tous les jours que des personnes simples, avec peu de connaissances, aiment cependant beaucoup; tandis que d'autres, douées de connaissances éminentes, n'ont que fort peu d'amour? Souvent même celles dont l'esprit n'est pas fort éclairé sur les choses de Dieu sont très richement partagées du côté de la volonté. La foi infuse leur tient lieu, dans l'entendement, de la science qu'elles n'ont pas; grâce à cette vertu, Dieu répand dans leurs cœurs la charité, il en augmente l'intensité et en rend les actes plus parfaits, quoique leurs connaissances spéculatives ne se développent pas [1].

Dans cette cinquième demeure, sainte Thérèse nous le dit :

L'entendement voudrait s'employer à comprendre quelque chose de ce qui se passe en elle (l'âme); et, s'en trouvant incapable, il demeure dans un tel étonnement que, ne lui restant aucune force, il ne peut agir en nulle manière; de même qu'une personne qui tombe dans une si grande défaillance qu'elle est comme morte.

Ce qui se passe entre Dieu et l'âme ainsi enivrée d'amour, — dont la volonté et le cœur sont si pleinement attirés par l'action divine que l'entendement en demeure dans la stupeur, — la sainte a tenté de le décrire par l'allégorie fameuse du ver, de la chrysalide et du papillon mystique. Nous l'avons lue précédemment pour y voir comment l'âme meurt à la vie naturelle, pour ne plus agir que mue par l'amour de Jésus-Christ. L'amour l'a envahie, cet amour infus propre aux grâces mystiques, par où l'Esprit Saint opère une prise de possession plus profonde.

1. Oudin, *Cantique*, IV, p. 287. — Nous ne parlons pas ici des douleurs et des croix qui accompagnent ces grâces. Ici nous ne décrivons que cet amour de Paradis.

Qui pourrait exprimer l'état où se trouve une âme, après avoir été unie à cette grandeur incompréhensible de Dieu, et comme plongée dans lui-même, quoique ce temps n'ait duré qu'une demi-heure, ne croyant pas qu'il aille jamais à davantage? Cette âme en vérité ne se connaît plus elle-même, parce qu'il n'y a pas moins de différence entre ce qu'elle était auparavant et ce qu'elle est alors qu'entre un ver laid et difforme, et un papillon blanc et très agréable. Cette âme ne sait comment elle a pu se rendre digne de posséder un si grand bonheur, ni d'où il a pu lui venir. Elle se trouve dans un continuel désir de louer Dieu, et de souffrir pour son service de grands travaux et mille morts, s'il était possible. Elle brûle du désir de faire pénitence; elle a un amour incroyable pour la retraite et la solitude; et elle souhaite avec tant d'ardeur que chacun connaisse et rende à Dieu ce qui lui est dû qu'elle ne peut sans en ressentir une extrême peine, voir qu'on l'offense.

Comme enivrée du vin délicieux qu'elle a bu, elle est prise d'un merveilleux désir de plaire à Dieu :

Elle se trouve tellement délivrée de l'attache des parents, des amis, et des autres choses d'ici-bas qu'au lieu qu'auparavant toutes ses résolutions et tous ses efforts lui étaient inutiles pour s'en séparer d'affection, et qu'au contraire elle s'y voyait de plus en plus engagée, elle voudrait maintenant n'y renoncer que pour plaire à Dieu, et non pas par obligation; et, enfin, tout la lasse et la dégoûte, parce qu'elle a éprouvé que Dieu est capable de la mettre dans ce véritable repos qu'elle ne peut attendre des créatures.

On peut dire que *cette grâce est surtout une grâce d'union plus parfaite de la volonté à la volonté divine*, et par ce saint enivrement de l'amour, l'âme s'est entièrement « abandonnée [1], à l'adorable conduite de

1. C'est tellement le fond de cette grâce que, pour consoler celles de ses filles qui ne devaient point entrer dans cette demeure, la sainte leur dit que, par la vertu de conformité à la volonté divine, elles en acquerront l'essentiel. Cf. ch. III.

son Seigneur, l'amour qu'elle lui porte la rend si soumise à sa divine volonté qu'elle ne désire ni ne veut autre chose, sinon qu'elle dispose d'elle comme il lui plaira ». C'est une grâce que Dieu accorde aux âmes qu'il considère comme absolument à lui, sans réserves. Il les « scelle de son sceau, sans qu'elles sachent de quelle sorte cela se fait. Elles sont comme de la cire sur laquelle on imprime un cachet qu'elles ne sauraient imprimer, ni s'amollir en elles-mêmes, tout ce qu'elles peuvent étant de recevoir cette impression sans y résister ».

Et la marque la plus sincère qu'on a reçue cette union avec Dieu c'est l'amour du prochain ; cette tendresse d'âme pour les autres, si merveilleuse dans les saints, la grande Thérèse, si perspicace, la montre ici comme l'effet de ce détachement absolu qu'elle vient de dépeindre et de l'onction divine qui l'a produite. Les profanes s'y trompent souvent quand ils accusent les mystiques d'égoïsme et de sécheresse, de ne s'intéresser qu'aux événements de leur conscience, eux-mêmes et Dieu.

III

EXTASES ET RAVISSEMENT : FIANÇAILLES

Désormais, dans la sixième demeure, si l'union reste presque la même, la sainte y parle cependant d'extases, de ravissements, de vols de l'esprit, selon que l'action divine est plus ou moins impétueuse. Et la communication des secrets célestes y est plus manifeste, tandis que, au dehors, s'accentue d'ordinaire l'aliénation des sens, qui demeurent inertes : et le changement d'âme, qui croît en vertu, est encore plus admirable. Ce n'est plus seulement une entrevue, ce n'est pas encore pleinement le mariage spirituel, et pour rester dans la même ligne de comparaison, c'est le nom de fiançailles qui convient.

L'union des fiançailles, précisera plus tard sainte Thérèse, peut se comparer à celle de deux flambeaux tellement rapprochés qu'ils ne donnent qu'une seule lumière, mais qui peuvent être séparés l'un de l'autre; je dirai encore qu'elle est comme la flamme, la cire et la mèche, qui ne forment qu'un seul flambeau, mais qui peuvent également se diviser et subsister séparément. L'union du mariage spirituel est plus intime : c'est comme l'eau qui, tombant du ciel dans une rivière ou une fontaine, s'y confond tellement qu'on ne peut plus distinguer ces différentes eaux; ou comme un petit ruisseau qui, entrant dans la mer, mêle tellement ses ondes aux siennes qu'il est impossible de les séparer. C'est encore comme une grande lumière qui se divise en entrant dans un appartement par deux fenêtres, mais qui ensuite ne forme qu'une seule lumière [1].

Cette comparaison de la lumière à laquelle nous voici revenus exprime bien tout ce qu'il y a de délicat, de subtil, de spirituel, dans cette union; les fiançailles sont moins stables, moins définitives, elles fusionnent moins les deux vies. Mais on y communique déjà plus intimement ses trésors et ses secrets. Aussi les *paroles divines*, ou les *secrets découverts*, ou les *visions intellectuelles*, y sont comme les pierreries de grand prix que l'époux commence de donner à son épouse. C'est là une caractéristique sans laquelle de prétendus ravissements devraient être attribués à l'effet d'une faible complexion, qui, après un grand effort d'esprit, tomberait en défaillance privée de l'usage

1. A la 7e Dem., ch. III.

des sens. Les communications divines, au contraire, portent avec elles une certitude indubitable.

Il arrive souvent que, sans que l'on y pense, ni que l'on ait l'esprit attentif à Dieu, il réveille l'âme comme par un éclair ou un coup de tonnerre. Elle n'entend néanmoins aucun bruit, mais sait seulement avec certitude que Dieu l'appelle, et quelquefois si fortement, surtout dans les commencements, qu'il la fait trembler et se plaindre, quoi qu'elle ne souffre aucune douleur. Elle sent bien qu'elle est blessée, sans savoir par qui ni comment; et cette blessure lui est si agréable qu'elle ne voudrait jamais en guérir. Comme elle connaît que son divin époux est présent, quoi qu'il ne paraisse pas, elle se plaint à lui avec des paroles toutes d'amour.

Quelque grande que soit sa peine, elle lui paraît délicieuse. « C'est peut-être comme une étincelle qui sort de cet ardent brasier d'amour qui est Dieu même, laquelle, rejaillissant sur l'âme, peut bien lui faire sentir quelle est l'ardeur du feu, mais n'est pas capable de la réduire en feu, de la consumer entièrement et la laisse ainsi dans une peine qui lui est très agréable [1]. »

Lorsque l'âme est dans cet état, Dieu l'unit à lui d'une manière si inexplicable qu'elle-même ne saurait la faire entendre, quoiqu'elle le connaisse par un sentiment intérieur. Car ceci n'est pas comme un évanouissement dans lequel on est privé de toute connaissance, tant intérieure qu'extérieure.

L'âme n'a jamais plus de lumière qu'en ces sortes de ravissements pour comprendre les choses de Dieu. Elle a parfois des visions représentatives qu'elle peut rapporter et qui demeurent tellement gravées dans sa mémoire qu'elle ne saurait jamais les oublier. Mais lorsque ces visions sont intellectuelles, elle ne peut les faire entendre. Toutefois, « elles laissent dans l'âme une claire connaissance de la grandeur de Dieu, et qui y demeure si vivement et si fortement imprimée que

1. 6e Dem., ch. II; plus loin, IV.

quand on ne nous dirait jamais rien de son essence infinie, et de l'obligation que nous avons de le reconnaître pour notre Dieu, nous commencerions dès ce moment de l'adorer en cette qualité, » comme fit Jacob dans la vision qu'il eut de cette échelle mystérieuse, qui lui découvrit encore d'autres secrets, quoiqu'il n'en pût rien dire, sinon qu'il avait vu une échelle par laquelle les anges descendaient et remontaient. Mais s'il ne se fût point passé d'autres choses dans son intérieur, comment aurait-il pu connaître un si grand mystère?... Moyse ne put non plus dire tout ce qu'il avait vu dans le buisson ; il dit seulement ce que Dieu lui permit d'en rapporter, quoiqu'il lui eût déclaré des secrets dont il est certain qu'il ne doutait point, puisque, s'il n'eût vu et cru certainement que c'était Dieu qui lui parlait, il n'aurait jamais osé s'engager dans tant de périls et tant de travaux. Ainsi il fallait qu'il eût vu des choses merveilleuses au milieu des épines de ce buisson, qui lui donnèrent le courage d'entreprendre de délivrer son peuple.

L'âme, au sortir de ces merveilles célestes, qu'elle entrevit comme dans un clin d'œil, se souvient bien, une fois revenue à elle, qu'elle les a vues. « Elle ne saurait néanmoins rien dire en particulier de chacune d'elles, à cause qu'elle n'est pas capable, par sa nature, de rien comprendre au delà de ce que Dieu a voulu, par une manière surnaturelle lui faire voir de surnaturel ».

D'ailleurs, *ces connaissances mêmes ont pour but et pour terme l'amour*, il suffit qu'elles aient produit une grande admiration, qui éprend davantage le feu, qui soumet, attire, brûle et consume la volonté et le cœur.

L'âme sait de plus en plus, parce qu'elle l'a éprouvé, que celui qu'elle aime possède toutes les beautés, toutes les perfections. C'est en les éprouvant, en les ressentant, en les expérimentant, qu'elle les a connues, le plus souvent.

L'extase sacrée, dit fort bien saint François de Sales en son *Traité de l'amour de Dieu* [1], ne se prend ni attache jamais tant à l'entendement qu'à la volonté, laquelle elle esmeut, eschauffe et remplit d'une puissante affection envers Dieu ; de manière que si l'extase est plus belle que bonne, plus lumineuse que chaleureuse, plus spéculative qu'affective, elle est grandement douteuse, et digne de soupçon.

Il est vrai que le saint avait observé peu auparavant que :

L'entendement entre quelquefois en admiration, voyant la sacrée délectation que la volonté a en son extase, comme la volonté reçoit souvent la délectation apercevant l'entendement en admiration : de sorte que ces deux facultés s'entrecommuniquent leurs ravissements, le regard de la beauté nous la faisant aimer, et l'amour nous la faisant regarder. On n'est guère souvent eschauffé des rayons du soleil qu'on n'en soit éclairé, ni esclairé qu'on n'en soit eschauffé. L'amour fait facilement admirer, et l'admiration facilement aimer.

Et encore :

Dieu, père de toute lumière, souverainement bon et beau, par sa beauté attire notre entendement à le contempler, et, par sa bonté, il attire notre volonté à l'aimer. Comme beau, comblant notre entendement de délices, il respand son amour dans notre volonté ; comme bon, remplissant notre volonté de son amour, il excite notre entendement à le contempler ; l'amour nous provoquant à la contemplation, et la contemplation à l'amour. Dont il s'ensuit que l'extase et le ravissement dépendent totale-

1. Livre 7e, ch. VI. (Paris, Hérissant, 1763, tome II, p. 34. Cf. livre 7e, ch. I. (*Ib.*, tome II, pp. 30, 31) et liv. 6e, ch. IV, tome I, p. 435.

ment de l'amour : car c'est l'amour qui porte l'entendement à la contemplation et la volonté à l'union.

Or, le ravissement d'amour se fait sur la volonté en cette sorte.

Dieu la touche par des attraits de suavité : et lors comme une esguille touchée par l'aymant se tourne et remue vers le pôle, s'oubliant de son insensible condition ; ainsi la volonté, atteinte de l'amour céleste, s'élance et porte en Dieu, quittant toutes ses inclinations terrestres, entrant par ce moyen en ravissement, non de cognoissance, mais de jouyssance ; non d'admiration, mais d'affection ; non de science, mais d'expérience ; non de veüe, mais de goust et de savourement.

Et comme le dit ailleurs le même saint :

Un bien petit sentiment eschauffe la meute à la queste : ainsi une connaissance obscure environnée de beaucoup de nuages, comme est celle de la foy, nous affectionne infiniment à l'amour de la bonté qu'elle nous fait apercevoir.

Ne nous étonnons donc point que de grands mystiques nous disent avoir acquis *de grandes manifestations de la Divinité qu'ils ne peuvent nous exposer.* Un aveugle-né pourrait savoir sur la lumière « tous les discours que les philosophes en font, et toutes les louanges qu'ils lui donnent », tandis qu'un ignorant laboureur « sent et ressent l'agréable splendeur du beau soleil levant ». « Celuy-là en a plus de connaissance » qu'il puisse exposer par des mots, « et celuy-ci plus de jouyssance. » Mais cette jouyssance produit un amour bien plus vif et animé, que ne fait la simple connaissance du discours : « car l'expérience d'un bien nous le rend infiniment plus aimable que toutes les sciences qu'on en pourrait avoir [1]. »

1. Liv. 6, *loc. cit.*

***

Toutefois, il est incontestable, d'après les mystiques, qu'en cette demeure de fiançailles spirituelles l'âme reçut du Verbe divin de *grandes lumières* sur son Etre infini.

Elle sent en Dieu une puissance et une force terribles, en présence desquelles disparaissent toute autre force, et toute autre puissance. Elle goûte en lui une ineffable douceur et des délices spirituelles incomparables; elle y trouve la lumière divine et une parfaite quiétude. Elle jouit d'une manière très relevée de la sagesse de Dieu, qui resplendit dans l'harmonie des créatures, et dans les œuvres du Créateur, elle se sent remplie de biens, et à l'abri de tout mal. Mais, par-dessus tout, elle comprend qu'elle jouit d'un amour inappréciable, qui fait toute sa nourriture [1].

Et dans l'impossibilité où l'âme est de nous en parler directement elle s'efforce de nous élever aux perfections de Dieu par la considération des beautés qui étincèlent en toutes les créatures. « Elle les retrouve, dit-elle, en son Bien-aimé. Il est la montagne, — la vallée solitaire et boisée, — les iles étrangères, — les fleuves retentissants, — le murmure des zéphyrs amoureux.

« Il est la nuit tranquille, — vers le lever l'aurore, — la musique silencieuse, — la solitude harmonieuse, — le festin qui réjouit et accroît l'amour. »

Ainsi se commente-t-elle à elle-même le mot de saint François d'Assise : « Mon Dieu et mon tout. *Deus meus et omnia.* »

Comme l'explique saint Jean de la Croix dans sa *Vive Flamme d'amour*, à propos d'une grâce encore

1. S. Jean de la Croix, *Cantique spirituel*, strophes 14 et 15 Lire là l'explication des symboles de toutes ces expressions.

plus élevée, mais dont nous pouvons nous aider ici, *les attributs divins, comme autant de splendeurs ardentes*, se font ressentir dans la multiplicité et l'unité : l'action des perfections divines dans l'âme les manifeste. Le cœur aimant de Dieu la comble de bienfaits et de dons marqués à l'empreinte de sa grandeur et de ses qualités.

L'Epoux qui réside en vous est tout puissant, il vous enrichit et il vous aime avec sa toute-puissance, il est sage, bon et saint, vous sentez qu'il vous aime avec sagesse, avec bonté, avec sainteté ; il est libéral, vous comprenez qu'il vous aime avec libéralité, sans aucun intérêt et sans autre but que de vous faire du bien. Il vous montre avec joie son visage plein de grâces; il vous dit : Je suis à vous, je suis pour vous, je suis heureux d'être ce que je suis, afin de me donner à vous et d'être à vous pour toujours.

Ainsi parle saint Jean de la Croix à l'âme blessée d'amour dont il commente le chant, et qu'il félicite : « O âme, dit-il, que vos lumières et vos délices sont grandes et précieuses! »

Dieu étant une lumière et un feu d'une intensité infinie chacun de ses attributs possède en lui l'éclat et l'ardeur qui conviennent à l'infini d'un Dieu. Or, par les connaissances de lui-même que Dieu donne à l'âme « il l'éclaire », dit notre saint, comme le feraient une multitude de lampes. Chacune d'elles brille à ses yeux, et l'embrase d'amour à sa manière ; cependant toutes sont comprises dans la simplicité de l'Essence divine, et à elles toutes ne forment qu'une seule lampe, dont la lumière et l'ardeur se répandent de mille manières.

En découvrant à l'âme chacun de ses attributs, autant qu'elle est capable de les saisir, cette lampe divine lui en donne en même temps l'intelligence et l'amour. Par exemple, lorsqu'elle fait briller à ses yeux les splendeurs de la toute-puissance, elle produit la lumière de connaissance et la chaleur d'amour du Dieu tout-puissant. Dieu est alors pour l'âme une lampe qui lui révèle toute sa toute-puissance, qui étincèle de la lumière de cet attribut et qui la consume de ses ardeurs. Lorsqu'elle projette à son regard les clartés sublimes de la sagesse, elle lui inspire l'amour du Dieu infiniment sage. Il en est de même de tous les autres attributs, car la lumière que Dieu donne à l'âme par chacun d'eux en particulier et par tous ensemble l'embrase de l'amour du Dieu infini.

La délectation, le ravissement d'amour que le feu et la lumière de ces lampes divines produisent dans l'âme, sont, il est bon de le remarquer, quelque chose d'admirable et d'immense. On dirait un nombre infini de lampes, dont chacune à elle seule embrase d'amour, et dont chacune, toutefois, par son ardeur, sa flamme, sa lumière, augmente la lumière, la flamme, l'ardeur de toutes les autres. Chacune d'elles est un feu et une lumière; toutes ensemble sont un foyer unique de lumière et de feu d'une incalculable intensité, dans lequel l'âme est complètement absorbée au milieu de flammes délicieuses. Chacune d'elles la blesse d'une manière très pénétrante; mais toutes ensemble lui font une blessure bien plus profonde encore : c'est l'amour de la véritable vie. L'âme voit très clairement, en effet, que l'amour dont elle est embrasée est la vie éternelle, où elle doit entrer en possession de tous les biens.

Et nous comprenons qu'elle exhale en ces strophes le *sentiment que lui arrache cette vive flamme d'amour*, et cette délicieuse brûlure dont sainte Thérèse nous parlait, cette parcelle d'un splendide et long commentaire nous fait désirer de l'entendre mieux de saint Jean de la Croix, en son poème.

O vive flamme d'amour
Que vous blessez avec tendresse
Le centre le plus profond de mon âme !
Puisque vous ne me causez plus de peine,
Achevez enfin, si telle est votre volonté;
Déchirez la toile, obstacle à cette douce rencontre.

O délicieuse brûlure !
O plaie enivrante !
O douce main ! ô touche délicate !
Qui avez le goût de la vie éternelle,
Et qui acquittez toute dette
En me faisant mourir, vous avez changé la mort en vie.

O lampes de feu !
Dans les splendeurs desquelles
Les profondes cavernes du sens,
Qui était obscur et aveugle,
Donnent à la fois, avec d'incomparables excellences,
Chaleur et lumière à leur Bien-Aimé.

***

Nous aurons à dire plus tard la paix et la joie où est plongée l'âme du Pèlerin d'amour, en ces unions de plus en plus intime, car cet amour renferme une joie qui surpasse toute douceur : *amore di vero pien di letizia, letizia che trascende ogni dolzore.* Qu'il nous suffise de noter ici que les puissances sont tellement calmées dans la paix divine, l'amour est si pleinement satisfait qu'il ne ressent plus aucune peine, aucun trouble. Le cœur est vraiment possédé tout entier, le souffle de l'Esprit-Saint y ébranle toutes les fleurs des vertus qui répandent leurs parfums, il pacifie les facultés inférieures et supérieures de l'âme, il arrête sur le seuil les impressions et les premiers mouvements, ces « nymphes de Judée » qui pourraient envahir la cité de l'âme et ses faubourgs; il arrête « les légers oiseaux » de l'activité fébrile de l'imagination, il dompte les « lions » des emportements et des impétuosités, il enchaîne les « cerfs et daims bondissants » que sont le trop d'ardeur ou de pusillanimité. « Montagnes, vallées ou rivages », les trois puissances de l'âme, sont corrigées par lui de leurs diverses imperfections. Il modère et harmonise parfaitement leurs activités. Il tempère et apaise les impressions des quatre passions humaines, la douleur, l'espérance, la joie et la crainte, qui nous submergent comme les eaux, ou nous emportent comme le vent, ou nous embrasent comme le feu. Les « lyres délicieuses » qui sont l'harmonie et la suavité des incomparables douceurs divines, et « le chant des sirènes » qui représente les délices dont l'âme jouit, ravie, vont désormais résonner. L'Epoux peut venir

O Nymphes de Judée,
Tandis que sur les fleurs et les rosiers
L'ombre répand ses parfums,
Demeurez dans les faubourgs,
Et ne venez pas toucher le seuil de nos portes...

O vous, légers oiseaux,
Lions, cerfs, daims bondissants,
Montagnes, vallées, rivages,
Eaux, vents, ardeurs,
Et vous craintes, qui tenez éveillé pendant la nuit,

Je vous conjure par les lyres délicieuses,
Et par le chant des sirènes,
Cessez vos colères,
Et ne touchez pas le mur
Ainsi que l'épouse dorme avec plus de sécurité [1].

1. Lire *Cantique spirituel*, XVI-XXI avec commentaire.

IV

L'UNION CONSOMMÉE : MARIAGE SPIRITUEL

Nous voici vraiment dans le saint des saints, le Seigneur va plus que jamais montrer que le ciel n'est pas son seul séjour, car il en a aussi un dans l'âme que l'on peut nommer « un autre ciel » tout plein de lumière. L'âme est introduite dans cette dernière et plus intime demeure « par une vision intellectuelle et par une certaine représentation de la vérité. La très sainte Trinité se montre alors à elle, ce qui commence par une espèce de nuée éclatante de lumière qui se présente à son esprit, dans laquelle, par une connaissance admirable qui lui est donnée, ces trois personnes divines lui paraissent distinctes et séparées, et elle comprend en même temps avec une entière certitude qu'elles ne sont toutes ensemble qu'une même substance, une même puissance, une même sagesse et un seul Dieu, en sorte que l'âme, peut-on dire, connaît et voit comme avec les yeux ce que nous ne connaissons ici que pour la foi, quoique ce ne soit pas avec des yeux corporels qu'elle la voit, puisque cette vision n'est pas représentative.

Ces trois divines personnes se communiquent alors à l'âme, lui parlent et lui font comprendre le sens de ces paroles de N. S. dans l'Evangile : que Lui, son Père, et le Saint-Esprit établiront leur demeure dans les âmes qui aiment et qui gardent ses commandements[1].

1. 7ᵉ Dem., ch. I.

Ainsi introduite, l'âme sera élevée au mariage spirituel. Le cérémonial des fêtes, et l'ornement des noces spirituelles varie selon les âmes. Toutes les demeures précédentes offraient aussi d'admirables variétés, tellement peuvent être multiples les dons que Dieu fait de lui-même. Mais ici ce ne sont plus les goûts passagers d'une visite, ou d'entrevues plus ou moins prolongées, ou de promesses accompagnées de lumières ravissantes, c'est vraiment *une habitation dans l'âme qui va se manifester à la conscience;* c'est comme une manifestation, par cette union et transformation d'amour, de la vie surnaturelle « qui nous rend participants de la nature divine », selon le mot de saint Pierre : *divinae consortes naturae* (II Petr., I, 4). Ces paroles du Prince des apôtres nous font clairement comprendre que l'âme entrera « en participation de la nature même de Dieu, qu'avec lui et en lui elle concourra à l'œuvre de la Très Sainte Trinité, grâce à l'union substantielle qui s'est accomplie entre elle et Dieu. Quoique ces admirables choses, ajoute saint Jean de la Croix, ne s'accomplissent pleinement que dans l'éternité, néanmoins, sur la terre, on possède déjà des indices frappants de ces destinées glorieuses qui comblent l'âme d'un bonheur inénarrable [1] ».

Sainte Thérèse indique que pour la grâce du mariage spirituel Notre Seigneur lui apparut tout resplendissent de lumière [2], d'une beauté incomparable, et dans toute la majesté dont il éclatait après sa résurrection. Mais cette vision différait fort des précédentes.

1. *Cantique*, strophe 39.

2. Lire dans Vies de sainte Gertrude, sainte Catherine de Sienne, sainte Catherine de Ricci, un cérémonial plus imaginatif.

Dans les autres grâces, les sens et les puissances étaient comme les portes par lesquelles l'âme entrait dans ces demeures, et même lors de l'apparition de l'humanité sacrée de notre Sauveur. Mais dans l'accomplissement de ce mariage spirituel il n'en va pas ainsi. Il apparaît dans le centre de l'âme, non par une vision représentative, mais par une vision intellectuelle encore plus subtile que celles dont j'ai parlé, et en la manière dont il apparut à ses apôtres lorsqu'il entra, les portes fermées, et leur dit : La paix soit avec vous [1].

Cette *paix suréminente va aussi devenir permanente comme l'union* définitive, avec le Fils de Dieu, où comme son père est en lui et lui en son Père nous sommes de même un en son Père et en lui.

Lorsque Dieu a introduit l'âme dans cette septième demeure où il habite et qui est le centre d'elle-même, on peut dire d'elle que, comme le ciel empyrée, qui est le séjour éternel de sa gloire, ne se meut point ainsi que les autres cieux, elle perd tout le mouvement que ses puissances et son imagination avaient accoutumé de lui donner sans qu'elles puissent l'inquiéter, et que rien ne soit plus capable de troubler sa paix [2].

Cette paix du ciel empyrée immobile est une comparaison bien dantesque, et empruntée à la même astronomie de Ptolémée. La sainte nous symbolise par là la nouvelle vie de cette demeure, où l'âme n'éprouve plus ni sécheresses ni troubles antérieurs. Elle est dans un tel oubli d'elle-même qu'elle ne se reconnaît plus, elle n'est plus occupée qu'à procurer la gloire de Dieu ; elle a entendu les paroles de son Seigneur de « ne plus penser qu'à ses intérêts, qu'il aurait soin des siens », tout le reste, le ciel, la terre et la vie, s'efface devant ce seul but du servive de Dieu. Elle est

1. 7e Dem., ch. II.
2. *Ibid.*, et plus loin ch. III *passim*.

dans un grand désir de souffrir, mais sans y mêler d'inquiétude. Son désir de la mort, qui lui serait si douce, s'apaise, et elle prolongerait volontiers sa vie de plusieurs années passées à souffrir de grands travaux pour l'honneur de Dieu. Elle est tout occupée de la pensée de son Seigneur, et « avec tant de tendresse qu'elle ne voudrait faire autre chose que de le louer ».

Dans cet embrassement mystérieux de Dieu et de l'âme, celle-ci, revêtue de la force divine, est *véritablement transformée, et comme déifiée, puisqu'elle vit de la vie même de Dieu*. Elle en a conscience au point de s'écrier : « Je vis; non, ce n'est plus moi qui vis, c'est Jésus-Christ qui vit en moi. » Elle est entrée dans le cellier intérieur le plus intime où l'on s'enivre du saint amour, c'est-à-dire qu'elle est « inondée des joies et des gloires de la Divinité jusque dans sa substance la plus intime, et transformée en Dieu dont elle jouit avec un bonheur inénarrable ». De là ce repos surhumain. Elle est en possession « d'une merveilleuse plénitude de Dieu, d'une paix inaltérable, d'une suavité ravissante. »

Celui qui s'unit au Seigneur ne fait qu'un même esprit avec lui, dit l'apôtre saint Paul. L'âme en a maintenant conscience. La clarté d'une étoile ou d'une lampe vient-elle à se mêler aux splendeurs du soleil, la lampe et l'étoile s'éclipsent devant l'astre du jour, dont l'éblouissant éclat efface et absorbe toute autre lumière. C'est l'admirable état dans lequel, dit l'Epoux du *Cantique spirituel*, est entrée sa bien-aimée. Elle s'est élevée au-dessus de tout ce qui est éphémère comme le temps, au-dessus de toutes les impressions naturelles, de toutes les pensées, de toutes les méthodes humaines. Elle est devenue étrangère à tous les genres de tentations; elle a oublié les chagrins et les troubles, les sollicitudes et les soins de toute sorte; elle s'est, en un mot, complètement transformée par ce sublime et divin embrassement. Dans « le délicieux jardin objet de ses désirs », qui n'est autre que l'Epoux lui-même, et qui symbolise la joie, l'ivresse, et la gloire du mariage spirituel, s'établit « une union si intime entre la nature divine et la nature humaine, une si parfaite communication de l'une à l'autre, que ces deux natures, tout en conservant leur être propre, semblent néanmoins se confondre l'une et l'autre en Dieu [1] ».

L'épouse est entrée
Dans le délicieux jardin, objet de ses désirs,
Et elle repose à son gré,
Le cou incliné
Sur le bras si doux du Bien-Aimé.

C'est la même grâce que signifie la strophe 26 du Cantique où l'Epouse chante : « J'ai bu dans le cellier intérieur de mon bien-aimé. » Car ces celliers sont les sept dons du Saint-Esprit ; on les possède suivant le degré de perfection dans l'amour. Mais « très peu pénètrent jusqu'au dernier cellier, le plus intérieur de tous, là où se consomme l'union parfaite avec Dieu. »

Le Seigneur lui-même se communique à l'âme par une gloire admirable qui la transforme en lui; il en résulte que Dieu et l'âme ne font plus qu'un, absolument comme

1. Strophe 22 et commentaire et plus loin, str. 26 : « Ceci ne peut se produire en cette vie dans toute sa plénitude ; toutefois, ce qui se passe est au-dessus de tout ce qu'une intelligence créée peut comprendre, et tout ce qu peut exprimer le langage humain. »

le cristal et le rayon de lumière qui le pénètre, le charbon et le feu qui l'embrase, les planètes et la lumière du soleil qui les éclaire... Le vin, quand on le boit, se répand et pénètre dans tous les membres, dans toutes les veines, dans toutes les fibres du corps; ainsi cette communication divine envahit-elle toute la substance de l'âme, ou plutôt l'âme est toute transformée en Dieu. Ses puissances spirituelles sont alors, pour ainsi parler, abreuvées de la Divinité. L'entendement s'enivre de la sagesse et de la science divines; la volonté, d'un amour d'une merveilleuse suavité; la mémoire, du plaisir et des délices que lui causent le souvenir et le sentiment de la gloire dont elle jouit.

V

C'est l'expérience plus ou moins savoureuse, plus ou moins lumineuse de la possession de Dieu qui constitue l'essence des grâces d'union mystique. Et la connaissance qui y est incluse procède de l'amour, et tend à l'amour, ce sont toujours des connaissances qui n'atteignent pas les intuitions de la vision béatifique, mais illustrent tellement l'ordre de la foi que c'est comme un avant-goût de la béatitude céleste. C'est la générosité de l'amour qui captive Dieu et attire les faveurs toutes gratuites de son amour. Aussi l'âme parvenue au mariage spirituel ne sait plus qu'une chose, aimer et jouir continuellement des délices de son divin Epoux. Elevée jusqu'à ces sommets sublimes, elle est arrivée à la perfection, qui, dans sa substance réelle et vraie, n'est autre chose que l'amour, comme l'insinue l'apôtre saint Paul [1] (str. 27).

1. « Quand on dit que la volonté agit plus que l'entendement, cela veut dire que son action est plus forte et plus sensible, et non pas qu'elle agisse, l'entendement n'agissant point, comme

« Désormais ma *seule occupation est d'aimer* » (str. 28), dit-elle, qu'il s'agisse d'agir ou de souffrir; au milieu des préoccupations du monde comme parmi les sollicitudes de la vie spirituelle, ses actions sont tout amour. Elle reconnaît que tous ces dons lui viennent de l'amour; les yeux de la miséricordieuse Divinité se sont inclinés vers elle, et ont épanché et communiqué par une effusion divine tous les trésors de l'amour.

Quand vous me regardiez,
Vos yeux imprimaient en moi votre grâce,
C'est pourquoi vous m'aimiez avec tendresse;
Et, par là, les miens méritaient
D'adorer ce qu'ils voyaient en vous (str. 32).

En Dieu que voient-ils et qu'adorent-ils, ses yeux ? « Un insondable abime de perfections et de grandeurs: la sublimité de ses vertus, l'inépuisable abondance de ses suavités, les incalculables trésors de sa bonté immense, les richesses sans mesure de ses miséricordes, les bienfaits sans nombre reçus dans cet état où l'âme est ineffablement près de Dieu, comme aussi toutes les faveurs antérieures dont elle a été comblée. »

Elle sait que par elle-même elle est indigne :

Daignez ne pas me mépriser;
Car si autrefois vous avez trouvé mon teint noir,
Maintenant vous pouvez bien me regarder.
Depuis que vous-même m'avez regardée,
Vous avez laissé en moi grâce et beauté.

prétendent quelques-uns avec peu de probabilité. La volonté dans cette rencontre est tellement enflammée de son objet que l'action de l'entendement est imperceptible. Il semble que la volonté absorbe toutes les forces de l'âme, tant elle est prévenue et possédée de l'Esprit de Dieu. » (*La Doctrine spirituelle* du P. Lallemant. 7e Princ., ch. IV, art. VI, p. 435, chez Gabalda, 1908).

1. *Cant. spir.*, str. 27, 28, 29, 32.

Et l'Epoux répond :

La blanche colombe
Est entrée dans l'arche avec le rameau;
Et maintenant la tourterelle
A trouvé sur les rives verdoyantes
Son compagnon tant désiré.

Elle vivait dans la solitude,
Où elle a placé son nid;
C'est dans la solitude que la conduit
Son Bien-Aimé seul,
Que l'amour a également blessé dans la solitude.

Cette solitude de douleur et d'angoisse dans l'attente s'est changée, depuis la venue de l'Epoux, depuis qu'elle jouit parfaitement de Dieu, en repos, en rafraîchissement divin. Dieu seul désormais opère en elle sans se servir d'intermédiaires, ses anges, ou les efforts industrieux de la piété. Il ne lui veut donner d'autre société que lui-même. Elle a tout quitté pour lui, il se donne tout à elle. Elle ne désire rien autre que cette solitude où elle jouit de son secret et de son amour.

Jouissons l'un de l'autre, mon Bien-aimé,
Et allons nous voir dans votre beauté,
Sur la montagne et sur la colline,
Où coule l'eau pure et limpide.
Pénétrons plus avant dans la profondeur.

La profondeur des œuvres merveilleuses et de la sagesse impénétrable de la Divinité forment un abîme insondable, où l'on peut toujours pénétrer plus avant. Mais l'âme désigne aussi, dit l'héroïque saint Jean de la Croix, la multitude et la gravité des tribulations qu'elle aspire à traverser. « Plût au ciel, s'écrie-t-il, que l'on en vînt à comprendre enfin combien il est impossible de pénétrer dans les profondeurs de la

Sagesse de Dieu, et de posséder ses immenses trésors, sans passer par des souffrances multipliées ! »

Telle est en effet la clef de ces grâces si hautes. Nous avons dépeint ailleurs cette porte étroite des trésors de la sagesse qui est la Croix, et ces douleurs qui sont le chemin et la rançon de l'amour jouissant. Il nous reste plutôt à en peindre les douceurs et les jubilations.

Et nous irons ensuite tous les deux
Dans les cavernes élevées de la pierre
Qui sont fort cachées,
Nous entrerons là,
Et nous y goûterons le suc des grenades.

Là vous m'enseignerez
Ce que mon âme désirait ;
Et c'est là que vous me donnerez aussitôt,
O Vous qui êtes ma vie !
Cette chose que vous me donnâtes l'autre jour.

L'aspiration du zéphyr
Le chant de la douce Philomèle
Le bois avec ses charmes,
Durant la nuit sereine,
Avec la flamme qui consume et ne cause pas de douleur.

Toutes ces délices sont exprimées ici par des termes symboliques. Ce sont les joies de la contemplation parfaite où, « sans aucun bruit de paroles, sans le secours des sens du corps ou de l'âme, dans une sorte de silence et de douce tranquillité, en dehors de tout ce qui est sensible et naturel, Dieu y éclaire l'âme d'une manière si secrète qu'il lui est impossible de comprendre cette opération mystérieuse [1] ».

1. Str. 39, c'est-à-dire « Une connaissance substantielle dénuée d'images, reçue par l'intellect passif ».

CHAPITRE IV

La Joie

Joies hors d'expression. — Symboles : festin; musique; danses; la contemplation de la nature; la joie des perfections divines; le désir joyeux et douloureux de le voir; le *sursum corda* de l'âme sainte.

I

JOIE HORS D'EXPRESSION ; SYMBOLES ET FIGURES : LE FESTIN

Peindre les joies du Paradis est une entreprise qui dépasse les forces des langues humaines, ni Dante, ni les mystiques, ni l'Ecriture même n'ont pu ou voulu en parler que sous le voile des symboles. C'est une manière de suggérer, de faire pressentir l'ineffable. Encore les analogies sont-elles ici de plus en plus lointaines. De quelque façon, très imparfaite il est vrai, on nous faisait entendre des douleurs, des lumières, un amour, très fort au-dessus de nos conceptions. Mais la joie spirituelle, de Dieu, en Dieu, pour Dieu, nous reste encore plus inaccessible ; nous pouvons la présager à peine d'après nos tressaillements d'allégresse ici-bas, si fugitifs, et si superficiels. C'est vraiment pour nous ce que l'œil n'a point vu, ce que l'oreille n'a point entendu, ce que le cœur de l'homme ne saurait concevoir. Quelle paix, quelles délices, quelles suavités, quelles jouissances enivrantes, quels ravissements, quelles délectations en donneraient une petite idée, je ne dis pas approchée, mais assez pure? Saint Jean de la Croix, dans son *Cantique spirituel*, a senti qu'il devait échouer, et s'excuse de son impuissance, en usant de termes vagues : « cette chose mystérieuse[1] » ou de termes symboliques, comme « l'aspiration du zéphyr, le chant de la douce Philomèle, le bois avec ses charmes, durant la nuit sereine ». Ou bien encore dans sa *Vive flamme d'amour*[2], quand il veut peindre les ineffables délices que savoure l'âme par une seule touche divine, comme de substance à substance, il commente : « O douce main ! ô touche délicate ! qui avez le goût de la vie éternelle. » La seule chose qui convienne, dit-il, quand on a le bonheur de recevoir ces faveurs sublimes, c'est de les comprendre par soi-même, de les sentir, de les savourer et de se taire. L'âme se trouve participante, d'une manière admirable, de tous les attributs divins. Et l'onction de l'esprit rejaillit sur le corps, semble pénétrer jusqu'aux os, et les faire glorifier Dieu à leur manière, selon cette parole du roi David : « Tous mes os vous diront, Seigneur, qui est semblable à vous ? Tout ce qu'on peut dire sur ce sujet étant bien inférieur à la réalité, il faut se contenter de ces mots : « Qui avez le goût de la vie éternelle. »

Il y a mieux, il termine ainsi son commentaire de *la Vive Flamme*, à propos de « l'aspiration délicieuse » de Dieu dans l'âme. « Cette aspiration étant remplie de bien et de gloire, le Saint-Esprit en comble l'âme à son tour, et par là il la pénètre tout entière d'un

1. Str. 38.
2. Str. 2.

amour tellement ineffable qu'il est au-dessus de toute gloire et de tout sentiment; *c'est pourquoi je n'en dirai rien.* » Vraiment c'est bien ici qu'il faut dire : *Silentium laus.* Et partant d'une âme si sincère, qui a réussi à exprimer tant de choses, ce silence en dit long sur les dons de Dieu, sur cette « chose », sur cet amour tressaillant, sur cette inénarrable jubilation.

Pourtant il s'y est essayé ce docteur et ce séraphin. Recueillons ces quelques confidences, elles nous aident à peupler, à animer le silence de notre admiration, notre saisissement joyeux et recueilli, plein de respect pour le Dieu qui se donne :

O touche délicate, dit le saint, ô Verbe éternel de Dieu, ô Fils unique du Père, avec quelle délicatesse exquise votre Etre pénètre subitement la substance de mon âme, et la plonge ainsi tout entière dans un océan de douceurs, qu'on ne trouve ni dans la terre de Chanaan, ni dans celle de Théman! Oui, ô divin attouchement du Verbe, ce qui me fait sentir plus vivement encore votre incomparable délicatesse, c'est de songer qu'après avoir renversé les montagnes, brisé sur les rochers sur le mont Horeb par l'ombre seule de votre puissance et de votre force, qui marchait devant votre Face, vous vous êtes révélé au Prophète par le murmure d'une brise douce et légère. Comment donc, ô souffle délicieux, pouvez-vous toucher avec tant de légèreté et de charme, alors que vous êtes si terrible et si puissant? Heureuse, mille fois heureuse l'âme que vous touchez si doucement malgré votre puissance effrayante! O âme! dites-le au monde; ou plutôt, non, ne lui en parlez pas, car il ne connaît pas cette brise légère : il ne vous comprendrait pas...

O mon Dieu et ma vie! ceux-là seuls vous sentiront et vous reconnaîtront à la délicatesse de votre touche, qui, en s'éloignant du monde, se seront entièrement spiritualisés. Alors cette ressemblance les rapprochera de vous; en vous cachant vous-mêmes dans leurs âmes, désormais séparés de toutes les créatures et de tout ce qui peut en rappeler le souvenir, vous les toucherez avec d'autant plus de délicatesse que vous les cacherez à votre tour dans le secret de votre Face, pour les mettre à couvert de tous les troubles que peuvent leur susciter les hommes. O touche délicate, répétons-le sans cesse! par la puissance de vos charmes, vous anéantissez l'âme, vous la séparez de tout le créé, vous vous la réservez exclusivement, et vous laissez en elle des traces et des impressions si délicates, que les touches des choses basses ou élevées lui semblent dès lors grossières et repoussantes...

O touche délicate, qui pénétrez d'autant plus avant que votre délicatesse est plus subtile, en touchant mon âme, vous l'avez rendue simple, pure et capable de vous sentir. Oui, c'est avec une grande raison que l'on vous appelle touche délicate. Comme vous n'avez en vous rien de matériel, vous touchez l'âme d'une manière d'autant plus intime et plus profonde que votre Etre divin qui cause cet admirable attouchement est plus éloigné, et plus affranchi de toute espèce de mode, de forme et de figure. Aussi la dégagez-vous par là de tout ce qui est humain, pour la diviniser en quelque sorte. Oh! oui, vous êtes une touche délicate, redisons-le encore, puisque vous touchez l'âme par votre Etre très simple et très pur, qui, étant infini, possède une délicatesse infinie. Voilà pourquoi il touche avec tant de subtilité, d'amour et de sublimité [1].

Si hautes que soient ces joies, cette « chose » indéfinissable, *l'Ecriture ne dédaigne pas de la comparer à un fruit délicieux, à une manne cachée, à un festin savoureux*. Depuis les premiers « goûts divins » jusqu'à ces tressaillements d'allégresse, ces vives flammes d'amour ces réveils de Dieu dans l'âme, cette fête perpétuelle dans la suavité d'une paix qui dépasse tous les sens, cette délicieuse brûlure, cette plaie enivrante, cette touche délicate, nous retrouvons partout le « goût de la vie

1. Ed. Oudin, pp. 505, 506 ; je choisis et juxtapose.

éternelle ». Et il est si pénétrant, si subtil, si spirituel si varié, si inexprimable ! Nous avons déjà parlé des premières suavités de « l'éveil des sens spirituels » ; ici au sommet de la jouissance divine, et des dons de l'amour transformant, c'est, nous dit-on, « le Verbe de Dieu dans le fond même de l'âme, avec une grandeur, une souveraineté, une gloire et une douceur si admirables qu'elle serait tentée de croire que tous les aromates les plus précieux, toutes les fleurs les plus embaumées s'agitent et se mêlent pour répandre des parfums, dont la suavité se fait délicieusement sentir[1] ».

C'est un banquet si l'on veut, c'est une vie qui alimente une vie, et dans cette union intime, Dieu remplit et nourrit toutes les puissances de l'âme, c'est un rassasiement, une plénitude joyeuse, une vie nouvelle, reçue, assimilée, savourée.

Son entendement ne possédait guère que des connaissances bornées, acquises par les faibles ressources de sa lumière naturelle ; il est maintenant éclairé par un principe lumineux bien autrement puissant qui vient de Dieu même. Sa volonté n'aimait qu'avec tiédeur; désormais elle est animée de la vie du divin amour, et sous l'impulsion de l'Esprit-Saint, embrasée des ardeurs de ce feu, elle aime jusqu'à une mesure très sublime. Sa mémoire ne percevait naturellement que les figures et les formes des créatures; elle est remplie maintenant du souvenir des années éternelles dont parle le Roi-Prophète. Ses appétits cherchaient autrefois leur aliment dans les créatures; excités désormais par un plus noble principe qui, en leur communiquant une vie toute nouvelle, leur fait goûter Dieu, ils se nourrissent d'aliments divins et savourent les délices célestes[2].

1. *Ib.*, p. 625. *Vive Fl.*, str., IV, 1, 2.
2. Str. II, p. 523.

Les dissertations les plus savantes et les plus abstraites sur les fruits ne vaudront jamais l'expérience, elles ne donneront jamais, à qui ne l'a pas, la connaissance de la possession savoureuse. Une belle pêche, une poire succulente, au velouté exquis, à la pulpe succulente, aux saveurs et aux parfums délicats, se manifestent à qui en jouit, dans un savourement expérimental. C'est là ce qu'on tente de nous faire entendre : la jouissance expérimentale de Dieu le manifeste ainsi à toutes nos puissances, car il est leur bien à toutes, possédant éminemment toutes les perfections. Il est leur rassasiement, car il est la plénitude de l'être : il est leur joie, car sa possession apaise toutes les faims, toutes les soifs de leurs recherches. Il est la fête de toute l'âme.

Ton cœur tressaille d'une ineffable jubilation, qui lui fait chanter un cantique toujours nouveau, inspiré tout à la fois par la joie, l'amour et la connaissance de l'état sublime auquel Dieu l'a élevée... Elle chante à Dieu, dans le secret de son cœur, les louanges que David lui donne au psaume vingt-neuvième : « Vous avez changé mes gémissements en réjouissance ; vous avez déchiré le sac dont je m'étais revêtu, et vous m'avez environné de joie, afin qu'au milieu de ma gloire je chante vos louanges, et que je ne sente plus les pointes de la douleur. Seigneur, mon Dieu, je célébrerai éternellement vos louanges.

Cette joie est extraordinairement pure, car l'âme jouit de Dieu, elle prend ses délices en Dieu seul, sans nul alliage du créé. Elle en jouit uniquement pour sa gloire et pour ce qu'il est en lui-même, sans se préoccuper d'aucune créature, ni sans même s'inquiéter en rien de sa propre satisfaction. L'amour de charité l'a portée vers Dieu, lui a livré Dieu et ses dons, a transformé la vie en la vie de Dieu même, qui s'unit à elle par ce lien de l'amour, et se donne à elle dans la joie de cet amour, en attendant la pleine joie, du plein amour, dans la pleine lumière de la vision intuitive, béatifique. Son amour est sa nourriture et sa joie, *amore di vero ben pien di letizia.* Jouir des douceurs et des délices de cet amour, devenir semblable au Bien-Aimé, connaître et pénétrer les secrets du Bien-Aimé, tel est son unique vouloir et son unique joie.

Jouissons l'un de l'autre, mon Bien-Aimé,
Et allons nous voir dans votre Beauté...
Pénétrons plus avant dans la profondeur.

II

LES CHANTS DE JOIE : LES SAINTS ET LA MUSIQUE

L'austère saint Jean de la Croix qui montre si bien par quelles croix, par quelles purifications, par quelle porte étroite il faut entrer dans cette joie, nous dit ouvertement que la vie de l'âme arrivée à cette perfection de l'amour est une fête perpétuelle, une jubilation en Dieu que les douleurs mêmes d'ici-bas alimentent.

Le chant de la douce Philomèle symbolise pour lui les prémices de ce cantique éternel que chantent les élus. Dans cette union intime, dans ces transformations d'amour qu'il appelle un mariage spirituel, l'âme jouit comme d'un printemps nouveau par la sainte liberté, la dilatation, la joie dont son cœur est rempli. La voix de l'Époux est, pour elle, comme le chant du rossignol quand les froids de l'hiver ont fini, et que les pluies ont cessé. Et elle chante aussi un hymne de jubilation, car elle tressaille d'une inexprimable allégresse[1].

La musique est aussi une expression de la joie, et un symbole, comme le festin des noces éternelles. On se le rappelle, saint Augustin rapporte dans ses *Confessions* quelles vives impressions de grâce il ressentit, à Milan, avant sa conversion, en entendant tout le peuple s'unir aux chants religieux de l'Eglise.

> A ces hymnes, à ces cantiques, ô mon Dieu, écrit-il, quels torrents de pleurs faisaient jaillir de mon âme impressionnée les suaves accents de votre Eglise! Ces chants coulaient dans mon oreille et versaient votre vérité dans mon cœur, les plus vifs élans d'amour étaient soulevés en moi, et mes larmes se répandirent en abondance, et j'étais heureux de pleurer.

Il est revenu plusieurs fois dans ses œuvres sur ce sujet. On trouverait facilement dans l'histoire des saints d'agréables exemples de leur goût pour la musique. Ils y rencontrent une beauté qui les élève à Dieu, et, dans leurs relations avec l'invisible, il leur arrive d'entendre de délicieux concerts; d'inénarrables sons ravissent leur âme, parfois jusqu'à l'extase[2].

Sans pousser bien loin nos recherches, quelques traits s'offrent à nous. Sainte Catherine de Bologne jouait du violoncelle. Marianne de Jésus, le Lys de Quito, aimait à chanter en s'accompagnant de la

1. *Cantique*, str. 39.

2. A propos de l'Ode sur la musique de Fray Luis de Léon, on lit dans Rousselot, *Mystiques espagnols*, p. 298 : « L'influence de la musique sur le sentiment religieux et sur l'amour n'a jamais été sentie plus vivement que par les mystiques. Selon Plotin, le musicien n'est pas incapable de comprendre l'harmonie intelligible, le beau; il peut s'élever au rang d'amant. (*Enn.*, I, liv. III, § 2, 3, pp. 64-65; t. I, Ed. de M. Bouillet). » Saint Augustin avait touché la même question dans un *Traité de la Musique*, liv. VI. (Cf. *Retractationes*, I, 11). Un mystique italien du XIIe siècle, Joachim de Flore, en a fait autant dans son *Psalterion decem chordarum*, lib. I.

guitare[1]. Son historien assure qu'arrivée au plus haut degré de mortification et d'union avec Dieu elle consacrait encore chaque jour quelque temps à chanter. Ce lui était une prière et une élévation d'âme. Elle charmait de sa jolie voix sa famille et ses amies. Des témoins ont même déposé qu'on entendit parfois des voix célestes s'unir à elle. Quelquefois, par une belle nuit, elle faisait admirer les étoiles du firmament, qui ont un magnifique éclat en ces contrées de l'Amérique du Sud, puis elle parlait du ciel, et y portait les cœurs. D'autres fois elle chantait en s'accompagnant sur sa guitare. Visitée par une de ses amies, Pétronille de Saint-Bruno, sur sa demande elle prit sa guitare et se mit à l'accorder. Mais soudain elle s'arrêta immobile, une main sur les cordes et l'autre sur les touches, les yeux fixés sur le ciel. Elle demeura ainsi en extase depuis cinq heures du soir jusqu'à six heures. Poussant alors un profond soupir : « Ah, chère Pétronille », dit-elle à son amie, « que de choses il y a au ciel! » Puis elle se mit à pleurer.

Dans le même pays, la gracieuse sainte Rose de Lima jouait de la harpe et son historien[2] raconte un bien joli trait de la dernière année de sa vie : « Pendant tout un carême, le soir, lorsque le soleil était près de se coucher, un petit oiseau à la voix ravissante volait vers la chambre de la sainte, se plaçait sur un arbre voisin, et attendait qu'elle lui donnât le signal de chanter. Rose, dès qu'elle apercevait le petit chantre ailé, se préparait de son côté à entonner les louanges de Dieu, et défiait l'oiseau à cette lutte mélodieuse dans un cantique qu'elle avait composé pour cela : « Commence, cher oiseau, lui disait-

1. Voir sa Vie par le P. de Régnon, pp. 13, 96.
2. Vicomte de Bussière. Plon, 1863, p. 416.

elle, commence ton délicieux concert. Que ton gosier plein de suaves mélodies les verse en abondance, afin que nous louions ensemble le Seigneur. Tu loueras ton Créateur, et moi mon cher Sauveur, tous deux ensemble nous bénirons notre Dieu. Ouvre ton gracieux petit bec, commence je te suivrai, et nos voix se rencontreront doucement dans un cantique de sainte allégresse.

« Aussitôt l'oiseau se mettait à chanter, parcourant tous les tons montant toujours plus haut ; puis se taisant, il attendait que la sainte chantât à son tour. Rose entonnait alors les louanges du Seigneur d'une voix incomparable. Et lorsqu'elle avait fini, l'oiseau reprenait et finissait tout à coup comme s'il en avait reçu le signal. Rose recommencait à célébrer les perfections de l'Etre divin, tantôt emportée par l'inspiration, tantôt exhalant son amour dans de tendres soupirs, jusqu'à ce que son silence indiquât de nouveau à l'oiseau que c'était à lui à reprendre. C'est ainsi que tous deux célébraient alternativement les grandeurs de Dieu pendant une heure entière avec un ordre si parfait que quand l'oiseau chantait Rose ne disait rien, et quand elle chantait à son tour l'oiseau se taisait et l'écoutait avec une merveilleuse attention. Enfin, vers la sixième heure, la sainte le congédiait : « Pars, mon petit chantre, va, vole bien loin d'ici, mais béni soit mon Dieu qui reste toujours près de moi. »

Cela rappelle saint François d'Assise et sa sœur la cigale, ou ses discours aux petits oiseaux, et les jolies légendes des *Fioretti*, et l'Ange qui jouait de la viole si suavement et lui ravissait le cœur; lui-même, le séraphique, ne chantait-il pas sa jubilation, et les louanges de son créateur par les chemins de l'Ombrie?

Il faut que la joie s'exhale par des chants, et même par des cris, lorsqu'elle arrive à transpercer le cœur de cette façon inouïe dont parle sainte Thérèse, au vingt-neuvième chapitre de sa vie. Lorsque l'ange au javelot d'or lui fit cette blessure qui l'embrasait d'amour, la violence de ce feu lui faisait jeter des cris, « mais des cris, dit-elle, mêlés d'une si extrême joie que je ne pouvais désirer d'être délivrée d'une douleur si agréable, ni trouver de repos ni de contentement qu'en Dieu seul ». Elle y revient au sixième chapitre de la sixième demeure. L'âme y reçoit parfois des joies vraiment extraordinaires, inexprimables.

Cette joie que l'âme ressent est si excessive qu'elle n'en voudrait point jouir toute seule, mais la dire à tous, afin que tous l'aident à louer le Seigneur. Oh ! que de fêtes, que de démonstrations elle ferait, si c'était en son pouvoir, pour faire comprendre à tous quel est son bonheur !

Et la sainte cite saint François, jetant alors de grands cris, et répondant aux voleurs qui le rencontrent et l'interrogent : « Je suis le héraut du grand roi. » Ainsi faisaient d'autres grands serviteurs de Dieu.

J'ai connu, dit-elle, le père Pierre d'Alcantara, dont la vie a été si sainte que je crois ne pouvoir faillir en le mettant de ce nombre. Il criait comme eux à haute voix, et de telle sorte que ceux qui l'entendaient le prenaient pour un insensé. O mes sœurs! quelle enviable folie, et que nous serions heureuses s'il plaisait à Dieu de nous la donner à toutes.

C'est vraiment ici un paroxysme d'amour, surnaturellement envahissant, qui tressaille dans l'âme, et elle jubile.

Cet état dure quelquefois un jour entier. L'âme alors,

comme une personne qui a beaucoup bu, et qui néanmoins n'est pas ivre, ou comme un mélancolique qui n'a pas entièrement perdu le sens, et qui s'est mis si fortement quelque fantaisie dans l'esprit, qu'il est impossible de l'en détromper. J'avoue, ajoute sainte Thérèse, que ces comparaisons sont bien grossières pour exprimer une chose si sublime et si difficile à comprendre, mais mon peu de lumière ne m'en fournit point d'autres. Je sais seulement que l'âme, par un effet qui procède de l'excès de sa joie, oublie le reste, s'oublie elle-même, et ne saurait ni penser, ni parler d'autres choses que des louanges de Dieu.

III

LA DANSE, EXPRESSION DE JOIE

Ces impressions, ces transports, appellent une autre expression que des chants et des cris. La danse ellemême, si expressive des mouvements de l'âme, peut revêtir parfois un caractère de joie mystique. David ne dansa-t-il pas devant l'arche? M. Ribet[1] cite saint Paschal Baylon, transporté de ferveur, et qui, le visage tout enflammé, trépignait et dansait devant une statue de la Vierge Marie, et le frère Gérard Majella, qui dansait aussi parfois dans ses extases. Il arriva même chose plus extraordinaire à Christine l'admirable, un jour qu'elle parlait de N. S. avec les religieuses d'un couvent qu'elle aimait à visiter. L'Esprit fondit sur elle par une invasion soudaine et inopinée. Son corps se mit à tourner sur lui-même comme une toupie agitée par des enfants, et d'un mouvement si vertigineux qu'on ne pouvait plus distinguer la forme de ses

1. Ribet. *Mystique Divine*, II, 467 « tripudiantem et retrorsum, antrorsum magno cum jubilo salientem ».

membres. Après qu'elle eut ainsi tournoyé quelque temps, ce mouvement s'apaisa, comme si l'accès fût passé, et elle entra dans un doux repos, pendant lequel on entendit entre sa poitrine et son gosier une merveilleuse harmonie[1].

Ainsi au Paradis de Dante nous apparaissent des splendeurs qui tournoient, et ceci nous aide peut-être à le comprendre. Au huitième chant, il nous décrit ainsi d'autres splendeurs qui tournoyaient plus ou moins rapides, selon, je crois, leur vision éternelle.

Jamais vents impétueux ne sortirent, visibles ou non, d'un froid nuage, qui n'eussent paru engourdis et lents, auprès de ces lumières accourues vers nous, et détachées de la ronde commencée sur la hauteur des séraphins. Et derrière celles que je vis les premières, retentissait un hosanna qui m'a toujours laissé depuis le désir de l'entendre. Alors l'une d'elles se rapprocha de nous davantage, et nous dit : — Nous sommes toutes prêtes à te complaire dans ce que nous pouvons pour toi. Nous tournons ici en parcourant le même cercle, d'une même rapidité et d'une même ardeur, avec les moteurs célestes.

Plus loin, au chant dixième, où il rencontre les saints docteurs.

Je vis, dit-il, plusieurs clartés vives et triomphantes faire de nous un centre et d'elles une couronne, plus douce à l'oreille qu'éclatante aux yeux. C'est ainsi que nous voyons quelquefois la fille de Latone environnée, lorsque les nuages gardent le cercle que son disque trace dans l'air. Dans la cour du ciel, d'où je sors, se trouvent plusieurs joyaux si rares et si splendides qu'on ne peut les tirer de ce royaume. Et le chant de ces clartés était un de

1. Ribet, *loc. cit.*, d'après Thomas de Cantimpré (Bull., 24 juill., t. 32, p. 651, n°s 35, 36. «... Corpusque ejus, velut trochus ludentum puerorum in vertiginem rotabatur, ita quod ex nimia vehementia vertiginis nulla in corpore ejus membrorum forma discerni posset. »

ceux-là ; celui qui n'a pas d'ailes pour voler là-haut attendra qu'un muet lui en porte des nouvelles.

Lorsque, en chantant ainsi, ces ardentes lumières eurent tourné trois fois autour de nous, comme font autour du pôle immobile les étoiles voisines, elles me parurent comme ces femmes qui n'ont pas cessé de danser, mais qui s'arrêtent en silence, et qui écoutent jusqu'à ce qu'elles aient entendu les notes nouvelles.

Et après le grand récit qui célèbre lyriquement la vie de saint François, l'amant éperdu de la Pauvreté :

La sainte sphère commença à tourner et elle n'eut pas accompli un tour sur elle-même avant qu'une autre sphère l'eût enfermée dans un cercle, accordant mouvement à mouvement, et chants à chants. Et ces chants surpassaient autant ceux de nos muses et de nos sirènes, dans cette douce harmonie que la clarté directe efface une clarté réfléchie. De même qu'en deux arcs parallèles et d'égale couleur, qui se courbent à travers un léger nuage, lorsque Junon envoie la messagère, celui du dehors est produit par celui du dedans... de même les deux guirlandes de ces roses éternelles tournaient autour de nous, et celle du dehors répondait à celle du dedans. Lorsque la danse et toute cette grande fête de chants et de rayonnements que se renvoyaient l'une à l'autre ces lumières joyeuses et aimantes, se furent arrêtées d'un mouvement et d'une volonté, comme font deux yeux se fermant et s'ouvrant à la même pensée qui les meut, du milieu de l'une de ces nouvelles clartés sortit une voix (ch. XII).

On entend alors la gloire de saint Dominique après celle de saint François. Plus loin une question sur la résurrection des corps fait tressaillir de joie ces saintes âmes, et des danses et des chants la manifestent.

De même que, dans une joie plus vive, ceux qui dansent en rond, se poussant et s'entraînant à la fois, élèvent la voix et raniment leur mouvement ; ainsi, à cette prière empressée et pieuse, les cercles sacrés firent éclater une joie nouvelle par leurs danses et leurs chants. Ceux qui se plaignent de ce que l'on meurt ici-bas, pour aller vivre là-haut, n'ont pas senti la fraîcheur de la pluie éternelle. Celui qui vit et qui règne toujours en trois personnes, qui n'est pas circonscrit et qui circonscrit tout, était chanté trois fois par chacun de ces esprits avec une telle mélodie que ce serait pour les plus grands mérites une juste récompense de l'avoir écoutée (ch. XIV).

Il y aurait de curieuses choses à dire sur ce mouvement circulaire, si symbolique pour de profonds penseurs, comme Denys l'Aréopagite, saint Thomas, ou Kepler. On peut en voir quelque chose en cet article de la Somme où le grand docteur catholique[1] rapporte les opinions antiques. Denys assigne le mouvement circulaire aux anges, dit-il, parce qu'ils contemplent Dieu d'une intuition uniforme et continue sans principe et sans terme visible; ainsi le mouvement circulaire, sans principe et sans terme, est uniforme autour du même centre immobile. Dante représente Dieu comme le point central autour duquel tournent les neuf ordres de créatures spirituelles plus ou moins vite d'après leur amour plus ou moins vif; de ce point dépend le ciel et toute la nature. Il traduit presque Aristote, qui dit de Dieu compris comme premier moteur : ἐκ ταύτης ἄρα ἀρχῆς ἤρτηται ὁ οὐρανὸς καὶ ἡ φύσις.

Les opérations de l'ange ou de l'âme élevée à la contemplation, lorsque ces esprits, sans cesse attirés vers Dieu, se meuvent autour de lui, comme autour de leur centre par la connaissance et par l'amour, sont

1. 2a 2ae, q. 180, a 6, ad 3. « Et ideo Dionysius motum circularem in angelis assignat, in quantum uniformiter et indesinenter absque principio et fine intuentur Deum; sicut motus circularis carens principio et fine, uniformiter est circa idem centrum. »

ainsi comparables à ce mouvement dont on ne voit ni le point de départ ni le terme, et qui s'effectue sans cesse autour d'un centre immobile. Assurément, c'est une comparaison originale et profonde, qui ôte toute banalité superficielle à ces danses, dont nous venons de relire quelques descriptions. Nous pourrions en recueillir d'autres sur notre chemin jusqu'à la vision de la Divine Trinité qui termine le poème, et achève de transformer l'âme du Pèlerin symbolique, et de la confirmer dans le bien. Cette âme renouvelée entre elle aussi dans le mouvement de l'amour qui entraîne tout le ciel. Désormais, son désir et sa volonté sont mus, comme une roue tournant d'un mouvement uniforme, par l'amour qui meut aussi le soleil et les autres étoiles. Là est la paix et sa joie.

Ma già volgeva il mio disiro e'l velle
Si come ruota che igualmente è mossa
L'amor, che muove 'l sole e l'altre stelle.

Cette image même fut peut-être suggérée à Dante par une sainte dont il avait sans doute lu les œuvres mystiques, sainte Mechtilde [1], du monastère d'Helfta, en Saxe. Elle mourut en 1298, et son livre de la *Grâce spéciale*, écrit en latin, put être connu de Dante à l'époque de son poème : or, dans une vision du liv. IV, ch. 20, elle dépeint le libre arbitre, comme une roue reliée par un fil à la volonté divine, autre roue qui donne le mouvement. Par la résistance le fil se tend, par la désobéissance le fil se rompt, et la roue tourne en sens contraire : par la docilité elle suit d'un mouvement égal. Empruntée ou non, l'image n'en est pas

1. Voir sur sainte Mechtilde, qui serait peut-être aussi la Matelda de Dante au *Purgatoire*, articles de don Paquelin de Solesmes, dans *l'Univers*, 8, 25, 26 juillet 1875. Plusieurs rapprochements curieux et intéressants.

moins transformée par le génie, et insérée dans tout un système d'expression, très conforme aux écrits des mystiques contemplatifs [1].

Dans les chants du bienheureux Jacopone de Todi, on rencontre de ces essais, de ces figures symboliques de la joie, qui sont en même temps la traduction de sentiments personnels. Dans une *laude sopra il gaudio dei Beati*, il nous dépeint une vision de Paradis où les saints baignés de lumière et d'amour exultent de joie, en des danses mystiques, avec tout la naïveté de l'amour franciscain.

O Jésus, notre ami, tu nous prends notre cœur. — Or oyez cette ballade que l'amour a trouvée, l'âme en deviendra folle, si seulement elle ressent l'amour, — or oyez cette nouvelle que je dirai de l'éternelle vie, une laude tant belle, toute pleine d'amour. — Une ronde se fait dans le ciel, des saints en ce jardin où se tient l'amour divin qui les enflamme d'amour. — A cette ronde vont les saints, tandis que les anges en multitude se trouvent devant l'Epoux, et tous dansent d'amour. — En la cour est une allégresse d'un amour sans mesure...

La ballade est fort longue et déroule le spectacle, et le mouvement d'amour jubilant en nombre de strophes qu'on trouvera dans Sorio. On nous dépeint les

1. Cf. Dionys, *de Div. Nom.*, ch. IV, §, 8, 9. « Divinae mentes dicuntur moveri circulariter quidem dum principis finequ carentibus pulchri bonique splendoribus uniuntur... Animi autem motus orbicularis est ejus ab extraneis in semetipsum introitus, spiritaliumque ipsius facultatum unimoda inflexio, quasi in circulo fixum et ab omni errore liberum motum ei tribuit, et a multis rebus extraneis ipsum convertit ac colligit primum ad se, deinde quasi jam unius modi effectum, conjunctis uno modo facultatibus conjungit, atque ita demum ad pulchrum ac bonum manuducit, quod supra omnia quae sunt, et unum et idem, et sine principio et sine fine est. »

vêtements chamarrés, les visages riants de jeunesse renouvelée, les guirlandes fleuries, plus brillantes que l'or, ornées de perles et variées de couleur. « Le prophète royal est ménestrel, il fait doucement résonner l'instrument, il paraît bien qu'il nous recueille en un sommeil mystique, tant ses accords ont de suavité. » Et dans ce recueillement on voit défiler tous les chœurs bienheureux; tous les saints héros de l'amour sont nommés, et tous se tiennent comme rois et comtes à visiter leur Empereur. Tous jouissent illuminés, embrasés, plongés dans un océan de joie.

De cette lumière, toute divine, les uns ont plus, les autres moins; mais chacun en est si rempli que désormais il n'en désire pas davantage. — Cet exemple se peut donner: à qui girait au milieu de la mer ce serait le cas de demander: « As-tu de l'eau autant que tu en voulais.» — En cette mer sans limites, tout saint est ainsi noyé, dessus, dessous, et de tout côté il est environné par l'amour. — Tous se tiennent à ce banquet; tous voient le miroir brillant, chacun est beau et resplendissant, sept fois et plus que le soleil. — En cette cour se chante ainsi l'alleluia dans l'allégresse, tous dans une même concorde sont unis par l'amour.

Au milieu du cycle des strophes courtes et qui sautent et qui volent, le bienheureux chanteur, le trouvère de Dieu, le jongleur [1] du Seigneur, songe à ses frères mortels :

Qui verrait cette ronde, qui s'en va si pleine d'amour, son âme serait toute joyeuse, son cœur ne souhaiterait rien autre. — Qui verrait cette danse, où se fait la grande fête, il aurait tant d'allégresse qu'il la répandrait au dehors. — Toujours il y a une nouvelle allégresse, et à tout moment elle se rafraîchit par un regard sur la beauté du Très-Haut Seigneur.

1. « *Joculatores Domini* » était le nom donné par saint François. — Je crois traduire le premier ces laudes en français.

C'est le zèle de cet amour et de cette joie dont nous parlait sainte Thérèse. Aussi, dans un autre chant, le *Tripudio*, il s'écrie en refrain :

Que chaque amant qui aime le Seigneur vienne à la danse en chantant d'amour — Vienne à la danse tout enamouré, plein du désir de celui qui l'a créé ; d'amour ardent, le cœur tout embrasé, qu'il soit transformé par cette grande ferveur. — Rempli de ferveur par ce feu ardent, comme un affolé qui ne tient point en place, il tient étroitement embrassé le Christ, et non pas un peu, mais à ce jeu son cœur se fond. — Le cœur se fond comme au feu la glace, quand intérieurement je tiens mon Seigneur embrassé, et je crie : O amour, je défaille d'amour. Je gis avec l'amour, comme enivré d'amour. — Tout enivrés d'amour, ils chantent les amants : Chantez au Christ-Amour de nouveaux chants, bénissez-le au-dessus de tous les Saints.

IV

JOIES DES CONTEMPLATIONS DE LA NATURE

Qu'il s'agisse de musique, ou de danse, ou de fêtes nuptiales et de banquets, ce sont là des images symboliques, bien imparfaites sans doute, mais, à leur manière expressive, de la joie spirituelle, qui est une fête de toute l'âme, tellement Dieu la pénètre. Quand Dante entend tout le Paradis chanter : « Gloire au Père, au Fils et au saint Esprit » avec un chant si doux qu'il l'enivrait, il ajoute : « Tout ce que je voyais me semblait un sourire de l'univers, car mon ivresse entrait par les oreilles et par les yeux. O joie ! ô allégresse ineffable ! ô vie toute d'amour et de paix ! ô richesse véritable et sans souci. » D'une semblable manière pour les âmes unies à Dieu, qui le possèdent mystiquement, qui sont transformés dans son amour, toutes les créatures leur parlent de quelque façon de Dieu, et en Dieu elles retrouvent les perfections de toutes les créatures. Voilà pourquoi tantôt elles nous parlent de leur joie spirituelle et divine sous le voile humain et symbolique des joies créées, sourire de l'univers; et tantôt dans les beautés et les joies de cette terre, elles aperçoivent Dieu présent, Dieu qui donne l'être et la vie, Dieu qui leur offre ses dons. Dieu leur apparaît comme l'astre dans le rayon, comme la source dans le ruisseau qui court. Voilà pourquoi ils aiment la nature, et ses spectacles gracieux ou terribles les élèvent droit à Dieu.

Je ne sais pourquoi Sainte-Beuve, le critique littéraire si perspicace et si averti, semblait croire inconciliables le christianisme et l'amour de la nature quand il écrivait : « Il n'y a pas de milieu, la Croix barre plus ou moins la vue libre de la nature, le grand Pan n'a rien à faire avec le divin Crucifié. » Sans doute, nos saints n'adorent pas la nature, ils n'en divinisent pas les forces à la manière naturaliste, ils n'en jouissent pas à la façon égoïste, ou sensuelle, ou orgueilleuse. Si un Jean-Jacques Rousseau, par exemple, est un amant de la nature, il reste terre à terre, sa rêverie et son idéal ne l'élèvent guère.

Je me couchai voluptueusement, contera-t-il, sur la tablette d'une espèce de niche ou de fausse porte enfoncée dans un mur de terrasse ; le ciel de mon lit était formé par la tête des arbres, un rossignol était précisément au-dessus de moi, je m'endormis à son chant; mon sommeil fut doux, mon réveil le fut davantage. Il était grand jour : mes yeux, en s'ouvrant, virent l'eau, la verdure, un paysage admirable. Je me levai, me secouai : la faim me prit, je m'acheminai gaiement vers la ville, résolu de mettre à un bon déjeuner deux pièces de six blancs qui me restaient encore.

Assurément c'est un plaisir permis, mais on peut aimer la nature en y puisant des idées, des sentiments et des joies d'une autre envolée. Les troupeaux ont aussi une sorte de joie à leur pâturage, quand les brebis sortent de la bergerie, et que les agneaux bondissent près de leurs mères, ou que les chevaux hennissent, naseaux au vent, en courses folles, libres dans les prés. Ils ont ce qu'ils cherchent et ce qui leur suffit : du bon air, de la nourriture, et de la liberté, c'est leur part de bonheur, une ombre de notre joie.

Sans doute, le cœur plein de Dieu, quand il compare les pâles beautés de la terre à celles du ciel, ressent la mélancolie de l'exilé : dans la nostalgie du retour, il s'écrie : « *Quam sordet tellus quando cælum aspicio.* » C'est un peu ce sentiment qu'on retrouve parfois, en telles odes doucement plaintives de Fray Luis de Leon, par exemple dans sa *Noche serena ;* la nuit sereine élève son âme vers le plein jour des hauteurs où Dieu habite :

Quand je contemple, dit-il, le ciel orné d'innombrables lumières, et qu'en bas je regarde la terre enveloppée d'ombre, ensevelie dans le sommeil et l'oubli,

L'amour et la peine excitent en mon âme un ardent désir, mes yeux se changent en deux sources de larmes, et enfin, d'une voix plaintive, je m'écrie :

Séjour de grandeur, temple de lumière et de beauté ! Quelle infortune retient mon âme, faite pour s'élever jusqu'à vous dans cette prison ténébreuse d'ici-bas ?

Il contemple avec plaisir, en vérité, mais sa pensée

monte, et semble dédaigner la folie de ceux qui ne regardent qu'en bas; et ces ombres, et l'homme livré au sommeil, sans s'inquiéter de son sort, tandis que « d'un pas silencieux le ciel tourne toujours et va lui dérobant les heures de sa vie ». Ces astres si beaux dans leur marche, tout l'invite et le presse d'inviter les hommes ses frères à lever les yeux vers l'éternelle et céleste sphère : « Qui peut voir le grand concert de ces clartés éternelles, leurs mouvements assurés, leurs pas inégaux quoique soumis à un ordre régulier ;

La lune faisant mouvoir sa roue argentée, à sa suite la lumière, séjour du savoir, puis la gracieuse étoile de l'amour, étincellante et belle, etc., etc.

... Qui peut voir ce spectacle, et priser encore la bassesse de ce monde, et ne point gémir, soupirer, pour rompre la chaîne qui retient l'âme loin de ces biens? etc... »

Et ailleurs, dans une autre ode, il complète et achève ce même mouvement de pensée :

Vers toi, cour divine, vers toi demeure de Dieu, cité sainte, mon âme exilée, éloignée de toi, soupire en cheminant sa journée.

Airs apaisés, libres des voix et des bruits, emportez dans vos ondes vers le ciel mes gémissements sortis du cœur [1].

Si la nuit sereine lui rappelle le ciel où la lumière ne s'éteint pas, l'allégresse du matin ou les splendeurs du midi lui révèlent aussi des beautés qui portent à l'apaisement et à la joie en Dieu, trouvé dans la nature :

Quand l'obscure nuit veut déchirer son voile sombre,

1. Rousselot, *Mystiques espagnols*, pp. 290 et suivantes.

triste vêtement qui dépare le ciel et enveloppe ses beautés et ses charmes,

L'aurore, en se levant, embellit la rondeur du globe, sa chevelure ondule sur sa tête dorée et de sa lumière elle environne tout l'univers.

L'air en sa pureté, revêtu de ces splendeurs éclatantes, dévoile sa beauté et les nuages s'élevant offrent à la vue mille nuances.

Qui pourrait jeter les yeux sur l'horizon éclairci, et ne pas s'enflammer d'amour pour celui qui a créé un être si beau?

Le chant des oiseaux sous le feuillage tient attentive la forêt ombreuse, puis le soleil monte, « la lune s'efface, vaincue par cette lumière, avec la multitude étoilée ». La rosée est tombée aux fraîcheurs du matin, le soleil la frappe, elle étincelle plus que le cristal. Et le contemplateur suit doucement ses rayons sur la « verte prairie couronnée de plantes odorantes, de fleurs et de roses peintes des couleurs de la nature, et baignée de cette pluie de perles ». Quand l'air embrasé perd sa fraîcheur, les arbres touffus offrent leur abri, près d'une source descendue d'une montagne qui couronne le bois. Elle court avec un bruit paisible, retourne les légers cailloux, les soulevant de leur lit sablonneux. Parmi le feuillage se montrent les clairs rayons du soleil, et sous les feux les petits grains de sable rougissant brillent comme la poussière d'or du Tage.

O Dieu! s'écrie le pieux Fray Luis, quand je vois toutes ces choses faites pour mon bien et mon plaisir, je soupire après ton amour et souhaite qu'il me brûle d'autant de feux que tu veux être aimé.

Assurément, cette joie peut monter à d'autres hauteurs, et tressaillir plus ardente, près de cette tranquille douceur. Mais nous voilà déjà loin du terre à terre, et l'amour de la nature n'y perd point d'éclat. Un saint François d'Assise, par exemple, a-t-il moins humainement, moins noblement célébré les beautés de la nature que quiconque? On nous le montre parcourant tous les degrés de la création pour y chercher les vestiges de son Dieu, et retrouvant celui qui est souverainement beau dans les créatures belles. Il ne dédaignait pas les plus petites, les plus méprisées, et, se souvenant de leur commune origine, il les nommait ses frères et ses sœurs. En paix avec toutes choses, et revenu en quelque sorte à la primitive innocence, son cœur débordait d'amour, non seulement pour les hommes, mais pour les animaux qui broutent, qui volent, et qui rampent. Il aimait les rochers et les forêts, les moissons et les vignes, la beauté des champs, la verdure des jardins, et la terre et le feu et la mer et les vents. Et ils les exhortait à honorer Dieu et à le servir. On connait ses conversations avec les oiseaux, ses remontrances aux loups, ses prédications aux poissons, son cantique au soleil. Cet amour de la nature, transfiguré par une âme où tressaille la joie de l'amour divin, est dans toutes les mémoires. Elle a fait du joyeux et douloureux saint François le père de la poésie et des arts en Italie [1].

Bien d'autres saints ont partagé cette admiration de Dieu dans ses œuvres, et l'hymne de louange de leur cœur en joie répète les accents des psaumes 104 ou 148, ou du cantique des trois jeunes hommes dans la fournaise : « Soleil et lune bénissez le Seigneur,

1. Voir *Vie de S. F. d'Assise*. 2e partie : saint François dans l'art, v. g. pp. 383, 386, etc. (Plon, 1885).

louez-le, et exaltez-le à jamais. Etoiles du ciel, bénissez-le Seigneur, louez-le, et exaltez-le à jamais. Pluie et rosée, bénissez le Seigneur : louez-le et exaltez-le à jamais » et le reste. Parfois, même, on nous montre cette nature prête à attester le domaine de l'homme, prêtre de la création, tel qu'il est reconquis par ces êtres d'élite. La vie de sainte Rose de Lima en Amérique n'est pas moins merveilleuse que celle de saint François en notre Occident.

Lorsqu'au lever du soleil, nous dit son historien [1], elle traversait le jardin pour gagner sa retraite, elle conviait la nature entière à glorifier avec elle l'auteur de toutes choses. Et alors on voyait les arbres s'incliner sur son passage, secouer les perles de la rosée et entrechoquer leurs feuilles, en rendant un son harmonieux, les fleurs se balancer sur leurs tiges et entr'ouvrir leurs corolles pour répandre leurs plus suaves parfums, et célébrer à leur manière les louanges de Dieu. En même temps, les oiseaux se mettaient à chanter et venaient se poser sur les mains et les épaules de Rose, les insectes la saluaient de leurs joyeux bourdonnements; en un mot, tout ce qui a vie et mouvement s'unissait au concert de louanges qu'elle adressait au Seigneur.

Les étrangers restaient stupéfaits de cette royauté renouvelée du premier père au jardin de l'Eden.

La bulle de canonisation rapporte un autre miracle, le jeu des roses. Un jour, après avoir cueilli des fleurs, toute inspirée, la sainte enfant les lance en l'air, comme pour les offrir à Dieu. Son frère Ferdinand croit à un jeu : « Permettez-moi de jeter aussi quelques roses en l'air; à qui arrivera le plus haut! » Les fleurs de Ferdinand tombent, celles de sa sœur, suspendues en l'air, forment une croix de beauté merveilleuse.

1. Vicomte de Bussière, *le Pérou et sainte Rose de Lima*, p. 256, p. 388.

Ici ou là, en Italie ou au Pérou, la légende a pu ajouter des broderies, mais elle traduit toujours les sentiments réels, la joie épanouie en Dieu, devant la nature, de ces âmes pour qui toutes beautés créées sont un reflet du divin, et un hymne à leur auteur. « Il s'enveloppe de lumière comme d'un manteau, il déploie les cieux comme une tente, dans les eaux du firmament il bâtit sa demeure, des nuées il fait son char, il s'avance sur les ailes du vent. Des vents il fait ses messagers, des flammes de feu ses serviteurs. »

V

EN DIEU SONT TOUTES BEAUTÉS ET TOUTES JOIES

Toutefois, si l'âme découvre avec joie dans les créatures les perfections du grand Dieu qu'elle aime, c'est en lui-même qu'elle les découvre avec de vrais transports et des ravissements, ou qu'elle en jouit dans une quiétude et une sérénité merveilleuses. « Je trouve en mon Bien-Aimé, dit l'Epouse du *Cantique spirituel*, les montagnes, les vallées solitaires et boisées, les îles étrangères, les fleuves retentissants, les murmures des zéphyres amoureux, la nuit paisible lorsque commence à se lever l'aurore, la musique silencieuse, la solitude harmonieuse. » Dieu lui fait goûter merveilleusement la profondeur du mot de saint François : « mon Dieu et mon tout. » Toutes les beautés, toutes les perfections répandues dans l'univers sont en lui comme dans une Vie supérieure. Et l'harmonie de toutes ces relations des êtres avec Dieu forme comme un concert admirable, dans la paix du silence divin.

Saint Jean nous assure, au livre de l'Apocalypse,

qu'il avait entendu en esprit la mélodie d'un grand nombre d'Anges qui jouaient de la harpe. Il s'agissait là d'un concert tout spirituel, et non pas d'instruments véritables. C'était une certaine révélation des louanges que les bienheureux, dans leurs divers degrés de gloire, ne cessent de faire monter vers Dieu. Les louanges particulières de chacun d'eux sont en rapport avec les dons qu'il a reçus, ces innombrables voix se réunissent et se fondent dans un accord d'amour parfait qui produit l'effet de la musique la plus enivrante.

Ainsi en est-il, nous dit saint Jean de la Croix, de ce paisible rayon de la Sagesse divine communiquée à l'âme. Aux clartés de cette lumière surnaturelle, toutes les créatures, à quelque ordre de la création qu'elles appartiennent, ont un langage qui leur est propre, par lequel elles rendent témoignage, selon la mesure des dons qu'elles ont reçus, de ce que Dieu est en lui-même. L'âme comprend comment chacune d'elles glorifie le Seigneur à sa manière, en participant aux perfections divines en proportion de la capacité naturelle. Ces voix diverses forment, en s'unissant, une sublime harmonie qui manifeste la grandeur, la sagesse et l'admirable science de Dieu. L'Esprit-Saint le donne à entendre, au livre de la Sagesse : L'Esprit du Seigneur, est-il dit, a rempli toute la terre, et l'univers qui renferme toutes les créatures a la science de sa voix[1].

L'âme, qui reçoit cette grâce, reçoit aussi des joies des perfections divines atteintes en Dieu lui-même, non comme elle le fera dans la gloire béatifique, mais comme par des prémices et des avant-goûts. Une toile légère semble seule l'en séparer. Et le feu d'amour qui la fait tressaillir « lui fait ressentir une impression de la vie divine[2] comme l'avait éprouvée le Roi Prophète :

1. Cf. Str. XIV-XV, p. 172.
2. *Vive Flamme*, str. I, p. 160.

« Mon cœur et ma chair ont tressailli d'allégresse dans le Dieu vivant. » On dit le Dieu vivant pour nous faire comprendre que l'esprit et les sens savourent cette vie en tressaillant d'allégresse dans le Dieu vivant. L'âme sent Dieu si vivement dans cette flamme, elle s'enivre de ses douceurs, avec tant de délices et de suavité, qu'elle s'écrie : « O vive flamme d'amour, que vous blessez avec tendresse le centre le plus profond de mon âme ! »

Toutes les douces rencontres d'ici-bas ne se peuvent achever que par la mort. Mais dans la transformation d'amour, l'âme possède cependant « une merveilleuse plénitude de Dieu, une paix inaltérable, d'une suavité ravissante. Cet embrassement spirituel, très réel, la fait vivre de la vie même de Dieu. Elle est inondée des joies et des gloires de la Divinité jusque dans sa substance la plus intime, et transformée en Dieu, dont elle jouit dans un bonheur inénarrable[1] ».

Toutefois l'âme souhaite intensément de voir Dieu, de jouir de lui, de l'aimer dans le face à face de la vision intuive, béatifique. Ce désir est la source de douleurs inouïes, et ineffables, jusqu'à défaillir. Mais ses souffrances même ne vont point sans des joies indicibles, dont nous pouvons ici recueillir quelques échos. Sainte Angèle de Foligno, cette grande amante de la Croix de Jésus-Christ, les fait souvent entendre : et à ce point de notre pèlerinage, elle nous suggérera ce cantique des joies dans la douleur. Arrivée à ce degré, l'âme ne sent-elle pas que sa joie est inamissible puisque ni la pauvreté, ni l'humiliation, ni la souffrance, ni la mort ne pourront la séparer de l'amour de son Dieu.

Un jour donc que la sainte regardait la croix, et sur elle le crucifié, tout à coup elle fut embrasée

1. *Cantique*, str. XXII, p. 245.

d'une telle ardeur que la joie la pénétra jusqu'au plus intime de son être.

Je voyais, dit-elle, et je sentais le Christ embrasser mon âme avec ce bras qui fut crucifié, et ma joie m'étonna ; car elle sortait de mes habitudes, et au degré qu'elle atteignit, je ne la connaissais pas encore. Depuis cet instant, il me reste une joie et une lumière sublime dans laquelle mon âme voit le secret de notre chair en communion avec Dieu. Cette délectation de l'âme est inénarrable ; cette joie est continuelle ; cette illustration est éblouissante au-delà de tous mes éblouissements. Depuis cet instant, il m'est resté une telle certitude, une telle sécurité quant aux opérations divines qui se font en moi que je m'étonne d'avoir autrefois connu le doute, et si tous les mondes créés prenaient une voix pour essayer de la faire renaître, ils parleraient inutilement ; car je vois, dans les transports d'un plaisir qui ne se raconte pas, je vois cette main qu'il m'a montrée avec le marque des clous et qu'il montrera le jour où il dira : Voilà ce que j'ai souffert pour vous.

Maintenant encore, quand je suis dans cette vision et dans cet embrassement, une telle joie est communiquée à mon âme que j'essaierais inutilement de souffrir des souffrances de Jésus ; cependant, je vois sa main et la plaie de sa main. Toute ma joie est désormais dans ce Dieu crucifié. Quelquefois l'embrassement est si serré qu'il semble à mon âme qu'elle entre dans la plaie du côté. Elle y est illustrée par des joies dont la parole humaine n'a pas le droit d'approcher. Foudroyante joie, qui enlève à mes jambes la force de me porter, qui me jette à terre, qui me renverse, qui m'étend là, couchée et sans parole !

Ceci m'arriva une fois sur la place Sainte-Marie. On représentait la Passion ! On aurait pu croire que j'allais pleurer. Je fus touchée et inondée d'une joie qui n'était pas naturelle ; la joie grandit, elle grandit ; je perdis la parole, et je tombai à terre, foudroyée. Je venais d'avoir la chose inénarrable, l'éblouissement de gloire. J'avais eu soin de m'écarter de ceux qui m'entouraient, étonnée moi-même de ma joie en face de la Passion. Alors je perdis l'usage de mes membres, je tombai à terre, sans paroles, foudroyée. Et il me sembla que mon âme entrait dans la plaie du Christ, la plaie du côté. Et dans cette plaie, au lieu de la douleur, je buvais une joie dont il m'est impossible de dire un seul mot[1].

N'est-ce point ainsi que tout se tourne en bien et en joie pour ceux qui aiment Dieu, pour tous ceux dont la volonté est intimement unie à la volonté de Dieu? Qu'en est-il donc, lorsqu'il plaît à la Divine Bonté de manifester cette union à la conscience, et de se manifester au plus intime du cœur, par de tels rayonnements, et de telles suavités? Dans le « sursum corda » de ces âmes, on les devine, on les pressent, ces enchantements qui les soulèvent. Détachées du trompe-l'œil de la terre, elles sont plongées dans l'amour divin. Leur vue translucide pénètre les transparences de la création qui leur voilent à peine leur Dieu. Ames de saints, âmes souples et multiformes; âmes de saints, âmes de poètes, âmes chantantes comme la cigale de saint François. Tout chante, tout est gai, tout est ailé, tout s'élance comme en un rythme musical en ces âmes transformées. Elles vivent en Dieu, et Dieu vit en elle, elles font entrevoir quelque chose de sa bonté par leur charité et leur tendresse d'âme, quelque chose des suavités qu'il verse dans les cœurs par le rayonnement de leur joie.

Comme le poète, elles peuvent achever le cantique dantesque :

Ma già volgeva il mio disiro e'l velle
Si come ruota che igualmente è mossa
L'amor che muove 'l sole e l'altre stelle.

1. Traduction Hello. Desclée, 1895, p. 121. *Visions d'Angèle de Foligno.*

ÉPILOGUE

Comme Balzac, dans sa dédicace du Livre mystique *Séraphita*, je prie le lecteur d'accepter ces pages « comme une de ces balustrades sculptées par quelque artiste plein de foi, et sur lesquelles les pèlerins s'appuient pour méditer la fin de l'homme en contemplant le chœur d'une belle église ». Et dans la préface du Livre mystique : *Lambert*, il déclare qu'il n'a pas cru qu'il fût « honorable pour la littérature française de rester muette sur une poésie aussi grandiose que celle des mystiques ».

Comme lui peut-être pourrais-je dire : « Il a fallu s'être passionné dès l'enfance pour ce magnifique système religieux... avoir ébauché la statue, bégayé le poème qui devait occuper toute la vie pour pouvoir en donner aujourd'hui le squelette. »

Nous avons recueilli pieusement les fragments d'un poème, épars... *disjecti membra poematis*, contents de le suggérer, et d'aider à le retrouver, à le repenser, de nous effacer derrière le tissu des confidences, glanées dans les poètes et les mystiques, en y mettant le fil à les lier. Pour nous consoler de ne pas mieux faire, il faut songer que des génies pressentirent ce poème et laissèrent inachevée l'entreprise.

Lamartine, dans les préfaces de *Jocelyn* et de *la Chute d'un ange*, annonçait que ce n'étaient là que des épisodes d'un vaste poème dont le plan général ne s'expliquerait que par le développement et la combinaison de ses parties. « L'âme humaine et les phases successives par lesquelles Dieu leur fait accomplir ses destinées perfectibles », tel en était le thème. Cette métempsycose de l'esprit, comme il l'appelait, éveillait en son souvenir *la Divine Comédie*. Notre grand poète est resté bien loin du grand toscan, et l'un et l'autre bien loin du poème inédit qui transparaît dans les écrits des mystiques.

Nous l'aurons du moins entrevu et déchiffré. Chacun peut en recommencer une autre ébauche, une autre esquisse. Mais nous visons un autre but que d'en admirer la beauté morale et l'expressive esthétique. Ces pages seront pour nous comme le *text-book* sur lequel nous édifierons notre *critique des faits mystiques*, n'omettant point, selon nos promesses [1], après l'œuvre d'art l'œuvre de science.

1. *Introduction à la Psychologie des mystiques* (1901)

FIN

APPENDICES

I

LA MYSTIQUE ET LES EXERCICES DE SAINT IGNACE

Les Exercices de saint Ignace, et avec eux tous les maîtres de la vie intérieure, ACHEMINENT L'AME VERS LA PAIX, la quiétude vraie opposée à toutes nos inquiétudes d'esprit et de cœur. La paix c'est la tranquillité de l'ordre, selon le mot profond de saint Augustin, et le titre même des *Exercices* indique leur but : *ut homo ordinet vitam suam.* La méditation fondamentale est le tableau de cet ordre. Et c'est bien la paix de l'âme que vient chercher ou retrouver le retraitant, c'est une question de degré suivant la ferveur, la générosité d'âme, les grâces reçues, *ut ad aliquem gradum quietis in anima perveniat.* Toute la suite sera un travail pour laisser l'âme livrée à l'action divine. Les annotations quinzième et vingtième en tracent une remarquable esquisse. Il faut laisser le créateur et seigneur de cette âme se communiquer à elle dans l'embrassement de son amour ; et sans interventions maladroites favoriser ces opérations, ces relations sans intermédiaires. Séparé de toute cause de trouble, n'ayant point l'intelligence divisée entre de multiples soucis, le retraitant se rendra d'autant plus apte à approcher de Dieu et à l'atteindre, à le toucher pour ainsi dire, qu'il sera seul et comme tête à tête, cœur à cœur [1].

D'ailleurs les règles du discernement des esprits donnent la paix comme le signe nécessaire de l'action divine,

1. « Eam amplexans in suum amorem. . creaturam cum suo creatore ac domino immediate operari ». (Ann. 15) « ...Solam et segregatam, tanto se reddit aptiorem ad appropinquandum Creatori, eumque attingendum » (Ann. 20).

et le trouble comme le signe manifeste du mauvais esprit. Nous l'avons déjà montré en peignant les visites des anges, et il suffit de se reporter aux règles cinquième et septième de la seconde semaine, et à la cinquième règle des scrupules. Tout y vise au même but, *quietam se reddat*.

Pour établir la paix dans l'âme, les exercices de première semaine ôteront les obstacles, en enlevant les attaches déréglées ; ceux de seconde semaine en montrant la voie, c'est-à-dire Jésus-Christ roi de paix, selon l'esprit de son étendard, dans la plaine de Jérusalem : ce nom même est un symbole, et signifie, étymologiquement, vision de paix. Le but, saint Ignace le désigne clairement dans la méditation de trois classes d'hommes : *invenire Deum in pace*, et cela de plus en plus profondément, par le dépouillement de tout amour-propre, de toute attache déréglée, par l'imitation de Jésus-Christ, jusqu'aux abaissements volontaires, de ses opprobres, de ses mépris, de sa croix.

L'élection qui règle le choix d'une carrière, d'un plan de vie, d'une conquête de vertus, d'une nouvelle polarisation de l'âme pour ainsi dire, assurera sa paix. Elle mettra l'ordre partout.

Une heure peut venir, dans la vie d'union à Dieu, où la grâce infuse à toute l'âme une paix envahissante et souveraine, — une quiétude, — comme on le dit en parlant d'une oraison où l'on goûte le divin par le cœur, sans effort, ou même sans action apparente des facultés. Nous y reviendrons plus tard, en décrivant et critiquant tout au long les faits proprement mystiques, mais il nous plaît de remarquer que *les Exercices* y préparent très bien ceux que l'Esprit-Saint y destine, qu'ils y gouvernent ceux qu'il y place.

Ceci n'est point un paradoxe. La deuxième annotation engage fortement à goûter les choses surtout par le cœur : ce n'est point l'abondance du savoir qui gorge l'âme et lui donne sa plénitude de rassasiement, mais c'est le sentiment, c'est le goût intérieur des choses *sentire et gustare res interne*. Ce ne sont pas des considérations intellectuelles, spéculatives, abstraites, discursives, qui font le plus de bien à l'âme, elles peuvent aider seulement et amener à mieux. La troisième annotation d'ailleurs montre bien que l'intelligence, la raison raisonnante du moins, n'a pas la première place dans l'oraison, mais le cœur et la volonté.

Dans la première semaine, la quatrième addition recommande de s'arrêter, de se reposer, en goûtant quand le Saint-Esprit y porte. Sur une bonne trouvaille, mais une veine qui plait, un sentiment qui charme, je resterai coi, en arrêt, en repos, en quiétude, *ibi quiescam*, sans désir anxieux de poursuivre plus outre. C'est le même esprit au troisième exercice de première semaine, *moram faciendo*, et dans le colloque où il est dit de sentir par le cœur.

Partout ce maître habile et expérimenté, sans en dire plus qu'il ne convient à ceux qui ne seront pas transportés hors des routes frayées, en dit assez pour ceux que des touches plus intimes atteindront. Elles pourraient ou déconcerter, ou passer inaperçues; on nous arrête *consistat quandiu invenit gustum*. Cette même direction se retrouve dans les manières de prier : là où vous avez trouvé ce goût, n'ayez cure de marcher en avant et plus loin *non curet progredi ulterius*. La seconde note de quatrième semaine suggère aussi des pauses aux goûts spirituels. Et dans l'exercice qui clôt chaque jour des trois dernières semaines, et que saint Ignace appelle « application des sens » — dénomination qui n'exclut point mais suggère plutôt ce que les mystiques nomment les sens spirituels, — on nous conseille de goûter l'infinie suavité, l'infinie douceur de la Divinité : *gustare infinitam suavitatem ac dulcedinem*.

Cela ne sera pleinement compris, semble-t-il, que par ceux qu'une grâce d'oraison aura introduits plus avant dans la paix divine, immergés si l'on veut dans cet océan de quiétude, dont une brise seulement les ravit. « L'âme respire je ne sais quelle suave odeur. C'est comme si audedans d'elle-même, dans l'endroit le plus profond, il y avait un brasier où l'on jetât d'excellents parfums. On ne

1. On pourrait retrouver dans les règles et les constitutions le souci permanent et, pour ainsi dire, prédominant de cette paix *serenitas cernatur* (reg. mod.) *in pace interna* (reg. 29e Sum.) *docibiles quieti* (Const.). Paix intérieure et sérénité au dehors avec tout le cortège des vertus d'humilité, de charité, de docilité, qui en sont le gage et le rempart.

voit, il est vrai, ni la lumière du feu, ni l'endroit où il est : mais la chaleur et la fumée odoriférante pénètrent l'âme tout entière, et souvent le corps lui-même y participe ».

« Quelquefois, au milieu même d'une prière vocale, et tandis qu'elle ne pense à rien d'intérieur, l'âme sent tout à coup une flamme qui la pénètre délicieusement, comme si soudain on répandait en elle un très suave parfum dont l'odeur se communiquerait à tous les sens. Je ne dis pas néanmoins, ajoute sainte Thérèse, que ce soit proprement une odeur; mais je me sers de cette comparaison pour montrer que c'est quelque chose de semblable qui fait connaître à l'âme que l'Epoux est là. »

« C'est Dieu lui-même, dit saint Jean de la Croix, que l'âme ressent et qu'elle goûte; mais non, sans doute, avec la plénitude et l'évidence de la claire vision béatifique... Ces connaissances ont en quelque sorte le goût de l'Etre divin et de la Vie éternelle [1]. »

Mais qu'il suffise d'avoir indiqué ces goûts de la paix divine, et le repos mystique sur lequel nous reviendrons. Ceci suffit à notre présent dessein : une consolation surnaturelle abondante ne fait que mieux comprendre certains conseils des *Exercices*. Nous pourrions en rester là, car nous voici presque introduits à l'analyse des faits d'union mystique. Qu'il me soit permis d'ajouter quelques remarques utiles pour achever ma pensée sur l'utilité et la valeur des *Exercices* pour le pèlerinage mystique.

On s'imagine fort à tort les méthodes de saint Ignace, trop raides et trop formalistes, mécanistes. Il veut faire prendre les choses par le cœur, il s'adresse aux puissances affectives de l'âme : sa méditation du règne est une affaire de cœur, *magis affici;* le troisième degré d'humilité, le centre et l'un des sommets de ses exercices, c'est encore une affaire de cœur, *affectû;* la troisième année de probation, où après les études il veut parachever l'éducation de la vie intérieure de ses sujets, il l'appelle l'école du cœur, *schola affectûs.*

Sans doute il donne de petites règles multiples et préci-

1. *Château*, 4, ch. 2; 6, ch. 2. *Montée du Carmel*, l. 2, ch. 26.

ses. Mais ses conseils s'assouplissent à tous les dons de grâce, à toutes les formes d'âme. Qu'il énumère deux ou trois préludes, deux ou trois points, deux ou trois colloques, qu'il y ajoute des notes, des additions, des remarques de plusieurs sortes, ce démontage d'actions de l'esprit montre qu'il est forcément compliqué de les exposer. Notre raison, dont le pouvoir intuitif est très limité, décompose ce qui, dans l'acte, dans la réalité, est un. Pour les commençants, qu'il s'agisse de vers, de discours, de dissertations, en rhétorique ou en philosophie, ou de violon ou de piano ou de solfège pour les musiciens, et ainsi de suite pour tous les arts, on décompose l'explication et les exercices. Mais y eut-il plusieurs dièzes ou bémols à la clef, plusieurs lignes par portée, plusieurs notes en différentes clefs à lire d'un coup d'œil, en observant les positions des doigts, du poignet, ou divers autres mouvements encore, la mesure, les nuances, et le reste, l'exécution aisée, brillante ou caressante, a fondu tout cela dans une unité vivante. Elle reste une, mais complexe.

Ainsi en va-t-il de la parole. L'orateur devant un auditoire, le comédien en scène, n'analysent plus tous les détails. Il ne s'agit plus de songer aux *quis, quid, ubi, quando, quibus auxiliis*, des débutants, à la justesse des inflexions à l'expression du geste. Rompu à son métier, ou si vous voulez à son art, l'homme qui parle unifie le tout : sa pensée se moule, elle se manifeste, par des actes d'autant plus simples et plus aisés que le talent est supérieur et exercé. Mais assistez à des répétitions d'artistes, et vous observerez le soin le plus minutieux des détails qui assurent la parfaite unité, et le parfait naturel de l'ensemble.

La chose n'est pas autre s'il s'agit de conseils pour la vie spirituelle, et particulièrement pour ces exercices d'oraison et d'union de l'âme à Dieu. Le mécanisme peut paraître compliqué aux non-initiés, aux profanes, aux novices de cet art. Mais familiarisé et adapté on ne s'embarrasse point de la multiplicité des conseils reçus : pas plus que le pianiste ou le violoniste, qui lisent plusieurs notes, touchent plusieurs cordes, manient l'archet, glissent à la position voulue, ou empoignent impérieusement et plaquent des accords compliqués.

Sans doute, saint Ignace conseille la raison, et note des

régulations variées, mais il sait que lorsque l'action proprement mystique du Saint Esprit s'empare d'une âme, il n'y a pour ce moment-là même qu'à suivre l'impulsion, bien qu'une sage direction soit nécessaire dans les intervalles, et pour discerner les motions diverses qui sollicitent, et pour favoriser le mouvement définitif vers la paix et l'union divine.

« Il n'appartient qu'à Dieu, dit-il, c'est le propre du Créateur, d'entrer dans l'âme, de sortir, d'opérer une motion en elle, de l'entraîner tout entière dans l'amour de sa majesté[1]. » Cette règle du discernement des esprits caractérise fort bien les grâces mystiques, et l'oraison de quiétude telle que la décrit une sainte Thérèse, par exemple. Elle se reçoit, elle ne se prend pas. Il n'y a qu'à en user si le bon Dieu la donne.

D'ailleurs si nous pesons bien les expressions de saint Ignace, très spécialement dans ses deux modes de faire élection, cela prête fort à réfléchir sur les rapports de l'esprit et du cœur avec Dieu, dans nos relations avec sa divine majesté. Dans le troisième point du premier mode, il fait « demander à Dieu Notre Seigneur de daigner *mouvoir ma volonté et poser dans mon âme ce que je dois faire* — pedir a Dios Nuestro Senor quiera mover mi voluntad y poner en mi anima lo que yo debo hazer ». Le P. Roothaan, en son édition de la version latine sur l'original espagnol, ajoute ici une note importante, sur cette motion de la volonté précédant le raisonnement de l'intelligence.

Sans doute il est clair qu'il faut toujours le contrôle de la raison; mais lisez les notations psychologiques que le saint intitule les trois temps de l'élection, vous y verrez que de ces divers états d'âme où peut s'opérer notre choix les deux premiers sont les meilleurs, en ce sens que l'action divine est plus abondante. Dans le premier, Dieu Notre Seigneur meut et attire la volonté de telle sorte que, sans douter et sans pouvoir douter, l'âme dévote suit ce qui lui est montré. Ainsi firent saint Paul ou saint Matthieu appelés à suivre le Christ, l'un sur le chemin de Damas, où la grâce le terrasse, l'autre à son bureau de péager, où il en-

1. Solius est Dei... Proprium est Creatoris animam intrare, egredi, facere motionem in illa, trahendo illam totam in amorem suæ Majestatis. (Reg. Disc. Spér. 2. Hebd.)

tend ces mots : « Venez et suivez-moi [1] ! » Dans le second temps, c'est-à-dire le second état d'âme où l'âme fait un choix — l'élection résulte de clartés opérées par les mouvements divers des esprits, des consolations et des désolations, lorsque ces expériences sont jugées conformément aux règles qui guident en telles occurrences.

Dans ces deux « temps », la volonté, le cœur, précèdent, ou des vues intuitives de l'esprit mû par la grâce : le contrôle de la raison suivra. Or il est bon de rapprocher de ces données l'excellent principe d'Aristote et de saint Thomas, qui s'applique ici, et aussi par analogie aux oraisons de quiétude : « Ceux que meut l'instinct divin, il ne convient point de les conseiller selon la raison humaine, car ils sont mus par un principe meilleur que la raison humaine [2].

L'habitude de l'abandon à la volonté divine peut mettre une âme tellement entre les mains du Saint-Esprit, elle peut être tellement livrée que l'application du principe précédent devienne fréquente. Une condition sera requise toutefois, c'est que l'âme, de raison droite, ait été fort exercée à prendre ou à contrôler ses décisions, d'après la raison. Sans cela que d'illusions et de dangers pour quantité d'âmes faibles, ou incapables! Nous supposons une tête bien faite et un jugement droit.

Mais il reste que ces principes sont posés dans *les Exercices*, et qu'ils sont d'une importance capitale et d'un usage constant, quand on étudie la sagesse mystique. Il serait donc parfaitement inexact de croire que saint

1. « Dios Nuestro Senor asi mueve y atrae la voluntad que sin dubitar ni poder dubitar la tal anima devota sigue a lo que es mostrado ».

« Se toma asaz claridad y concimiento por experiencia des consolaciones y desolaciones, y por experiencia de discrecion de varios espiritus ».

2. « Illis qui moventur secundum instinctum divinum, non expedire consiliari secundum rationem humanam, quia moventur a meliori principio quam sit humana ratio. » — *Cf.* Reg. orthod. reg. 17 sur liberté et grâce. — Le texte de la lettre sur l'obéissance : « Animi nostri vires quæ appetitivæ dicuntur sequuntur apprehensivas » est vrai dans la généralité des cas, mais il est à discuter lorsqu'il s'agit d'états proprement mystiques : nous le ferons en critiquant ces faits et leurs interprétations théoriques.

Ignace ou l'école ignatienne délaissaient les états d'âme les plus relevés. Il serait plus vrai de dire qu'aucun n'est exclu ni de la pensée, ni des règles, ni des expressions même du grand maître de la vie spirituelle qu'est l'auteur des *Exercices*. Il est l'héritier et le continuateur des maîtres qui l'ont précédé, de saints également dociles à l'Esprit qui meut les volontés droites, revenues par lutte et par grâce à cette rectitude originelle, dont le symbole nous fut présenté par Dante en ce « paradis terrestre» du Purgatoire.

III

Il est possible, il est probable même que *tels ou tels, exagérant la prudence jusqu'à une défiance outrée des grâces mystiques*, restèrent sous l'impression défavorable que donnèrent les illuminés d'Espagne ou de France ou d'ailleurs. Leur quiétisme et leur mysticisme déséquilibré jetaient une ombre fâcheuse jusque sur la quiétude orthodoxe. Le mot lui-même de mysticisme n'éveillait en eux que des idées suspectes. Le mysticisme, se disaient-ils, est une école de spiritualité qui donne une trèsgrande place au cœur. Saint Ignace donne toujours le premier rang à la raison. Bien évidemment il faut savoir l'entendre. Il est dans le vrai et donne au cœur sa véritable importance. Mais le danger et l'exagération de la première école c'est de donner trop au sentiment, et cela au détriment de la correction des défauts, de prêter à mille illusions, jusqu'à faire tourner la tête. L'autre école mal comprise peut produire une spiritualité étroite et trop raisonnante. Le tout, là comme ailleurs, est de tenir le juste point, et d'allier en de justes proportions l'action divine et l'action humaine.

Ainsi le P. Balthazar Alvarez et plusieurs autres, qui parlent de quiétude et des oraisons mystiques, étaient respectés sans doute, mais sinon suspectés, du moins écartés du rang des auteurs classiques de la spiritualité ignatienne. Et le P. Louis Lallemand, auteur de *la Doctrine Spirituelle*, semble bien avoir rencontré de ces obstacles quand il écrit : « Maintenant si quelqu'un aspire à quelque don d'oraison un peu au-dessus du commun, on lui dit nettement que ce sont là des dons extraordinaires que

Dieu ne donne que quand et à qui il lui plaît, et qu'il ne faut ni les désirer, ni les demander. Ainsi on lui ferme pour jamais la porte de ces dons. C'est un grand abus [1]. »

C'en serait un, si l'on entend bien de quelles âmes on parle, de quelles grâces il s'agit, de quelle humilité, de quelle paix, de quelle foi et de quel amour infus, de quels changements d'âme elles s'accompagnent. Et l'on devrait toujours avoir présentes, quand on opine à ce sujet, les lignes écrites par saint Ignace à saint François de Borgia. Il l'engage à modérer l'excès de ses pénitences, et à chercher plus immédiatement le divin maître lui-même, ses dons très saints, « l'intensité de la foi, de l'espérance et de la charité, *la joie et le repos spirituel*, les consolations intenses, l'élévation de l'esprit, les impressions et illuminations divines, et tous les autres goûts et sentiments spirituels relatifs à de tels dons, comme l'humilité... Tous ces dons très saints doivent être préférés à tous les actes de mortification corporelle, lesquels ne sont bons qu'autant qu'ils servent à acquérir ces dons, en tout ou en partie. Je ne veux pas dire par là que nous devions les rechercher uniquement pour la complaisance et la délectation que nous y trouvons; non, certes. Mais, reconnaissant que, sans ces dons, toutes nos pensées, paroles et œuvres, sont imparfaites, froides et troubles, nous devons désirer ces dons, afin que, par eux, elles deviennent justes, ardentes et claires pour le plus grand service de Dieu. Il résulte de là que nous devons souhaiter ces dons si précieux, en tout ou en partie, et ces grâces spirituelles, en tant que nous pouvons, avec leur secours, procurer à Dieu une plus grande gloire [2]. »

1. *Op. cit.*, princ. 7, ch. I, n. 3, § 2.
2. Rome, 1548.

II

TRADUCTIONS DE DANTE

PROSE OU VERS[1] ?

L'Introduction de Fiorentino, et l'ouvrage de M. de Margerie avec son introduction et ses notices sont de bons instruments de travail, destinés à préparer la jouissance esthétique, jouissance réservée, car l'âme entière et naïve, tendre et dédaigneuse, du grand artiste, ne se donne pas sans qu'on l'ait conquise.

(1) *La Divine Comédie de Dante Alighieri*, traduction nouvelle accompagnée de notes par PIER-ANGELO FIORENTINO (Paris, Hachette).

DANTE. *La divine Comédie*, traduction en vers français par AMÉDÉE DE MARGERIE, doyen de la faculté libre des lettres de Lille (Paris, Relaux).

Voir J. PACHEU, S.J. *De Dante à Verlaine* sur les *Etudes dantesques en France* (pp. 1 à 66), sur textes, commentaires, traductions, « ces mêmes qualités (le sentiment de l'art et de la beauté poétique) recommandent aussi nos traducteurs, *Lamennais, Brizeux, Antony Deschamps*, sans compter *Fiorentino, Mesnard* et *Ozanam*, dont les titres sont multiples à la reconnaissance des amis du grand poète catholique » p. 14).

Ibid. De Dante à Verlaine (Appendice, pp. 253-267) indique les éléments d'une petite bibliothèque dantesque pour étudier : v. g. ouvrages remarquables du professeur *Poletto*, 3 vol. in-8, texte, et notes, commentaires) ; — Id. *Dizionario Dantesco* ; — (Desclée, 1894) (7 vol in-12). — *Scartazzini*, Prolegomeni della Divina Comedia (1 vol.) (Leipzig. Brockhaus) ; — *Hettinger*, commentaire allemand ; ou adaptation du même en anglais, par Bowden, de l'Oratoire ; ou *Berardinelli* S.J. *Cornoldi* S.J. : *Ferrazzi*, Manuale dantesco.

Au lecteur pressé et français *Fiorentino* traduction, et *de Margerie* (introduction et notices, surtout) suffiront.

Quant à la traduction, nous avons choisi Fiorentino avec la gracieuse autorisation de la maison Hachette.

M. de Margerie nous expose dans une très agréable préface que « les seules bonnes traductions des œuvres de poésie sont celles qui transportent dans la langue du traducteur le rythme en même temps que la pensée, — en d'autres termes les traductions en vers ». J'entends bien qu'en homme de lettres très aimable et très modeste, l'auteur ajoute « à condition qu'elles soient bonnes ». Mais la question ne serait-elle pas précisément de savoir s'il peut en exister de bonnes ? Ne pourrait-on dire que dans l'ordre, non plus idéal, mais pratique de l'exécution, on ne traduit jamais totalement un chef-d'œuvre ? Et puisque, pour ces beautés de langue étrangère, on ne les livre pas, sans les trahir, au moins un peu, et à grand regret, — tout revient à savoir lequel est le moins infidèle des deux, le versificateur ou le prosateur.

Je devrais laisser ce différend à trancher aux régents de collège, au lieu de confesser naïvement que je tiens pour la prose : non certes qu'elle équivaille au beau fleuve de poésie qu'elle côtoie, mais le sentier latéral qu'elle trace me laisse mieux apercevoir ou deviner le flot génial. Elle ne prétend pas me tromper, elle n'aura pas le grondement majestueux, ou le rythme berceur et caressant, de la mesure et des rimes, mais je suis averti de ce qui manque. Découpez cette prose en lignes qui suivent la marche des vers, mon œil, aidé par cet artifice, invitera l'imagination à reconstituer à l'intérieur un reflet lointain de cette musique et de cette magie, qu'on lui dérobe. Et la prose plus souple se pliera mieux à toutes les sinuosités du sens original, elle serrera de plus près le chef-d'œuvre.

La traduction en vers, — encore qu'elle se couche, comme ici, sur un lit de Procuste, pour suivre, tercets à tercets, le texte primitif, — et qu'elle nous promette l'illusion de transporter la musique des mots, sans trahir les pensées, les images, et les sentiments, — paraît condamnée à bien des sacrifices, qui la font plus traîtresse que sa modeste sœur. Que de hardiesses, de raccourcis de style, de perspectives de pensée, disparaîtront souvent pour acheter le rythme et une versification, qui, malgré sa correction et son élégance de bonnes lettres, restera si loin, si loin, de la coulée dantesque à la si belle venue, de ce style qui se tient, comme on a dit, « par la force du verbe et du substantif ».

Et ce rythme, après tout, n'est aussi lui qu'un équivalent mensonger. Le grave alexandrin diffère assez de l'hendécasyllable italien, dont le vers français de dix pieds, avec une muette finale, donnerait une idée un peu plus approchée, quoique lointaine encore, car l'harmonie intérieure en est moins variée, les cadences moins diverses ; les rimes triplées et entrelacées ne sont pas rendues par les rimes masculines et féminines, alternant deux à deux. L'allure musicale ainsi changée me permettra-t-elle de deviner les beautés propres à l'original? ou bien, cet à peu près aide-t-il la complicité de mon imagination, désireuse d'être dupe ? J'hésite à le dire. Les vers, ainsi transposés, malgré leur part d'habileté ou de charme, paraîtront presque toujours pâles, et moins vigoureusement expressifs que la prose de bon ouvrier, à talent égal : ils seront moins francs, moins fiers, moins fermes, il y aura trop d'alliage dans leur métal.

Les rapprochements seuls peuvent servir de pierre de touche.

Prenez quelque épisode célèbre, que le traducteur aura donc soigné avec amour, voici la fameuse apostrophe à l'Italie : *Ahi serva Italia, di dolore ostello.* Placez, en regard, les vers de M. de Margerie et la prose de Fiorentino (1), et au-dessous le texte, pour mieux saisir d'un clin d'œil.

M. Malheureuse! parcours tes bords *délicieux ;*
Sur ton sein *déchiré* porte ensuite les yeux ;
Y vois-tu quelque abri pour la paix *fraternelle ?*

F. Cherche, malheureuse, autour de tes rivages,
Et puis regarde dans ton sein
S'il y a quelque recoin qui jouisse de la paix.

Cerca, misera, intorno dalle prode
Le tue marine ; e poi ti guarda in seno
S'alcuna parte in te di pace gode.

M. En vain, Justinien, puisque vide est ta selle,
A ta bouche ajusta le frein *d'or de sa loi ;*
Et l'opprobre sans lui serait moindre pour toi.

(1) Nous mettons en regard des vers de M. de Margerie un M, et un F, en regard de la prose de Fiorentino.

F. A quoi te sert que Justinien ait arrangé ton frein
Si la selle est vide ?
Sans lui ta honte serait moindre.

Che val perchè ti racconciasse il freno
Giustiniano, se la sella è vòta?
Senz'esso fòra la vergogna meno.

M. Vous dont l'âme à César devait être loyale.
Vous qui deviez l'aider à monter la cavale
Si vous entendiez bien le précepte de Dieu,

Dans son œil *révolté* voyez quel *sombre* feu,
Depuis que, rejetant l'éperon *salutaire*
A sa bride elle sent votre main *téméraire.*

F. O pays qui devrais être dévoué
Et laisser César s'asseoir sur la selle,
Si tu entendais bien ce que Dieu te dit,

Vois comme cette bête est devenue rétive,
Pour n'être pas corrigée par l'éperon.
Quand tu as eu porté la main à sa bride.

Ahi gente, che dovresti esser devota,
E lasciar seder Cesar nella sella
Se bene intêndi ciò che Dio ti nota

Guarda com'esta fiera è fatta fella,
Per non esser corretta dagli sproni,
Poi che ponesti mano alla predella.

Les adjectifs d'élégant remplissage, et des périphrases ornées, apparaîtront la rançon de la forme mesurée et cadencée des alexandrins ; leur rythme compense-t-il la sobre énergie, le tour de brusquerie passionnée, de cette impétuosité, de cette virulence,qui éclate dans l'original? et si prose et vers des traducteurs ne sont que des échos, où résonne mieux le timbre et l'accent dantesque ?

Expérience faite sur ces notes vigoureuses, s'il vous reste un doute passez à des touches plus délicates. Des nuances de finesse, de suavité tendre et mélancolique gagneront-elles à emprunter, comme on dit en périphrase lettrée, la langue des dieux ? Ouvrez le chant huitième du *Purgatoire*, avec les mêmes procédés de comparaison.

M. Mais nous touchions déjà l'heure où, l'âme *attendrie*,
Le navigateur *pense à sa douce patrie*
Le jour qu'aux doux amis il a fait ses adieux.

F. C'était déjà l'heure qui réveille les regrets
Des navigateurs, et attendrit leur âme,
Le jour où ils ont dit à leurs doux amis : adieu ;

Era già l'ora che volge il disio
Ai naviganti, e intenerisce il cuore
Lo di ch'han detto a'dolci amici addio;

M. *Aux échos du vallon prêtant* l'oreille en vain
Je vis un des esprits se lever, et sa main
Par un geste *imposant* commander qu'on l'écoute

F. Lorsque je commencai à ne plus rien entendre
Et je vis une de ces âmes se lever,
Et demander avec la main qu'on l'écoutât.

Quand io incominciai a render vano
L'udire, ed a mirare, una dell'alme
Surta, che l'ascoltar chiedea con mano.

M. Puis, levant ses deux bras *vers la céleste voûte,*
Mains jointes regarder *vers l'est* avec ardeur,
Comme disant à Dieu : toi seul remplis mon cœur.

F. Elle joignit et éleva ses deux mains.
En fixant ses yeux vers l'Orient
Comme si elle eût dit à Dieu : Rien autre que toi...

Ni l'élégie, ni le pamphlet ne gagnent à ce jeu des vers qui les compriment et les tiraillent, qui précisent et insistent là où le poète suggère, qui estompent les traits, là où le poète peint ou burine. Et c'est donc, dira-t-on, presque un attentat sacrilège que de traduire *la Divine Comédie* en vers, ou mieux, certes, c'est un hommage et une tentative intéressante, un beau mais très impossible rêve. Les remarquables qualités de l'œuvre citée ne feront que mieux ressortir cette vérité, et justifier ma préférence pour la prose de Fiorentino.

Traduire, traduire un poète, traduire en vers, traduire Dante, c'était quatre fois périlleux ; mais si les risques nombreux écartent, presque à coup sûr, les chances d'un succès total et définitif, ce n'est pas à dire qu'une œuvre, après tout estimable et consciencieuse, comme celle de M. de Margerie, ne mérite pas d'éloges. Il faut beaucoup de talent et de science, pour n'atteindre que loin encore du but visé. Mais, pour parler avec le bon La Fontaine, si l'on n'emporte le prix, un tel labeur laissera toujours « l'honneur de l'avoir entrepris ».

D'ailleurs rapprocher Fiorentino et de Margerie aide à mieux saisir le sens et la beauté expressive de l'original.

Mais rien ne dispense des textes.

Courtes indications des principales œuvres citées en cette analyse psychologique des faits mystiques

DANTE ALIGHIERI. *Comedia*. Texte et notes, prof. *Poletto*, 3 vol., Desclée, 1894.

Fiorentino (Hachette); traduction en vers : *A. de Margerie*, 2 vol., Retaux.

SAINTE GERTRUDE. Œuvres.

SAINTE MECHTILDE. Œuvres.

SAINTE THÉRÈSE. Œuvres. Traduction Bouix; traduction Arnauld d'Andilly.

SAINT JEAN DE LA CROIX. Œuvres complètes, chez Oudin.

SAINTE ANGÈLE DE FOLIGNO. Œuvres : traduction Hello.

RUYSBROECK. Traduction Hello : traduction Maeterlinck.

SAINT IGNACE DE LOYOLA. Ejercicios espirituales.

SAINT AUGUSTIN. Confessions.

SAINT BERNARD. *De Diligendo Deo* : — in Cantic.

SAINT FRANÇOIS DE SALES. Traité de l'Amour de Dieu.

BENOIT. *Vie de St. Grégoire de Nazianze.*

LÉOPOLD DE CHÉRANCÉ. *Vie de saint François d'Assise.*

RAYMOND DE CAPOUE. *Vie de sainte Catherine de Sienne.*

HYACINTHE BAYONNE, O. P. *Vie de sainte Catherine de Ricci.*

BOUGAUD. *Vie de sainte Chantal, Vie de Bienheureuse Marguerite-Marie ;*

RENARD. *Vie de sainte Hildegarde.*

DE RÉGNON. *Vie de Marianne Parédès, le lys de Quito.*

Vte DE BUSSIÈRE. *Vie de Ste Rose de Lima.*

J.-K. HUYSMANS. *En Route, Pages catholiques, l'Oblat, la Cathédrale* (Plon-Nourrit.)

P. VERLAINE. Poésies religieuses. Préface de J.-K. Huysmans (Messein).

ROUSSELOT. Les Mystiques espagnols.

— Joachim de Flore.

JACOPONE DE TODI. Laude. Editions Modio, Tresatti, Sorio.
LUIS DE LEON. Obras poeticas.
ANGELUS SILESIUS. Heilige seelenlust.
Consulter manuels RIBET, POULAIN, SAUDREAU, DE MAUMIGNY (auteurs catholiques, ouvrages de direction ou de théologie mystique).

NOTA. 1. Si l'on désire une bibliographie abondante sur les mystiques, voir DELACROIX : *Etudes d'histoire et de psychologie du mysticisme ;* ou POULAIN : *Des grâces d'Oraison.* Le présent livre ne comporte pas ces détails.

NOTA. 2. Le présent livre a été refusé par plusieurs éditeurs catholiques, et les chapitres offerts à plusieurs revues catholiques furent refusés. Nous accusons réception de la courtoisie du refus, et exprimons nos condoléances pour les inepties et les inaptitudes des clientèles.

NOTA. 3. Le présent livre a reçu le *Non obstat* du P. Bainvel, professeur de dogmatique à l'Institut catholique de Paris, qui y joignit une lettre fine et des plus élogieuses. L'*Imprimatur* signé *Fages* fut donné à l'Archevêché de Paris, le 15 mars 1909.

NOTA. 4. Des esprits plus zélés qu'avisés, plus crétins que chrétiens, m'ont traité de moderniste. Il faut toujours pardonner aux imbéciles. Nous ne sommes pas des ilotes. Et Pie X doit singulièrement désavouer les pharisiens qui abusent de ses sages leçons.

NOTA. 5. Ces notes, d'abord utilisées en 1887 à Jersey, dans une académie littéraire, puis en 1902, dans un cours libre à l'Institut catholique de Paris, ne citent pas William James, paru depuis lors. Je le citai en 1903 d'après l'édition anglaise.

Je le discuterai dans le volume suivant, ainsi que le P. Poulain, qui fut pendant trois ans un auditeur assidu de mes leçons à l'Institut catholique.

Au Congrès de Psychologie, à Genève, en 1909, je me propose de donner le tableau des études mystiques depuis le Congrès de 1900, où je délimitais le sujet en y invitant.

TABLE DES MATIÈRES

INTRODUCTION

LE CHRISTIANISME INTÉRIEUR ET LE POÈME DE LA CONSCIENCE

I

LE CHRISTIANISME INTÉRIEUR

VIE SURNATURELLE. VIE MORALE. VIE MYSTIQUE

II

LE POÈME DE LA CONSCIENCE

ALIGHIERI ET LOYOLA. LA DIVINE COMÉDIE ET LES EXERCICES

PREMIÈRE PARTIE

LA CONVERSION

CHAPITRE PREMIER

Sentiments du péché, du remords, de la confusion. — L'Ame-inferno.

CHAPITRE II

Sentiment de crainte et de souverain respect de la Majesté divine et de sa Justice.

CHAPITRE III

Sentiment du néant d'ici-bas

CHAPITRE IV

Sentiment du repentir ;
L'élégie de la conversion : larmes amères, larmes douces, larmes de joie.

DEUXIÈME PARTIE

LE PROGRÈS DE L'AME

CHAPITRE PREMIER

Sentiments d'amour pour Jésus-Christ. L'aube de lumière

CHAPITRE II

Les esprits bons et mauvais et leurs influences.

CHAPITRE III

Les Vertus, ornement des noces spirituelles en l'âme qui progresse

CHAPITRE IV

Le sentiment de Paix.

TROISIÈME PARTIE
L'UNION MYSTIQUE

CHAPITRE PREMIER
La Douleur : La Croix, le Sacrifice, l'Epreuve.

CHAPITRE II
La Lumière

CHAPITRE III
L'Amour.

CHAPITRE IV
La Joie

APPENDICES

Poitiers. — Imprimerie Blais et Roy, 7, rue Victor-Hugo.

www.ingramcontent.com/pod-product-compliance
Ingram Content Group UK Ltd.
Pitfield, Milton Keynes, MK11 3LW, UK
UKHW020154250726
13967UKWH00003B/1046